가람 이병기 전집 23

문헌·서지학

이 도서는 2024년 국립대학육성사업의 지원을 받아 수행되었음
이 도서는 2024년 익산시와 전라북도의 지원에 의해 간행되었음

가람 이병기 전집

23

문헌·서지학

전북대학교출판문화원

문헌·서지학

일러두기

1. 이 전집 23권은 신문잡지에 발표된 가람 이병기의 문헌·서지학 관련 논문, 평론 등 저술과 기타 자료를 연도순으로 수록하였다.
2. 원문의 표기법을 존중하여 수록하되, 띄어쓰기는 가독성을 고려하여 현재의 한글맞춤법과 표준어규정에 따르는 것을 원칙으로 하였다.
3. 반복되는 한자는 국문으로 일부 바꾸기도 하였다.
4. 원문의 한자어는 가독성을 위하여 '한글漢字' 식으로 표기하였다.
5. 출전은 각주로 표시하였으며, 발표 일자는 신문은 연월일까지, 잡지는 연월까지 밝혔다.
6. 정오표의 오류는 고쳐서 입력하였다.

목 차

서지 논문·평론

양서고지판良書告知板

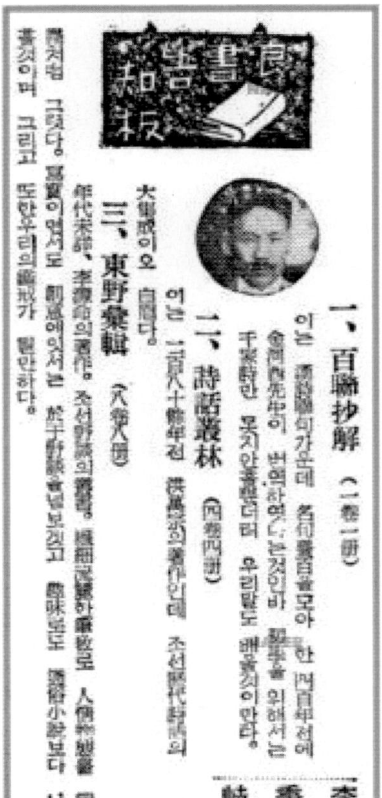

良書告知板

一、百聯抄解 (一卷一冊)

이는 漢詩聯句가운데 名句數百을모아 한 四百年전에 金麟厚先生이 번역하엿다는것인바 漢學을 위해서는 千字文만 못지안흘뿐더러 우리말도 배울것이 만타。

二、詩話叢林 (四卷四冊)

이는 二百八十餘年전 洪萬宗의 著作인데 조선歷代詩話의 大集成이오 白眉다。

三、東野彙輯 (八卷八冊)

年代未詳、李源命의著作。조선野談의精華。纖細玲瓏한筆致로 人情世態를 圖畵처럼 그렷다。寫實이면서도 諷意에잇서는 於于野談을넘보겟고 趣味로도 通俗小說보다 나흘것이며 그리고 또한우리의鑑戒가 될만하다。

李秉岐

양서고지판良書告知板[1]

1. 백련초해百聯抄解(1권1책一卷一册)

이는 한시漢詩 연구聯句 가운데 명구名句를 백百을 모아 한 4백년四百年 전에 김하서金河西 선생先生이 번역하였다는 것인바, 초학初學을 위해서는 천가시千家詩만 못지 안흘뿐더러 우리말도 배울 것이 만타.

2. 시화총림詩話叢林(4권4책四卷四册)

이는 280여二百八十餘 년年 전 홍만종洪萬宗의 저작著作인데 조선 역대시화歷代詩話의 대집성大集成이오 백미白眉다.

---

1 「良書告知板」, 『조선일보』, 1939. 9. 7.

3. 동야휘집東野彙輯(8권8책八卷八冊)

연대 미상年代未詳, 이원명李源命의 저작著作. 조선 야담野談의 총서叢書. 섬세유려纖細流麗한 필치筆致로 인정물태人情物態를 세화細畵처럼 그렷다. 사실寫實이면서도 창의創意에 잇서는 어우야담於于野談을 넘보겟고 취미趣味로도 통속소설通俗小說보다 나흘 것이며 그리고 또한 우리의 감계鑑戒가 될 만하다.

60년六十年 전前의 궁체宮體

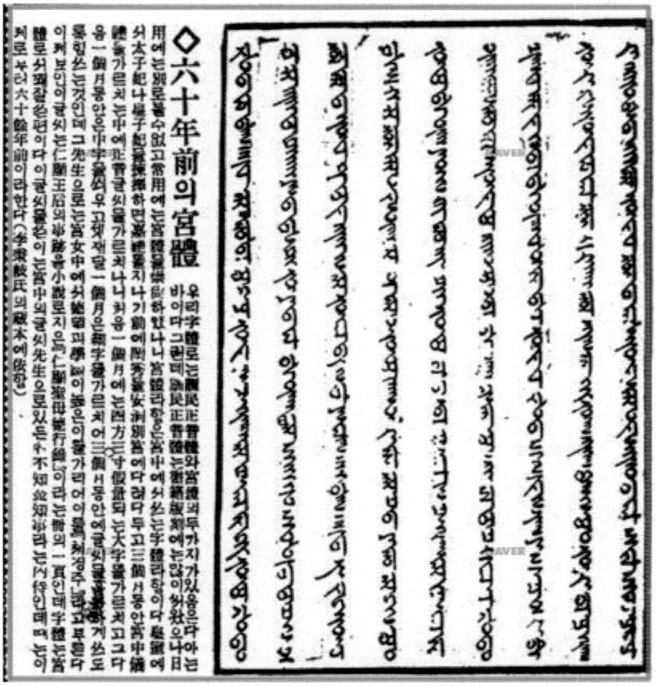

◇六十年前의宮體

우리字體로는訓民正音體와宮體의두가지가잇음은다아는바이다 그런데訓民正音體는斷絕廢滅에는안이되얏스나日用에는別로볼수없고常用에는宮體를使用하얏나니 宮體라함은宮中에서쓰는字體라함이다 [illegible]에서太子妃나王子妃를揀擇하면嘉禮를지나기前에別宮安洞別宮에다려다두고三個月동안宮中儀禮를가르치는中에正音글씨를가르치나니처음一個月에는西方三寸假量되는大字를가르치고그다음一個月동안은中字를쓰이우고맛재달一個月은細字를가르치어三個月동안에글씨를[illegible]하게쓰도록힘쓰는것인데 그先生으로는宮女中에서能筆과學識이놉흔이를가리어이를[illegible]라고부른다 이켜보인이글씨는仁顯王后의事蹟을小說로지은仁顯聖母[illegible]이라는冊의一頁인데字體는宮體로서[illegible]한편이다 이글씨를쓴이는宮中의글씨先生으로있든[illegible]라는[illegible]인데때는이저로부터六十餘年前이라한다(李[illegible]氏의藏本에依함)

60년六十年 전前의 궁체宮體[2]

우리 자체字體로는 훈민정음체訓民正音體와 궁체宮體의 두 가지가 있음은 다 아는 바이다. 그런데 훈민정음체訓民正音體는 서적판각書籍板刻에는 많이 써 왔으나 일용日用에는 별別로 볼 수 없고 상용常用에는 궁체宮體를 숭상崇尙하였나니 궁체宮體라 함은 궁중宮中에서 쓰는 자체字體라 함이다. 황실皇室에서 태자비太子妃나 황자비皇子妃를 간택揀擇하면 가례嘉禮를 지나기 전前에 규수閨秀를 안동별궁安洞別宮에 다려다 두고 3개월三個月 동안 궁중의례宮中儀禮를 가르치는 중中에 정음正音 글씨를 가르치나니 처음 1개월에는 사방四方 3촌三寸 가량假量 되는 대자大字를 가르치고 그다음 1개월 동안은 중자中字를 쓰이고 셋째 달 1개월은 세자細字를 가르치어 3개월 동안에 글씨를 훌륭하게 쓰도록 힘쓰는 것인데 그 선생先生으로는 궁녀宮女 중中에서 덕망德望과 학식學識이 높은 이를 가리어 이를 『체경주』라고 부른다. 이제 보인 이 글씨는 인현왕후仁顯王后의 서적事跡을 소설小說로 지은 『인현성모덕행록仁顯聖母德行錄』이라는 책冊의 1혈一頁인데 자체字體는 궁체宮體로써 꽤 잘 쓴 편이다. 이 글씨를 쓴 이는 궁중宮中의 글씨 선생先生으로 있든 성부지금지사名不知金知事라는 내시內侍인데 때는 이제로부터 60여六十餘 년年 전前이라 한다.(이병기李秉岐 씨氏의 장본藏本에 의依함)

2 「六十年前의 宮體」, 『조선일보』, 1927. 10. 27.

4세기四世紀 반半 전前의 활자본活字本

우리 어문연구語文硏究의 건약鍵鑰

— 금강경삼가해金剛經三家解에 대하야

珍書貴藏集

四世紀半前의 活字本

우리語文硏究의 鍵鑰

「金剛經三家解」에 대하야

4세기四世紀 반半 전前의 활자본活字本

우리 어문연구語文硏究의 건약鍵鑰

— 금강경삼가해金剛經三家解에 대하야[3]

진서귀적珍書貴籍이라면 판본학상版本學上으로나 문헌학상文獻學上으로나 절대絶大의 가치價値를 가진 것을 이르는 것이다. 그러나 요사이 와서 우리네의 진서귀적珍書貴籍이 중대重大한 관심關心의 대상對象이 되면서도 오히려 멧 분의 수집가蒐集家의 협사篋笥에만 심장深藏되여 그 진가眞價가 일반一般에게 알려지지 안논 것은 이 희귀稀貴한 문화적文化的 가치價値로 하여금 극極히 협착狹窄한 골동적骨董的 취미趣味에만 머물게 하는 것임으로 우리들이 다 함께 유감遺憾으로 아는 바이다. 그러므로 우리는 역사적歷史的 기록記錄으로서나 또는 일반一般 장서가藏書家의 정평定評으로나 이 세상에 단 한두 부 박게 남어 잇지 안타고 하는 적어도 국보급國寶級의 희귀稀貴한 서적書籍을 소개紹介하기로 한다. 이 단편斷片과 아울러 소장자所藏者의 해제解題를 읽는다면 그 서적書籍의 진가眞價를 비로소 깨달을 바 잇스리라고 밋는다.

금강경金剛經은 불경佛經의 금강반야바라밀다경金剛般若波羅密多經이란 것의 약칭略稱인데 반야般若는 예지睿智라는 뜻으로서 반야般若의 체體가 항상 청정淸淨하고 불변불이不變不移하여 금강金剛과 가티 견실堅實함을 이

3「珍書貴藏集 四世紀半前의 活字本 우리 語文硏究의 鍵鑰-金剛經三家解에 대하야」, 『조선일보』, 1939. 2. 14.

름이고 바라밀다波羅密多는 도행度行이라는 뜻으로서 피안彼岸에 도달到達함을 이름이다. 이는 1520여년一千五百二十餘年 전前 후진後秦 때 중국中國으로 들어온 서역西域 구자龜玆의 승僧 구마라습鳩摩羅什이 한문漢文으로 번역한 바이다.

금강경오가해金剛經五家解는 금경반야바라밀경오가해金經般若波羅密經五家解의 약칭略稱인바 대의선사大醫禪師의 찬贊과 규봉밀선사圭峰密禪師의 구결口訣과 야보천冶父川 선사禪師의 송頌과 부대사傅大士의 찬贊과 종경선사宗鏡禪師의 제강提綱 등의 오가해五家解를 합合한 것이다.

금강경삼가해金剛經三家解는 이상以上 오가해五家解 가운데 야보冶父의 송頌과 종경宗鏡의 제강提綱과 또는 득통得通의 설의說誼와를 뽑아 한글로서 번역한 것이다.

득통得通은 고려말高麗末의 고승高僧 함허涵虛 기화己和의 호號이고 득통得通의 설의說誼는 함허涵虛 기화己和가 저작著作한 반야般若(금강金剛) 오가설의五家說誼를 이르는 것이다.

이 삼가해三家解의 한계희韓繼禧와 강희맹姜希孟의 발문跋文을 보면 세종대왕世宗大王께서 일직부터 이 삼가해三家解를 우리말로 옴겨노흐려 하시고 문종대왕文宗大王과 세조대왕世祖大王을 명命하여 함께 번역하라 하시고 친親히 예재睿裁를 하시며 그때 야보冶父, 종경宗鏡 2해二解와 득통설의得通說誼의 초고草藁는 이미 다 되엇스나 미처 교정校定을 못하고 송宋의 남명천선사南明泉禪師가 지은 남명시집南明詩集도 친親히 30여三十餘 수首를 번역하시다가 승하昇遐하시매 세종대왕世宗大王의 유명遺命으로서 문종文宗을 거치어 세조世祖가 번역飜譯을 하는데 세조世祖가 일직 중국中國을 들어가 증도가證道歌 언기주彦琪註와 굉덕조정주宏德祖庭註와 금강경오가해金剛經五家解와 여러 불경佛經을 친親히 사다 참고參考도 하고 이 삼가해三家解는 다른 불경佛經보다도 퍽 어렵고 또는 그 유촉遺囑이 너무 중대重大함으로 초초草草히 할 수 업다 하여 먼저 월인석보月印釋譜와 능엄경楞嚴經과 법화경法華經과 육조해금강경六祖解金剛經과 원각경圓覺經과 심경心經과 영가집永嘉集 등을 번역해 간행刊行하다가 세조世祖가 승하昇遐하고 그 뒤 15년十五年을 지나 성종成宗 13년十三年 임인壬寅(457년四百五十七年 전前)에 이르러 자성대왕대비慈聖大王大妃 세조비世祖妃가 학조學祖라는 고승高僧을 시켜 다시 이 삼가해三家解를 교정校定하고 남명시집南明詩集을 속역續譯케 하여 삼가해三家解는 3백三百 본本 남명南明은 5백五百 본本을 간행刊行하여 여러 사찰寺刹에 나누어 주엇다고 하엿다.

이런 기록記錄이 그때 실록實錄, 기타其他 문헌文獻에는 적히지 안코 다만 이 삼가해三家解와 남명南明의 발문跋文으로 전할 뿐이고 3백三百 본本이나 되든 이 책冊이 지금 와서는 달리 어더 볼 수 업다. 들은 바에 의依하면 이 책冊의 제第 일권一卷은 경도京都 등지等地 어느 절집에 굴러가 잇는바 게서 국보國寶로 봉안奉安이 되엇다 한다.

이 책冊은 전부全部 5권五卷 5책五冊이고 판광板框의 광廣은 21리二一糎, 장長은 27리二七糎요 혈頁 11행十一行 혹은 10행十行이요 1행一行에 15자十五字 혹은 19자十九字로서 대중소大中小 삼자체三字體로 썻스며 한글이나 한자漢字가 다 주자鑄字로 된 것이요 중자中字인 한자漢字는 세조世祖 즉위卽位한 을해년乙亥年에 평안대군平安大君이 쓴 경오자庚午字를 개주改鑄하고 그때 시서화詩書畵 삼절三絶로 치든 강희안姜希顔을 시켜 썻다는 이른바 을해자乙亥字의 주자鑄字로 된 것이다. 이 중자中字와 소자小字와 한글의 주자鑄字로 이 책冊을 박든 전해 12월十二月 지음에 두시언해杜詩諺解 초간본初刊本도 인행印行하엿다. 이 대자大字는 숙종肅宗 6년六年 묘향산妙香山 보현사普賢寺서 개판開板한 금강경오가해金剛經五家解에 복각覆刻이 되기도 하엿다.

이 책冊에 쓰인 조히는 순백지純白紙가 아니라 저피楮皮와 호절蒿節 등을 혼합混合하여 두껍게 뜬 것이고 책冊의 장광長廣이며 장황粧潢이 용비어천가龍飛御天歌, 월인석보月印釋譜, 기타 불경언해其他佛經諺解들보다 더함을 보드라도 퍽 소중所重히 여기엇든 것임을 알겟다.

이 책冊은 불교佛敎의 경전經典으로 귀중貴重함은 다시 말할 것도 업스려니와 득통설의得通說誼와 가튼 문헌文獻이며 우리 말글 연구硏究의 학적學的 가치價値로도 월인석보月印釋譜, 두시언해杜詩諺解 등을 양두하지 안흘 것이고 안두案頭에 두고 때로 펼처 보면 진구塵臼를 벗고 속념俗念을 떠나 법열法悅을 늣기게 하여 주기도 한다.

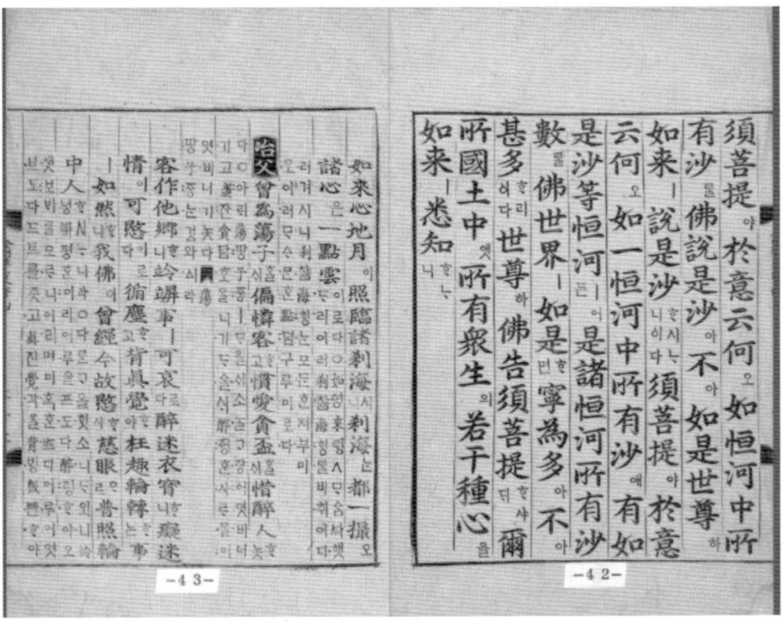

사진寫眞은 필자筆者 소장所藏의 금강경삼가해金剛經三家解

한국韓國 서지書誌의 연구研究 상上

차례

한국韓國 서지書誌의 연구研究 상上[4]

Ⅰ. 서언書言

학문學問의 가장 중요한 대상對象은 서지書誌다. 서계書契 이전以前에야 무슨 학문을 운운云云하였으랴. 문자文字가 생긴 이후 더러 구송口誦하던 걸 적기도 하고 차츰 더 부연敷衍도 하고 변개變改도 하여 인생과 자연의 모든 것을 적어 놓은 것이 즉 서지書誌가 아닌가.

학문이란 그저 눈만 감고 앉아 궁리를 하는 것만이 아니고, 선진先進에게 배우고 익히고 체험體驗도 해보고 비판批判도 해보며 보다 더 바르게 크게 새롭게 나아가자는 것이다.

과연 학문은 오랜 전통傳統을 이어 왔다. 마치 샘물이 냇물, 냇물이 강물, 강물이 바다를 이룸과 같다. 크면 클수록 이러하다. 이래서 한 체계體系도 세우고 조직組織도 하여 놀라운 독창獨創도 할 수 있다.

서적書籍은 학자學者의 밑천이다. 밑천이 없이는 장사도 못하고 서적이 없이는 학자도 못 된다. 서적을 쌓아만 두는 장서가藏書家도 있다. 이는

4 「韓國書誌의 硏究 (上)」, 『동방학지』 3집, 1957. 12. 30.

학문-학자를 위한 한 사업가事業家다. 대학만 졸업하였다고 곧 학자가 아니다. 이는 겨우 학문의 길을 어느 정도程度쯤 닦은 이었다. 학자가 되려면 더 노력하여 널리 섭렵涉獵하고 깊이 사색思索 토구討究를 해야 하고, 하자면 서적을 가장 많이 읽어야 하겠다.

고래古來 서적에는 위본僞本 악본惡本도 많었다. 그러므로 서지학書誌學을 모르는 학자들에게는 헛된 수고를 한 이가 적지 않았다. 서적의 진위眞僞와 선악善惡을 분간치 못하기 때문에 턱없는 책冊을 그 정서正書로 믿고 증연부익增衍敷益을 하였을 뿐 아니라 또는 이런 걸 기화奇貨로 삼고 위작僞作과 두찬杜撰을 더 하기도 하였다.

청淸의 왕명성王鳴盛은 「目錄之學者 學中第一之緊要事 必從此問塗 方能得其門」이라 함과 같이 목록학目錄學은 과연 학문의 입문入門이다. 학자가 먼저 도서목록圖書目錄부터를 잘 알아야 한다. 중국서는 일찍 도서집성圖書集成 사고전서四庫全書와 같은 거대巨大한 도서圖書를 경經·사史·자子·집集으로 분류分類하여 무슨 서적이 무슨 부류部類에 있으며 각기各其 해제解題를 붙여 그 서적을 뒤적이기 전에 벌써 그 내용이 어떤 것인가를 대개 알고 있다. 그리하여 그 어느 책冊이 과연 정확正確한 원본原本 또는 선본善本인가를 믿고 안심安心하고 궁구窮究할 수 있이 되었다. 우리나라에도 홍제전서弘濟全書에는 약간若干 도서해제圖書解題가 적혔고, 이 근래 총독부總督府서 한 조선도서해제朝鮮圖書解題가 있으나 사실事實의 착오錯誤된 것이 적지 않았다.

우리 고전古典엔 중국에도 없던 귀중한 고서古書가 여조麗朝로써 전했다 하고, 십육만 권의 규장각 도서奎章閣圖書는 지금 서울대학교 중앙도서관에 보관되어 있고, 창덕궁昌德宮 낙선재樂善齋에는 4천여四千餘 책冊의 한글 서적이 있었고, 연대延大 고대高大 또는 개인 장서個人藏書에도 진귀珍貴한 책冊들이 많으나 아직 그 해제解題는 다 되지 않았다.

해방 후 몇 동지同志가 서지학회書誌學會를 세우고 가끔 고도서전람회古圖書展覽會도 열고, 또 그 연구발표硏究發表도 하다가 6·25사변六·二五事變 이후 이를 폐지廢止하였다.

이 원고原稿는 일찍 써가지고 내가 전북全北 문리대文理大에 가 있으며 이 강의講義를 하여 왔다. 이건 과연 한 특수特殊한 연구硏究로서 아직 정리整理되지 못한 우리 도서계圖書界를 위하여 자못 흥미興味로운 일이다. 이 논문을 읽는 여러분과 함께 힘을 써 케케한 우리 고전 속에서 머잖어 그 참된 보배로운 생명과 가치를 일일히 찾어낼 줄로 믿으며 나는 기뻐하는 바이다.

Ⅱ. 서계書契의 유래由來

선사先史 민족시대民族時代의 당초當初에는 혈거穴居 소거巢居하며 언어言語도 형성形成하려 하고 불을 쓰며(註一)[5] 석기石器와 궁시弓矢를 쓰다 목축牧畜 도기陶器 동기銅器 철기鐵器를 쓰고 문자文字도(註二)[6] 발명發明하여 썼

5 (註一) (사원辭源) 燧人氏 帝王 鑽木燧取火 始教民烹飮 故曰 燧人.

6 (註二) (사원辭源) 結繩 上古未有文字時 結繩以記事也. (易) 上古結繩而治 後世聖人易之以書契.

으리라. 그런데 우리 상고上古에는 양서梁書에 적힘과(註三)[7] 같이 문자는 없고 각목위신刻木爲信이라 함은 중국 문자와는 다른 일종一種의 문자가 있었던가를 짐작하겠으나 그건 전하지 못하고 중국 문자가 일찍 수입輸入되어 쓰이었다.

중국문자는 창힐蒼頡이가(註四)[8] 창제創製하여 그 후 증연增衍하였다는 것인바 지금도 중국 하남河南(註五)[9] 등지等地에서 발굴發掘되는 소위所謂 귀갑수골龜甲獸骨에(註六)[10] 새긴 점복문자占卜文字, 또는 정존鼎尊 기타其他 기器에 누각鏤刻한 문자文字 등이 적어도 3천년三千年 이전以前의 것이었다. 이런 문자를 쓰던 한족漢族과 인거隣居한 우리 겨레가 생활生活 교접交接에 과연 그 문자도 아니 쓸 수 없었다.

그 문자를 쓰면서, 우리말을 적기 위하여 이두문吏讀文을 만들어 써왔으며 이두문吏讀文(註七)[11] 역시 한자를 빌어 쓴 것이고 점점 한문화漢文化

---

7 (註三) 양서梁書「新羅土地肥美 宜植五穀 多桑麻 作縑布 服牛乘馬 男女有別 其拜及行 與高麗相類 無文字 刻木爲信 語言 待百濟而後通焉」.

8 (註四) 사해辭海「蒼頡 黃帝史臣 造書之祖也 或作倉頡 許愼 說文解字自序云 黃帝之史臣倉頡 見鳥獸遞蹏之跡 知分理之可相別異也 初造書契. 章太炎云 六書中 象形 指事 其餘四後之作」. 포박자抱朴子(진갈홍晋葛洪 저著) 황제헌원씨黃帝軒轅氏 동지청구東到靑丘 수삼황내문어자부선생受三皇內文於紫府先生 창힐조서蒼頡造書가 이를 방倣했다기도 함.

서단書斷에「頡有四目 通於神明 仰觀金星圓曲之勢 俯察龜文鳥跡之象 博采衆美 合而爲字 是曰古文.」혹운或云「애급埃及」「가루데아」에서 전래傳來.

9 (註五) 하남河南은 고예주古豫州 중국하남성경中國河南省境 주락읍周洛邑 왕성王城.

10 (註六) 구갑수골문자龜甲獸骨文字는 일본日本 임태보찬林泰輔撰인 서명書名. 갑골문자甲骨文字가 은허殷墟에서 나왔다 하고, 소척갑골所拓甲骨이 천이십오편千二十五片인데 나씨은허서결전편羅氏殷墟書契前編엔 중복重複된 것이 백사편百四片이다.

11 (註七) 이두문吏讀文을 설총薛聰이 지었다 하는 건 여조麗朝 때부터 일컬어 왔으나 삼국사기三國史記 권卷 제46第四十六 열전列傳 제6第六 설총조薛聰條의「聰性明說 生知道術 以方言讀九經 訓導後生 至今學者宗之와 삼국유사三國遺 제4第四 원효불기조元曉不羈條의「聰生而睿敏 博通經史 以方言 通念華夷方俗物名 訓解六經文學 至今海東明經者 傳受不絶」이라 함을 알겠으며, 균여전均如傳에 이결 향찰鄕札, 제왕운기帝王韻記 신라조新羅條에는 이서吏書, 대명율직해서大明律直解序에 비로소 이두吏讀라 하였다.

의 관계關係가 깊어지며 서적書籍 도식圖式도 그걸 많이 숭상崇尙하여 왔었다.

1. 책冊의 명칭名稱

고서古書는 죽간竹簡이(註一)[12]었다. 죽간竹簡에는 오간汙簡, 살청殺靑 두 가지가 있으니 오간汙簡은 죽청竹淸 즉 댓땀을 빼는 것이고 살청殺靑은 그 청피靑皮를 긁어버리는 것이다. 청피靑皮나 땀이 있는 대를 그대로 쓰면 썩고 좀이 나기 쉬운 까닭이다. 그러므로 그 퍼런 껍질을 긁어버리고 불 위에 놓아 그 땀을 다 빼어버리는 것이다.

그리고 그 쓰는 법에는 도각刀刻 칠서漆書 두 가지가 있다. 칠서漆書는 후한後漢 두림전杜林傳의 「어서주於西州 득칠서고문상서일권得漆書古文尙書一卷」(註二)[13]과 진서晉書 속석전束晳傳의 「태강2년太康二年 급군인汲郡人 발총득죽서수십거發塚得竹書數十車 개간편皆簡編 과두문자科斗文字(註三)[14] 잡사경사雜寫經史」이란 것이 이것이고, 도각刀刻은 사기史記의 「소하蕭河 위진지도필리爲秦之刀筆吏」란 것이 이것인데 칠서漆書는 고치기 쉽고 도각刀刻은 고치기가 어렵다.

이리하여 전篆(註四)[15] 주籒(註五)[16] 적籍·부簿·간簡·부符·책策·전箋·편篇

---

12 (註一) 죽간竹簡…옛날 종이가 발명發明되지 못한 때 큰일은 책冊에 쓰고 작은 일은 간독簡牘에 썼는데 다 죽목竹木으로서 한고로 죽간竹簡 죽간서竹簡書 죽서竹書라 일컬었다.

13 (註二) 고문古文…상고문자上古文字, 즉 창힐소조蒼頡所造인 것이다.

14 (註三) 과두문자科斗文字…올창이 형상形象처럼 쓴 글자.

15 (註四) 전篆…즉 소전진전小篆秦篆이니, 진시황秦始皇 때 이사李斯는 창힐편蒼頡篇을 짓고 조고趙高는 애역편愛歷篇을 짓고 호모경胡母敬은 박학편博學篇을 짓는데 다 사전史籒의 대전大篆에서 더러 획을 덜어 만든 것. 이른바 소전小篆이 이것이다. 또는 대소전大小篆을 통정通程하기도 한다.

이 죽부竹部이고 이 중中 편編은 설문통훈정성說文通訓定聲에는 「위서어간책가편자야謂書於簡冊可編者也」라 하였는바 책부冊部 편서扁署로 문호門戶를 서署한 문文인 편자扁字 위에 죽자竹字를 더한 것이다.

책冊은 1서一書를 일컬어 1책一冊이라 하였는바 이는 간책簡策의 책冊으로 말미암아 왔다. 설문해자說文解字에는 책冊은 부명符命이다. 이는 제후諸侯가 왕王에게 진수進受함이니 그 찰札이 일장일단一長一短하여 가운데에는 2편二編의 형상刑象이 있음을 표表하였다. 고문古文엔 책笧이고 부신符信이었다. 한제漢制에 죽장竹長 6촌六寸을 나누고 합하여 종죽부성从竹付聲 하였다. 대개 일장일단一長一短을 서로 비比함을 이르되 책冊이라 하고 6촌분합六寸分合을 이르되 책冊이라 하였다. 그러면 죽간竹簡을 노나 실로 엮은 것이다. 또 가죽으로 엮기도 하였으니 사기史記의 「공자孔子 만희역晩喜易 위편삼절韋編三絶」이 이것이고 책冊 본本 통작책通作茦이라 하였는데 좌씨춘추서소左氏春秋序疏의 「단집일찰單執一札 위지간謂之簡 연편제간連編諸簡 내명위책乃名爲策」이 이것이었으며 한인漢人은 차책작책借策作冊을 하였다. 그리고 그 후 1권一卷을 1책一冊, 또는 몇 권卷을 1책一冊이라기도 하였다.

2. 권卷의 명칭名稱

권卷은 죽백竹帛에서 유래由來한 말이다. 죽백竹帛의 죽竹은 간簡, 백帛은 (註一)[17] 지紙를 이름인데 죽백竹帛은 한시漢詩에 통용通用하던 것이었다. 백帛에 쓰는 건 펴고 말기가 편하므로 1서一書를 몇 권卷이라 하였다. 대개 고서古書에는 1편一篇으로 써 1권一卷을 지었다.

16 (註五) 籒…즉, 대전大篆 주籒이니 주선왕周宣王 태사사추太史史籒의 소작所作이다.
17 (註一) 帛… 쪽쪽하게 짠 비단.

한서漢書 예문지藝文志에 약간若干 편篇이라 일컫는 것에 죽竹도 있고 약간若干 권卷이라 일컫는 것에 백帛도 있다. 권卷의 심心에는 반드시 원축圓軸으로 써 돌리는 데 두 머리가 좀 길게 권卷에 내밀게 된 것이 마치 차축車軸과 같다.

수서隋書 경적지經籍志에 이르되 양제煬帝가(註二)[18] 즉위卽位하매 비각秘閣의 서적書籍을 삼품三品으로 나누어 상품上品은 홍유리축紅瑠璃軸, 중품中品은 감유리축紺瑠璃軸, 하품下品은 칠축漆軸이라 하였고, 구당서舊唐書 경적지經籍志 집현원集賢院 어서경고御書經庫에는 모두 전백아축鈿白牙軸 황표대黃縹帶 홍아첨紅牙籤이고 사고史庫에는 전청아축鈿靑牙軸 표대縹帶 녹아첨綠牙籤이고 자고子庫에는 조자단축雕紫檀軸 자대紫帶 벽아첨碧牙籤이고 집고集庫에는 녹아축綠牙軸 주대朱帶 백아첨白牙籤이었다. 아첨牙籤(註三)[19]은 상아象牙로 만든 뫼또기(註四)[20]였다.

수당간隨唐間에 간책簡冊은 이미 없어지고 권축卷軸만 남았는 고로 일서一書를 또 몇 축軸이라 하였다. 당唐 한유韓愈 시詩의(註五)[21]

鄴侯家多書 挿架三萬軸

一一縣牙籤 新若手未觸

---

18 (註二) 양제煬帝… 2938二九三八(605) 수隋 문제文帝의 차자次子, 이름은 광廣. 태자太子 용勇이 문제文帝에게 실환失歡하여 광廣이 교식矯飾하여 득환得歡하였다. 드디어 용勇을 폐廢하고 광廣으로 태자太子를 삼았다. 동궁東宮에 들어 소행所行이 무도無道하매 문제文帝가 또 폐廢하려 하였다. 광廣이 아비를 죽이고 즉위卽位하였다. 크게 토목공사土木工事를 일으켜 서원西苑을 짓고 이궁離宮을 두고 운하運河를 파고 장성長城을 쌓고 출감出歛이 중重하고 부역賦役이 잦아 백성百姓이 살 수 없었다. 그리고 주색酒色에 심면沈湎하다 강도江都에 순지巡至하여 자문화字文化에게 소살燒殺되었다.

19 (註三) 아첨牙籤…상아象牙로 만든 책冊꽂이. 즉 뫼또기

20 (註四) 뫼또기…뫼또기 모양으로 책갑冊匣을 거는 것.

21 (註五) 한유韓愈…당唐 헌종憲宗(三一三九·806) 때 큰 문학자文學者. 자字는 퇴지退之.

(讀書 破萬卷 下筆如有神)

이라한 것의 3만三萬 축軸은 즉 3만三萬 권卷이다.

삼국三國 때 수당隨唐과의 교접交接이 잦았으며 유학생留學生이 많이 왕래往來하고 서적書籍도 구입購入한 것이 적지 않았으나 지금 전하는 건 없고 다만 순천順天 송광사松廣寺 소장所藏 고려판高麗板 불서佛書에는 권축卷軸 그대로 전하고 있었다.

그러면 권卷은 즉 권축卷軸으로서 말았던 걸 이름이었다.

3. 본本의 명칭名稱

본本은 사원辭源엔 「구제주접왈본舊制奏摺曰本」이라 하였고 또 「서적書籍 도서圖書 비첩碑帖 개왈皆曰 본本 여각본如刻本(註一)[22] 임본臨本(註二)[23] 탁본拓本(註三)[24]」이라 하고 사해辭海엔 「서적書籍 비첩碑帖 자주왈字書曰 본本 여각본如刻本 임본臨本 지본紙本(註四)[25] 견본絹本(註五)[26]」이라 하였으나 고자서古字書에는 이런 어원語源을 말한 것이 없다.

그러나 일찍부터 본本은 한 서책書冊의 의미意味로 써왔다. 북제안지추

---

22 (註一) 각본刻本…각판刻板한 책冊

23 (註二) 임본臨本…그 필화筆畫를 그대로 모방模倣한 책冊

24 (註三) 탁본拓本…고기古器 비첩碑帖을 박인 것인데 백지白紙 백선지白宣紙를 가지고 잠농묵蘸濃墨으로서 박여낸 것. 또는 탑본搨本이라기도 함.

25 (註四) 지본紙本…지질紙質인 서화책書畵冊

26 (註五) 견본絹本…생증生繒으로 한 서화책書畵冊

北齊顏之推 안씨가훈서顏氏家訓書 증편證篇에는「漢書中外禔福字 當从示而江南(註六)[27] 書本多誤从手」라 하였고 후한서後漢書에는「酷吏樊曄傳 寧見乳虎穴 江南書本 穴皆誤作六」이라 하여 남북조南北朝(2753~2922·420- 589 A.D.) 이래以來 서본書本은 서책書冊 서권書卷이라 쓰던 것이고 한漢에서는 약간종若干種 약간권若干卷이라 하던 걸 진晋에서는 약간부若干部 약간권若干卷 또는 약간질若干帙이라 한바 질帙은 수 권數卷 이상以上을 합合한 걸 이름이며 접첩摺疊의 제制가 진시晋時에 벌써 통행通行되고 당인唐人의 시권식試卷式도 이를 본받아 과거科擧 볼 때 시지試紙에 1행一行 11일자十一字, 1지一紙 16행식十六行式으로 하였다. 이리하여 당송唐宋 이하以下 시권식試卷式은 본디 불경佛經을 사寫하던 식式을 의방依倣한 것으로서 1본一本 1권一卷이 드디어 정호定號가 되었다.

고서古書에는 간책簡策 겸백縑帛을 반드시 다 권축卷軸으로 한 것이 아니었다. 당唐에 이르러 비로소 엽자葉子로 하였으니 즉 지금 서책書冊이다. 그러나 고죽첩古竹牒은 첩간疊簡으로 하던 것을 당唐에 비로소 겸지縑紙를 축軸에 말아 책엽冊葉에 고쳤을 따름이다.

그 뒤 서책書冊은 당시唐時 엽자葉子란 것이 변하여 호접장蝴蝶裝으로 된 것이다. 호접장蝴蝶裝은 선정綫釘을 아니 쓰고 다만 풀로서 서배書背를 붙이고 견경堅硬한 것으로 거죽을 하게 하였다. 판심板心은 안에 있고 양변兩邊은 밖에 있어 걸면 호접蝴蝶의 날개와 같다. 이 식式이 원초元初까지는 있었다 하고 선정장綫釘裝이든 호접장蝴蝶裝이든 통칭通稱하여 다 본本이라 하였다.

---

27 (註六) 강남江南…중국中國의 장강長江 이남以南 등지를 이름.

우리나라엔 나의 아는 바로는 이런 호접장蝴蝶裝이 하나밖엔 없다. 고대高大 도서관에 소장所藏된 여승체관록麗僧諦觀錄 천대사교의天臺四教儀 1책一冊이다. 이 책冊은 4편四篇을 합부合部한 것이다. 고려 선종宣宗 때 대각국사大覺國師 의천義天이 북송北宋서 이 원간본原刊本을 구래購來하여 즉시卽時 해인사海印寺서 중각重刻하였다. 종이는 여조麗朝의 유명有名한 백추지白硾紙이고 자체字體는 구양순체歐陽詢體로서 퍽 경건勁健하고 묵색墨色은 퍽 창고蒼古하다. 그 중각重刻 연월年月은 선종宣宗 6년(3422·1089 A.D.)이다. 이렇게 간행 연대刊行年代며 처소處所가 분명分明하고 지금 팔백육십여 년이나 된 건 우리 판본板本에 이것뿐일 것이다. 과연 우리 판본板本으로는 최고最古 최중最重한 것이었다.

4. 엽葉의 명칭名稱

서書의 1지一紙를 1엽一葉이라 하는데 엽葉은 1엽一葉, 즉 1엽一葉 전변轉變인가 하기도 하나 이건 당본唐本 불경佛經의 범패서梵貝書서 기인起因한 것인가 한다. 범패서梵貝書는 범서梵書로서 패다엽貝多葉에 쓴 것이다. 패다貝多(註一)[28]는 나무 이름 오인도五印度에 다 있는 나무다. 그중中 남인도南印度 것이 가장 좋아 그 잎을 아직 종이 없을 때 종이처럼 쓴 것이다. 그러면 엽葉은 즉 당唐 때부터 생긴 말이다.

우리는 1지一紙를 1장一張이라 하여 왔으며 1장一張의 전면前面이나 후

28 (註一) 패다貝多…유양잡조酉陽雜俎에는 마가타국摩伽陀國에서 많이 나고 장長이 6, 7장六七丈되며 겨울을 지내되 이울지 않는다 하였다. 패다貝多를 범어梵語로는 패다라貝多羅라 하며, 인도인印度人은 이것으로써 많이 경經을 쓴다. 어떤 이는 다라多羅는 나무 이름이고 패貝는 잎이라는 뜻이라 한다. 패貝를 또 패梖라 하기도 한다.

면後面을 한 페이지(Page)라 하고 한 페이지를 한자漢字로는 1혈一頁이라 한다.

Ⅲ. 책본冊本의 종류種類

책본冊本의 종류種類는 크게 두 가지로 나눌 수 있으니 하나는 사본寫本이고 또 하나는 인본印本이다. 사본寫本은 필사筆寫한 것, 즉 목필木筆 도필刀筆 모필毛筆 등으로 쓴 것이다. 인본印本보다 먼저 되어 있던 것이다. 인본印本은 각판본刻版本(각본刻本) 주자본鑄字本 목자木字 또는 도자본陶字本 등사본謄寫本 경인본景(影)印本 등이 있다.

사본寫本은 인본印本보다 먼저 되어 있던 만큼 우리나라에도 삼국三國 여선麗鮮 이래 많이 있었겠지만 전하는 것으로는 원운곡元耘谷(천석天錫) 집集이 최고最古하였다. 운곡耘谷은 여말麗末 절사節士로서 이씨李氏 태종太宗의 관대款待에도 응하지 않고 원주原主 치악산雉嶽山에 숨어있으며 이씨 조선李氏朝鮮이 되며 공민왕恭愍王의 자손子孫인 왕우王禑, 왕창王昌을 신돈辛旽이 자손子孫이라 하여 신우辛禑, 신창辛昌으로 열조捏造한 것을 운곡耘谷이 변명辨明하여 놓은 것이 이 책冊이었다. 전하는 말에는 이 책冊을 운곡耘谷이 굳게 갑匣 속에 갈머 두고 내 자손子孫이 성인聖人이 아니면 열어보지 말라 하였는데 그 뒤 중뿔난 자손子孫이 있어 열어 본 즉 「기휘忌諱할 기록記錄이 많으므로 불태워 없애버렸다」 하나 지금 삼백여 년 전 신 상촌申象村(흠欽)이 이 책冊을 보았었고 8·15해방 전에 이 책冊이 그 자손子孫 집에서 나와 어느 전당포典當鋪에 잡혀 있다가 고려대학 도서관으로 들어

갔다. 이씨李氏 태조太祖의 실록實錄과 같은 거대巨大한 장방형長方形의 사본寫本이었다. 이걸 보면 여조麗朝에서는 사가私家의 사사본寫私本도 그 규모規模가 그렇게 컸던 것이었다. 그리고 근조近朝에는 실록정원일기實錄政院日記 미암일기眉岩日記 충무공忠武公 난중일기亂中日記 등등의 사본寫本이 퍽 많이 전하고 있다.

각판본刻版本은 중국에선 오대五代 풍도馮道가 시작始作하였다 하나 실은 그전 당唐 희종僖宗 중화中和 연간年間부터 벌써 있어왔었다. 당류빈가훈서唐柳玭家訓序(유빈훈서柳玭訓序)의

> 中和三年癸卯(884 A.D.)夏 鑾輿在獨之三年也 余爲中書舍人 旬林閱書於重城之東南 其書 多陰陽雜記 占夢相宅 九宮五緯之流(註一)[29](註二)[30] 又有字 書小學 率雕板 印紙浸染不可曉 是爲書有刻板之始

라 하였고 또 송주익宋朱翌의(註三)[31] 의각료잡기猗覺寮雜記의

> 雕印文字 唐以前無之 唐末益州 始有墨版 後唐方鏤 九經(註四)[32] 悉收人間所收經史 以鏤板爲正

이라 하였다는 말이 가장 믿업다. 정鼎, 종鐘, 비碑, 갈명碣銘이나 불상佛象

---

29 (註一) 구궁九宮은 역중구궁曆中九宮, 명당구궁明堂九宮

30 (註二) 오위五緯는 금목수화토金木水火土 오성총명五星總名

31 (註三) 주익朱翌은 송宋 고종高宗 소흥중紹興中 중서사인中書舍人이 되었으나 진회秦檜에게 붙지 않으므로 소주韶州에 19년十九年 귀양 가 명산名山 승경勝景을 유람游覽하였고 목강집沐江集이 있다.

32 (註四) 구경九經은 시詩, 서書, 역易, 예禮, 춘추春秋, 효경孝經, 논어論語, 맹자孟子, 주례周禮

이나 또 석고石皷 등에 새긴 건 물론 그전에도 있었다. 오랜 그 예例를 들면 석고문石皷文은 주周 선왕宣王 때(서기전西紀前 827~782) 사주史籒가 작송기공作頌紀功한 것을 고형皷形으로 만든 게 열 갠데 그 위에 글을 새겼다. 지금 북경北京 국자감國子監에 보관保管되어 있으며 석경石經은 후한後漢 영제靈帝 희평熹平 4년四年(서기 175)에 제유諸儒에게 조칙詔勅하여 오경문자五經文字을 돌에 새겨 태학문太學門밖에 나열羅列하였는데 이게 한석경漢石經 채옹소서蔡邕所書(시서역詩書易 춘추례春秋禮) 자체字體가 다 예서隷書로 수경적소위일자석경隋經籍所謂一字石經이었고 또 고문古文 전篆 예隷 삼체三體로 병서並書한 석경石經은 위정시중魏正始中(240~246 A.D.)에 세운 것인데 수지소위삼자석경隋志所謂三字石經이었다. 제가諸家 저록著錄엔 한석경漢石經과 오록誤錄하였고 이 양종兩種은 잔훼殘毁한 지 오래매 당唐, 문종文宗 개성開城 2년二年(837 A.D.) 당唐 국자학國子學 석경石經 범凡 십이경十二經에(註五)[33] 맹자孟子만 없고 오대五代 후촉後蜀 7년七年(서기 938) 성도학궁成都學宮에서 구경九經을 새기고 그 뒤 송宋 가우嘉祐 8년八年(1068 A.D.) 태학석경太學石經, 청淸 가경嘉慶 8년八年(1803 A.D.) 십삼경十三經 석각石刻이(註六)[34] 있었다. 그러나 이런 것은 각판본刻版本이라 하지 않았다.

33 (註五) 십이경十二經은 효경孝經, 논어論語, 이아爾雅, 역易, 시詩, 서書, 삼례三禮(주례-周禮, 의례-儀禮, 예기-禮記), 삼전三傳(좌씨-左氏, 공양-公羊, 곡량-穀粱)

34 (註六) 십삼경十三經은 십이경十二經에 맹자孟子를 가加한 것.

1. 우리 고대古代의 비갈碑碣 종명鍾銘 각판刻板

우리 최고最古한 서지書誌는 비갈문자碑碣文字이다. 지금 경남 남해군 이동면 양하리에 있는 서불제명석각徐市題名石刻(註一)[35]이란 건 그 전설傳說을 그대로 준신遵信할 수 없고 평남 용강군 해운면 용정리의 점제현신사비秥蟬縣神祠碑(註二)[36]는 한漢 장제章帝 원화元和 2년(85 A.D.)것으로 추정推定되며 만주滿洲 집안현輯安縣 동강東崗 비석가碑石街 원래정元來庭의 고구려 광개토왕릉비廣開土王陵碑(註三)[37]는 장수왕長壽王 2년(414 A.D.) 것이며 경남慶南 창녕군昌寧郡 읍내면邑內面 말흘리末屹里의 신라진흥왕척경비新羅眞興王拓境碑(註四)[38]는 진흥왕眞興王 22년(561 A.D.) 것이며 또 동시대同時代인 고양군高陽郡 은평면恩平面 구기리舊基里 비봉碑峯 진흥왕 순수비眞興王巡狩碑며 진흥왕眞興王 29년에 세운 함남咸南 이원군利原郡 마운령맥磨雲嶺脈의 마운봉측磨雲峯側에 있는 진흥왕순수비眞興王巡狩碑며 함흥군咸興郡 하기면下岐面 송당리松堂里 철종哲宗 2년 8월 진흥리황초령眞興里黃草嶺서 이래移來한 진흥왕순수비眞興王巡狩碑며 평양시平壤市 경제리鏡齊里 대동강반大同江

35 (註一) 서불제명석각徐市題名石刻은 이 근대近代 한어역관漢語譯官 오경석吳慶錫이 이걸 탁본拓本하여 가지고 청淸의 하추도何秋濤에게 감정鑒定한바 '서불기례일출徐市起禮日出'이라 한다 하였으나 이건 고문古文, 적籒, 전篆도 아닌 수식암水蝕岩의 한 문의인 것이었다.

36 (註二) 점제현신사비黏蟬縣神祠碑의 점선黏蟬를 '념데'라 읽었으며 그 중中엔 '오곡풍성五穀豊盛 도적불기盜賊不起'란 구句가 있다. 한 송축頌祝한 글이었다.

37 (註三) 광개토왕릉비廣開土王陵碑는 1882A.D. 청淸의 성경장군盛京將軍 좌종당左宗棠이 발견發見하였다. 광개토왕廣開土王은 영락대왕永樂大王 또는 평안호태왕平安好太王이라고도 하였다. 비신碑身은 고22척高二十二尺인데 사방전면四方全面 합合 44행四十四行 1800여一千八百餘 자字를 대서심각大書深刻하였다. 그 서書는 한례漢隷의 한 전형典型이었다.

38 (註四) 진흥왕비眞興王碑는 진흥왕眞興王의 사적事蹟을 기紀한 네 비碑가 있는바 척경拓境 또는 순수巡狩라 하여 그 국경國境을 개척開拓 염척恢拓하고 왕王이 친親히 순수巡狩도 하였다 함이었다.

畔 성벽중城壁中의 고구려성벽석각高句麗城壁石刻은 이두문吏讀文인데 평원왕平原王 8년(566 A.D.) 것으로 추정推定되며 대마국분팔번궁조선종기對馬國分八幡宮朝鮮鍾記는 신라 경덕왕 4년(서기西紀 745) 것인데 양서梁書의

新羅…… 無文字 刻木爲信

이란 말을 믿을 수 없다. 한문자漢文字가 이미 기자箕子 및 위씨조선衛氏朝鮮에 유입流入되었고 한사군漢四郡(108-82 B.C.)에는 제법 통용되었다. 점제비黏蟬碑가 신라 파사왕婆娑王 6년에 서 있은즉 서로 인접한 신라에서 문자가 없었을 이가 없다.

삼국사기三國史記를 보면 고구려高句麗 소수림왕小獸林王 2년(372 A.D.) 진왕秦王 부견符堅이 불상경문佛象經文을 보냈으며 태학太學을 세워 자제子弟를 가르쳤다 하고 백제百濟 근초고왕近肖古王 30년(375 A.D.) 박사博士 고흥高興이 서기書記를 지었다 하고 고구려高句麗 영양왕嬰陽王 11년(600 A.D.) 대학박사大學博士 이문진李文眞이 국초國初부터의 기사記事인 유기留記 일백 권一百卷을 약約하여 신집新集 5권五卷을 지었다 하고 신라 진흥왕眞興王 6년(545 A.D.) 대아손大阿飡 거칠부居柒夫 등等이 국사國史를 찬撰하였다. 그리고 신라新羅 통일統一 후에 신문왕神文王 때 국학國學도 세우고 설총薛聰(註五)[39]은 방언方言으로 구경九經을 해석解釋하였고 당唐과의 국교國交가 더욱 잦으며 당에 유학생도 많았으며 원성왕元聖王 4년(788 A.D.)

39 (註五) 설총薛聰은 원효元曉의 아들로서 나며 예민睿敏하여 경사經史를 박통博通하였으며 방언方言으로 써 화이華夷 방속물명方俗物名을 통회通會하고 육경문학六經文學을 훈해訓解하여 후생後生을 훈도訓導하였다.

에는 독서출신과讀書出身科를 시정始定하였으며 당의 서적書籍도 많이 구입購入하였다. 그런즉 당 말唐末의 각판본刻版本도 그 당시 들어왔으며 인하여 각판刻板도 시작始作하였을 것 아닌가? 이러한 명문明文은 얻어 보지 못하였으나 신라 말에 각판刻板이 이미 있었다 하겠다.

2. 각판본刻版本

고려사高麗史의 광종 10년(959 A.D.) 가을 주周에 사신使臣을 보내어 별서효경別序孝經 1권一卷, 월왕효경신성越王孝經新成 8권卷, 황령효경皇靈孝經 1권一卷, 효경자웅도孝經雌雄圖 3권三卷을 진정進呈했다 함을 보면 이게 다 사본寫本이 아닐 것이니 여초麗初에는 각판刻板이 성행盛行하였던 것이었다. 그리고 성종 11년(993 A.D.)에 본국本國 사신使臣이 주周에서 혜림경음의慧琳經音義(혜림일체경음의慧琳一切經音義)를 구하였었고 한언공韓彥恭은 송에서 돌아오며 송 태종이 준 대장경大藏經 481함函을 드리매 왕은 맞아 내전內殿에 두고 하사下赦를 하였다. 이것으로 써 현종 때에는 대장경각판大藏經刻板을 시작하였다. 그 전말顚末은 다음 기록들과 같다.

동국이상국전집東國李相國全集(註一)[40] 25二十五 대장각판군신기고문大藏刻板君臣祈告文 정유년丁酉年(고려 고종 24년-1237 A.D.) 조條의

國王諱 謹與太子 公侯伯宰樞 文虎百僚等 熏沐齋戒 祈告于盡虛空界 十

40 (註一) 이상국李相國은 이규보李奎報 자字는 춘경春卿, 호號는 백운거사白雲居士 고려고종高麗高宗 때 상신相臣, 시문詩文을 잘하고 그때 권문權門이던 진양공晉陽公 최이崔怡의 대행代行하는 글도 많이 지었다.

方無量諸佛菩薩及 天帝釋爲首 三十三天 一切護法靈官 甚矣達旦之爲患也 其殘忍凶暴之性 已不可勝言矣 至於癡暗昏昧也 又甚於禽獸 則求豈知天下之所敬 有所佛法者哉 由是 凡所經由 無佛像梵書 悉焚滅之 於是 符仁寺之所藏 大藏經板本 亦掃之無遺矣 嗚呼 積年之功 一旦成灰 國之大寶 喪失矣 雖在諸佛多天大慈之心 是可忍而孰不可忍耶 因竊自念 弟子等 智昏識淺 不早自爲防戒之計 不能完護佛性乘故 致此大寶喪失之災 實弟子等無狀所然 悔可追哉 然 金口玉說 本無成毁 其所寓者器耳 器之成毁 自然之數也 物毁則改作 亦其所也 況有國有家 崇奉佛法 固不可因循姑息 無此大寶 則豈敢以役鉅事殷 爲慮而憚其改作耶 今與宰執文虎百僚等 同發洪願 已署置局當官司 俾之經始 因考厥初草創之端 則顯宗二年 契丹主大擧兵來征 顯宗南行避亂 丹兵猶屯松岳城不退 於是 乃與羣臣 發無上願誓 刻成大藏經板本然後 丹兵自退 然則 大藏一也 先後雕鏤一也 君臣同願亦一也 何獨於彼時 丹兵自退 而今達旦不爾耶 但在諸佛多天 鑒之之如何耳 苟至誠所發 無愧前朝 則伏願諸佛聖賢三十三天 諒懇迫之祈 借神通之力 使頑戎醜俗 斂蹤遠遁 無復蹈我封疆 干戈載戢 中外晏如 母后儲君 享壽無疆 三韓國祚 永永萬世 則弟子等 當更努力 益護法門 粗報佛恩之萬一耳 弟子等無任懇禱之至 伏惟炤鑒云云

고려사高麗史 열전列傳 권卷 42 반역叛逆 3 최항조崔沆條의

詔曰……晋陽公崔怡(崔忠獻張子 崔沆은 崔怡의 長子)……且歷代所傳 鎭兵大藏經板 盡爲狄兵所焚 國家多故 未暇重刻 別立都監(註二)[41] 傾納私財 彫板幾半 福利邦家 功業難忘 嗣子侍中沆 遹追家業 匡君制難 大藏經板 施財督役 告成慶讚 中外受福

41 (註二) 별립도감別立都監은 특별特別히 세운 도감都監이다. 도감島監은 나라의 일을 각기各其 맡아 하는 관가官衙.

누판고鏤板考(註三)[42] 권卷 제5第五 대장경大藏經 6558권卷 조條의

舊傳 新羅哀莊王時刻(註四)[43] 今按高麗史 韓彦恭傳 成宗時 彦恭以兵部侍郎 如宋奏請大藏經 太宗皇帝 賜藏 四百八十一函 三千五卷 高宗世家大藏經 顯宗時板夲 燬於壬辰蒙兵 王與羣臣 更願立都監 十六年而功畢 辛亥(註五)[44]辛酉門外大藏經板堂 率百官行香 今藏經刻本 式標戊甲 式標甲辰 皆高宗辛亥前 十六年間干支 則是經之東來在高麗成宗時 侵板在 顯宗時 重鐫在高宗時 無疑 獨卷多寡不合 或東來後 續入者多 或彼以 冊計 此以編計 不可知 高宗辛亥 當宋理淳祐 十一年 距今 五百四十六年 中州藏書家之競以宋槧蜀刻 託爲奇貨者 率僅止斷爛榻本 未有是經之累經兵劫 板刻尙存也 板皆髹漆 銅飾左右 俗云藏弆之室 鳥鼠不能穴 昔有神物護之 凡 一千五百三十九種

이라는 이상以上 기록을 보면 신라 애장왕 시각설時刻說은 워낙 무거無據하였고 성종 때 송宋의 준 대장경大藏經을 현종 때 각刻하였다 하는 바 이규보李奎報 작作인 「군신기고문君臣祈告文」에는

顯宗 二年 契丹主大擧兵來征 顯宗南行避亂 丹兵猶屯松岳不退 於是乃與羣臣 發無 上大願誓 刻成大藏經板本然後 丹兵自退

---

42 (註三) 누판고鏤板考는 근조近朝 정종正宗 20년二十年 명찬命撰한 도서해제圖書解題, 사본寫本 칠권七卷인데 이 근자 간행刊行한 활자본活字本 일책一冊도 있다.

43 (註四) 애장왕시각哀莊王時刻의 애장왕哀莊王은 신라新羅 제40대第四十代 임금으로 10년十年(800~309 A.D.) 재위在位하였다. 이때 합천陜川 해인사海印寺가 창립創立되었다. 그 대장경설大藏經說은 이 절 창립설創立說과 혼와混訛함이었다.

44 (註五) 신해辛亥는 고려高麗 고종高宗 28년二十八年인데 군신기고君臣祈告 하던 정유丁酉로부터 계산計算하면 15년十五年이나 사실事實은 정유丁酉 전해 병신丙申부터 도감都監을 두고 대장경재조大藏經再彫를 시작하였다.

라 하였으나 고려사세가高麗史世家 현종 3년조條를 상고해 본즉 현종과 후비后妃는 그 원년元年 12월 28일 단병丹兵을 피하여 남행南幸하였고 단병丹兵은 그 2년 정월 11일부터 물러가고 현종은 나주羅州까지 갔다가 회가回駕를 하였고 동월同月 29일 계단주契丹主가 압록강을 건너 인거引去하매 2월 2일에는 현종이 공주公州에서 김은전金殷傳 장녀長女를 드려 비妃를 삼고 동월同月 21일 환경還京하여 수창궁壽昌宮에 입어入御하였다. 그러면 그 피란避亂이 도합都合 54일에 불과한데 그 대장경大藏經을 조판彫板하였다는 건 도저히 시인是認할 수 없다. 그러면 대장경大藏經의 초각본初刻本은 현종 이전에 이미 조판을 하여 왔었거나 또는 현종 년부터 시작하였거나 한 것이었다. 고종 때 이걸 재조再彫하는 데도 16년이라는 긴 동안을 거쳤었는데 현종이 피란하던 그 창황중蒼黃中에 어이 이 거창巨創한 역사役事가 되었으리오. 「군신기고문君臣祈告文」의 이런 말은 그 재조再彫를 격려하기 위하여 한 한 허장虛張이 아닐가도 한다.

이덕무李德懋(註六)[45] 앙엽집盎葉集에도 이 대장경판大藏經板 말이 있거니와 누판고鏤板考에 실린 기록紀錄도 동일한 그것인가 하는데 지금 해인사海印寺의 팔만대장경八萬大藏經이란 전각殿閣엔

1. 대장경판수大藏經板數 81,258매枚
1. 장경종류수급권수藏經種類數及卷數 1512부部 6791권卷

이상以上 고려국高麗國 간판刊板

부附 사간寺刊 장경藏經

45 (註六) 이덕무李德懋는 자字 무관懋官 호號 형암炯庵 또 아정雅亭. 박람강기博覽强記하여 고금古今 이서異書를 꿰었고 새로운 시詩를 지어 전사가前四家의 한사람이었다. 그 소저所著가 많았다.

1. 판본수板本數 4845매枚
2. 종류種類 59부部
3. 권수卷數 355권卷

이라고 게시揭示하였다. 이걸 누판고鏤板考 소록所錄인 6558권卷에 비比하면 233권卷이 더하다. 이건 그 전후前後의 오계誤計인지 어쩐지 다시 상세히 조사하여 보아야 하겠지만 이게 고종 때 재조再彫한 대장경판大藏經板임은 틀림이 없다.

대각국사大覺國師 후煦(註七)[46] 자字 의천義天은 고려 선종宣宗의 아우로서 선종 2년 몇 제자를 데리고 상선商船을 타고 도망하여 송에 가서 경향京鄕 명찰名刹 화엄교리정원법사華嚴敎理淨源法師 천태교관자변대사天台敎觀慈辯大師를 보고 유학한 지 14개월에 돌아오며 불서佛書 3000여 권卷을 가지고 또 요遼 일본日本에서 불서佛書를 사들어 교장도감敎藏都監을 주치奏置하고 속대장경續大藏經을 1012부部 4749권卷을 간행하였다. 그리고 선종 7년 의천목록義天目錄(신편교장총록新編敎藏總錄)을 간행하였다. 이중에도 놀라운 건 고장高藏 체관록諦觀錄인 천태사교의天台四敎儀다. 이건 북송각본北宋刻本을 얻어 가지고 와 선종 6년(3422~1098 A.D.) 해인사海印寺서 중각重刻한 것이었다.

천태사교의天台四敎義의 각刻은 가장 고古하며 가장 정확正確하다. 이것은 현종顯宗 때 초각대장경初刻大藏經의 한 원형본原形本이었다. 고종高宗 때

46 (註七) 대각국사大覺國師는 고려高麗 선종宣宗의 아우로서 송宋나라에 가서 불서佛書를 많이 구해오고 또 요遼, 일본日本서도 구하여 속대장경續大藏經을 간행刊行하였다. 그 시문집詩文集의 판본板本도 전한다. 많이 구해오고 또 요遼, 일본日本서도 구하여 속대장경續大藏經을 간행刊行하였다. 그 시문집詩文集의 판본板本도 전한다.

재조再彫한 대장경大藏經은 그 각刻이 바히 못한바, 그중 대반야바라밀다경大般若波羅密多經과 반야바라밀다심경般若波羅密多心經과 같은 건 그 사자寫字며 각법刻法으로 보아 그 초각본初刻本의 한 유판遺板이 아닌가 한다. (이걸 총독부總督府 때 대반야바라밀다경大般若波羅密多經의 제1장第一張이 누락漏落되어 성당惺堂 김돈희金敦熙의 사자寫字로 자작나무(재梓)판板에 새겨 보결補缺하였던바 그게 어울리지 않아 나중에 일본日本 경도京都에 있는 이 판본板本 제1장第一張을 경인景印하여 보판補板하였다.)

그 뒤 여조麗朝에의 각판본刻版本도 정밀精密 정확正確하였으며 근조近朝에 이르러서는 주자鑄字도 더욱 정진精進되어 활용하였으나 역시 각판본刻版本이 주로 많이 쓰이게 되었다. 근조近朝 태종 세종 조에 그렇게 주자鑄字를 개신改新하여 퍽 편의便宜케 하였으나 주자는 오히려 거북하여 원고본原藁本의 대용代用으로 흔히 썼고 이걸 장구長久히 보존保存하려 함에는 다시 각판刻板을 하였다. 월인석보月印釋譜(註八)[47] 기타其他 불경佛經, 유서儒書 등은 이러하였다. 주자는 이미 사용된 지 오래드라도 그 식자植字 조판造板의 절차節次가 난삽難澁하므로 차라리 각판을 함이 쉬었던 것이었다. 이러하여 우리의 각판은 중국의 그것보다도 더 정확하였다. 유경儒經칠서七書(註九)[48]도 갑인자甲寅字 주자로 박인 것이 있었으나 이도 착오錯誤된 것이 있어 이걸 다시 정정訂正 복각覆刻하여 이른바 내각장판內閣藏板이

---

47 (註八) 월인석보月印釋譜는 전부全部 24책二十四冊인데 지금 전하는 건 그 반수半數도 못되고 석보상절釋譜詳節과 월인천강지곡月印千江之曲과를 활자活字로 박아 합본合本한 그 원고본原藁本이 권육卷六, 칠九, 십삼十三, 십구十九, 사책四冊이 지금 국립도서관國立圖書館에 수장收藏되어 있다.

48 (註九) 유경칠서儒經七書는 사서四書의 대학大學 중용中庸 논어論語 맹자孟子 삼경三經의 시전詩傳 서전書傳 주역周易이다.

라 하였으며 또는 전주판全州板, 대구판大丘板도 있었고 또는 경향각처京鄕各處의 누판鏤板이 거의 다 이런 것이었다. 이런 각판은 그 각수刻手를 따라 서울보다도 지방판地方板, 관각판官刻板보다도 사각판私刻板이 더 나은 것도 있었다. 근조近朝 세종 때 용비어천가龍飛御天歌(註十)[49]는 그 사자寫字며 각법刻法이 지극至極하였으나 그려도 더러 오락誤落이 있었으며 그 뒤 정종 때 개간開刊한 규장전운奎章全韻은 당시當時 정독精篤한 학자들의 손으로 되어 과연 가장 정확하였다. 시문초보유詩文草補遺(이가환李家煥 저著)의

今上甲寅(正宗18年 4127)冬 賤臣 承命校勘奎章全韻 此書 原篤李撿書德懋所纂 殆所謂平生精力 盡在此者也 時 德懋已死 以余自初與聞 遂有校勘之命然 只略綽点閱而已 皆德懋之原本也 刻有大小二本 書之者 寫字官李命藝 趙元魯 李_ 刻之者雖多 其小本細密處 皆校書館刻手 劉漢龍 平壤刻手 高厚敏 孔祖成也 纂與寫刻 皆極一時之選 殫平生之技 余目見首尾 惜其苦心而名將不傳 略著之

를 보면 정종 조의 규장전운奎章全韻(註十一)[50] 대소이본大小二本의 그 전말顚末를 잘 알겠다. 그 대소이본大小二本은 지금도 전해 있는 바 그 대본大本은 광곽匡郭의 종縱 22리糎, 횡橫 16.5리糎에 10행行 34정간井間이고 소본小本은 종縱 16.5리糎 횡橫 11.3리糎인데 대소본大小本의 그 지운조支韻條를

49 (註十) 용비어천가龍飛御天歌는 근조 세종대왕近朝 世宗大王이 육조六祖를 송덕頌德하여 지은 10권1질十卷一帙

50 (註十一) 규장전운奎章全韻은 정종조正宗朝에서 문신文臣을 명命하여 찬撰한 어정규장전운御定奎章全韻 2권1책二卷一冊으로 정종 20년正宗二十年에 이 책冊을 중외中外에 반사頒賜하여 공사압운公私押韻은 이 의례儀例를 준準하라 하였는 바 이 편역자編役者는 초계문신抄啓文臣 이서구李書九 및 검서관檢書官 이덕무李德懋였었다.

보면 囟 祀 巳 汜 囙 己 紀 起 杞 屺 芑 玘 杞 山忌 跽로 되었다. 이건 육서六書의 해성諧聲으로 사巳나 기己의 음音을 취取한 것이다.

그런데 어정시가御定詩歌란 건 철종哲宗 12년年 병오丙午에 이르러 규장전운판본奎章全韻板本이 세구완결歲久刓缺하매 승명개간承命改刊하되 수진본袖珍本을 방仿하였고 어필서하御筆書下란 '어정시운御定詩韻' 4자字로 권수卷首에 어제御題하였던 것이나 그 지운조支韻條의 山忌 跽 등이 -山思로 足思 적힌 등 그 와오訛誤가 많었다. 그러나 각판본刻版本이 주자鑄字(자자字子)본本보다는 대개 정확正確하였다. 이것이 우리나라 각판본刻版本의 특점特點이요 소장所長으로서 자랑할 만한 바이었다.

사진 규장전운奎章全韻 소본小本

사진 어정시운御定詩韻

3. 활자活字(주자鑄字)본本

활자活字의 사실史實을 소고溯考해 보면 서림청화書林淸話[51] 권8卷八(송宋 이래 활자판活字板에는 「송경력宋慶曆」(1041~1048 A.D.) 중 필승畢昇 조교니활자판造膠泥活字板이라 하였으나 미상未詳한 일이고 홍치弘治 연간年間(1488~1505 A.D.) 석산錫山 화씨華氏가 가장 활자로 유명하되 4, 5백년 충서蟲鼠 병선兵燹의 남어지가 극히 귀하여 장서가藏書家가 이걸 송참宋槧 명초名鈔처럼 보상寶尙한다 하였으며 사원辭源 상사上巳 수부水部 활자판조活字板條에는 몽계필담夢溪筆談의 「慶曆中 有市衣畢昇 爲活板 用膠泥刻字」란 이것이 활자판活字板의 남상濫觴이고 원元 왕전王楨이 또 활자인서법活字印書法이 있어 전소저농서楨所著農書의 뒤에 부附하였고 명明 홍치弘治 가정 중嘉靖中에 무석인無錫人 화수華燧 안국安國이 선후先後하여 동활자銅活字를 창행剏行하였고 청淸 고종 때 조선인 김간金簡[52]이 조본棗本으로 써 활자를 만들었는데 고종이 사명賜名하되 취진판聚珍板이라 하며 취진판정식聚珍板程式 2권이 있어 그 법을 자세히 말하였다고 하였다. 위의 말에 의하면 중국에 있어서는 미상未詳하나마 활자가 송宋 때 있었다는 것이다.

구주歐洲에서는 15세기 초 독일의 구텐베르히[53]Gutenberg가 활자를 처음 발명하였다고 하나 사실 그보다도 200여 년을 앞서 우리나라에서

---

51 (註一) 서림청화書林淸話는 4244-1911년年 청淸의 남양南陽 섭덕휘葉德輝가 그집 장서藏書와 그 친척가親戚家의 장서기사藏書紀事 등을 상고하여 고금古今 서지書誌에 관한 모든 일을 망라網羅하여 말한 것이다. 도합都合 10권5책十卷五冊으로 되어 있다.

52 (註二) 김간金簡은 의주義主 사람으로서 그 부조父祖 때 청淸에 들어가 청淸 고종高宗 건륭乾隆 연간年間에 사고전서四庫全書 부총재副總裁가 되었고 이부상서吏部尙書까지 하였다.

53 (註三) 구텐베르히Ohann Gutenberg(1400?~1468?)는 독일獨逸 마인쓰에서 금정金丁의 후스도와 함께 인쇄술印刷術을 하였는데 후스도가 구텐베르히에게 꿔어준 돈을 받으려는 법정소청문法廷訴請文에 나타나서 알리었다는 것이다.

는 벌써 활자를 발명하고 사용하였다. 이건 이미 일본 학자들이 말한 바로서 현 세계現世界 학계에서는 공인共認하고 있을 것이다. 더 자세히 이 사실史實을 찾아보면,

동국이상국후집東國李相國後集 11(十一)

新序詳定禮文跋尾 代晋陽公行 夫帝王之政 莫先於制禮 其沿革也 損益也 宣一定之 以淑人心 以齊風俗矣 安可因循姑息 不卽立常典 使之紛然異同哉 本朝自有國以來 其禮制之損益 隨代靡一 病之久矣 至 仁廟朝 始勅平章事 崔允儀等 十七臣 集古今異同 商酌折中 成書 五十卷 命之曰 詳定禮文 流行於世 然後 禮有所歸 而人知不惑矣 是書 跨歷年禩 簡脫字缺 難於攷審 予先公 乃令補緝 遂成二本 一付禮官 一藏于家 其志遠也 果於遷都之際 禮官遑遽 未得賫來 則幾若已廢 而有家 藏一本得存焉 矛然後 益諳先志 且幸其不失 遂用鑄字 印成 二十八本 分付諸司藏之 凡有司者 詳傳之勿替 毋負予 用志之痛勤也 月 日 某 跋

이상의 발跋한 연월일은 미상未詳하나 최우崔瑀(註四)[54]가 진양후晋陽侯로 책冊하기는 고려 고종 21년 갑오甲午(1234 A.D.)요, 이규보李奎報는 고려 명종 22년 무자戊子 12월 16일생으로 고종 23년 신축辛丑(1241 A.D.) 9월 초2일 졸卒하였은즉 1234 A.D.~1241 A.D. 년간의 일이었으며 「遂用鑄字 印成 二十八本」이란 말은 그때 이걸 인출印出하기 위하여 주자鑄字를 창제創製한 것이 아니라 그전부터 있던 주자鑄字를 썼다는 것이었다. 또

54 (註四) 최우崔瑀는 정중부 난鄭仲夫亂 뒤 이의민李義旼을 죽이고 정권政權을 오르지 잡어 좌우左右하던 장군將軍 최충헌崔忠獻의 자子로서 개명改名하여 이怡라 하고 진양후晉陽侯가 되고 호부상서戶部尙書로 36년年을 있다가 죽었다.

고려사高麗史 권77卷七十七 제사도감각색조諸司都監各色條의

> 書籍店 文宗 定錄事 二人丙科 權務史屬記事 四人 記官 二人 書者 二人 忠宣 併於翰林院 後復置 恭讓王 三年罷 四年 置書籍院 掌鑄字 印書籍 有令丞

이라 함에도 「掌鑄字 印書籍」이라 하였으니 여조麗朝에서 기시旣是 주자鑄字를 두고 서적書籍을 인출印出하였던 건 더 말할 것 없다.

그런데 이덕무李德懋 앙엽기盎葉記에는 대명율직해大明律直解 발跋[55]의 「이자주지사以自州知事 서찬소조각자徐贊所造刻字 인출욕행印出欲行 시홍무을해時洪武乙亥」를 보고 활자를 태종 조에 창시한 것이 아니라 서찬徐贊의 소조각자所造刻字, 즉 목활자木活字는 여조麗朝부터 이법이 있던 것인가? 또 주자鑄字의 제制는 태종 조에서 시작된 것인가? 하였으나 이덕무李德懋 같은 박람博覽으로도 이상국후집李相國後集의 신서상정례문新序詳定禮文 발미跋尾며 고려사高麗史의 서적점조書籍店條는 미처 보지 못하였던 것이다.

- 계속繼續 -

55 (註五) 대명률직해大明律直解는 근조近朝 태조太祖 4년四年 을해乙亥에 조준趙浚 고사경高士褧 김지金祗 등을 시켜 이두문吏讀文으로서 대명률大明律을 주해註解하여 서적원書籍院에 부치어 서찬徐贊의 만든 각자刻字로 인출반행印出頒行하였다.

한국서지韓國書誌의 연구研究 하下

차례

한국서지韓國書誌의 연구研究 하下[56]

4. 활자본活字本 – 근조近朝

계미자癸未字…(혹운或云 정해자丁亥字) 태종 3년年 계미癸未(1403)에 주자소鑄字所를 두고 동銅으로 글자를 만들다. 고주古注 시詩, 서書, 좌씨전左氏傳으로 자본字本을 삼다. 수십만數十萬 자字러라. <제1도 참조>

경자자庚子字…세종 2년 경자庚子(1420)에 계미자癸未字는 크고 정正ᄒᆞ지 못하다 하여 특명特命으로 개주改鑄하다. 자양字樣이 정치精緻하다. 이천李蕆, 남급南汲이 개주改鑄하다. <제2도 참조>

갑인자甲寅字…(속운俗云 위부인자衛夫人字). 세종 16년 갑인甲寅(1434)에 경자자庚子字는 너무 섬밀纖密하여 열람閱覽ᄒᆞ기 어려웁다 하여, 그 대군大君등이 청請하여 개주改鑄하고 인서印書하다. 김돈金墩을 명命하여 효순사실孝順事實, 위선음척爲善陰隲, 논어論語 등 명초明初의 판본板本을 그 자본字本으로 하였으나, 그래도 부족不足한 바 있어 진

56 「韓國書誌의 硏究(下)」, 『東方學志』 5집, 1961. 6. 30.

양대군晉陽大君에게 명命하여 쓰게 하다. 주鑄 이십여 만二十餘萬 자字러라. <제3도 참조>

용재총화慵齋叢話엔「晉陽大君書綱目大字 遂範鉛爲字 卽今所謂訓義思政殿訓 義也」라고 적히어 있다.

중종 10년 을해乙亥(1515) 11월 개주改鑄 와완訛刓 하다.

선조 13년 경진庚辰(1580) 개주改鑄 통행通行 하다.

영조 48년 임진壬辰(1772) 정조가 춘저春邸에 있을 때 서명응徐命膺에게 명命하여 십오만十五萬 자字를 주鑄하다.

정조 원년元年 정유丁酉(1777) 또 서명응徐命膺에게 명命하여 십오만 자十五萬字를 기영箕營에서 주鑄하다.

정조 5년 신축辛丑(1781) 팔자백선八子百選을 인印하다.

정조 18년 갑인甲寅(1794) 삼경사서三經四書를 인印하다.

동년同年 주서백선朱書百選을 인印하다.

정조 21년 정사正巳(1797) 소학小學, 향례합편鄕禮合編을 인印하다.

경오자庚午字…(혹운或云 임신자壬申字). 세종 32년 경오庚午(1450)에 개용鎔 경자자庚子字하여 안평대군安平大君에게 하여 쓰게 하다 <제4도 참조>

용재총화慵齋叢話엔 문종文宗 2년 임신壬申에 안평대군安平大君에게 명命하여 쓰게 하였다는 기록이 보인다.

광해군光海君 4년, 5년간에 안평대군安平大君의 자字를 훈련도감訓鍊都鑑에서 개주改鑄 인행印行하다.

을해자乙亥字…세조世祖 원년元年 을해乙亥(1455)에 개용改鎔 경오자庚午字

하다. 강희안姜希顔을 명命하여 쓰게 하다. 능엄경楞嚴經 대大, 중中, 소자小字로 주석註釋 인행印行하다. <제5도 참조>

선조 6년 계유癸酉(1573) 6월 2일에 대전大全, 내훈內訓을 인행印行하다.

선조 36년 계모癸卯(1603) 보각補刻하다.

선조 40년 정미丁未(1607) 4월 3일 무경칠서武經七書를 인행印行하다.

을유자乙酉字…세조世祖 10년 을유乙酉(1465)에 원각경圓覺經을 인행印行코저 하여 정난종鄭蘭宗을 명命하여 쓰게 하다. 자체字體가 부정不正하다.

갑진자甲辰字…(혹운或云 신묘자辛卯字). 성종 15년 갑진甲辰(1484) 8월 이유인李有仁 등을 명命하여 당본唐本 구양수집歐陽修集의 자체字體(대소적중大小適中)로 주鑄하다.

중종 10년 을해乙亥(1515)에 개주改鑄 와안訛刓하다.

용재총화慵齊叢話엔 「성종 이년 신묘辛卯(1471)에 왕형공王刑公, 구양집자歐陽集字를 써서 주鑄한 바, 그 자체字體가 경자자庚子字보다 작고 더욱 정精하다.」고 적히어 있다.

성종 16년 을사乙巳(1485) 정월正月 26일 당서唐書를 인印하고저 하였으나, 이보다 앞서 왕비공집王荆公集을 인印하다.

계축자癸丑字… 성종 24년 계축癸丑(1493), 중국中國의 신판新板 강목자綱目字를 얻어 주鑄하다.

후을해자後乙亥字…중종 10년 을해乙亥(1515) 11월에 도감都監을 따로 설치設置하여 당본唐本 자치통감資治通鑑의 자양字樣에 의依하여 동銅으로 주자鑄字하다.

중종 11년 병자丙子(1516) 주자도감鑄字都監을 설치設置하고 양변주조兩邊鑄造하고 승변논상勝邊論賞 하다.

기묘자己卯字…중종 14년 기묘己卯(1519)에 소격서昭格署의 유기鍮器 및 외방파훼사찰外方破毁寺刹의 유종鍮鐘 등等으로 주자鑄字하다.

경진자庚辰字…(개조갑인자改造甲寅字). 선조 13년 경진庚辰(1580)에 갑인자甲寅字를 일대一大 개주改鑄하다.

후갑진자後甲辰字…선조宣祖 37년 갑진甲辰(1604)에 평양도관찰사平壤道觀察使 김신원金信元이 평양 활자平壤活字로 효경대의孝經大義 15건件을 인印하여 진進하다.

무오자戊午字…광해군光海君 10년 무오戊午(1618)에 조정朝廷이 앞서 명命한 주자鑄字를 해를 넘겨 이루다.

무신자戊申字… 현종顯宗 9년 무신戊申(1668)에 전前 호조판서戶曹判書 김좌명金佐明이 철鐵로써 주자鑄字하다. 이로 말미암아 공사서적公私書籍이 비로소 정精히 되다.

임인자壬寅字…(일운一云 한구 자韓構字). 정조 6년 임인壬寅(1782)에 평안감사平安監司 서호수徐浩修에게 명命하여 본조인한구本朝人韓構의 서書를 자본字本으로 팔만여 자八萬餘字를 주鑄하다.

정조 11년 정미丁未(1787) 문원보불文苑黼黻을 인印하다.

철종哲宗 9년 술오戌午(1858)에 주자鑄字에 불이 붙어 다시 개주改鑄하다.

경술자庚戌字…정조 14년 경술庚戌(1790)에 이호조저치왜동移戶曹儲置倭銅 일천삼백 근一千三百斤, 동랍銅鑞 삼백 근三百斤으로 규장각奎章閣 주자鑄字가 부족不足하다 하여 첨보가주添補加鑄하다.

생생자生生字…정조 16년 임자壬字(1792), 윤사월閏四月 24일에 내각內閣이 신조新造하다. 취진자보聚珍字譜를 이미 완편完篇하여 진헌進獻하니 기영箕營에 하송下送하여 다시 16만 자字를 가조加造하다. <제6도 참조>

정조 18년 갑인甲寅(1794) 인서록人瑞錄을 신조취진판新雕聚珍板으로 인印하다.

정리자整理字…정조 19년 을묘乙卯(1795)에 명命하여 그 이듬해 병진丙辰까지에 생생자生生字를 본本으로 주鑄하다. 대자大字가 16만이요 소자小字가 16만 여餘다. <제7도 참조>

철종哲宗 9년 무오戊午에 주자鑄字에 불이 붙어, 역시 임인자壬寅字와 더불어 개주改鑄하다.

정조 20년 병진丙辰(1796)에 화성성역의궤華城城役儀軌를 인印하다.

동同 21년 정사丁巳에 오륜행실도五倫行實圖를 인印하다.

동년同年 두육분운杜陸分韻을 인印하다.

도활자陶活字…경종 2년 임인壬寅(1722) 삼략직해三略直解(권상卷上)에 사용되다

포활자匏活字…18세기경에 나온 논어집주論語集註에 사용되다.

이상以上으로 근조近朝의 활자活字를 개관槪觀하였다.

끝으로

① 철주자鐵鑄字
② 동주자銅鑄字
③ 목활자木活字
④ 활자活字
⑤ 도활자陶活字
⑥ 포활자匏活字

등 한국韓國 고활자古活字와 서지상書誌上의 몇몇 특색特色을 말하여 두고저 한다.

목활자木活字로 간행刊行한 서책書冊의 자획字劃엔 간혹間或 칼 흔적이 있고, 그 자획字劃의 묵색墨色이 순연히 곱다. 반면反面에 금속활자金屬活字에는 그러한 칼 흔적이 없고, 묵색墨色이 고르질 못하고 틈이 나 있거나, 번져 있거나 한다.

도활자陶活字나 포활자匏活字는 금속활자金屬活字나 목활자木活字의 쓰임을 당하지 못하였고, 그 자체字體도 극소極小, 조졸粗拙한 것이었다.

문자文字는 황양목黃楊木의 본本에 그 부형父型을 조각彫刻하고 이로부터 전태법電胎法에 의하여 모형母型을 만들어 가지고 주조鑄造한다.

활자活字 합금合金의 성분成分은 각 제조소製造所마다가 비밀秘密히 하고 드러내 놓지를 않았으나 보통 세상에 알려졌던 바는 대략大略 다음과 같다.

〈연鉛〉	〈안티모니〉	〈석錫〉	〈동銅〉
50.0	25.0	25.0	-
55.0	22.7	22.1	-
61.0	19.8	20.2	-
69.2	19.5	9.1	1.7
100.0	35.0	15.0	4.0

이 중中, 연鉛은 활자活字 합금合金의 기본성분基本成分으로서, 활자活字에 연성延性을 주고, <안티모니>는 견성堅性을 더하고, 석錫의 활자면活字面의 강성强性을 더하고 또한 곱게 하는 역할役割을 한다. 동銅도 석錫과 같이 강성强性을 주는데 효용效用되나, 이는 미합중국美合衆國에서 더러 쓰일 뿐 타국他國의 제조소製造所에서는 그리 흔히 쓰이질 않는다.

끝으로 말하여 두고자 하는 바는 위에서 개관槪觀한 활자活字들을 놓고 한국韓國 고서지古書誌의 간행 연대刊行年代를 판단判斷할 수 있겠으나, 한편 이들 활자活字의 자체字體와 더불어 어미魚尾의 변화變化에 딸아서도 그 간행 연대刊行年代의 결정決定을 내릴 수 있다.

이는 각조실록各朝實錄으로서도 알 수 있는 일이니 참으로 소중所重하다 하겠다. 그 변천變遷을 보면 다음과 같다.

①태조太祖－세종까지는

②문종文宗－연산군燕山君까지는

③ 중종－경종景宗까지는

④경종수정실록景宗修正實錄부터는

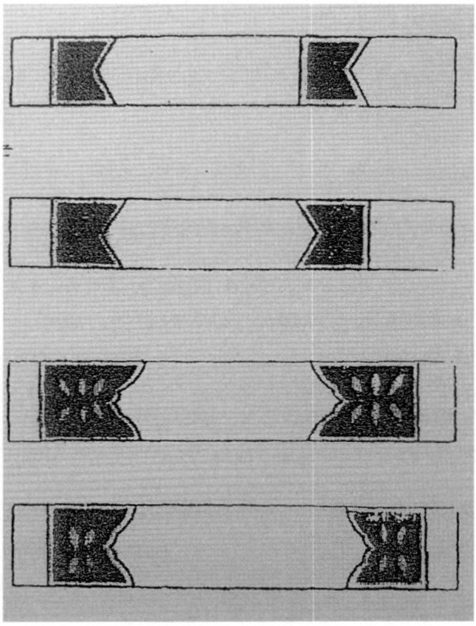

로 되어 있다.

Ⅳ. 지紙, 묵墨, 필筆과 자체字體

1. 종이

본시 겸지縑紙로 서화書畵, 인쇄印刷, 포과包裹, 도배塗褙, 장황粧潢, 의피衣被 등에 쓰는 것인 바, 전하기는 후한後漢때 채륜蔡倫이가 비로소 파포破布, 어망魚網을 써서 만들었다 하며, 대개 식물류植物類 섬유질纖維質의 부드러운 건 그 원료原料가 되며 먼저 자비도란煮沸搗爛하고 점즙粘汁을 합하여 발簾로 그 액체液體를 떠내어 말려서 만든다.

우리나라에선 종이를 언제부터 썼나? 신라 말에 벌써 판각板刻이 행行하여 졌다면 그 전에 종이를 썼던가 한다.

중국서는 조선종이를 계림지雞林紙, 견지繭紙, 만지蠻紙라 하여 일찍부터 일컬었다. 이는 백추지白硾紙를 이름이다.

송사宋史엔 "高麗地産白硾紙"하다 하였으며, 삼류헌잡지三柳軒雜識엔

白麗紙, 潔白堅强, 大類溫州蠲紙

라 하고, 이를 저등楮藤으로 짓느니, 면견綿繭으로 짓느니 하였다가, 동월董樾의 조선 부주朝鮮賦注엔 조선지朝鮮紙는 이에 저조楮造인바, 그 제조製造가 공정工精하고 그 원지原紙 4폭四幅으로 1장一張 되기도 하고, 폭幅으로 1장一張 되기도 하여 기름 절어 유석油席을 한다고 하였고, 또 서목론書目論엔 금金 장제章帝가 항상 고려 청자지靑磁紙에 썼다 하고, 또 홍식洪式 3년三年 송렴宋濂 등이 원사元史를 미집未輯하여 고려高麗 취지翠紙를 선택하여 의衣를 하였다고 한다.

이와 같이 나려羅麗 이래以來, 우리 종이가 중국까지 퍼져 애용愛用되었던 것이다.

그런데 근조近朝 실록實錄엔 태종 12년 7월 요인遼人 신득재申得財로 화지華紙 제법製法을 전습傳習케 하고,[57](주註1) 또 세종 10년 7월에는 왕王이 몸소 대언代言 등等에게 왜지倭紙 조작법造作法을 전습傳習하게 하였다.[58](주註2)

---

57 (註1) (태종실록太宗實錄) 권제卷第 24二十四, 12년 추7월 임진조十二年秋七月壬辰條에 "賜得財 米及緜布, 得財遼人也 造華紙以進, 下鑄字所印十七史, 賜得財米五百石綿布三匹, 令紙工傳習" 하였다는 기록이 있다.

58 (註2) 세종실록(세종實錄) 권제卷第 41四十一, 10년 추7월 신해조十年秋七月辛亥條에 "上謂代言等曰, 聞日本國有百篇尙書 可令通信便購來, 且倭紙堅韌, 造作之法, 亦宜傳 習…하라" 한 것이 그것이다.

용재총화慵齊叢話 권지10卷之十엔

"조지서造紙署는 세종께서 설치設置코(태종 15年 5월 6일 치조지소置造紙所) 표전자문지表箋咨文紙와 또 인印 서제書諸 색지色紙를 만드는 데, 그 품品이 다 다르며 호정지蒿精紙, 유엽지柳葉紙, 유목지柳木紙, 의이지薏苡紙, 마골지麻骨紙, 순왜지純倭紙가 다 정극精極하며 소인서적所印書籍도 다 좋았으나 지금은 다만 호목蒿木, 유목柳木 두 종이만 있고 자문표전지咨文表箋紙도 그 전前만 못하다."[59](주註3)

하였다. 용재총화慵齊叢話의 저자著者인 성현成俔이 세종 21년(A.D. 1439), 연산주燕山主 10년(A.D. 1504)간의 사람으로 이런 말을 한 것을 보면 벌써 그런 공정工程이 타락惰落되었던 것임을 알겠다.

그런데 경국대전經國大典 6六, 공전工典의

"조지서造紙署엔 목장木匠 2二, 염장簾匠 8八, 지장紙匠 81八十一"

이었고, 세종실록(세종實錄) 제65第六十五에는

"자치통감資治通鑑 인지印紙 3십만권三十萬卷을 조지서造紙署, 경상慶尙, 전라全羅, 충청忠淸, 강원도江原道서 만들라고 하였는데 호절蒿節, 모맥절麰麥節, 죽피竹皮, 마골麻骨 등물等物은 얻기 쉬우니 매5분每五分에 저1분楮一分을 넣으면 지력紙力이 더 강할 뿐 아니라 인책印冊에 적합하고 저楮도 또한 많이 들지 않으리라"

---

59 (註3) 용재총화慵齊叢話 권지십卷之十에 보면 "世宗設造紙署, 監造表箋咨文紙, 又造印書諸色紙, 其品不一, 有蒿精紙, 柳葉紙, 柳木紙, 薏苡紙, 麻骨紙, 純倭紙, 皆極其精, 所印書籍亦好, 今則只有蒿精, 柳木兩紙而巳, 咨文 表箋之紙, 亦不類昔之精也"라 하였다.

하였다.

호정지蒿精紙는 이렇게 만들어졌던 것으로 인책印冊에도 가장 많이 이 종이가 사용使用되었던 것이다. 지금 전傳하는 그때 고본古本에는 호정지蒿精紙를 써서 만든 것이 많다.

탁지준절度支準折 지지조紙地條엔 초주지草注紙 장2척2촌長二尺二寸 광 1척 5촌廣一尺五寸·저주지楮注紙 저상지楮常紙 2척2촌5분二尺二寸五分 1척 7촌一尺七寸·원백지原白紙 태을백후지太乙白厚紙 2척1촌5분二尺一寸五分 1척4촌一尺四寸·대호지大好紙 2척4촌2분二尺四寸二分 1척7촌一尺七寸·소호지小好紙 2척2촌2분二尺二寸二分 1척6촌一尺六寸·면지古綿紙 2척 2촌5분二尺二寸五分 1척7촌一尺七寸·모변지毛邊紙 2척二尺 1척一尺·죽피지竹皮紙 7촌5분七寸五分 1척一尺·궁전지宮箋紙 1척3촌一尺三寸 1척5촌一尺五寸·호정지蒿精紙(호절지蒿節紙) 1척5촌一尺五寸 1척一尺·설화지雪花紙 2척2촌二尺二寸 1척1촌一尺一寸·분당지粉唐紙 1척2촌二尺一寸 1척1촌一尺一寸이라 하고 각사各司 소용所用을 열기列記하였고, 색경증집穡經增集 권지4卷之四엔 조북지법造北紙法이 있는데 귀리, 작맥호雀麥蒿를 말아 가마 속에 가득히 넣고 재를 체로 쳐 내리며 맥호麥蒿를 골고루 뒤적여 섞고, 또 잿물을 가득히 붓고 두 밤 한 낮을 끓여 잿물이 주는 대로 이내 뒤적거려 윗놈이 아래에, 아랫놈이 위에 있게 하고, 짚이 물크러진 뒤, 꺼내어 광주리에 담아 물에 넣어 씻어 재를 다 없애고 두 손으로 물을 짜내어 3, 4일 절구질을 하여 가루처럼 만들고 한 통엔 짚 가루 세말을 넣고 또 고지古紙 1근一斤 5량五兩을 미리 물에 담그어 찧어 물크려서 통에 넣고 저교楮膠 한 동이를 붓고, 또 한 동이는 그 곁에 두었다가 뜨는 종이가 감하면 더 하고 한다.

이 법法으로는 한 통에 북지北紙 20권卷을 뜬다 한다. 북지北紙는 또 북황지北黃紙, 황지黃紙, 호정지蒿精紙라 하여 이 근세까지도 만들어졌다. 이는 인지印紙 또는 간지簡紙로 많이 쓰이었으나 용재총화慵齋叢話와 같이 그 품질品質 및 색태色態가 점점 나빠졌다.

광재물보廣才物譜 문학조文學條엔 백추지白硾紙 즉, 백면지白面紙 고려자高麗者·<측리지側理紙>척리지陟釐紙 즉태지卽苔紙·설화지雪花紙 색백여설色白如雪·죽청지竹淸紙 박이형결여죽중부薄而瑩潔如竹中莩·호정지蒿精紙 이모맥위지以麰麥爲之·상지桑紙 이상피위지以桑皮爲紙, 우지羽紙 이청홍우잡저위지以靑紅羽毛雜楮爲之·죽지竹紙 금당판책지색황今唐板冊紙色黃 이박자而薄者태수련지·장지壯紙 상용후지常用厚紙·백지白紙 상용박지常用薄紙·간지簡紙 간지첩성폭疊成幅 이자而者·주지周紙 두루마지 연이성축자聯而成軸者란 것이 있다.

이 중, 태지苔紙는 저楮에 태苔(이끼)를 섞어 만든 것이고, 설화지雪花紙는 강원도 평강산平康産으로 백지白紙의 일종一種이다. 그리고 이 밖에도 삼첩지三疊紙 장長 3척6촌三尺六寸 광廣 2척二尺, 용선지龍扇紙 장長 3척4촌三尺四寸 광광廣 2척1촌二尺一寸, 선익지蟬翼紙, 피지皮紙, 은면지銀面紙, 상지桑紙, 송피지松皮紙, 자문지咨文紙, 낙폭지落幅紙, 장판지張板紙, 마분지馬糞紙, 환지還紙, 납지蠟紙 등 별별別別 명칭名稱이 많으나 이는 다 원료原料, 원박原薄, 장단長短, 광협廣狹, 염색染色, 도련擣練, 용처用處 등에 따라 동질이명同質異名의 것이 많다.

(ㄱ) 원료原料-초주지草注紙, 저주지楮注紙, 호정지蒿精紙, 상지桑紙, 백지白紙, 송피지松皮紙, 태지苔紙, 유엽지柳葉紙, 유목지柳木紙, 송엽지松葉紙, 의이지薏苡紙, 마골지麻骨紙, 순왜지純倭紙, 마분지馬糞

紙, 환지還紙

(ㄴ) 원박原薄, 장단長短, 광협廣狹-백지白紙, 장지壯紙, 대호지大好紙, 소호지小好紙, 삼첩지三疊紙, 농선지籠扇紙, 죽청지竹淸紙, 선익지蟬翼紙, 분당지粉唐紙, 백선지白線紙, 설화지雪花紙, 원백지原白紙, 배접지紙

(ㄷ) 염색染色-황염초주지黃染草注紙, 옥색저주지玉色楮注紙, 홍저주지紅楮注紙, 초록저주지草綠楮注紙, 청저주지靑楮注紙, 황저주지黃楮注紙, 취지翠紙, 납지蠟紙, 은면지銀面紙, 청색지靑色紙, 금분지金粉紙

(ㄹ) 도련搗練(침砧)-도련초지搗練草紙, 도련저주지搗練楮注紙

(ㅁ) 용처用處-간지簡紙, 주지周紙, 반절지半折紙, 봉투지封套紙, 도배지塗褙紙, 장판지張版紙, 도광지塗壙紙, 시전지詩箋紙, 봉물지封物紙, 시지試紙, 명지明紙, 낙폭지落幅紙, 초지草紙, 자문지咨文紙, 혼서지婚書紙, 표지表紙, 인지印紙, 책지冊紙, 낙폭지樂幅紙, 창호지窓戶紙, 주본지畫本紙, 선자지扇子紙

고본古本 춘향전春香傳엔 "백면지白綿紙, 백릉화白菱花 장유지壯油紙, 당유지唐油紙"란 구절이 보이고, 또 한양가漢陽歌에는

> "백지白紙, 장지壯紙, 대호지大好紙, 설화지雪花紙, 죽청지竹淸紙, 선익지蟬翼紙, 화초지花草紙, ᄭᅳᆺ홀ᄉᆞ 백선지白線紙, 상霜(설화지雪花紙), 자문지咨文紙, 초도初圖(화본지畫本紙), 상소지上疏紙, 천련지川連紙, 모토지毛吐紙, 모면지毛綿紙, 채당지彩唐紙, 궁전지宮殿紙, 시축지詩軸紙, 각색各色 능화菱花"

하였으니, 100여 년 전까지 이런 종이가 행용行用되었던 것임을 알 수

있다.

중국서는 송대宋代에 판각板刻이 극성極盛하였으며, 종이도 여러 가지가 있는 바, 초서抄書, 인서印書에 쓰던 것으로는

(1) 선성지宣城紙-선성宣城은 청조淸朝 안미성安徽省 영국부치寧國府治 금동성今同省 무호도속蕪湖道屬인데 종이 산지産地로 이름이 높다.
(2) 초지椒紙-산초山椒로 종이에 물들여, 좀이 아니 난다.
(3) 징강당판澄江堂板-오대십국五代十國 시대時代 남당후주南唐後主 이욱李煜 때 국조國造, 관제官製
(4) 유봉지由奉紙-절강성浙江省 가흥현嘉興縣 남유봉南由奉 산지産地
(5) 악주포기지鄂州蒲圻紙-호북성湖北省 악주鄂州, 금무창今武昌 지방地方 포기지蒲圻紙, 인서印書, 초서抄書에 다 쓴다. 종이가 도톱고 누굴하다.
(6) 무주과초지撫州菓鈔紙-강서성江西省 무주撫州 금림천今臨川 산産, 종이가 그다지 질기지는 못하나 빛이 새롭고 먹을 잘 받는다.
(7) 계림지鷄林紙-조선朝鮮 고려高麗 원산原産, 퍽 질기고 도톱고 앞뒤가 다 반질하여 양면兩面을 쓸 수 있다.

이 중 선성지宣城紙는 지금 선지宣紙란 것인데 선지宣紙, 옥판선지玉版宣紙, 옥색선지玉色宣紙, 황홍색선黃紅色宣, 화선지畫宣紙, 육길六吉, 해일海日 등의 종류로 이들은 모두 서화書畫에 쓰인다. 또 일본서 만든 신화선지新畫仙紙도 있다.

종래 우리나라에선 인지印紙, 책지冊紙로는 백지白紙를 많이 썼으나 대개 얇은 것보다도 도탑은 것을 좋아하였으며 책지冊紙 척양尺樣이 일정一定치 못하므로 도련刀鍊할 때 무단히 종이를 끊어 내버리게 되고, 장책粧冊

도 너무나 크게 하여 굵은 다섯 구멍을 얽어 매고 서질書帙을 함부로 망치었다.

이건 앙엽기盎葉記나 북학의北學議에 통탄痛嘆한 바와 다름이 없다.

이와 같이 살펴보건대 여조麗朝, 근조近朝 이래以來 종이는 그 질質이 점점 못하여 갔으며 색갈도 나빠졌다.

그리고 그렇지 않은 것도 있을지 모르나 대개는 고古하면 고古할수록 빛갈이 노스르럼하고 더 쨍쨍하여진다.

지금 전傳하고 있는 고서古書에 고려대학 도서관의 천태사교의天台四教儀는 백추지白硾紙, 국립도서관의 월인석보月印釋譜 원고본原稿本은 백면지白綿紙, 나의 능엄경楞嚴經은 죽피지竹皮紙, 금강경삼가해金剛經三家解는 호정지蒿精紙, 십초시十抄詩 제1권第一卷은 유목지柳木紙, 전한서前漢書는 화지華紙인가 하며 청지靑紙는 여조麗朝 이래以來 금은金銀으로써 이른바 김생金生의 글씨란 것이며, 이는 또 화지畫紙로도 쓰고 중국서는 책의冊衣로도 쓰이던 것이었다.

2. 묵墨

먹은 참먹, 숯먹(재떠리먹·개먹)이 있어 숯먹은 송연松烟을 재료로 하는 것으로 양덕소산陽德所産이 유명하고 참먹은 유연油烟을 재료材料로 하는데 해주소산海州所産이 유명하며, 한림풍월翰林風月, 초용주장草龍珠張, 부용당芙蓉堂, 수양매월首陽梅月 등에 한림풍월翰林風月, 초용주장草龍珠張이 그 상품上品이다.

그러나 대동운부군옥大東韻府群玉엔 경연묵鯨烟墨 취경유연取鯨油烟 위묵爲墨하였다는 것이 있고, 용도묵龍圖墨 고종 8년高宗八年 몽고태제蒙古太弟

유사래색일천정遺使來索一千丁하였다는 것이 있으며, 미암일기眉岩日記 제3 제7책第三第七冊 계유癸酉 3월17일조三月十七日條엔,

"蓋國家於忠淸, 全羅, 慶尙三道所産處 分定松烟墨十二邑, 而印成冊 戊辰年(宣祖元年) 戶曹爲年凶救民 減除十年之墨 今之印冊 皆以七八年所納樓庫 上露雨變色之墨是以熹微 請自今微納如常"

이라 하였으며, 북학의北學議 상上엔,

"我國之墨 踰年已不光 再年則磨不得膠已固矣"

하였다 하나, 고려본高麗本을 보면 묵광墨光이 번쩍이고 묵향墨香이 코를 쏜다. 이는 송연松烟을 취재取材하여 정제精製한 먹인 듯하다.

고사신묵攷事新墨 권14卷十四 조송매묵법造松煤墨法엔 많이 송연松烟을 취取하여 자루에 넣어 대려 가지고 말린 뒤, 송연松烟 10근十斤, 아교阿膠 4근四斤, 물 9근九斤을 합合하여 짓는다 하였으며, 지북우담池北偶談에는,

"魏泰道輔云-新羅墨有絶 飮其汁立死 常戒人和藥 勿用新羅墨"

이라 하였고 철경록輟耕錄엔,

"高麗歲貢松烟墨 用多年老松烟 和麋角膠造成 至唐末 墨工愛超與其子廷珪 自易水渡江 遷居歙州 南唐賜姓李氏 廷珪之墨始集大成 然尙用松煙"

이라 하였고, 또 본초연의本草衍義엔

"今高麗國 每貢墨於我中國 不知用何物合和 不宜入藥"

이라 하였으며, 묵사墨史엔,

"高麗貢墨 猛(孟)州爲上 順州(順川)爲次 其文曰 平鹵城(寧遠)進貢 或曰順州貢墨 或曰猛州貢墨"

이라 하였고 청일통지淸一統志엔 "조선산朝鮮產 유매묵油煤墨"이라 하였다.

과연 종래 송연松烟과 유연油烟으로써 먹을 지어 외국에까지 공출貢出하였던 바 책冊 박이는 소용所用엔 유연묵油烟墨보다 송연묵松烟墨이 더 좋았다. 유연묵油烟墨이나 당묵唐墨과 같은 건 글씨 쓰는 덴 좋으나 인출印出하기엔 번지고 희미熹微하여 송연묵松烟墨만 못하였다. 송연묵松烟墨의 정품精品은 묵색墨色이 선광鮮光하고 묵기默氣가 향담香淡하였다.

3. 붓

붓의 종류種類는

(ㄱ) 재료材料로는 황모필黃毛筆, 청모필靑毛筆, 장액필獐腋筆, 초미필貂尾筆, 구모필狗毛筆, 토모필兎毛筆, 양호필羊毫筆 (숙양호宿羊毫), 갈필葛筆, 죽필竹筆, 혁필革筆(비백서용飛白書用)

(ㄴ) 제조製造로는, 장봉長鋒, 중봉中鋒, 초필抄筆, 둘마리(무심無心), 심박은 붓 등이 있다.

그런데 그 중, 황모필黃毛筆은 즉 황서모필黃鼠毛筆(쪽제비 꼬리털로 만든 붓)인데 종래從來 중국中國에서는 황서黃鼠를 또 서랑鼠狼이라 하며, 혹은 이를 낭미狼尾라커니, 성성모猩猩毛라커니 하여 퍽 귀중히 여겼다.

붓은 워낙 도추刀錐의 유類인데 태泰의 몽염蒙恬이 비로소 녹양모鹿羊毛 등을 써 만들었다 하는바 「한림별곡翰林別曲」에 나오는 양수필羊鬚筆, 서수필鼠鬚筆이란 건, 중국中國서 수입輸入한 것이고, 산곡집山谷集에

"錢穆父奉使高麗 得猩猩毛筆 甚珍之"

라 한 걸 보면, 우리나라에선 일찍부터 황모필黃毛筆을 만들어 애용愛用하였던 것인가 한다.

4. 자체字體

한글과 한자의 자체字體가 있는바, 한글에는 궁체宮體, 남체男體, 여체女體, 해서楷書, 흘림, 반흘림이 있다. 궁체宮體는 비빈妃嬪 궁녀宮女들이 쓰던 일정一定한 자체字體로서 책서冊書로는 가可히 별 재미가 적고 기타 여체女體로서 보다 좋은 것이 있고, 흘림으로는 자형字形을 달리한 것이 많아 이런 흘림으로 적은 글월은 그 체법體法을 모르고는 읽을 수 없다.

훈민정음訓民正音에는 특정特定한 해서체楷書體가 쓰이었으니, 이건 필사筆寫보다도 인쇄용印刷用에 적합適合하였고 그 후엔 여러 가지 자체字體로 쓰이었으며 이 근자近者엔 박문서관博文書館 활자活字며, 『동아일보東亞日報』 활자活字가 특수特殊하였다.

한자漢字는 한림별곡翰林別曲엔 진경서眞卿書, 비백서飛白書, 행서行書, 초

서草書, 전서篆書 추서書, 과두서蝌蚪書, 우세남서虞世南書라 하였고, 종래從來 또는 진체晉體, 촉체蜀體라 하여 진체晉體는 중국中國 진晉의 왕희지자체王羲之字體, 촉체蜀體는 송원宋元의 조맹부자체趙孟頫字體를 이름이었으나 이 밖에도 여러 체體가 있은 가운데 구양순체歐陽詢體, 안진경체顔眞卿體도 성행盛行하였다. 고비古碑 또는 인서印書에 이 두 체體가 많은데, 삼국三國, 고려高麗에는 왕희지王羲之, 구양순체歐陽詢體가 안진경체顔眞卿體보다 많았고 근조近朝엔 안진경체顔眞卿體가 흔히 쓰였다.

팔만대장경八萬大藏經이 다 구체歐體였으며, 근조 초近朝初 활자活字가 이 체體였고, 명조체明朝體, 사자체寫字體도 이 체體였다.

진체晉體는 삼국 때부터 근조까지 숭상崇尙되었고, 촉체蜀體는 려말 근조 초에 숭상崇尙되었다.

안평대군安平大君(용瑢)서書는 촉체蜀體로서, 용비어천가龍飛御天歌가 이 체體였고, 한석봉韓石峰은 진체晉體로서 임란 후壬亂後 활자活字는 이 진체晉體를 쓰기도 하였다.

종래 우리가 쓰던 한자체漢字體는 이상에서 말한 바와 같이 진체晉體, 촉체蜀體, 구체歐體, 안체顔體가 주로 쓰였고, 사본寫本, 인본印本엔 이 외外의 체體도 많이 쓰였던 바이다.

Ⅴ. 결론結論

이상以上으로써 내가 전북대학교全北大學校 문리대文理大에 가 있으면서 강의講義한 바 「한국서지韓國書誌」의 원고를 대충 정리하여 놓은 셈이다.

다시 살피어 보건대 전호前號에서는 한국韓國 서계書契의 유래由來와 전래傳來하는 그 책본冊本의 종류種類를 들어 말하였다.

서계書契의 유래由來에서는 책冊, 권卷, 본本, 엽葉의 명칭名稱과 더불어 각각 그 유래由來에 대하여 알게 되었으려니와, 이들로써 이룩되는 그 책본冊本은 크게 나누어 사본寫本과 인본印本이 있다는 것과, 다시 이 사본寫本에는 목필木筆, 도필刀筆, 모필毛筆로 쓰여진 것과, 인본印本에는 각판본刻版本, 주자본鑄字本, 목자본木字本, 도자본陶字本, 등사본謄寫本, 경인본景印本 등이 있다는 것도 알게 되었으리라고 믿는다.

여기 5집五輯에서는 3집三輯의 「책본冊本의 종류種類」를 이어받아 근조近朝의 활자본活字本에 대한 것과 또한 서지書誌의 연구상硏究上 중요重要한 지紙, 묵墨, 필筆의 문방제구文房諸具와 자체字體 등에 대하여 말하였다.

무릇 전래傳來하는 활자본活字本을 연구硏究코자 할진대 먼저 여조 말麗朝末 이래以來 근조近朝까지의 주자 사업鑄字事業과 그때그때에 주조鑄造된 활자活字의 종류種類부터를 알고 보아야겠다. 각종各種 활자活字의 명칭名稱과 그 주조鑄造 또는 개조改造된 연대年代를 밝혀 놓은 것도 여기에 말미암음이다.

우리는 이들 활자活字의 주조鑄造 및 개조 연대며 그 통용기간 등으로 미루어 고본古本의 간행 연대를 어느 정도 밝히어 알 수 있게 되는 것이다.

고본古本의 간행刊行 연대年代를 판단判斷함에는 이들 활자活字와 더불어 또한 어미魚尾의 모양이며 종이紙의 종류種類와 그 질質 등等이 문제問題된다.

이에 활자活字의 종류種類를 들어 말한 다음에 우리나라 실록實錄을 중심中心으로 한 어미魚尾의 변천變遷을 밝혀 놓았고, 종이를 말하는 항項에서는 우리나라 옛날의 각종各種 지류紙類며 그 지질紙質, 용처用處 등을 밝혀 놓은 것이다.

이로써 이 논고論攷의 줄거리를 다시 한번 더듬어 본 것이거니와 아직 병중病中에 있는 몸으로 써놓고 보니 미비한 점도 불소不少하다.

각종各種 활자活字로 된 인본印本도 좀 더 들추어냈어야 하겠고, 그 각종各種 활자活字의 자체字體가 지닌 특색 등에 대하여서도 일일히 설명을 덧붙여 놓았어야 할 것인데, 이를 생략한 점도 그 하나이다.

다만 몇 종류 활자체活字體의 사진동판寫眞銅版이 들어가니 그를 보고 헤아려 주시기 바라는 바이다.

이 조그만 논문論文으로 하여 우리 한국서지韓國書誌의 연구硏究에 비익裨益된 바 있고, 이로써 여러분이 케케한 우리 고전古典 속에서 그 참된 보배로운 생명과 가치를 일일히 밝히어 내신 바 있다면 나의 크게 기뻐할 바이라고 하겠다.

끝으로 전호前號에서 주註, 동판銅版 등이 잘못된 점點을 바로잡아 놓고자 한다.[60]

60 원 사진은 인쇄상 흐려서 사진은 서울대학교 규장각 한국학연구원의 가람문고 사진으로 수록했음.

제1도第一圖 계미자癸未字
이병기장李秉岐藏 1403년간一四○三年刊
송조표전총류宋朝表牋總類

제2도第二圖 경자자庚子字
1420년간一四二○年刊 서산선생진문충공문장정종西山先生眞文忠公文章正宗

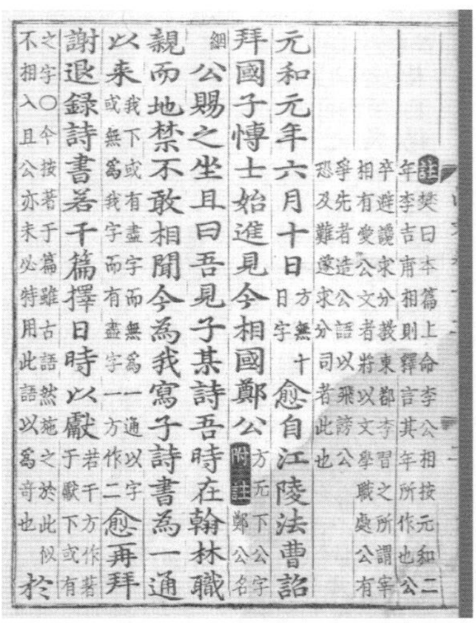

제3도第三圖 갑인자甲寅字
1434년간一四三四年刊 한문韓文 권십삼지사卷十三之四

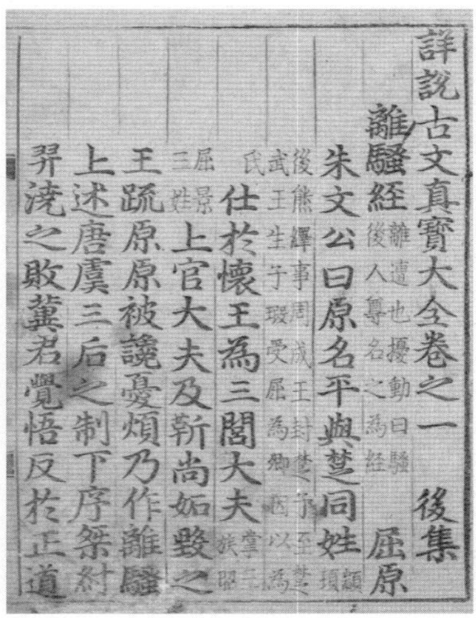

제4도第四圖 경오자庚午字
1450년간一四五○年刊 상설고문진보대전詳說古文眞寶大全後集

제5도第五圖 을해자乙亥字
1456년간一四五六年刊 대불정수능엄경大佛頂首楞嚴經

제6도第六圖 생생자生生字
1798년간一七九八年刊 태학은배시집太學恩杯詩集

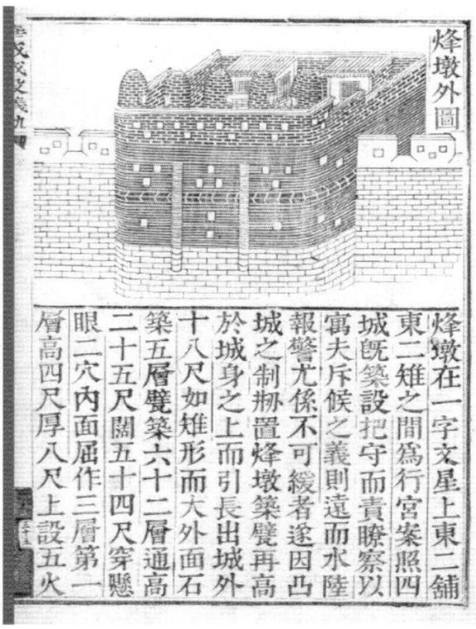

제7도第七圖 정리자整理字
1800년간一八〇〇年刊 화성성역의궤華城城役儀軌

서지 해제

조선어문학명저해제

朝鮮語文學名著解題

朝鮮語文學名著解題

李秉岐

一、均如傳 高麗文宗時赫連挺撰 伽倻山海印寺藏板

新羅末 均如大師가 지은 鄕歌十一首가 그同時人 崔行歸의 同譯詩와 함께 실린 貴重한 文獻이다。이것이 大正十一年 有賀啓太郎編著인 [illegible]錄과 또는 昭和四年 朝鮮史學會發行인 三國遺事附錄으로 活字印行되었다。

二、三國遺事 高麗忠烈王時一然撰 李仁榮藏

五卷二冊木板本。朝鮮印刷株式會社景印本도 있다。이는 우리말글을 적든 古記錄의글로 三國史記와는 다른 史實과 風俗을 記錄한中、吏讀로된 十餘首鄕歌는 均如傳에 실린 그것과아울러 조선語文의 資料로서 最古한것이다。

三、訓民正音 世宗大王御製 全鎣弼藏

全篇三十三張에 訓民正音이 四張이오 訓民正音解例及鄭麟趾序가 二十九張인데 訓民正音에는 世宗大王御製序와 新制二十八字例를 漢文으로서 說明하였을 따름이고 訓民正音解例에는 制字解、初聲解、中聲解、終聲解、合字解、用字例가 있고 한글字畫은 古篆體와 같고 ㅏㅑㅓㅕㅗㅛㅜㅠ는 [illegible]로 쓰이었고 漢文으로 解說하고 조선말을 例만은 한글로 썼다。——이것이 世宗二十八年 訓民正音頒布當時의 原板本임은 그字體가 龍飛御天歌나 釋譜詳節、月印千江之曲의 原刊本과 同一함을 보든지 正統十一年(世宗二十八年)九月上澣鄭麟趾謹書를 보아도 알겠다。

四、訓民正音 朴勝彬藏

이는 訓民正音頒布한 그뒤에 그 御製序와 二十八字例와 漢音齒聲등을 더하여 諺解하였고 그 解例와 鄭麟趾謹書등은 없는것이다。

五、訓民正音圖解 英祖時申景濬著 寫本一冊 本人藏

215

『문장』 2권二卷 8호, 1940.8.

조선어문학명저해제朝鮮語文學名著解題[61]

1. 균여전均如傳 고려高麗 문종文宗 시時 혁련정赫連挺 찬撰 가야산伽倻山 해인사장판海印寺藏板

신라 말 균여대사均如大師가 지은 향가鄕歌 11수가 그 동시인同時人 최행귀崔行歸의 동역시同譯詩와 함께 실린 귀중한 문헌이다. 이것이 대정大正 11년 유하계태랑有賀啓太郎 편자編者인 사십칠사원四十七祠院 부록附錄과 또는 소화 4년 조선사학회朝鮮史學會 발행發行인 삼국유사三國遺事 부록附錄으로 활자活字 인행印行되었다.

2. 삼국유사三國遺事 고려 충렬왕 시 일연一然 찬撰 이인영李仁榮 장藏

5권2책五卷二冊 목판본木版本. 조선인쇄주식회사 영인본影印本도 있다. 이는 우리 말글을 적든 고기체古記體의 글로 삼국사기三國史記와는 다른 사실史實과 풍정風情을 기록한 중 이두吏讀로 된 10여 수 향가鄕歌는 균여

61 「朝鮮語文學名著解題」, 『문장』 2권二卷 8호, 1940. 8.
이 해제 원문의 한자어는 한글漢字로 바꾸었으며 불필요한 한자어는 한글로 바꾸고 띄어쓰기는 현대어 정서법에 맞게 하였다.

전均如傳에 실린 그것과 아울러 우리 조선어문의 자료로서 최고最古한 것이다.

3. 훈민정음訓民正音 세종대왕어제世宗大王御製 전형필全鎣弼 장藏

전편 313장에 훈민정음訓民正音이 4장이오 훈민정음해례訓民正音解例 급及 정인지근서鄭麟趾謹書가 219장인데 훈민정음訓民正音에는 세종대왕어제世宗大王御製 서序와 신제新制 218자례字例를 한문으로써 설명하였을 따름이고 훈민정음해례에는 제자해制字解, 초성해初聲解, 중성해中聲解, 종성해終聲解, 합자해合字解 용자례用字例가 있고 한글자획字畫은 고전체古篆體와 같고 ㅏ ㅑ ㅓ ㅕ ㅗ ㅛ ㅜ ㅠ는 ·ㅣ: ㅓ :ㅣ ㅗ ㅛ ㅜ ㅠ로 쓰이었고 한문으로 해설하고 조선말글 예例만은 한글로 썼다. 이것이 세종 218년 훈민정음訓民正音 반포頒布 당시의 원판본原板本임은 그 자체字體가 용비어천가龍飛御天歌나 석보상절釋譜詳節, 월인천강지곡月印千江之曲의 원간본原刊本과 동일함을 보든지 정통正統 11년(세종28년) 9월 상한上澣 정인지근서鄭麟趾謹書를 보아도 알겠다.

4. 훈민정음訓民正音 박승빈朴勝彬 장藏

이는 훈민정음 반포한 그 뒤에 그 어제서御製序와 이십팔자례二十八字例와 한음치성漢音齒聲 등을 더하여 역해譯解하였고 그 해례解例와 정인지근서鄭麟趾謹書 등은 없는 것이다.

5. 훈민정음도해訓民正音圖解 영조 시 신경준申景濬 저著 사본寫本 1책一冊 본인本人 장藏

이는 훈민정음의 초중종성자初中終聲ㅅ字들을 역학. 음양. 오행설로 설명하고 한ㅅ자운도해표漢ㅅ字韻圖解表를 부쳤으며 이를 또 운해훈민정음韻解訓民正音, 훈민정음운해訓民正音韻解라고도 일컫는다.

6. 언음첩고諺音捷考 순조 12년 석범石帆 저著 동同

상하권上下卷 1책一冊 사본寫本 한글 자음字音의 혼와混訛를 정확히 변증辨證한 진서珍書.

7. 언문지諺文誌 순조 24년 유희柳僖 저著 사본寫本 1책一冊 동同

한글의 음리音理를 해석한 한 명저名著이다. 이는 또 북평래훈각北平來薰閣 발행發行인 활자인본活字印本도 있는바 오식誤植이 적지 않다. 유씨수필柳氏手筆인 원본은 연전延專에 소장되었다.

8. 용비어천가龍飛御天歌 세종 명찬命撰

1권5책一卷五冊 목판본 세종 29년 초간初刊. 초간본은 1, 2권一, 二卷 본인本人 장藏, 7, 8, 9, 10권卷 권덕규씨權悳奎氏 장藏이 있고 성대법문학부城大法文學部 발행인 그 중간重刊 영인본이 있다. 본서는 이조의 화가위국化家爲國하든 업적業蹟, 즉 목조, 익조, 도조, 환조, 태조, 태종의 사적事蹟을 중국

中國 역대歷代 제왕帝王의 사적事蹟에 견주어 칭송하여 조선말로 125장의 노래를 짓고 한문으로 해석하였다. 세종 24년부터 이 책을 지으려 운봉 전적雲峰戰蹟을 조사하고 그 이듬해 세종께서 정음正音을 창제創製하시고 집현전의 제신諸臣을 시기고 친히 예재睿裁하시어 이 책을 맨드신 것이다.

9. 월인석보月印釋譜 세종 어제급명御製及命 찬撰 동同

세종 28년에 세종비인 소헌왕후昭憲王后께서 승하昇遐하시매 그 왕후를 추천追薦코저 그 이듬해 29년에 세종께서 수양대군世祖을 시켜 승우僧祐 도의道宜의 석보釋譜를 합하여 석보상절을 맨들고 한글로 역해譯解하였다. 이 책이 다 된 뒤에 세종께 올리매 세종께서 이를 보시고 친히 찬송하는 노래를 지으시어 이름을 월인천강지곡月印千江之曲이라 하였다. 그리고 월인천강지곡月印千江之曲과 석보상절釋譜詳節을 합하여 월인석보月印釋譜라 하는 것이다.

월인석보의 6권, 9권, 13권, 19권은 그 당시 활자인活字印한 초고본初稿本으로 조선총독부도서관소장이 되었고 그 1권一卷 2권은 풍기豊基 짓방사池叱方寺 중간판重刊板이 있고 그 21권은 안동安東 동흥사東興寺와 은진恩津 쌍계사雙溪寺 중간판重刊板이 있고 그 7권七卷 중간본은 최남선씨 소장이 되고 그 8권卷 중간본은 이관구씨李寬求氏 소장所藏이 되고 그 13권三卷 14권은 소창진평小倉進平 씨氏 소장이 되었고 본인의 소장은 그 6, 9, 13, 19권의 사본과 중간본 1, 2권과 21권이다. 이 책은 전부 31책一册이나 될 듯한 거질巨帙로서 조선 고어문古語文의 자료로 가장 소중하고 풍부한 것이다.

10. 금강경삼가해金剛經三家解 성종 조 명命 내수사內需司 인행印行 동同

5권 5책五卷五冊 제1권一卷 결缺 활자인活字印. 이는 세종께서 문종과 세조를 명命하사 금강경오가해金剛經五家解 가운데 야부송冶父頌과 종경제강宗鏡提綱과 득통설의得通說誼― 세 가지만 뽑아 번역케 하고 세종께서 친히 예재睿裁하시고 유촉遺囑하심이 중대하므로 초초草草히 할 수 없어 우선 능엄경楞嚴經, 법화경法華經, 육조해六祖解, 금강경金剛經, 원각경圓覺經, 심경心經, 영가집永嘉集 등을 인행印行하고 성종 13년에 자성대왕대비慈聖大王大妃(세조비)께서 학조學祖라는 이를 명命하여 다시 교정하여 3백 부를 인행印行하였다.

11. 남명집南明集 성종 조 명命 내수사內需司 인행印行 동同

상하上下 2책二冊. 활자인活字印 영가대사증도가남명천선사계송집永嘉大師證道歌南明泉禪師繼頌集을 세종께서 친히 30여 수를 번역하시고 세조를 명하여 필역畢譯한 뒤 성종 13년에 자성대왕대비慈聖大王大妃께서 학조學祖시겨 다시 교정校正하여 5백 부를 인행印行하였다.

12. 능엄경언해楞嚴經諺解 세조 7년 간경도감刊經都監 간刊 최남선崔南善 장藏

10권 10책十卷十冊. 목판본. 이는 성대城大, 혜전惠專에도 전질全帙을 소장所藏한 바 성대소城大所 장藏의 제2권은 을해자乙亥字(강희안자姜希顏字) 인본印本이다. 이 경經은 세조가 친히 번역하고 간경도감을 명하여 간행케

한 것이다.

13. 법화경언해法華經諺解 세조 8년 간경도감刊經都監 간刊 본인本人 장藏

7권 14책七卷十四冊 목판본. 그 중 후後2, 후後3, 초初4, 후後4, 초初7의 5책은 초간본이고 기타는 영조 40년 덕산가야사德山伽倻寺에서 중간重刊한 것이다.

14. 육조금강경언해育祖金剛經諺解 세조 9년 간경도감刊經都監 간刊 김병용金秉龍 장藏

상하上下 2책二冊, 목판본 선조 8년 전주全州 안심사安心寺 중간본도 있다.

15. 구결원각경口訣圓覺經 세조 10년 인행印行 본인本人 장藏

일지일一之一, 일지이一之二 2책冊, 일지일一之一은 복각본覆刻本이고 일지이一之二는 활자인본活字印本. 즉 세조 10년 을유乙酉에 세조가 구결口訣을 어정御定하고 이 경經을 인출印出코자 정난종鄭蘭宗을 명命하여 이를 쓰이어 활자를 맨들었다는 이른바 을유자乙酉字로 박인 것이다.

16. 원각경언해圓覺經諺解 세조 10년 간경도감刊經都監 간刊 동同

목판본 11권 10책十一卷十冊. 그중 상1지上一之 2권二卷은 초간본이고 또 선조 8년 전주全州 안심사安心寺 중간본 전질全帙이 있는 바 이 경은 세조의 어정구결원각경御定口訣圓覺經을 가지고 번역한 것이오, 그때 창건한 원각사탑圓覺寺塔(지금 탑골 공원탑公園塔) 속에도 이 경經 한 질帙을 저장貯藏하였다.

17. 반야심경언해般若心經諺解 세조 9년 간경도감刊經都監 간刊 김병용金秉龍 장藏

1권 1책一卷一冊. 목판본.

18. 영가집언해永嘉集諺解 세조 8년 명간命刊 동同

상하上下 2책二冊 목판본 이 책도 세조가 구결口訣을 친정親定하고 유신儒臣을 명命하여 상세히 언석간諺釋刊하여 간행한 것이다. 연대는 미상未詳하나 가야산伽倻山 해인사海印寺에 이 중간판重刊板이 있으며 이 중간본은 본인도 가지고 있다.

19. 불설아미타경언해佛說阿彌陀經諺解 세조 9년 간경도감刊經都監 간刊 본인本人 장藏

1권 1책一卷一冊 목판본. 그 때 명필名筆이던 안혜安惠가 쓴 것이다. 이는 숙종 28년 고성固城 와룡산臥龍山 운흥사雲興寺에서 그걸 복각覆刻한 것이다.

20. 구급방救急方 동同

상上 1책一冊 목판본. 세조 12년에 인반印頒 하였는 바, 이 책은 활자본(을해자본乙亥字本)을 복각覆刻한 것이다.

21. 두시언해杜詩諺解 조위曺偉 등等 찬撰

25권五卷 활자본(을해자본乙亥字本) 성종 12년 인출印出. 이 중 권卷 5, 6, 7, 8은 본인本人 소장이고 권卷 9, 10, 16, 17, 22, 23은 황의돈씨黃義敦氏 소장이고 권卷 24는 방종현씨方鍾鉉氏 소장이고 권卷 25는 이관구씨李寬求氏 소장이었다. 이는 우리 고어문古語文의 보고寶庫로서 월인석보와 아울러 지귀지중至貴至重한 것이다.

22. 중간두시언해重刊杜詩諺解 동同

25권 12책一卷一冊 목판본. 인조 10년 간행. 이는 초간본과는 간간間間 다른 점. 즉 언어의 변천을 볼 수 있는 것이 자미滋味스럽다.

23. 몽산화상법어蒙山和尙法語 세조 시時 간刊 이인영李仁榮 장藏

1권 1책一卷一冊. 목판본. 간경도감刊經都監의 여러 경전을 번역하든 혜각존자慧覺尊者 신미信眉의 번역인 초간본.

24. 사법어四法語 세조 시時 12년 간刊 이희승李熙昇 장藏

1권 1책一卷一冊 목판본 산山, 동산東山, 몽산蒙山 고담화상古潭和尙의 설법을 번역한 것.

25. 법어法語 중종 12년간刊 혜각존자慧覺尊者 역결譯訣 본인本人 장藏

2권 1책二卷一冊 목판본 사법어四法語와 몽산화상법어약록蒙山和尙法語略錄에 보제존자普濟尊者 법어法語와 정주양산확암화상일우도송승서鼎州梁山廓庵和尙一牛圖頌升序를 부록附錄한 것.

26. 발심수행發心修行章 신라 원효元曉 술述 동同

1권 1책一卷一冊. 목판본. 선조 10년 순천順天 송광사松廣寺 유판留板. 지눌知訥의 계초심학인문誡初心學人文과 야운野雲의 자경서自警序와 합한 것. 사성점四聲點이 있는 정음正音譯.

27. 목우자수심결牧牛子修心訣 혜각존자慧覺尊者 역譯 동同

1권 1책一卷一冊 목판본 연산군 6년 가야산봉서사伽倻山鳳栖寺 개판開板, 부록附錄 법어法語.

28. 관음경언해觀音經諺解 인조 9년 상주尙州 봉불암奉佛菴 간刊 동同

1책一冊, 목판본 불정심다라니경佛頂心陁羅尼經 상중하上中下 3권에 고왕관세음경高王觀世音經과 그 서序와 반절反切과 실담장悉曇章과를 합한 것.

29. 오대진언집五大眞言集 명종 5년 간刊 방종현方鍾鉉 장藏

4책四冊 목판. 본부本附 영험약초靈驗略抄

30. 진언집眞言集 성대도서관城大圖書館 장藏

상하上下 2책二冊 목판 정조 24년 중간重刊 도봉산망월사道峯山望月寺 장판藏板

31. 수구隨求 선조 2년 은진쌍계사恩津雙溪寺 개판開板 동同

1권 1책一卷一冊 목판본. 정확한 정음역正音譯.

32. 칠대만법七大萬法 선조 2년 소백산小伯山 짓방사(池叱方寺) 개판開板 동同

1권 1책一卷一冊 목판본, 진여세계眞如世界, 삼신여래三身如來, 성적등지惺寂等持 등이 조선말로 된 것.

33. 은중경언해恩重經諺解 명종 18년 송광사판松廣寺板 송석하宋錫夏 장藏

1권 1책一卷一册 목판본. 이 전후 각지에서 이 책을 개판開板한 것이 퍽 많다.

34. 육조보단경언해六祖寶壇經諺解

상중하上中下 3책三册 목판본. 그 하권下卷 1책一册은 최남선 씨 소장이고 그 중 권1책一册은 송석하宋錫夏 씨氏 소장所藏이었던 바 정음역正音譯인 진본珍本.

35. 대미타참약초요람보권염불문大彌陀懺略抄要覽普勸念佛文 영조 52년 명연집明衍集 본인本人 장藏

1권 1책一卷一册 목판본 정조 11년 무장茂長 선운사禪雲寺 개간開刊. 이 책은 염불의 기적奇蹟과 회심가곡回心歌曲을 수집하고 왕랑반혼전王郎返魂傳을 부록附錄으로 하고 번역한 것이다.

36. 지장경언해地藏經諺解 동同

상하上下 합1책合一册 목판본. 영조 41년 경성외종남산京城外從南山 무학대無學臺 하약사전下藥師殿 개판開板.

37. 삼강행실도三綱行實圖 세종 명찬命撰 송석하宋錫夏 장藏

1권 1책一卷一册 목판본. 세종 13년 신해辛亥에 집현전부제학集賢殿副提學 설순偰循이가 봉교찬집奉教撰輯한 것인바, 고대의 충신, 효자, 열녀를 뽑아 그 행실을 도해설명圖解說明하고 주자소鑄字所를 침판鋟板한 것인데 그 난격상欄格上의 정음역正音譯은 그 뒤 성종 때 추각追刻한 것이다. 그 사성점四聲點이 찍힌 정음역正音譯으로 된 것을 송석하宋錫夏 씨氏 외에도 소장한 이가 몇 분이 있다.

그리고 이 책판冊板은 그 후 여러 곳에서 개간開刊하였다. 즉 해서관찰영海西觀察營 장藏, 능주목綾州牧 장藏, 영남관찰영嶺南觀察營 장藏, 관북관찰영關北觀察營 장藏, 관서관찰영關西觀察營 장藏 등이 있으며 사성점四聲點이 없는 번역으로 된 것은 퍽 많으며 그 용어는 각기 방언을 따러 다른 것이 매우 흥미 있는 바이다.

38. 이륜행실도二倫行實圖 중종 시時 조신曺伸 찬撰 본인本人 장藏

1권 1책一卷一册 목판본. 김안국金安國이 중종의 경연經筵에 시강侍講으로 있을 때 장유長幼, 붕우朋友의 이륜二倫을 찬撰하고 아직 간행치 못하다 경상도慶尙道 관찰사觀察使로 전직이 되어 사역원司譯院 조신曺伸에게 부탁하여 이를 찬차撰次 인행印行한바, 삼강행실도三綱行實圖의 체재體裁와 동일케 한 것이다.

39. 오륜행실도五倫行實圖 정조 21년 명간命刊 동同

5권 4책五卷四册 활자본(정리자整理字) 이 책은 삼강행실도三綱行實圖와 이륜행실도二倫行實圖를 합한 것이고 그 도본圖本은 매우 정교精巧한바, 이는 단원檀園 김홍도金弘道의 그림이라 한다.

40. 속삼강행실도續三綱行實圖 중종 9년 명찬命撰 동同

1권 1책一卷一册 목판木板 초간본. 신용개申用漑 등이 봉교찬집奉敎撰輯한 바, 전혀 본조本朝의 효자 열녀 충신의 행실을 뽑아 도해圖解 설명하는 난격상欄格上에는 사성점四聲點 찍은 정음역正音譯으로 한 것이다.

41. 동국신속삼강행실도東國新續三綱行實圖 광해군 7년 명찬命撰 한남서림翰南書林 장藏

18책十八册 목판본 효자도孝子圖가 신라, 고려, 이조의 것이 8책이오. 열녀도烈女圖가 신라, 고려, 이조의 것이 그 속부續附 1책一册을 합하여 9책이오. 충신도忠臣圖가 신라, 백제, 고구려 이조의 것이 1책一册이다. 이는 다른 문헌에서 쉽사리 얻어 볼 수 없는 인명人名과 그 행적行蹟이 많으며 그걸 모다 우리 말글로 옮겨놓은 귀중한 것이다.

42. 경민편警民編 김정국金正國 저著 본인本人 장藏

1권 1책一卷一册 목판본. 효종 9년에 완남부원군完南府院君 이후원李厚源

이가 본서本書를 개간開刊 광포廣布하였다. 본서는 가족, 사회의 간악奸惡한 일을 열거하여 경계하고 그 끝에는 송강의 훈민가訓民歌 16수를 부록附錄하였으며 우리말로 번역하였다.

43. 정속언해正俗諺解 김안국金安國 찬撰 동同

1권 1책一卷一册 목판본. 중종 13년 간행 중국인 왕일암소王逸庵所 저著, 정속편正俗篇을 구결口訣 달고 번역한 것.

44. 여씨향약언해呂氏鄕約諺解 김안국金安國 찬撰 동同

1권 1책一卷一册 목판본. 이는 김모제金慕齊가 번역한 주자증손여씨향약朱子增損呂氏鄕約을 가지고 권두卷頭에 퇴계입의退溪立議가 편차編次하고 선조 6년에 간행한 것이다. 활자본(을해자乙亥字)을 복각覆刻한 것 같다.

45. 내훈內訓 소혜왕후昭惠王后(덕종비德宗妃) 한씨韓氏 찬撰 권덕규權悳奎 씨氏 장藏

3권 3책三卷三册 목판본. 소혜왕후昭惠王后는 관덕關德이 놀랍기 역대歷代 후비后妃 중 비유比類가 없으시며 비빈妃嬪을 위하여 이걸 지으시었으며 이 책에는 특수한 궁중용어가 많이 쓰이었다.

46. 사성통해四聲通解 최세진崔世珍 찬撰 권덕규權悳奎 씨氏 장藏

상하上下 2책二冊 목활자본. 본서는 신숙주가 지은 사성통고四聲通攷을 개정한 화음華音을 한글로 적은 운서韻書로 화음華音 연구硏究에 귀중함은 물론이려니와 간간 조선말을 쓰기도 하여 우리 고어 연구의 재료도 많다. 또 목판본도 있으며 간판刊板 연대는 미상未詳하나 목활자본이든지 목판본이든지가 다 그 당시 초간본은 아니고 그 후 광해군 초년 중간본인 듯하다. 목활자본은 방종현方鍾鉉 씨氏도 가지고 목판본은 성대도서관城大圖書館에 있고 본인에게도 있다.

47. 훈몽자회訓蒙字會 최세진崔世珍 찬撰 본인本人 장藏

상중하上中下 1책一冊 목판본. 본서는 사성통해四聲通解 급及 기후운서其後韻書─(화동정음통석운고華東正音通釋韻考), 삼운성휘三韻聲彙, 규장전운奎章全韻, 전운옥편全韻玉篇에도 없는 조선 속음俗音과 조선말이 퍽 많다. 우리 어학語學 연구硏究에 가장 귀중한 책이다. 그러나 이 책은 옛날 서당에서 교과서로 쓰든 만큼 각지에서 개간開刊도 많이 하여 와전訛傳된 것이 많고 정말 정확正確한 원간본原刊本은 퍽 귀하다. 나의 소장所藏은 비교적 정확한 점으로 보아 원간본原刊本으로 생각는다.

48. 유합類合 서거정徐居正 찬撰 방종현方鍾鉉 장藏

1책一冊 목활자본. 유미암柳眉岩(희춘希春)이 이를 신증新增하여 선조 7년에 황해도서 개간開刊한 본本에 의한 것 같다.

49. 천자문千字文 한호韓護(석봉石峯) 봉교서奉敎書 본인本人 장藏

1책一册 목판본. 선조 16년 간刊을 숙종 21년에 중간重刊한 것.

50. 중용언해中庸諺解 황의돈씨黃義敦氏 장藏

1책一册 활자 을해자본乙亥字本. 사성점四聲點 있는 정확正確한 정음역正音譯

51. 번역소학小學 김전金詮, 최숙생崔淑生 등等 찬撰 본인本人 장藏

권91책卷九一册 목판본. 또 이걸 언역소학諺譯小學이라고도 하며 중종 13년에 인반印頒하였는데 본서本書는 활자본 을해자乙亥字를 복각覆刻한 것으로 능란한 번역이다.

52. 맹자언해孟子諺解 송석하宋錫夏 장藏

권지13책卷之十三册 목활자본. 간행 연대는 미상未詳하나 사성점四聲點이 찍힌 정확正確한 정음역正音譯이다.

53. 시전언해詩傳諺解 권지일卷之一 본인本人 장藏

1책一册 목활자본. 광해군 초년 간刊 물명物名이 적혔고 사성점四聲點은 없으나 정확正確한 정음正音을 쓴 것이다.

54. 대학율곡언해大學栗谷諺解 김원근金瑗根 장藏

1권 1책一卷一册 활자인본活字印本. 이는 사서四書의 하나인 바, 율곡선생栗谷先生이 사서언해四書諺解를 상정詳定하였으나 미처 간행치 못하다 영조 25년에 호號 계희啓禧가 이를 인행印行한 것이다.

55. 중용율곡언해中庸栗谷諺解 성대도서관城大圖書館 장藏

1권 1책一卷一册 활자인본活字印本

56. 논어율곡언해論語栗谷諺解 본인本人 장藏

4권 4책四卷四册 활자인본活字印本

57. 맹자율곡언해孟子栗谷諺解 이희승李熙昇 장藏

1권 1책一卷一册

58. 소학언해小學諺解 홍택주洪宅柱 장藏

5권 5책五卷五册 목판본

59. 주역언해周易諺解 본인本人 장藏

5책五冊 목판본

60. 서전언해書傳諺解 동同

7책七冊 목판본

61. 시경언해詩經諺解 동同

1책一冊 목판본

62. 대학언해大學諺解 동同

1책一冊 목판본

63. 중용언해中庸諺解 동同

1책一冊 목판본

64. 논어언해論語諺解 동同

4책四冊 목판본

65. 맹자언해孟子諺解 동同

7책七冊 목판본木板本 이상已上 칠서언해七書諺解의 찬자撰者와 간행연대는 미상未詳하나 또한 고어古語의 재료材料로서 귀중貴重한 것이다.

66. 가예언해家禮諺解 신식申湜 저著 동同

5권 5책五卷五冊 목판본. 인조 10년 간刊 주자朱子의 가례家禮를 역해譯解한 것.

67. 십구사략언해十九史略諺解 동同

권1卷一 권2卷二 2책二冊 목판본

68. 여사서언해女四書諺解 영조 명찬命撰 동同

4권四卷 중 권1卷一 권2卷二, 1책一冊 활자본 영조 10년

69. 속명의록언해續明義錄諺解 정조 명찬命撰 동同

1책一冊 활자본 정조 원년 홍상범옥사洪相範獄事의 기사記事를 말한 것.

70. 어제상훈언해御製常訓諺解 동同

1책一冊 예각활자인본藝閣活字印本. 영조 21년 을축乙丑에 경천敬天, 경민敬民, 권학勸學 등을 어제御製하여 세자에게 수훈垂訓한 것.

71. 유중외대소신서윤음諭中外大小臣庶綸音 동同

1책一冊 활자본 정조 6년 임인壬寅에 송덕상宋德相의 옥사獄事를 치른 후 광탕曠蕩의 전典을 쓴다는 걸 우리말로 알기 쉽게 번역한 것.

72. 자휼전칙字恤典則 동同

1책一冊 활자본 정조 7년 계묘癸卯에 흉년을 당하여 구황책救荒策을 말한 것이다.

73. 금불사목禁髴事目 동同

1책一冊 목판본 정조 12년에 부인婦人의 수식首飾에 부인婦人들의 화化粧하는 풍속風俗을 볼 수 있다.

74. 신간증보삼략언해新刊增補三略諺解 동同

상중하上中下 1책一冊 목판본

75. 병학지남언해兵學指南諺解 정조 명찬命撰 동同

5권 1책五卷一册 목판본 정조 11년 간刊

76. 무예도보통지언해武藝圖譜通志諺解 정조 명찬命撰 성대도서관城大圖書館 장藏

1책一册 목판본 이덕무李德懋 등이 찬撰하고 박제가朴齊家가 선사繕寫한 것이다.

77. 화포식언해火砲式諺解 부附 신전자초방언해新傳煮硝方諺解 이인영李仁榮 장藏

1책一册 목판본 인조 12년 간刊

78. 구황촬요救荒撮要 명종 명찬命撰 동同

1책一册 목판본 명종 9년 초간初刊 흉년의 구황救荒하는 법을 우리말로 알기 쉽게 쓴 것이다.

79. 신간구황촬요新刊救荒撮要 신속申洬 찬撰 본인本人 장藏

2권 1책二卷一册 목판본 현종 원년에 신속申洬이가 서원 현감西原縣監으로 있을 때 흉년을 맞나 구황보유救荒補遺 1책一册을 지어 구황제요救荒提要와 합하여 간행하였고 그 뒤 숙종 12년에 박치유朴致維가 중간重刊하였다.

80. 언해두창집요諺解痘瘡集要 허준 봉교許浚奉敎 찬撰 동同

권하卷下 1책一冊 목판본 선조 시 간刊

81. 두창신방痘瘡新方 이종명李宗命 찬撰 동同

1책一冊 활자본 효종 4년에 황해도黃海道 여역癘疫이 성하매 본서를 언역諺譯하여 인포印布하였다.

82. 언해태산집요諺解胎産集要 허준許浚 저著 동同

1책一冊 사본寫本

83. 두창경험방痘瘡經驗方 송석하宋錫夏 장藏

1권 1책一卷一冊 목판본

84. 동몽선습언해童蒙先習諺解 영조 명찬命撰 동同

1책一冊 목판본 어제서문御製序文이 있고 영조 18년간刊

85. 공양시탐문供養施貪文 동同

1권 1책一卷一冊 목판본 사성점四聲點 찍힌 정음역正音譯.

86. 계몽편언해啓蒙編諺解 본인本人 장藏

1책一冊 목판본

87. 마경언해馬經諺解 이서李曙 저著 이인영李仁榮 장藏

상하上下 2책二冊 활자본

88. 고열녀전古烈女傳 중종 명찬命撰 한남서림翰南書林 장藏

권4卷四 1책一冊 목판본 중종 38년 간刊 그 도본圖本에 고개지顧愷之의 그림이라는 건 그때 명화名畵 이상좌李上佐가 고쳐 그린 것이다. 사성점四聲點이 있는 정음역正音譯.

89. 열녀전烈女傳 혜경궁홍씨惠慶宮洪氏 필사筆寫 전형필全鎣弼 장藏

4책四冊 사본寫本

90. 증수무원록언해增修無冤錄諺解 정조 명찬命撰 본인本人 장藏

2책二冊 활자본 정조 14년에 서유인徐有隣이가 우리 말글로 풀어놓은 것이다.

91. 백련초해百聯抄解 동同

1책一册 목판본 칠언고시ㅅ가운데 연구聯句를 백百을 뽑아 새긴 것인데 이는 명종 때 김하서金河西 인후麟厚가 찬집撰輯한 것이라 한다.

92. 규합총서閨閤叢書 동同

1책一册 목판본 조선의 각색各色 음식飮食 맨드는 법과 염색하는 법, 비단 도침법, 빨래하는 법, 비단에 좀 안 먹게 하는 법, 도망한 종을 찾는 법을 말하였다.

93. 직성행년편람直星行年便覽 동同

1책一册 목판본 직성행년直星行年을 보는 법과 명의경험방名醫經驗方을 말한 것이다.

94. 광재물보廣才物譜 동同

4권 4책四卷四册 사본寫本 1권一卷에는 천도天道, 지도地道, 인도人道, 인륜人倫, 군도君道, 신도臣道, 형기形氣, 민업民業, 서류庶流, 문학부文學部이고 2권에는 예절禮節, 군려軍旅, 음악音樂, 궁실宮室, 의복衣服, 음식飮食, 기용器用, 기희技戲, 물성부物性部이고 3권에는 화火, 금金, 옥玉, 석石, 노석鹵石, 초草, 곡穀, 채부菜部이고 4권에는 목木, 죽竹, 과果, 인鱗, 개介, 금禽, 수獸, 충부蟲部인데 모다 우리말로 새겨놓은 가장 거대한 사림辭林.

95. 물명고物名考 방편자方便子 유희柳僖 저著 동同

2권 1책二卷一册 사본寫本 그 목차를 유정류有情類(우충羽蟲, 수족獸族, 수족水族, 곤충昆蟲), 무정류無情類(초草, 목木) 부동류不動類(토土, 석石, 금金) 부정류不靜類(화火, 수水)로 나누고 각기 물명物名을 적었다.

96. 물명고物名考 동同

1책一册 사본寫本 일반一般 물명物名과 초목草木, 조수鳥獸, 충어蟲魚, 궁실宮室, 주거舟車, 복식服食, 경직耕織, 공장工匠, 공봉供奉, 문무文武, 신체身體, 사정事情, 용속龍屬, 잡인雜人, 어렵漁獵, 잡사雜事, 잡곡雜穀, 희속류戲俗類의 이름을 적었다. 또 죽란물명고竹欄物名考라는 것이 있으며 열상洌上 지하재池荷齋(영상榮相)의 것이라 하였으나 이는 전자前者를 초출抄出한 것이다.

97. 노걸대언해老乞大諺解 성대도서관城大圖書館 장藏

상上, 하下 2책二册 활자본 현종 11년 운각芸閣 인행印行 화어華語나 조선말의 귀중한 재료.

98. 중간노걸대언해重刊老乞大諺解 정조 명찬命撰 본인本人 장藏

상上, 하下 2책. 목판본 정조 때 사역원司譯院 관인官人을 명命하여 노걸대老乞大를 교정하여 중간重刊한 것인바, 그때 지중추부知中樞府 이수李洙 등等 노역관老譯官이 오로지 그 일을 맡아 보아 19년 만에 다 마치어 인행

印行하였다. 이는 화어華語, 조선어의 귀한 재료가 되는 것이다.

99. 박통사언해朴通事諺解 성대도서관城大圖書館

6권 3책六卷三冊. 목판본 화어華語와 조선어의 귀한 재료.

100. 역어유해譯語類解 본인本人 장藏

상하上下 2책二冊과 보補 1책一冊. 목판본 상하上下 2책二冊은 숙종 16년 김경준金敬俊 찬집撰輯 간행이고 보補 1책一冊은 영조 51년 김홍철金弘喆 찬집撰輯 간행이다. 이도 화어華語, 조선말의 귀한 재료인바, 각종 사물에 당한 어휘가 풍부하다.

101. 화어류초華語類抄 동同

1책一冊 활자본 화어華語와 조선어朝鮮語.

102. 화음계몽언해華音啓蒙諺解 동同

1책一冊 활자본 이태왕李太王 20년 간刊.

103. 오륜전비언해伍倫全備諺解

8권 4책四卷四冊 목판본 숙종 46년 간刊 화어華語의 음音과 뜻을 역주譯

註한 것.

104. 몽어노걸대蒙語老乞大

8권卷 8책八卷八册 목판본 몽고어蒙古語를 조선말로 대역對譯한 것.

105. 몽어유해蒙語類解 성대도서관城大圖書館 장藏

3권三卷 3책四卷四册 목판본 정조 14년 간刊 몽고어를 역해譯解한 것.

106. 첩해몽어捷解蒙語 본인本人 장藏

4권 4책四卷四册 목판본 영조 때 이억성李億成이가 그 전래傳來하는 책의 와오訛誤된 걸 교정하여 간행한바 그 뒤 오래되어 그 진본眞本이 귀한지라 정조 14년에 방효언方孝彦이가 새로 이걸 교수校讐하고 김형우金亨宇가 사재私財로서 간행한 것이다.

107. 동문유해同文類解 현문항玄文恒 찬撰 성대도서관城大圖書館 장藏

3권 2책三卷二册 목판본 영조 24년 간刊 청어淸語의 물명物名과 어록語錄을 조선글로 역해譯解하고 기음記音한 것.

108. 팔세아八歲兒 김진하金振夏 찬撰 동同

1책一册 목판본 정조 원년 개간改刊 청어학습서淸語學習書.

109. 소아론小兒論 김진하金振夏 찬撰 동同

1책一册 목판본 정조 원년 간刊 청어학습서淸語學習書.

110. 중간삼역총해重刊三譯總解 김진하金振夏 등等 편編 동同

10권 10책十卷十冊 목판본 영조 50년 개간改刊 초간初刊은 숙종 21년.

111. 한청문감漢淸文鑑 이수李洙 찬撰 소창진평小倉進平 장藏

15책十五册 목판木板 청어淸語, 조선어 등의 대역對譯하여 놓은 것.

112. 일어유해日語類解 본인本人 장藏

상하1책上下一册 활자본 효종 때 원간본原刊本을 김택金澤 박사博士가 수정한 것.

113. 첩해신어捷解新語 강우성康遇聖 찬撰 성대도서관城大圖書館 장藏

10권 10책十卷十冊 목판본 숙종 2년 간刊 일본어학습서.

114. 중간첩해신어重刊捷解新語 최학령崔鶴齡 찬撰 동同

12권 12책十二卷十二册 정조 5년 간刊.

115. 고금석림古今釋林 이의봉李義鳳 찬撰 동同

40권 20책四十卷十册 사본寫本 정조 13년 조선, 중국, 일본, 요금遼金, 몽고, 만주, 안남安南, 섬라暹羅의 말들을 수집 편찬한 거질巨帙.

116. 어록해語錄解 본인本人 장藏

1책一册 목판본 효종 8년 용흥사龍興寺 개간開刊.

117. 어록해語錄解

1책一册 목판본 현종 10년 송준길宋浚吉 봉명찬奉命撰. 용흥사龍興寺 개간판開刊板과는 다른 점이 많다.

118. 이문집람吏文輯覽 최세진崔世珍 봉교찬奉敎撰 동同

4권 1책四卷一册 목판본. 향언鄉言을 적은 것이 볼 만하다.

119. 이문대사吏文大師 동同

1책一冊 목판본. 이두본을 한글로 풀어 놓았다.

120. 이두집集 동同

1책一冊 사본寫本

121. 대명률직해大明律直解 태조太祖 명찬命撰 황의돈黃義敦 장藏

31권一卷 4책四冊 목판木板 영조 22년 간刊 이두의 자료가 많다.

122. 계림유사鷄林類事 송손목宋孫穆 찬撰 성대도서관城大圖書館 장藏

명明 도종의陶宗儀 편編 설부說郛 권7卷七 소수所收. 조선 고어古語가 기술되었다.

123. 이담속집耳談續集 정약용丁若鏞 찬撰 동同

1책一冊 목판본. 왕손암王巽庵의 이담耳談을 증보하고 조선 이언俚言을 모아놓고 해석하였다.

124. 아언각비雅言覺非 정약용丁若鏞 찬撰 동同

3권 1책三卷一册 활자본. 어원 연구語源硏究의 자료.

125. 조선이언朝鮮俚言 최원식崔瑗植 찬撰 동同

1책一册 활자본. 속담을 모아 해석하였다.

126. 동언고약東言考略 박경가朴慶家 저著 동同

상하1책上下一册 사본寫本. 30여 년 전에 추인정교秋人鄭喬가 이를 활자活字 인행印行하였다. 어원 연구語源硏究의 자료.

127. 농가집성農歌集成 신속申洬 찬撰 동同

1책一册 목판본. 효종 6년 간刊 곡식들 이름이 많이 기록되었다.

128. 어보魚譜 동同

1책一册 사본寫本. 정약전丁若銓의 소저所著인 자산어보玆山魚譜와 김려金鑢의 소저所著인 우해이어보牛海異魚譜와를 합한 것인바, 어류魚類, 해초海草, 패류貝類의 명칭이 조선말로 적혔다.

129. 동의보감東醫寶鑑 허준許浚 저著 이희승李熙昇 장藏

3책三冊 목판본. 약용藥用 동식광물動植礦物의 명칭이 조선말로 적혔다.

130. 악학궤범樂學軌範 성현成俔 봉명찬奉命撰 성대도서관城大圖書館 장藏

9권 3책九卷三冊 목판본. 성종 24년 초간본을 장악원掌藥院에서 중교重校하여 간행하였다. 이 본本을 고전간행회古典刊行會에서 소화昭和 8년에 영인影印 발행發行하였다. 본서 중에는 백제, 신라, 고려의 가요가 조선말 그대로 전한다.

131. 고려사高麗史 정인지鄭麟趾 등等 봉교찬奉教撰 본인本人 장藏

139권卷 목판본. 광해군 4년 중간重刊 그 중 지락志樂 제70권卷 71권은 신라, 백제, 고구려 고려의 가요기사歌謠記事가 있다.

132. 증보문헌비고增補文獻備考 융희隆熙 2년 명찬命撰 동同

이백 권二百卷 활자본. 그 중 권지91卷之九十一 내지乃至 일백팔一百八 악고樂考에는 가요기사歌謠記事가 있다.

133. 악장가사樂章歌詞 이왕직도서관李王職圖書館 장藏

1책一册 목판본. 인조 시 간刊 신라, 고려, 이조 초의 가요가 23편이나 실린 퍽 귀중한 책이다.

134. 불우헌집不憂軒集 정극인丁克仁 저著 성대도서관城大圖書館 장藏

1책一册 목판본. 불우헌가不憂軒歌, 불우헌곡不憂軒曲, 상춘곡賞春曲 등이 있다.

135. 자암집自庵集 김구金絿 저著 동同

1책一册 목판본. 권지2卷之二에는 화전별곡花田別曲, 단가短歌들이 있다.

136. 용암집聾岩集 이현보李賢輔 저著 동同

5권 2책五卷二册 목판본. 1권지3一卷之三에는 교빈가敎嚬歌, 농암집聾巖集, 생일가生日歌, 어부가漁父歌, 어부단가漁父短歌 등이 있다.

137. 능산곡陵山曲 이황李滉 저著 본인本人 장藏

1책一册 목판본. 전후 12곡曲을 퇴계선생자필退溪先生自筆인 것을 새겼다.

138. 사촌집沙村集 장경세張經世 저著 성대도서관城大圖書館 장藏

2권 2책二卷二册 목판본. 권지2卷之二에는 도산곡陶山曲을 본받아 강호연군가江湖戀君歌 전후 12곡을 지은 것이 있다.

139. 송암선생문집松岩先生文集 권호문權好文 저著 동同

4책四冊 목판본. 권지5卷之五, 6六에는 독락칠곡獨樂七曲과 한거십구곡閒居十九曲이 있다.

140. 면앙정집俛仰亭集 송순宋純 저著 본인本人 장藏

2책二册 목판본. 면앙정俛仰亭의 지은 장단가長短歌들이 한문으로 번역되어 있으며 혹은 그 작가作歌의 연유緣由를 말하기도 하였다.

141. 송강가사松江歌辭 정철鄭澈 저著 권덕규權悳奎 장藏

1책一册 목판본, 관동별곡關東別曲, 사미인곡思美人曲, 속미인곡續美人曲, 성산별곡星山別曲, 장진주將進酒, 경민편警民篇 16수, 단가短歌 63수.

142. 고산가사孤山歌辭 윤선도尹善道 저著 동同

6권 6책六卷六册 목판본. 권지6卷之六에는 그 가사歌辭-산중신곡山中新曲, 속신곡續新曲, 어부사시사漁父四時詞, 견회요遣懷謠 등이 있다.

143. 노계집蘆溪集 박인로朴仁老 저著 본인本人 장藏

3권 2책三卷二冊 목판본. 권지3卷之三에는 그의 노래 태평사太平詞, 사제곡莎堤曲, 누항사陋巷詞, 조홍시가早紅柿歌, 선상탄船上歎, 독락당獨樂堂, 영남가嶺南歌, 노계가蘆溪歌, 오륜가五倫歌, 토월봉吐月峰, 도산가陶山歌 등이 있다.

144. 청구영언靑丘永言 김천택金天澤 찬撰 영조 4년(1728) 동同

1책一冊 사본寫本. 고려 이조의 가요 수백 수를 모인 것인데 그 뒤로 전해오며 더 모아 종래의 노래책 가운데 그 양으로는 으뜸이 되겠다. 우조羽調, 계면界面의 곡조曲調 종류種類를 따라 나누고 장편가사長篇歌詞 등을 부록附錄하였다.

145. 해동가요海東歌謠 김수장金壽長 찬撰 영종英宗 29년(1763) 최남선崔南善 장藏

1책一冊 사본寫本. 여조麗朝, 이조李朝의 노래와 서序·발跋·문文 등을 모인 것이다.

146. 고금가곡古今歌曲 송계연월옹松桂煙月翁 찬撰 영조 40년(1764) 본인本人 장藏

1책一冊 사본寫本. 수집蒐集한 노래를 인륜人倫, 권계勸戒, 송축頌祝, 정조貞操, 연군戀君, 개세慨世, 우풍寓風, 회고懷古, 탄로歎老, 절서節序, 심방尋訪, 은퇴隱退, 한적閑寂, 연음讌飮, 취흥醉興, 감물感物, 염정艶情, 규원閨怨, 이별離別,

별한別恨 등으로 분류分類하였다.

147. 청구단곡초靑邱短曲抄 동同

1책一冊 사본寫本. 가요歌謠를 한역漢譯한 것인바 홍이계洪耳溪 양호집良浩集에 있는 청구단곡靑邱短曲보다 더 많다.

148. 소악부小樂府 신위申緯 저著 동同

1책一冊 사본寫本. 단가短歌를 한시漢詩 칠언절구七言絶句로 번역하였다.

149. 일동장유가日東壯遊歌 김인겸金仁謙 저著 영조 40년 동同

4책四冊 사본寫本. 그때 통신사通信使로 강호江戶(동경東京)까지 갔다 온 일을 노래로 지었다.

150. 한양가漢陽歌 한양거사漢陽居士 저著 1880 이병도李丙燾 장藏

1책一冊 목판본. 한양漢陽의 모든 상태狀態를 노래한 것이다.

151. 고금기사古今奇詞 최남선崔南善 장藏

1책一冊 사본寫本. 장편가사長篇歌詞와 잡가雜歌를 모인 것.

152. 삼죽유사三竹流詞 조황趙榥 저著(1811) 이명선李明善 장藏

1책一册 사본寫本. 일정一定한 형식形式으로 조황趙榥 자기自己가 지은 단가집短歌集.

153. 가곡원류歌曲源流 해동악장海東樂章 박효관朴孝寬 찬撰(1876) 본인本人 장藏

1책一册 사본寫本. 고금古今의 노래를 곡조曲調의 종류種類를 따라 엄정嚴正히 나누어 놓고 노래의 사설辭說도 여러 본本에 교준校準하여 놓았다. 질質로 정확正確하기는 종래從來의 노래책 가운데 이 책이 제일이겠다.

154. 금옥총부金玉叢部 안민영安玟英 저著 동同

1책一册 사본寫本. 안민영安玟英 자기自己의 가집歌集. 대원군大院君을 칭송稱頌하거나 기생妓生을 두고 지은 것이 많다. 그는 이조 말을 대표代表한 작가作家이었다.

155. 율곡신가栗谷新歌 이이李珥 저著 동同

1책一册 사본寫本. 옥루연가玉樓宴歌, 도덕가道德歌, 구곡담가九曲潭歌.

156. 해동가곡海東歌曲 동同

1책一册 사본寫本. 송강가사松江歌辭와 김북헌金北軒(춘택春澤)의 별사미인곡別思美人曲과 갑민가甲民歌.

157. 남훈태평가南薰太平歌 동同

1책一册 목판木板. 옛날 교방嬌坊의 가요교과서歌謠教科書.

158. 대동풍아大東風雅 동同

상하上下 1책一册 사본寫本 가곡歌曲과 사詞의 집集.

159. 장가長歌長 동同

1책一册 사본寫本. 장편가사집長篇歌詞集.

160. 단가집短歌集 동同

1책一册 사본寫本. 시조時調로 부르는 노래들을 모은 것.

161. 망로각수기忘老却愁記 동同

1책一册 사본寫本. 장편長篇 노래를 모으고 끝에는 삼사횡입황천기三士橫

入黃泉記. 금산사창업연회록金山寺創業宴會錄. 규중칠우쟁론기閨中七友爭論記를 부록附錄하였다.

162. 해동만고가海東萬古歌 동同

1책一冊 사본寫本. 우리의 태고太古로부터 여조麗朝까지의 사실史實을 노래한 것.

163. 유치요람幼稚要覽 동同

1책一冊 사본寫本. 중국中國 역대歷代의 명시문名時文 등을 번역하여 옛날 여자들이 읽고 외우던 글이다.

164. 오륜가五倫歌 동同

1책一冊 목판본.

165. 청산백운가靑山白雲歌 동同

1책一冊 사본寫本. 과거科擧를 하고 소분掃墳하던 노래.

166. 애종용哀從容 공인恭人 윤씨尹氏 저著 동同

1책一冊 사본寫本. 유서遺書와 자탄가自歎歌.

167. 화충가華蟲歌(장끼전) 동同

1책一册 사본寫本. 꿩을 두고 지은 노래.

168. 악가樂歌 동同

1책一册 사본寫本. 진연進宴. 진작도감進爵都監 때 부르던 노래.

169. 만언사萬言辭 조원趙元 저著 동同

1책一册 사본寫本. 죽을죄를 지고 귀양을 가서 참회懺悔하는 노래.

170. 용담가사龍潭歌詞 최제우崔濟愚 저著 동同

1책一册 활자본.

171. 신오위장본申五衛將本 신재효申在孝 찬撰 동同

5책五册 사본寫本. 근세 가극近世歌劇의 명인名人 고창高敞 신오위장申五衛將이 수집蒐集, 개작改作, 창작創作한 노래-동창춘향가童唱春香歌, 남창춘향가男唱春香歌, 심청가沈淸歌, 적벽가赤壁歌, 토별가兎鱉歌, 횡부가橫負歌, 치산가治産歌, 오섬가烏蟾歌, 성조가成造歌, 도리화가桃李花歌, 그중 성조가成造歌 같은 건 가장 명작名作이었다.

172. 오가전집五歌全集 이선유李善有 편編 동同

1책一册 활자본. 춘향가春香歌, 심청가沈清歌, 화용도華容道, 수궁가水宮歌, 박타령 등을 종래從來 광대가 부르든 법으로 단락段落을 나누어 놓았다.

173. 가곡보감歌曲寶鑑 김구희金龜禧 편編 동同

1책一册 활자본. 평양平壤 기생학교妓生學校의 교과서敎科書. 본서本書에는 옛날 좋은 잡가雜歌가 많이 실리었다.

174. 악부樂府 이용기李龍基 찬撰 보전 도서관普專圖書館 장藏

2책二册 사본寫本. 종래從來의 각색各色 잡가雜歌를 모아놓은 것.

175. 아악부가집雅樂部歌集 이왕직 아악부李王職雅樂部 장藏

4책四册 사본寫本. 노래를 모아놓은 양量으로는 가장 크다고 하겠다.

176. 여창유취女唱類聚 본인本人 장藏

1책一册 사본寫本. 여창女唱에 맞은 가사집歌辭集

177. 조선무속연구朝鮮巫俗硏究 추엽융秋葉隆 편編 동同

상하上下 2책二冊 활자본. 상권上卷에는 종래從來의 무당노래가 수집蒐集되었다.

178. 조선동요집朝鮮童謠集 엄필진嚴弼鎭 저著 동同

1책一冊 활자본

179. 신구잡가新舊雜歌 한인석韓仁錫 편編 동同

1책一冊 활자본

180. 규방가사閨房歌詞 동同

1책一冊 사본寫本. 영남부녀嶺南婦女들의 노래.

181. 근경가巹慶歌 이진용李晋用 작作 동同

1책一冊 활자본

182. 영주별곡瀛洲別曲 동同

1권一卷 사본寫本. 제주濟州의 풍토風土를 노래한 것.

183. 농가월령가農家月令歌 동同

1책一册 사본寫本. 그 작자作者는 미상未詳.

184. 소당풍속시嘯堂風俗詩 김형수金逈洙 저著 동同

1책一册 사본寫本. 농가월령가農家月令歌를 한시漢詩 역譯하였고 간간間間 난어구難語句를 조선말로 해역解譯하였다.

185. 홍길동전洪吉童傳 허균許筠 저著 동同

1책一册 목판본. 경성판京城板, 전주판全州板. 서자庶子로 태어나 천대賤待를 받으므로 도적당盜賊黨에 뛰어들어 그 두령頭領이 되어 각지에 출몰하며 종종 기적奇蹟을 나타내든 일.

186. 구운몽九雲夢 김만중金萬重 저著 동同

1책一册 사본寫本. 또 경성京城, 전주全州의 목판본도 있다. 무서운 기백氣魄과 가장 뛰어나는 재분才分으로 문어학文語學의 의의意義를 잘 깨달은 저자著者는 인조 15년 정축호란丁丑胡亂에 강도江都 절사節死한 김익겸金益兼의 유복자遺腹子로서 효행孝行이 탁이卓異한바, 그 어머니를 위로키 위하여 이 소설小說을 지었다 한다. 이 소설은 한 영통靈通한 상좌上佐가 그 스승의 영令을 받아 용궁을 가는 중로中路에서 8선녀를 만나 희롱戲弄한 죄罪로 다시 인간에 환생하여 출장입상出將入相하며 8첩을 두고 가진 향락享樂

을 하다 산종일성山鍾一聲에 깨고 보니 한 꿈이라 하였다.

188. 남정기南征記 백빈주白蘋洲 김만중金萬重 저著 홍차계洪宅桂 장藏

1책一册 사본寫本. 경성京城, 전주全州의 목판본도 있다. 그때 숙종대왕大王께서 장희빈張禧嬪에게 혹惑하여 그 비妃 인현왕후仁顯王后를 폐廢하매 이런 요첩妖妾이 정실正室을 무함誣陷하여 축출逐出하고 그 집을 망치었다는 일을 진술陳述하여 대왕大王을 개오開悟케 하였다 한다.

189. 윤씨행장尹氏行狀 김만중金萬重 저著 본인本人 장藏

1책一册 사본寫本. 김서포金西浦(만중萬重)가 지은 그 어머니 행장行狀이다. 구운몽九雲夢, 남정기南征記는 서포西浦의 종손從孫 김북헌金北軒(춘택春澤)이 다 첨삭윤색添削潤色하여 한문으로 번역하였다. 남정기南征記는 한역漢譯이 그 원문原文만큼 정채精采치 못하다고 한탄恨歎하였다. 이러하여 그 뒤 세상에는 흔히 한문 그것으로 전하고 한문 그것을, 혹은 또 우리말로 번역하여 전하고 그 진적眞的한 원본原本은 얻어 보기 어려운지라. 본서本書는 그의 작품을 연구함에 실로 귀중한 재료다.

190. 옥루몽玉樓夢 남영로南永魯 저著 동同

4책四册 신문관新文館 발행發行 활자본. 구운몽九雲夢을 수연數衍하여 더 섬실纖悉 화려華麗하게 만들어 종래從來 지식층知識層 독자讀者들에게 다대

多大한 영총榮寵을 받는 것이다. 또 옥련몽玉蓮夢이란 것이 있으나 그것도 이와 대동소이大同小異하다.

191. 옥린몽玉麟夢 이정작李庭綽 저著 홍택계洪宅桂 장藏

15책十五冊 사본寫本. 영조 때 사람 이회헌李悔軒(정작庭綽)이 구운몽九雲夢, 남정기南征記 등을 보고 이걸 지은바, 이 책이 중국中國에 들어가 그 사람들이 보고 배포排布는 좋으나 간략簡略하다 하고 다시 이걸 부연敷衍하여 80권을 만들었다 한다.

192. 창선감의록彰善感義錄 김도수金道洙 저著 홍택계洪宅桂 장藏

6책六冊 사본寫本. 권선우의勸善寓意의 작作.

193. 춘향전春香傳 이명선李明善 장藏

1책一冊 사본寫本. 경성판본京城板本도 있다. 정렬貞烈을 말한 것이다.

194. 별춘향전別春香傳 동同

1책一冊 목판본. 전부全部 40(장張) 백여百餘 년에 개간開刊하였다는 전주판全州板. 지금 전하는 판본板本으로는 최고(最古)한 것이겠다.

195. 열녀춘향수절가烈女春香守節歌 동同

상하上下 1책一冊. 목판본. 전주판全州板.

196. 고본춘향전古本春香傳 동同

1책一冊 활자본. 대정大正 2년 경성京城 신문관新文舘 발행發行.

197. 심청전沈淸傳 동同

상하上下 1책一冊. 목판본. 전주판全州板. 경성판京城板. 효행孝行을 말한 것이다.

198. 흥부전興夫傳 동同

1책一冊 목판본. 우애友愛를 말한 것이다.

199. 조웅전趙雄傳 동同

1책一冊 목판본. 이태조李太祖의 일을 빗대어 맨든 것이라 한다.

200. 장화홍련전薔花紅蓮傳 동同

1책一冊 사본寫本

201. 박씨전朴氏傳 동同

1책一册 사본寫本

202. 꼭둑각시전 임화林和 장藏

1책一册 사본寫本

203. 장인걸전張仁傑傳 본인本人 장藏

상하上下 2책二册 사본寫本. 고려와 원나라와의 지내든 일을 재료材料로 한 기이奇異한 사적事蹟을 연출演出한 기서奇書

204. 인현왕후전仁顯王后傳 동同

1책一册 사본寫本. 숙종 때 폐비廢妃되었다 후위後位한 인현왕후仁顯王后 민씨閔氏의 일을 적은 것인 바, 필치筆致가 전아典雅, 난숙爛熟하다.

205. 한중록閑中錄 동同

6권 6책六卷六册 사본寫本. 사도세자빈思悼世子嬪인 혜경궁홍씨惠慶宮洪氏가 그 정채精采 영롱玲瓏한 붓으로 그 철천徹天의 한恨을 섬세纖細, 유려流麗하게 그린 것이다. 우리말글을 이처럼 빛나게 쓰시던 이가 그 몇 분이나 있었을고.

206. 청구야담青丘野談 동同

19책十九冊 사본寫本. 조선 야담野談의 집대성集大成인바, 훌륭한 조선말 글로 되었다. 그중에는 참한 단편短篇도 많다.

207. 김학사전金學士傳 동同

1책一冊 사본寫本. 경상도慶尙道 상주尙州에 김 진사金進士와 박 진사朴進士가 사는바, 두 사람의 사이가 막역莫逆하였다. 김金은 문장文章이고 박朴은 지술地術이 용하다. 김金이 평일平日 신후지지身後之地를 부탁하다가 유언遺言을 하고 죽어, 과연 명당明堂에 묘墓를 쓰고 김金의 자손子孫은 대창大昌하였다. 한 미신迷信인 지술地術을 천여 년 두고 그렇게 숭상崇尙하였으니 이런 설화說話도 있음즉하다.

208. 국조고사國朝故事 동同

1책一冊 사본寫本. 이조 역대 임금의 일을 한글로 적은 것이다.

209. 요로원야화기要路院夜話記 동同

1책一冊 사본寫本. 순 한문으로 된 것도 있으나 본서本書는 순연한 말글로 되었다. 한 행객行客이 서울서 내려가서 요로원要路院에 자게 되는데 또 한 행객行客을 만나 양반兩班, 시문詩文, 붕당朋黨, 학예學藝 등을 논란하여 문답을 하고 그 밤을 새우고 서로 성명姓名도 모르고 나뉘었다 하는 것을 적었다.

210. 남행록南行錄 동同

1책一冊 사본寫本. 상소上疏하다 상지上旨를 거스리고 귀양 가는 할아버지를 따라 전라도 외딴섬[島]으로 가, 신고辛苦를 하던 광경을 그린 것이다.

212. 화양노정기華陽路程記 동同

1책一冊 사본寫本. 화양동華陽洞을 찾든 기행문紀行文

213. 역대문존歷代文存 동同

3책三冊 사본寫本. 역대歷代의 어문語文. 즉 전교傳敎, 봉서封書, 제문祭文, 장狀, 행장行狀, 유서遺書, 잡록雜錄 등을 수집蒐集한 것.

214. 안릉일기安陵日記

3책三冊 사본寫本. 홍경래洪景來 난亂의 기사記事.

215. 완월회맹玩月會盟 운현궁雲峴宮 장藏

2백책二百冊 사본寫本. 인간행락人間行樂의 총서叢書, 이하以下는 번역소설小說.

216. 삼국지三國誌 홍택주洪宅柱 장藏

39책三十九册 사본寫本

217. 수호지水滸志 동同

35책三十五册 사본寫本

218. 서유기西遊記 이병직李秉直 장藏

25책二十五册(1책一册 낙落) 사본寫本

219. 서상기西廂記 홍택주洪宅柱 장藏

2책二册 사본寫本

220. 서주연의西周演義 봉상연의封祥演義 동同

25책二十五册 사본寫本

221. 서한연의西漢演義 동同

16책十六册 사본寫本

222. 당전연의唐傳演義 동同

19책十九册 사본寫本

223. 남송의南宋義 이병직李秉直 장藏

7책七册 사본寫本

224. 대명영렬전大明英列傳 홍택주洪宅周 장藏

8책八册 사본寫本

225. 유씨삼대록劉氏三代錄 동同

14책十四册 사본寫本

226. 화정선행록華鄭善行錄 동同

15책十五册 사본寫本

227. 명행정의록明行精義錄 동同

701책七百一册 사본寫本

228. 사은기우록私恩奇遇錄 동同

7책七冊 사본寫本

229. 소노천삼대록蘇老泉三代錄 동同

2책二冊 사본寫本

230. 설인귀전薛仁貴傳 동同

4책四冊 사본寫本

231. 장풍운張風雲 동同

3책三冊 사본寫本

232. 소현성전蘇賢聖傳 동同

15책十五冊 사본寫本

233. 인봉소麟鳳韶 동同

3책三冊 사본寫本

234. 한씨수연쌍룡기봉韓氏壽筵雙龍奇逢 동同

2책二冊 사본寫本

235. 금고기관今古奇觀 동同

8책八冊 사본寫本

236. 진태방전陳泰方傳 동同

1책一冊 사본寫本

237. 옥란기록玉蘭奇綠 동同

26책二十六冊 사본寫本

238. 취승루取勝樓 이병직李秉直 장藏

2책二冊 사본寫本

239. 화정연록華鄭延錄 동同

50책五十冊 사본寫本 이태왕李太王 21년 갑신甲申(1884)을 전후하여 이종태 씨李鍾泰氏가 봉명奉命하여 그 집에다 수십인 문사文士를 두고 오랫동안 중국소설을 번역한 것이 근 백종百種이 되었으나 이상已上의 번역소설은 그 전전前前부터 전래傳來하는 것인바, 모다 명역名譯이라 한다. 옛날 궁중에서도 이 책들을 빌어다 벳겼다는 것이다.

별안간 부탁을 받고 급거急遽히 이 목록目錄을 꾸미자니 널리 조사調査도 못하고 위선 신변身邊에 있는 것과 대강 짐작하는 것에서 우리 글로 된 것을 위주爲主하여 뽑을 뿐이고 한문학으로 된 것에는 아직 미치지 못하였다. 혹 미비未備, 천오舛誤된 점은 다시 보정補正코자 한다.

\- 가람 -

한국명저해제韓國名著解題

<附錄>

韓國名著解題

―古典 百三十五種―

解說 · 李 秉 岐

一、均如傳 高麗文宗時赫連挺編 伽倻山海印寺藏板

新羅末 均如大師가 지은 鄕歌 十一首가 그 同時人 崔行歸의 同譯詩와 함께 실린 귀중한 문헌이다。

二、三國遺事 高麗忠烈王時一然編

五卷三冊木板本。朝鮮印刷株式會社景印本도 있다。이는 우리말글을 적은 古記體의 글로 三國史記와는 다른 史實과 風情을 기록한 中 史讀로된 十餘首鄕歌는 均如傳에 실린 그것과 아울러 우리語文의 資料로서 最古한 것이다。

三、訓民正音 世宗大王御製

全篇三十三張에 訓民正音이 四張이오 訓民正音解例및 鄭麟趾謹書가 二十九張인데 訓民正音에는 世宗大王御製序와 新制二十八字例를 漢文으로서 설명하였을 따름이고 訓民正音解例는 制字解、初聲解、中聲解、終聲解、合字解、用字例가 있고 한글字體는 古篆體와 같고 ㅏㅑㅓㅕㅗㅛㅜㅠ는 [illegible]로 쓰이었고 漢文으로 해설하고 조선말글 例만은 한글로 썼다。——이것이 世宗二十八年 訓民正音頒布당시의 原板本임은 그字體가 龍飛御天歌나 釋譜詳節、月印千江之曲의 原刊本과 동일함을 보든지 正統十一年(世宗二十八年)九月上澣鄭麟趾謹書를 보아도 알겠다。

四、訓民正音

이는 訓民正音頒布한 그뒤에 그 御製序와 二十八字例와 漢音齒聲등을 더하여 諺解하였고 그 解例와 鄭麟趾謹書등은 없는 것이다。

五、訓民正音圖解 英祖時申景濬、

이는 訓民正音의 初中終聲人字들을 易學、陰陽、五行說로 설명하고 漢人字韻圖解表를 붙였으며 이를 또 韻解訓民正音 訓民正音韻解라고도 일컫는다。

六、諺音捷考 純祖十二年 石帆著

『思潮』 1권 1호, 1938. 6.

한국명저해제韓國名著解題[62]

— 고전古典 135종百三十五種

해설解說 이병기李秉岐

1. 균여전均如傳 고려 문종 시 혁련정赫連挺 찬撰 가야산伽倻山 해인사海印寺 장판藏板

신라 말 균여대사가 지은 향가 11수가 그 동시인同時人 최행귀崔行歸의 동역시同譯詩와 함께 실린 귀중한 문헌이다.

2. 삼국유사三國遺事 고려 충렬왕 시 일연一然 찬撰

5권 2책五卷二册 목판본. 조선인쇄주식회사 영인본도 있다. 이는 우리 말글을 적든 고기체古記體의 글로 『삼국사기三國史記』와는 다른 사실史實과 풍정風情을 기록한 중 이두로 된 십여 수 향가는 균여전에 실린 그것과 아울러 우리 어문語文의 자료資料로서 최고最古한 것이다.

---

62 「韓國名著解題 -古典 百三十五種-」, 『思潮』 1권 1호, 1938. 6.

3. 훈민정음訓民正音 세종대왕어제世宗大王御製

전편 33장에 훈민정음訓民正音이 4장이오, 훈민정음해례訓民正音解例 급及 정인지鄭麟趾 근서謹書가 29장인데 훈민정음에는 세종대왕어제世宗大王御製 서序와 신제新制 이십팔자례二十八字例를 한문으로써 설명하였을 따름이고 훈민정음해례에는 제자해制字解, 초성해初聲解, 중성해中聲解, 종성해終聲解, 합자해合字解 용자례用字例가 있고 한글 자획字畫은 고전체古篆體와 같고 ㅏ, ㅑ, ㅓ, ㅕ, ㅗ, ㅛ, ㅜ, ㅠ는 ·, ㅣ:, ·ㅣ, :ㅣ, ㅗ, ㅛ, ㅜ, ㅠ로 쓰이었고 한문으로 해설하고 조선말글 예例만은 한글로 썼다. 이것이 세종 28년 훈민정음 반포 당시의 원판본原板本임은 그 자체字體가 용비어천가龍飛御天歌나 석보상절釋譜詳節, 월인천강지곡月印千江之曲의 원간본原刊本과 동일함을 보든지 정통正統 11년(세종28년) 9월 상한上澣 정인지鄭麟趾 근서謹書를 보아도 알겠다.

4. 훈민정음訓民正音

이는 훈민정음 반포한 그 뒤에 그 어제서御製序와 이십팔자례二十八字例와 한음치성漢音齒聲 등을 더하여 역해譯解하였고 그 해례解例와 정인지鄭麟趾 근서謹書 등은 없는 것이다.

5. 훈민정음도해訓民正音圖解 영조 시 신경준申景濬 저著

이는 훈민정음의 초중종성ㅅ자初中終聲ㅅ字들을 역학易學, 음양陰陽, 오행설五行說로 설명하고 한ㅅ자운도해표漢ㅅ字韻圖解表를 부쳤으며 이를 또

운해훈민정음韻解訓民正音, 훈민정음운해訓民正音韻解라고도 일컫는다.

6. 언음첩고諺音捷考 순조 12년 석범石帆 저著

상하권上下卷 1책一册 사본寫本 한글 자음字音의 혼와混訛를 정확히 변증辨證한 진서珍書.

7. 언문지諺文誌 순조 24년 유희柳僖 저著

한글의 음리音理를 해석한 명저이다. 이는 또 북평北平 내훈각來薰閣 발행發行인 활자 인본活字印本도 있는 바, 오식誤植이 적지 않다. 유씨 수필柳氏手筆인 원본은 연전延專에 소장되어 있었는데…….

8. 용비어천가龍飛御天歌 세종 명찬命撰

1권 5책一卷五册 목판본. 세종 29년 초初 간刊. 초간본은 1一 2권二卷(본인本人 장藏) 7七, 8八, 9九, 10권十卷 권덕규權悳奎 씨氏 장藏이 있고 성대城大 법문학부法文學部 발행인 그 중간重刊 영인본이 있다. 본서는 이조의 화가위국化家爲國하든 업적業蹟, 즉 목조穆祖, 익조翼祖, 도조度祖, 환조桓祖, 태조太祖, 태종太宗의 사적事蹟을 중국中國 역대歷代 제왕帝王의 사적事蹟에 견주어 칭송稱頌하여 조선말로 125장의 노래를 짓고 한문으로 해석하였다. 세종 24년부터 이 책을 지으려 운봉雲峰 전적戰蹟을 조사하고 그 이듬해 세종께서 정음正音을 창제創製하시고 집현전의 제신諸臣을 시기고 친히 예재睿裁하시어 이 책을 맨드신 것이다.

9. 월인석보月印釋譜 세종 어제御製 급及 명찬命撰

세종 28년에 세종비인 소헌왕후께서 승하하시매 그 왕후를 추천追薦코저 그 이듬해 29년에 세종께서 수양대군世祖을 시켜 승우僧祐 도의道宜의 석보釋譜를 합하여 석보상절을 맨들고 한글로 역해譯解하였다. 이 책이 다 된 뒤에 세종께 올리매 세종께서 이를 보시고 친히 찬송讚頌하는 노래를 지으시어 이름을 월인천강지곡月印千江之曲이라 하였다. 그리고 월인천강지곡月印千江之曲과 석보상절釋譜詳節을 합하여 월인석보月印釋譜라 하는 것이다.

월인석보의 6권, 9권, 13권, 19권은 그 당시 활자인活字印한 초고본初稿本으로 조선총독부朝鮮總督府 도서관圖書館 소장所藏이 되었고 그 1권一卷 2권은 풍기豊基 짓방사池叱方寺 중간판重刊板이 있고 그 21권은 안동安東 동흥사東興寺와 은진恩津 쌍계사雙溪寺 중간판重刊板이 있고 그 7권七卷 중간본은 최남선 씨 소장이 되고 그 8권卷 중간본은 이관구李寬求 씨氏 소장所藏이 되고 그 13권三卷 14권은 소창진평小倉進平 씨氏 소장이 되었고 본인의 소장은 그 6, 9, 13, 19권卷 의 사본과 중간본 1, 2권과 21권이다. 이 책은 전부 30책이나 될 듯한 거질巨帙로서 조선 고어문古語文의 자료로 가장 소중하고 풍부한 것이다.

10. 금강경삼가해金剛經三家解 성종 조 명命 내수사內需司 인행印行

5권 5책五卷五册 제第 1권一卷 결缺 활자인活字印. 이는 세종께서 문종과 세조를 명命하사 금강경오가해金剛經五家解 가운데 야부송冶父頌과 종경제강宗鏡提綱과 득통설의得通說誼 — 세 가지만 뽑아 번역케 하고 세종께서 친히 예재睿裁하시고 유촉遺囑하심이 중대하므로 초초草草히 할 수 없어 우선 능엄경楞嚴經, 법화경法華經, 육조해六祖解, 금강경金剛經, 원각경圓覺經, 심경心經, 영가집永嘉集 등을 인행印行하고 성종 13년에 자성대왕대비慈聖大王大妃(세조비)께서 학조學祖라는 이를 명命하여 다시 교정하여 3백부를 인행印行하였다.

11. 남명집南明集 성종 조 명 명命 내수사內需司 인행印行

상하上下 2책二冊. 활자인活字印 영가대사증도가남명천선사계송집永嘉大師證道歌南明泉禪師繼頌集을 세종께서 친히 30여 수를 번역하시고 세조를 명하여 필畢譯한 뒤 성종 13년에 자성대왕대비慈聖大王大妃께서 학조學祖 시겨 다시 교정校正하여 5백 부를 인행印行하였다.

12. 능엄경언해楞嚴經諺解 세조 7년 간경도감刊經都監 간刊

10권 10책十卷十冊. 활자본. 이 경經은 세조가 친히 번역하고 간경도감刊經都監을 명하여 간행케 한 것이다.

13. 법화경언해法華經諺解 세조 8년 간경도감刊經都監 간刊

7권七卷 14책四冊. 목판본. 그 중 후後2, 후後3, 초初4, 후後4, 초初7의 5책은 초간본이고 기타는 영조 41년 덕산德山 가야사伽倻寺에서 중간重刊한 것이다.

14. 육조금강경언해六祖金剛經諺解 세조 9년 간경도감刊經都監 간刊

상하上下 2책冊, 목판본. 선조 8년 전주全州 안심사安心寺 중간본도 있다.

15. 구결원각경口訣圓覺經 세조 10년 인행印行

일지일一之一, 일지이一之二 2책冊. 일지일一之一은 복각본覆刻本이고 일지이一之二는 활자인본活字印本. 즉 세조 10년 을유乙酉에 세조가 구결口訣을 어정御定하고 이 경經을 인출印出코자 정난종鄭蘭宗을 명命하여 이를 쓰이어 활자를 맨들었다는 이른바 을유자乙酉字로 박인 것이다.

16. 원각경언해圓覺經諺解 세조 1년 간경도감刊經都監 간刊

목판본 11권一卷 10책十冊. 그중 상1지上一之 2권은 초간본이고 또 선조 8년 전주全州 안심사安心寺 중간본 전질全帙이 있는바, 이 경은 세조의 어정구결원각경御定口訣圓覺經을 가지고 번역한 것이오 그때 창건한 원각사탑圓覺寺塔(지금 탑골 공원탑公園塔) 속에도 이 경經 한 질帙을 저장貯藏하였다.

17. 반야심경언해般若心經諺解 세조 9년 간경도감刊經都監 간刊

1권1책一卷一冊. 목판본.

18. 영가집언해永嘉集諺解 세조 8년 명命 간刊

상하上下 2책二冊. 목판본. 이 책도 세조가 구결口訣을 친정親定하고 유신

儒臣을 명命하여 상세히 언석諺釋 간刊 하여 간행한 것이다. 연대는 미상未詳하나 가야산伽倻山 해인사海印寺에 이 중간판重刊板이 있으며 이 중간본은 본인도 가지고 있다.

19. 불설아미타경언해佛說阿彌陀經諺解 세조 9년 간경도감刊經都監 간刊

1권 1책一卷一冊 목판본. 그 때 명필名筆이던 안혜安惠가 쓴 것이다. 이는 숙종 28년 고성固城 와룡산臥龍山 운흥사雲興寺에서 그걸 복각覆刻한 것이다.

20. 구급방救急方

상上 1책一冊 목판본. 세조 12년에 인반印頒하였는바, 이 책은 활자본(을해자본乙亥字本)을 복각覆刻한 것이다.

21. 두시언해杜詩諺解 조위曺偉 등等 찬撰

25권二十五卷 활자본(을해자본乙亥字本) 성종 12년 인출印出. 이 중 권卷 5, 6, 7, 8은 본인本人 소장이고 권卷 9, 10, 16, 17, 22, 23은 황의돈黃義敦 씨氏 소장이고 권卷 24는 방종현方鍾鉉 씨氏 소장이고 권卷 25는 이관구李寬求 씨氏 소장이었다. 이는 우리 고어문古語文의 보고寶庫로서 월인석보와 아울러 지귀지중至貴至重한 것이다.

22. 중간두시언해重刊杜詩諺解

25권 12책二十五卷十二册 목판본. 인조 10년 간행. 이는 초간본과는 간간間間 다른 점. 즉 언어의 변천을 볼 수 있는 것이 자미滋味스럽다.

23. 몽산화상법어蒙山和尙法語 세조 시時 간刊

1권 1책一卷一册. 목판본. 간경도감刊經都監의 여러 경전을 번역하든 혜각존자慧覺尊者 신미信眉의 번역인 초간본.

24. 사법어四法語 세조 시時 12년 간刊

1권 1책一卷一册 목판본. 산山, 동산東山, 몽산蒙山 고담화상古潭和尙의 설법을 번역한 것.

25. 법어法語 중종 12년 간刊 혜각존자慧覺尊者 역결譯訣

2권 1책二卷一册 목판본. 사법어四法語와 몽산화상법어약록蒙山和尙法語略錄에 보제존자普濟尊者 법어法語와 정주鼎州 양산梁山 곽암화상廓庵和尙 일우도송一牛圖頌 승서升序를 부록附錄한 것.

26. 발심수행發心修行章 신라 원효元曉 술述

1권 1책一卷一册. 목판본. 선조 10년 순천順天 송광사松廣寺 유판留板 지눌

知訥의 계초심학인문誡初心學人文과 야운野雲의 자경서自警序와 합한 것. 사성점四聲點이 있는 정음역正音譯.

27. 목우자수심결牧牛子修心訣 혜각존자慧覺尊者 역譯

1권 1책一卷一册 목판본. 연산군 6년 가야산伽倻山 봉서사鳳栖寺 개판開板. 부록附錄 법어法語.

28. 관음경언해觀音經諺解 인조 9년 상주尙州 봉불암奉佛菴 간刊

1책一册, 목판본. 불정심다라니경佛頂心陀羅尼經 상중하上中下 3권에 고왕관세음경高王觀世音經과 그 서序와 반절反切과 실담장悉曇章과를 합한 것.

29. 오대진언집五大眞言集 명종 5년 간刊

4책四册 목판본. 부附 영험약초靈驗略抄

30. 진언집眞言集

상하上下 2책二册 목판. 정조 24년 중간重刊 도봉산道峯山 망월사望月寺 장판藏板

31. 수구隨求 선조 2년 은진恩津 쌍계사雙溪寺 개판開板

1권 1책一卷一册 목판본. 정확한 정음역正音譯.

32. 칠대만법七大萬法 선조 2년 소백산小伯山 짓방사(池叱方寺) 개판開板

1권 1책一卷一册 목판본. 진여세계眞如世界, 삼신여래三身如來, 성적등지惺寂等持 등이 조선말로 된 것.

33. 은중경언해恩重經諺解 명종 18년 송광사판松廣寺板 송석하宋錫夏 장藏

1권 1책一卷一册 목판본. 이 전후 각지에서 이 책을 개판開板한 것이 퍽 많다.

34. 육조보단경언해六祖寶壇經諺解

상중하上中下 3책三册 목판본. 그 하권下卷 1책一册은 최남선 씨 소장이고 그 중 권卷 1은 송석하 씨宋錫夏氏 소장所藏이었던 바, 정음책역正音册譯인 진본珍本.

35. 대미타참약초요람보권념불문大彌陁懺略抄要覽普勸念佛文 영조 52년 명연집明衍集

1권 1책一卷一册 목판본. 정조 11년 무장茂長 선운사禪雲寺 개간開刊. 이 책은 염불의 기적奇蹟과 회심가곡回心歌曲을 수집하고 왕랑반혼전王郞返魂傳을 부록附錄으로 하고 번역한 것이다.

36. 지장경언해地藏經諺解

상하上下 합1책合一册 목판본. 영조 41년 경성京城 외外 종남산從南山 무학대無學臺 하下 약사전藥師殿 개판開板.

37. 삼강행실도三綱行實圖 세종 명찬命撰 송석하宋錫夏 장藏

1권 1책一卷一册 목판본. 세종 13년 신해辛亥에 집현전集賢殿 부제학副提學 설순偰循이가 봉교찬집奉教撰輯한 것인바, 고대의 충신, 효자, 열녀를 뽑아 그 행실을 도해圖解 설명說明하고 주자소鑄字所를 침판鋟板한 것인데 그 난격상欄格上의 정음역正音譯은 그 뒤 성종 때 추각追刻한 것이다. 그 사성점四聲點이 찍힌 정음역正音譯으로 된 것을 송석하宋錫夏 씨氏 외에도 소장한 이가 몇 분이 있다.

그리고 이 책판册板은 그 후 여러 곳에서 개간開刊하였다. 즉 해서海西 관찰영觀察營 장藏, 능주목綾州牧 장藏, 영남嶺南 관찰영觀察營 장藏, 관북關北 관찰영觀察營 장藏, 관서關西 관찰영觀察營 장藏 등이 있으며 사성점四聲點이 없는 번역으로 된 것은 퍽 많으며 그 용어는 각기 방언을 따라 다른 것이 매우 흥미 있는 바이다.

38. 이륜행실도二倫行實圖 중종 시時 조신曺伸 찬撰

1권 1책一卷一冊 목판본. 김안국金安國이 중종의 경연經筵에 시강侍講으로 있을 때 장유長幼, 붕우朋友의 이륜二倫을 찬撰하고 아직 간행치 못하다 경상도慶尙道 관찰사觀察使로 전직이 되어 사역원司譯院 조신曺伸에게 부탁하여 이를 찬차인행撰次印行한바, 삼강행실도三綱行實圖의 체재體裁와 동일케 한 것이다.

39. 오륜행실도五倫行實圖 정조 21년 명命 간刊

5권 4책五卷四冊 활자본(정리자整理字). 이 책은 삼강행실도三綱行實圖와 이륜행실도二倫行實圖를 합한 것이고 그 도본圖本은 매우 정교精巧한바, 이는 단원檀園 김홍도金弘道의 그림이라 한다.

40. 속續 삼강행실도三綱行實圖 중종 9년 명찬命撰

1권 1책一卷一冊 목판木板 초간본. 신용개申用漑 등이 봉교찬집奉敎撰輯한바, 전혀 본조本朝의 효자 열녀 충신의 행실을 뽑아 도해圖解 설명하는 난격상欄格上에는 사성점四聲點 찍은 정음역正音譯으로 한 것이다.

41. 동국신속삼강행실도東國新續三綱行實圖 광해군 7년 명찬命撰 한남서림翰南書林 장藏

18책十八冊 목판본. 효자도孝子圖가 신라, 고려, 이조의 것이 8책이오.

열녀도烈女圖가 신라, 고려, 이조의 것이 그 속부續附 1책一冊을 합하여 9책이오. 충신도忠臣圖가 신라, 백제, 고구려 이조의 것이 1책一冊이다. 이는 다른 문헌에서 쉽사리 얻어 볼 수 없는 인명人名과 그 행적行蹟이 많으며 그걸 모다 우리말글로 옮겨놓은 귀중한 것이다.

42. 경민편警民編 김정국金正國 저著

1권 1책一卷一冊 목판본. 효종 9년에 완남부원군完南府院君 이후원李厚源이가 본서本書를 개간開刊 광포廣布하였다. 본서는 가족, 사회의 간악奸惡한 일을 열거하여 경계하고 그 끝에는 송강의 훈민가訓民歌 16수를 부록附錄하였으며 우리말로 번역하였다.

43. 정속언해正俗諺解 김안국金安國 찬撰

1권 1책一卷一冊 목판본. 중종 13년 간행 중국인 왕일암소王逸庵所 저著 정속 편正俗篇을 구결口訣 달고 번역한 것.

44. 여씨향약언해呂氏鄕約諺解 김안국金安國 찬撰

1권 1책一卷一冊 목판본. 이는 김모제金慕齊가 번역한 주자증손여씨향약朱子增損呂氏鄕約을 가지고 권두卷頭에 퇴계退溪 입의立議가 편차編次하고 선조 6년에 간행한 것이다. 활자본(을해자乙亥字)을 복각覆刻한 것 같다.

45. 내훈內訓 소혜왕후昭惠王后(덕종비德宗妃) 한씨韓氏 찬撰 권덕규 씨權悳奎氏 장藏

3권 3책三卷三册 목판본. 소혜왕후昭惠王后는 관덕關德이 놀랍기 역대歷代 후비后妃 중 비유比類가 없으시며 비빈妃嬪을 위하여 이걸 지으시었으며 이 책에는 특수한 궁중 용어가 많이 쓰이었다.

46. 사성통해四聲通解 최세진崔世珍 찬撰 권덕규 씨權悳奎氏 장藏

상하上下 2책二册 목활자본. 본서는 신숙주가 지은 사성통고四聲通攷를 개정한 화음華音을 한글로 적은 운서韻書로 화음華音 연구硏究에 귀중함은 물론이려니와 간간 조선말을 쓰기도 하여 우리 고어 연구의 재료도 많다. 또 목판본도 있으며 간판刊板 연대는 미상未詳하나 목활자본이든지 목판본이든지가 다 그 당시 초간본은 아니고 그 후 광해군 초년 중간본인 듯하다. 목활자본은 방종현方鍾鉉 씨氏도 가지고 목판본은 성대도서관城大圖書館에 있고 본인에게도 있다.

47. 훈몽자회訓蒙字會 최세진崔世珍 찬撰

상중하上中下 1책一册 목판본. 본서는 사성통해四聲通解 급及 기후其後 운서韻書-화동정음통석운고華東正音通釋韻考, 삼운성휘三韻聲彙, 규장전운奎章全韻, 전운옥편全韻玉篇에도 없는 조선 속음俗音과 조선말이 퍽 많다. 우리 어학 연구語學硏究에 가장 귀중한 책이다. 그러나 이 책은 옛날 서당에서 교과서로 쓰일 만큼 각지에서 개간開刊도 많이 하여 와전訛傳된 것이 많고 정말 정확正確한 원간본原刊本은 퍽 귀하다. 나의 소장所藏은 비교적 정확한 점으로 보아 원간본原刊本으로 생각는다.

48. 유합類合 서거정徐居正 찬撰

1책一册 목활자본. 유柳 미암眉岩(희춘希春)이 이를 신증新增하여 선조 7년에 황해도서 개간開刊한 본本에 의한 것 같다.

49. 천자문千字文 한호韓護(석봉石峯) 봉교서奉教書

1책一册 목판본. 선조 16년 간刊을 숙종 21년에 중간重刊한 것.

50. 중용언해中庸諺解 황의돈黃義敦 씨 장藏

1책一册 활자 을해자본乙亥字本. 사성점四聲點 있는 정확正確한 정음역正音譯

51. 번역소학小學 김전金詮, 최숙생崔淑生 등等 찬撰

권9卷九 1책一册 목판본. 또 이걸 언역소학諺譯小學이라고도 하며 중종 13년에 인반印頒하였는데 본서本書는 활자본 을해자乙亥字를 복각覆刻한 것으로 능난한 번역이다.

52. 맹자언해孟子諺解

권지13책卷之十三册 목활자본. 간행연대는 미상未詳하나 사성점四聲點이 찍힌 정확正確한 정음역正音譯이다.

53. 시전언해詩傳諺解 권지일卷之一

1책一册 목활자본. 광해군 초년 간刊 물명物名이 적혔고 사성점四聲點은 없으나 정확正確한 정음正音을 쓴 것이다.

54. 대학율곡언해大學栗谷諺解

1권 1책一卷一册 활자인본活字印本. 이는 사서四書의 하나인 바 율곡선생栗谷先生이 사서언해四書諺解를 상정詳定하였으나 미처 간행치 못하다 영조 25년에 호號 계희啓禧가 이를 인행印行한 것이다.

55. 중용율곡언해中庸栗谷諺解

1권 1책一卷一册 활자인본活字印本

56. 논어율곡언해論語栗谷諺解

4권 4책四卷四册 활자인본活字印本

57. 맹자율곡언해孟子栗谷諺解

권1 1책一册

58. 소학언해小學諺解

5권 5책五卷五册 목판본

59. 주역언해周易諺解

5책五册 목판본

60. 서전언해書傳諺解

7책七册 목판본

61. 시경언해詩經諺解

1책一册 목판본

62. 대학언해大學諺解

1책一册 목판본

63. 중용언해中庸諺解

1책一册 목판본

64. 논어언해論語諺解

4책四册 목판본

65. 맹자언해孟子諺解

7책七册 목판본木板本. 이상已上 칠서언해七書諺解의 찬자撰者와 간행연대는 미상未詳하나 또한 고어古語의 재료材料로서 귀중貴重한 것이다.

66. 가례언해家禮諺解 신식申湜 저著

5권 5책五卷五册 목판본. 인조 10년 간刊 주자朱子의 가례家禮를 역해譯解한 것.

67. 십구사략언해十九史略諺解

권1卷一 권2卷二, 2책二册 목판본

68. 여사서언해女四書諺解 영조 명찬命撰

4권四卷 중 권1卷一 권2卷二, 1책一冊 활자본 영조 10년

69. 속續 명의록언해明義錄諺解 정조 명찬命撰

1책一冊 활자본. 정조 원년 홍상범洪相範 옥사獄事의 기사記事를 말한 것.

70. 어제상훈언해御製常訓諺解

1책一冊 예각 활자인본藝閣活字印本. 영조 21년 을축乙丑에 경천敬天, 경민敬民, 권학勸學 등을 어제御製하여 세자에게 수훈垂訓한 것.

71. 유중외대소신서윤음諭中外大小臣庶綸音

1책一冊 활자본. 정조 6년 임인壬寅에 송덕상宋德相의 옥사獄事를 치른 후 광탕曠蕩의 전典을 쓴다는 걸 우리말로 알기 쉽게 번역한 것.

72. 자휼전칙字恤典則

1책一冊 활자본. 정조 7년 계묘癸卯에 흉년을 당하여 구황책救荒策을 말한 것이다.

73. 금불사목禁髴事目

1책一冊 목판본. 정조 12년에 부인婦人의 수식首飾에 부인婦人들의 화장化粧하는 풍속風俗을 볼 수 있다.

74. 신간증보삼략언해新刊增補三略諺解

상중하上中下 1책一冊 목판본

75. 병학지남언해兵學指南諺解 정조 명찬命撰

5권 1책五卷一冊 목판본. 정조 11년 간刊.

76. 무예도보통지언해武藝圖譜通志諺解 정조 명찬命撰

1책一冊 목판본. 이덕무李德懋 등이 찬撰하고 박제가朴齊家가 선사繕寫한 것이다.

77. 화포식언해火砲式諺解 부附 신전자초방언해新傳煮硝方諺解

1책一冊 목판본. 인조 12년 간刊.

78. 구황촬요救荒撮要 명종 명찬命撰

1책一冊 목판본. 명종 9년 초간初刊. 흉년의 구황救荒하는 법을 우리말로 알기 쉽게 쓴 것이다.

79. 신간 구황촬요新刊救荒撮要 신속申洬 찬撰

2권 1책二卷一冊 목판본. 현종 원년에 신속申洬이가 서원 현감西原縣監으로 있을 때 흉년을 맞나 구황보유救荒補遺 1책一冊을 지어 구황제요救荒提要와 합하여 간행하였고 그 뒤 숙종 12년에 박치유朴致維가 중간重刊하였다.

80. 언해두창집요諺解痘瘡集要 평준봉교評浚奉教 찬撰

권하卷下 1책一冊 목판본. 선조 시 간刊.

81. 두창신방痘瘡新方 효종 명찬命撰

1책一冊 활자본. 효종 4년에 황해도黃海道 여역癘疫이 성하매 본서를 언역諺譯하여 인포印布하였다.

82. 언해태산집요諺解胎産集要 평준評浚 저著

1책一冊 사본寫本

83. 두창경험방痘瘡經驗方

1권 1책一卷一册 목판본.

84. 동몽선습언해童蒙先習諺解 영조 명찬命撰

1책一册 목판본. 어제 서문御製序文이 있고 영조 18년 간刊.

85. 공양시탐문供養施貪文

1권 1책一卷一册 목판본 사성점四聲點 찍힌 정음역正音譯.

86. 계몽편언해啓蒙編諺解

1책一册 목판본

87. 마경언해馬經諺解 이서李曙 저著

상하上下 2책二册 활자본

88. 고열여전古烈女傳 중종 명찬命撰 한남서림翰南書林 장藏

권4卷四 1책一册 목판본. 중종 38년 간刊. 그 도본圖本에 고개지顧愷之의 그림이라는 건 그때 명화名畵 이상좌李上佐가 고쳐 그린 것이다. 사성점四

聲點이 있는 정음역正音譯.

89. 열녀전烈女傳 혜경궁 홍씨惠慶宮洪氏 필사筆寫

4책四冊 사본寫本

90. 증수무원록언해增修無冤錄諺解 정조 명찬命撰

2책二冊 활자본. 정조 14년에 서유린徐有隣이가 우리말글로 풀어놓은 것이다.

91. 백련초해百聯抄解

1책一冊 목판본. 칠언고시 가운데 연구聯句를 백百을 뽑아 새긴 것인데 이는 명종 때 김하서金河西 인후麟厚가 찬집撰輯한 것이라 한다.

92. 규합총서閨閤叢書

1책一冊 목판본. 조선의 각색各色 음식飮食 맨드는 법과 염색하는 법, 비단 도침법, 빨래하는 법, 비단에 좀 안 먹게 하는 법, 도망한 종을 찾는 법을 말하였다.

93. 직성행년편람直星行年便覽

1책一册 목판본. 직성행년直星行年을 보는 법과 명의경험방名醫經驗方을 말한 것이다.

94. 광재물보廣才物譜

4권 4책四卷四册 사본寫本. 1권에는 천도天道, 지도地道, 인도人道, 인륜人倫, 군도君道, 신도臣道, 형기形氣, 민업民業, 서류庶流, 문학부文學部이고 2권에는 예절禮節, 군려軍旅, 음악音樂, 궁실宮室, 의복衣服, 음식飮食, 기용器用, 기희技戲, 물성부物性部이고 3권에는 화火, 금金, 옥玉, 석石, 노석鹵石, 초草, 곡穀, 채부菜部이고 4권에는 목木, 죽竹, 과果, 인鱗, 개介, 금禽, 수獸, 충부蟲部인데 모다 우리말로 새겨놓은 가장 거대한 사림辭林.

95. 물명고物名考 방편자方便子 유희柳僖 저著

2권 1책二卷一册 사본寫本. 그 목차를 유정류有情類(우충羽蟲, 수족獸族, 수족水族, 곤충昆蟲), 무정류無情類(초草, 목木), 부동류不動類(토土, 석石, 금金), 부정류不靜類(화火, 수水)로 나누고 각기 물명物名을 적었다.

96. 물명고物名考

1책一册 사본寫本. 일반물명一般物名과 초목草木, 조수鳥獸, 충어蟲魚, 궁실宮室, 주거舟車, 복식服食, 경직耕織, 공장工匠, 공봉供奉, 문무文武, 신체身體,

사정事情, 용속龍屬, 잡인雜人, 어렵漁獵, 잡사雜事, 잡곡雜穀, 희속류戱俗類의 이름을 적었다. 또 죽란물명고竹欄物名考라는 것이 있으며 열상洌上 지하재池荷齋(영상榮相)의 것이라 하였으나 이는 전자前者를 초출抄出한 것이다.

97. 노걸대언해老乞大諺解 성대도서관城大圖書館 장藏

상上, 하下 2책二冊 활자본. 현종 11년 운각芸閣 인행印行. 화어華語나 조선말의 귀중한 재료.

98. 중간노걸대언해重刊老乞大諺解 정조 명찬命撰

상上, 하下 2책二冊 목판본. 정조 때 사역원司譯院 관인官人을 명命하여 노걸대老乞大를 교정하여 중간重刊한 것인 바, 그 때 지중추부知中樞府 이수李洙 등等 노역관老譯官이 오로지 그 일을 맡아 보아 19년 만에 다 마치어 인행印行하였다. 이는 화어華語, 조선어의 귀한 재료가 되는 것이다.

99. 박통사언해朴通事諺解

6권 3책六卷三冊 목판본. 화어華語와 조선어의 귀한 재료.

100. 역어유해譯語類解

상하上下 2책과 보補 1책一冊. 목판본. 상하上下 2책은 숙종 16년 김경준金敬俊 찬집撰輯 간행이고 보補 1책一冊은 영조 51년 김홍철金弘喆 찬집撰輯

간행이다. 이도 화어華語, 조선말의 귀한 재료인 바, 각종 사물에 당한 어휘가 풍부하다.

101. 화어유초華語類抄

1책一册 활자본. 화어華語와 조선어.

102. 화음계몽언해華音啓蒙諺解

1책一册 활자본 이태왕李太王 20년 간刊.

103. 오륜전비언해伍倫全備諺解

8권 4책八卷四册 목판본. 숙종 46년 간刊. 화어華語의 음音과 뜻을 역주譯註한 것.

104. 몽어노걸대蒙語老乞大

8권 8책八卷八册 목판본. 몽고어蒙古語를 조선말로 대역對譯한 것.

105. 몽어유해蒙語類解 성대도서관城大圖書館 장藏

3권 3책三卷三册 목판본. 정조 14년 간刊. 몽고어를 역해譯解한 것.

106. 첩해몽어捷解蒙語

4권 4책四卷四冊 목판본. 영조 때 이억성李億成이가 그 전래傳來하는 책의 와오訛誤된 걸 교정하여 간행한바, 그 뒤 오래되어 그 진본眞本이 귀한지라, 정조 14년에 방효언方孝彦이가 새로 이걸 교수校讐하고 김형우金亨宇가 사재私財로서 간행한 것이다.

107. 동문유해同文類解 현문항玄文恒 찬撰 성대도서관城大圖書館 장藏

3권 2책三卷二冊 목판본. 영조 24년 간刊. 청어淸語의 물명物名과 어록語錄을 조선글로 역해譯解하고 기음記音한 것.

108. 팔세아八歲兒 김진하金振夏 찬撰

1책一冊 목판본. 정조 원년 개간改刊. 청어학습서淸語學習書.

109. 소아론小兒論 김진하金振夏 찬撰

1책一冊 목판본. 정조 원년 간刊. 청어학습서淸語學習書.

110. 중간重刊 삼역총해三譯總解 김진하金振夏 등 편編

10권 10책十卷十冊 목판본 영조 50년 개간改刊. 초간初刊은 숙종 20년.

111. 한청문감漢淸文鑑 이수李洙 찬撰 소창진평小倉進平 장藏

15책五冊 목판木板. 청어淸語, 조선어 등의 대역對譯하여 놓은 것.

112. 일어유해日語類解

상하1책上下一冊 활자본. 효종 때 원간본原刊本을 김택金澤 박사博士가 수정한 것.

113. 첩해신어捷解新語 강우성康遇聖 찬撰

10권 10책十卷十冊 목판본. 숙종 2년 간刊. 일본어 학습서.

114. 중간첩해신어重刊捷解新語 최학령崔鶴齡 찬撰

12권 12책十二卷十二冊 정조 5년 간刊.

115. 고금석림古今釋林 이의봉李義鳳 찬撰

40권 20책四十二卷二十冊 사본寫本. 정조 13년 조선, 중국, 일본, 요금遼金, 몽고, 만주, 안남安南, 섬라暹羅의 말들을 수집 편찬한 거질巨帙.

116. 어록해語錄解

1책一冊 목판본. 효종 8년 용흥사龍興寺 개간開刊.

117. 어록해語錄解

1책一冊 목판본. 현종 10년 송준길宋浚吉 봉명찬奉命撰. 용흥사龍興寺 개간판開刊板과는 다른 점이 많다.

118. 이문집람吏文輯覽 최세진崔世珍 봉교찬奉教撰

4권 1책四卷一冊 목판본. 향언鄕言을 적은 것이 볼 만하다.

119. 이문대사吏文大師

1책一冊 목판본. 이두본을 한글로 풀어 놓았다.

120. 이두집集

1책一冊 사본寫本

121. 대명률직해大明律直解 태조太祖 명찬命撰

31권 4책三十一卷四冊 목판木板. 영조 22년 간刊. 이두의 자료가 많다.

122. 계림유사鷄林類事 송손목宋孫穆 찬撰

명도종의편설부明陶宗儀編說郛 권칠卷七 소수所收. 조선고어古語가 기술되었다.

123. 이담속집耳談續集 정약용丁若鏞 찬撰

1책一冊 목판본. 왕손암王巽庵의 이담耳談을 증보하고 조선 이언俚言을 모아놓고 해석하였다.

124. 아언각비雅言覺非 정약용丁若鏞 찬撰

3권 1책三卷一冊 활자본. 어원연구語源硏究의 자료.

125. 조선이언朝鮮俚言 최원식崔瑗植 찬撰

1책一冊 활자본. 속담을 모아 해석하였다.

126. 동언고략東言考略 박경가朴慶家 저著

상하上下 1책一冊 사본寫本. 30여 년 전에 추인秋人 정교鄭喬가 이를 활자活字 인행印行하였다. 어원연구語源硏究의 자료.

127. 농가집성農歌集成 신속申洬 찬撰

1책一册 목판본. 효종 6년 간刊. 곡식들 이름이 많이 기록되었다.

128. 어보魚譜

1책一册 사본寫本. 정약전丁若銓의 소저所著인 자산어보玆山魚譜와 김려金鑢의 소저所著인 우해이어보牛海異魚譜와를 합한 것인 바, 어류魚類, 해초海草, 패류貝類의 명칭이 조선말로 적혔다.

129. 동의보감東醫寶鑑 허준許浚 저著

3책三册 목판본. 약용동식광물藥用動植礦物의 명칭이 조선말로 적혔다.

130. 악학궤범樂學軌範 성현成俔 봉명찬奉命撰

9권 3책九卷三册 목판본. 성종 24년 초간본을 장악원掌樂院에서 중교重校하여 간행하였다. 이 본本을 고전간행회古典刊行會에서 서기 1932년에 경인景印 발행發行하였다. 본서 중에는 백제, 신라, 고려의 가요가 우리말 그대로 전한다.

131. 고려사高麗史 정인지鄭麟趾 등 봉교찬奉敎撰

139권卷 목판본. 광해군 4년 중간重刊. 그 중 지락志樂 제 70권卷, 71권은 신라, 백제, 고구려 고려의 가요기사歌謠記事가 있다.

132. 증보문헌비고增補文獻備考 융희隆熙 2년 명찬命撰

2백권卷 활자본. 그 중 권지구십일卷之九十一 내지乃至 일백팔一百八 악고樂考에는 가요기사歌謠記事가 있다.

133. 악장가사樂章歌詞

1책一册 목판본. 인조 시 간刊. 신라, 고려, 이조 초의 가요가 23편이나 실린 퍽 귀중한 책이다.

134. 불우헌집不憂軒集 정극인丁克仁 저著

1책一册 목판본. 불우헌가不憂軒歌, 불우헌곡不憂軒曲, 상춘곡賞春曲 등이 있다.

135. 자암집自庵集 김구金絿 저著

1책一册 목판본. 권지2卷之二에는 화전별곡花田別曲, 단가短歌들이 있다.

한국명저해제韓國名著解題[63]

— 역사歷史·문학부文學部

해설解說·이병기李秉岐

사부史部

136. 삼국사기三國史記

★ 50권卷 10책冊 고려 인종 명찬命撰 인본印本

고려 인종仁宗 때 김부식金富軾 등이 왕명王命으로 편찬한 것이다. 부식富軾 등은 유적遺籍 혹은 제사諸史 및 사마천司馬遷의 사기史記를 모방하여 이것을 편찬했다고 한다. 고려 때의 인본印本은 오래 전에 없어지고 이조 태조太祖 계유癸酉, 갑술甲戌 연간年間에 진의귀陳議貴와 김거두金居斗가 연달아 경주부사慶州府使가 되었을 때 개간改刊하고 중종 임신壬申, 이계복李繼福이 또한 개간改刊하였다. 그 후 혹은 목판木板, 혹은 활자로 인행印行한 일이 여러 번 있었다. 편차編次는 본기本紀, 연표年表, 지류志類 및 열전列傳

63 「韓國名著解題 -歷史·文學部-」, 『思潮』 1권 2호, 1938. 7.

으로 되어 있고, 제1권에서 제12권까지는 신라본기新羅本紀, 제13권에서 제22권까지는 고려본기高麗本紀, 제23권에서 제28권까지는 백제본기本紀로 되어 있으며 제29권에서 제31권까지는 연표年表, 제31권에서 제41권까지는 지류志類, 제41권에서 제51권까지는 열전列傳으로 되어 있다.

137. 동국통감東國通鑑

★ 56권五十六卷 28책二十八册 성종 명찬命撰 인본印本

세조 때 유신儒臣들에게 명하여 편찬시킨 일이 있으나 완성치 못하였으므로 성종이 그 뜻을 이어 서거정徐居正, 정효항鄭孝恒 등으로 하여금 완성시키게 한 것이다. 여기 실린 바를 보면 신라의 시조始祖 혁거세赫居世로부터 고구려, 백제, 고려 공양왕恭讓王 때에 이르는 천사백 년 동안의 국토國土의 이합離合, 성쇠盛衰, 명교名教, 절의節義, 난적亂賊, 간유奸諛 등의 사적事蹟으로써 통감강목通鑑綱目의 필법筆法을 따라 편차編次한 것이니 편사編史의 체재體裁를 잘 갖춘 것이라고 볼 수 있다. 고삼선古三鮮 및 사군四郡 이부二府 삼한三韓은 외기外記로 따로 책머리에 실려 있다.

138. 동국통감제강東國通鑑提綱

★ 3권三卷 7책七册 홍여하洪汝河 저著 인본印本

가숙용家熟用으로 꾸민 것이니 도道의 전체는 경經에 있지만 그 대강은 사史에 있다고 보고 동국통감東國通鑑에 취사절충取捨折衷을 가加하여 편년체編年體로 꾸밈으로써 포폄권징褒貶勸懲의 뜻을 담은 것이다. 그런데 이 책이 기자箕子로부터 삼국의 사실史實에 그친 것은 이미 여사麗史가 완성되어 있었기 때문이다. 서문序文에는 14권으로 되어 있으니 아마 서문序文 조차도 한 권으로 본 때문일 것이다.

139. 동사회강東史會綱

★ 17권七卷 9책九册 임상덕林象德 저著 인본印本

신라, 고구려, 백제로부터 고려 공민왕恭愍王 때에 이르는 1491여 년 동안의 중요한 사실史實을 편년체編年體로 기재記載한 것이다.

140. 동사강목東史綱目

★ 20권二十卷 20책二十冊 안정복安鼎福 저著 사본寫本

기자箕子 때로부터 고려 말엽末葉까지의 사적史蹟을 가숙자제家熟子弟의 교과서敎科書로 저술한 것이다. 책머리에 목록目錄, 범례凡例, 전수도傳授圖, 지도地圖, 관직도官職圖를 실리고 부록附錄으로 고이考異, 괴설怪說, 잡설雜說, 지리강역고정地理疆域攷正 급及 분야分野 등을 실리고 있다.

141. 삼국사절요三國史節要

★ 14권十四卷 7책七册 성종 명편命編 인본印本

편년체編年體로써 삼국사三國史를 요약하여 편찬한 것이다. 처음에 세조가 착수하였으나 완성을 못 보고 성종이 그 뜻을 이어 노사신盧思愼, 서거정徐居正, 이파李坡, 김수창金秀昌, 최숙정崔淑精 등에게 명하여 완성한 것이다. 그 기사記事는 신라의 혁거세赫居世 원년으로부터 고구려 백제의 사력

事歷을 엮어 신라의 경순왕敬順王 9년에 이르는 약 992년간의 통사通史다.

142. 고려사절요高麗史節要

★ 25권二十五卷 25책二十五册 인본印本

고려高麗 일대一代의 전사全史는 정인지鄭麟趾 등이 편찬한 고려사高麗史가 있으나 너무나 방대하므로 삼국사절요三國史節要의 본을 따서 요약 편찬한 것이다. 34대代 475년간의 사실을 장편으로 서술한 것이니 그 기년紀年 밑에는 반드시 중국中國 기년紀年을 분주分註하여 시대를 표시하였다.

143. 대동기년大東紀年

★ 5권五卷 5책五册 인본印本

이태왕李太王 을사乙巳년. 영인英人 흘법紇法(헬베트)가 한인韓人에게 위촉하여 태조太祖 임진壬申으로부터 이태왕李太王 을미乙未에 이르는 사실史實을 요약하여 편년체編年體로 꾸미게 하고 상해上海에서 활판인쇄活版印刷한 것이다.

144. 태조실록太祖實錄

★ 15권五卷 15책五册 춘추관春秋館 편編 사본寫本

태조太祖 재위在位 7년간의 정령政令 그 밖의 사실事實을 기록記錄한 것이니 태종太宗 13년 계사癸巳 3월 하륜河崙 등이 이것을 꾸미고, 30년 무진戊辰 6월 정인지鄭麟趾 등이 증수增修한 것이다. 이것을 따로 「태조강헌대왕실록太祖康獻大王實錄」이라고도 한다. 이조에서는 태조 이래以來 역대歷代의 실록實錄을 편찬하여 명종 이전에는 4부를 인쇄하여 춘추관春秋館 및 성주星州, 전주全州, 충주忠州의 3사고史庫에 분장分藏하였었으나 춘추관春秋館 및 성주星州, 충주忠州, 양兩 사고史庫의 장본藏本은 선조 25년 임진壬辰 병화兵火에 소실消失되고 다만 전주사고全州史庫의 구본舊本만 해주海州 및 영월寧越 묘향산妙香山에 이장移藏했기 때문에 잔존殘存하였고 후에 이것을 강화江華로 옮기었다. 39년 병오丙午에는 4부部를 중간重刊하여 안동安東 태백산太白山, 강릉江陵 오대산五臺山, 영월寧越 묘향산妙香山의 각 사고史庫 및 춘추관春秋館에 분장分藏하였다. 그 후 묘향산사고妙香山史庫를 폐하고 무주적상산茂朱赤裳山에 새로 건립했으며 강화江華 마니산사고摩尼山史庫는 정족산鼎足山으로 옮기었다.

145. 정종실록定宗實錄

★ 6권六卷 4책四册 춘추관春秋館 편編 사본寫本

정종定宗 재위在位 2년간의 실록實錄으로서 세종 8년 병오丙午 8월 윤회尹淮 등이 찬수撰修하였다.

146. 태종실록太宗實錄

★ 36권六卷 35책五册 춘추관春秋館 편編 사본寫本

태종太宗 재위在位 18년간의 실록實錄으로서 세종 13년 신해辛亥 3월 맹사성孟思誠 등이 찬수撰修하였다. 제題하여 태종공정대왕실록太宗恭定大王實錄이라 한다.

147. 세종실록世宗實錄

★ 163권三卷 154책四冊 춘추관春秋館 편編 인본印本

세종世宗 재위在位 31년간의 실록實錄으로서 단종端宗 2년 갑술甲戌 3월 정인지鄭麟趾 등이 찬수撰修하였다. 총總 163권. 그중의 127권은 실록實錄이고 그 밖엣 것은 세종의 명命으로 찬撰한 여러 가지 책을 합집合輯하였으니 오례의五禮儀 8권, 악보樂譜 12권, 지리지地理志 8권卷 및 칠정산七政算 8권이 있다. 제題하여 세종장헌실록世宗莊憲實錄이라 한다.

148. 문종실록文宗實錄

★ 3권三卷 12책二冊 춘추관春秋館 편編 인본印本

문종 재위在位 2년간의 실록實錄으로서 세조 원년 을해乙亥 11월 정인지鄭麟趾 등이 찬진撰進하였다. 제題하여 문종공순대왕실록文宗恭順大王實錄이라 한다.

149. 단종실록端宗實錄

★ 14권四卷 15책五冊 춘추관春秋館 편編 인본印本

단종端宗 재위在位 13년간의 실록實錄이다. 단종端宗이 세조에게 왕위王位를 빼앗기고 마침내 노산군魯山君으로 봉封하게 된 까닭에 처음에는 노산군魯山君 일기日記라 불렀다. 숙종 24년 무인戊寅, 복위復位되자 단종대왕실록端宗大王實錄이라 고치다.

150. 단종실록부록端宗實錄附錄

★ 1책一冊 실록청實錄廳 편編 인본印本

숙종 30년 갑신甲申 실록청實錄廳을 설치하고 단종端宗 추복追復의 전말顚末을 기록記錄한 것. 단종대왕실록부록端宗大王實錄附錄이라고 부른다. 송상기宋相琦의 편찬, 사례事例가 첨부되어 있다.

151. 세조실록世祖實錄

★ 49권四十卷 42책四十二冊 춘추관春秋館 편編 인본印本

세조 재위在位 13년간의 실록實錄. 성종 2년 신묘辛卯 12월 신숙주申叔舟 등이 찬수撰修하다. 총總 49권卷 중에 제48권卷 및 제49권卷에는 악보樂譜가 수록收錄되어 있다. 세조혜장대왕실록世祖惠莊大王實錄이라고 부른다.

152. 예종실록睿宗實錄

★ 8권卷 5책五冊 춘추관春秋館 편編 인본印本

예종睿宗의 재위在位 13년간의 실록實錄으로서 성종 3년 임진壬辰 5월 신숙주申叔舟 등이 찬수撰修하다. 예종양도대왕실록睿宗襄悼大王實錄이라고 부른다.

153. 성종실록成宗實錄

★ 97권九十七卷 150책百五十冊 춘추관春秋館 편編 인본印本

성종 재위在位 25년간의 실록實錄으로서 연산군 5년 기미己未 신승선愼

承善 등이 찬수撰修하다. 성종강정대왕실록成宗康靖大王實錄이라고 부른다.

154. 연산군일기燕山君日記

★ 63권六十三卷 46책四十六册 수정청修正廳 편編 인본印本

연산군 재위在位 12년간의 실록實錄으로서 후에 폐하여 군君을 봉封한 까닭에 일기日記라고 부른다. 중종 때 수정청修正廳을 설치하고 찬집撰輯하였다.

155. 중종실록中宗實錄

★ 105권一百五卷 102책一百二册 춘추관春秋館 편編 인본印本

중종 재위在位 39년간의 실록實錄으로서 명종 5년 경술庚戌 9월에 이기李芑 등이 찬수撰修하다. 중종공희휘문소무흠인효대왕실록中宗恭僖徽文昭武欽仁孝大王實錄이라고 한다.

156. 인종실록仁宗實錄

★ 2권二卷 2책二册 춘추관春秋館 편編 인본印本

인종仁宗 재위在位 8개월간의 실록實錄으로서 명종 5년 경술庚戌 9월 심연원沈連源 등이 찬수撰修하다. 인종영정헌문의무장숙흠효대왕실록仁宗榮靖獻文懿武章肅欽孝大王實錄이라 한다.

157. 명종실록明宗實錄

★ 34권三十四卷 34책三十四册 춘추관春秋館 편編 인본印本

명종 재위在位 22년간의 실록實錄으로서 선조 4년 신미辛未 4월 홍섬洪暹 등이 찬수撰修하다. 명종대왕실록明宗大王實錄이라고 한다.

158. 선조실록宣祖實錄

★ 32권三十二卷 125책一百二十五册 춘추관春秋館 편編 인본印本

선조 재위在位 41년간의 실록實錄으로서 광해군 8년 병진丙辰 11월 기자헌奇自獻 등이 찬수撰修하였다. 선조소경대왕실록宣祖昭敬大王實錄이라고 한다.

159. 선조수정실록宣祖修正實錄

★ 42권四十二卷 8책八册 춘추관春秋館 편編 인본印本

종조 실록宗祖實錄 중 사실이 뒤바뀐 것을 바로잡기 위하여 특히 편수編修한 것으로 인조 22년 계미癸未 이식李植이 수정修正을 담당하고 효종 8년 정유丁酉 김육金堉이 이룩한 것이다. 선조대왕수정실록宣祖大王修正實錄이라고 부른다.

160. 광해군일기光海君日記

★ 187권一百八十七卷 40책 춘추관春秋館 편編 인본印本

광해군 재위在位 14년간의 실록實錄으로서 인조 2년 갑자甲子 연산군의 그것과 같은 식式으로 찬수撰修한 것이다.

161 인조실록仁祖實錄

★ 50권五十卷 50책五十冊 춘추관春秋館 편編 인본印本

인조 재위在位 27년간의 실록實錄으로서 효종 4년 계사癸巳 6월 이경여李敬輿 등이 찬수撰修하다. 인조대왕실록仁祖大王實錄이라고 한다.

162. 효종실록孝宗實錄

★ 21권二十一卷 22책二十二冊 실록청實錄廳 편編 인본印本

효종 재위在位 10년간의 실록實錄으로서 현종 2년 신축辛丑 이경석李景奭 등이 찬수撰修하다. 효종대왕실록孝宗大王實錄이라고 한다. 부록附錄으로 한 책이 있는데 행장行狀, 지문誌文, 시책諡冊, 애책哀冊이 실려 있다.

163. 현종실록顯宗實錄

★ 22권二十二卷 23책二十三冊 실록청實錄廳 편編 인본印本

현종 재위在位 15년간의 실록實錄으로서 숙종 3년 정사丁巳 권대운權大運 등이 찬수撰修하다. 현종순문숙무경인창효대왕실록顯宗純文肅武敬仁彰孝大王實錄이라고 한다. 부록附錄 한 책에는 행장行狀, 애책哀冊, 시책諡冊, 지문誌文이 실려 있다.

164. 현종개수실록顯宗改修實錄

★ 28권二十八卷 29책二十九册 실록청實錄廳 편編 인본印本

현종실록顯宗實錄을 개수改修한 것으로서 숙종 9년 계해癸亥 김수항金壽恒 등이 찬수撰修하다. 현종순문숙무경인창효대왕개수실록顯宗純文肅武敬仁彰孝大王改修實錄이라고 한다. 그중에는 부록附錄 한 책이 포함되어 있다.

165. 숙종실록肅宗實錄

★ 65권六十五卷 73책七十三册 실록청實錄廳 편編 인본印本

숙종 재위在位 46년간의 실록實錄으로서 영조 4년 무신戊申에 찬수撰修하다. 숙종현의광륜예성영렬장문헌무경명원효대왕실록肅宗顯義光倫睿聖英烈章文憲武敬明元孝大王實錄이라고 한다. 권말卷末에 보궐補闕 정오正誤가 붙어 있다.

166. 경종실록景宗實錄

★ 15권五卷 7책七册 실록청實錄廳 편編 인본印本

경종景宗 재위在位 4년간의 실록實錄으로서 영조 8년 임자壬子에 찬수撰修하다. 경종덕문익무순인선효대왕실록景宗德文翼武純仁宣孝大王實錄이라고 한다.

167. 경종수정실록景宗修正實錄

★ 5권五卷 3책三册 인본印本

경종실록景宗實錄 중에 사실事實에 관해서 정정訂正을 필요로 하는 것을 수정修正 편찬編纂한 것으로서 정조 5년 신축辛丑 정존겸鄭存謙 등이 이것을 수정修正하다. 경종덕문익무순인선효대왕수정실록景宗德文翼武純仁宣孝大王修正實錄이라고 한다.

168. 영조실록英祖實錄

★ 37권三十七卷 83책八十三册 실록청實錄廳 편編 인본印本

영조 재위在位 52년간의 실록實錄으로서 정조 5년 신축辛丑 7월 이휘지李徽之 등이 찬수撰修하다. 영종지항순덕영모의열장의홍륜광인돈희체천건극성공신화대성광운개태기영요명순철건건곤영익문선무희경현효대왕실록英宗至行純德英謨毅烈章義弘倫光仁敦禧體天健極聖功神化大成廣運開泰基永堯命舜哲乾健坤寧翼文宣武熙敬顯孝大王實錄이라고 한다. 조호추존祖號追尊 전에 편찬編纂한 것이기 때문이다.

169. 정조실록正祖實錄

★ 54권五十四卷 56책五十六册 실록청實錄廳 편編 인본印本

정조 재위在位 24년간의 실록實錄으로서 순조 5년 을축乙丑 7월 이병모李秉模 등이 찬수撰修하다. 정종문성무렬성인장효대왕실록正宗文成武烈聖仁莊孝大王實錄이라고 한다. 조호추존祖號追尊 전에 편찬編纂한 때문이다. 그 중 2책은 부록附錄 및 속편續編이다.

170. 순조실록純祖實錄

★ 34권三十四卷 36책三十六册 실록청實錄廳 편編 인본印本

순조 재위在位 34년간의 실록實錄으로서 헌종憲宗 4년 무술戊戌 윤4월 이상황李相璜 등이 찬수撰修하다. 순조연덕현도경인순희문안무정헌경성효대왕실록純祖淵德顯道景仁純禧文安武靖憲敬成孝大王實錄이라고 한다. 그중 두 책은 부록附錄 및 부록附錄 속편續編이다.

171. 헌종실록憲宗實錄

★ 16권十六卷 9책九册 실록청實錄廳 편編 인본印本

헌종憲宗 재위在位 15년간의 실록實錄으로서 철종哲宗 2년 신해辛亥 10월 조인영趙寅永 등이 찬수撰修하다. 헌종경문위무명인철효대왕실록憲宗經文緯武明仁哲孝大王實錄이라고 한다. 그중의 한 책은 부록附錄이다.

172. 철종실록哲宗實錄

★ 15권五卷 9책十九册 실록청實錄廳 편編 인본印本

철종哲宗 재위在位 14년간의 실록實錄으로서 이태왕李太王 2년 을축乙丑 윤閏5월 정원용鄭元容 등이 찬수撰修하다. 철종희륜정극수덕순성문현무성헌인영효대왕실록哲宗熙倫正極粹德純聖文顯武成獻仁英孝大王實錄이라 한다. 그중의 한 책은 부록附錄이다.

문학부文學部

173. 능산곡陵山曲 이황李滉 저著

1책一冊 목판본. 전후前後 12곡曲을 퇴계선생退溪先生 자필自筆인 것을 새겼다.

174. 사촌집沙村集 장경세張經世 저著

2권2책二卷二冊 목판본. 권지이卷之二에는 도산곡陶山曲을 본받아 강호연군가江湖戀君歌 전후前後 십이곡十二曲을 지은 것이 있다.

175. 송암선생문집松岩先生文集 권호문權好文 저著

4책四冊 목판본. 권지오卷之五. 육六에는 독락칠곡獨樂七曲과 한거십구곡閒居十九曲이 있다.

176. 면앙정집俛仰亭集 송순宋純 저著

2책二冊 목판본. 면앙정俛仰亭의 지은 장단가長短歌들이 한문으로 번역되어 있으며 혹은 그 작가作歌의 연유緣由를 말하기도 하였다.

177. 송강가사松江歌辭 정철鄭澈 저著

1책一冊 목판본. 관동별곡關東別曲, 사미인곡思美人曲, 속사미인곡續思美人

曲, 성산별곡星山別曲, 장진주將進酒, 경민편警民篇 16수首, 단가短歌 63수首.

178. 고산가사孤山歌辭 윤선도尹善道 저著

6권 6책六卷六册 목판본. 권지육卷之六에는 그 가사歌辭 - 산중신곡山中新曲, 속신곡續新曲, 어부사시시漁父四時詩, 견회요遣懷謠 등이 있다.

179. 노계집蘆溪集 박인로朴仁老 저著

3권三卷 2책二册 목판본. 권지삼卷之三에는 그의 노래 태평사太平詞, 사제곡莎堤曲, 누항사陋巷詞, 조홍시가早紅柿歌, 선상탄船上歎, 독락당獨樂堂, 영남가嶺南歌, 노계가蘆溪歌, 오륜가五倫歌, 토월봉吐月峰, 도산가陶山歌 등이 있다.

180. 청구영언靑丘永言 김천택金天澤 찬撰 영종英宗 4년(1728)

1책一册 사본寫本. 고려 이조의 가요歌謠 수백數百 수首를 모은 것인데 그 뒤로 전해오며 더 모아 종래從來의 노래 책 가운데 그 양量으로는 으뜸이 되겠다, 우조羽調, 계면界面의 곡조曲調 종류種類를 따라 나누고 장편가사長篇歌詞 등을 부록附錄하였다.

181. 해동가요海東歌謠 김수장金壽長 찬撰 영종英宗 29년(1763)

1책一册 사본寫本 여조麗朝. 이조의 노래와 서발문序跋文 등을 모은 것이다.

182. 고금가곡古今歌曲 송계연월옹松桂煙月翁 찬撰 영조 40년(1764)

1책一册 사본寫本. 수집蒐集한 노래를 인륜人倫, 권계勸戒, 송축頌祝, 정조貞操, 연군戀君, 개세慨世, 우풍寓風, 회고懷古, 탄로歎老, 절서節序, 심방尋訪, 은퇴隱退, 한적閑適, 연음讌飮, 취흥醉興, 감물感物, 염정艶情, 규원閨怨, 이별離別, 별한別恨 등으로 분류分類하였다.

183. 청구단곡초靑邱短曲抄

1책一册 사본寫本. 가요歌謠를 한역漢譯한 것인 바 홍이계洪耳溪(양호良浩) 집集에 있는 청구단곡靑邱短曲보다 더 많다.

184. 소악부小樂府 신위申緯 저著

1책一册 사본寫本. 단가短歌를 한시漢詩 칠언절구七言絶句로 번역하였다.

185. 일동장유가日東壯遊歌 김인겸金仁謙 저著 영조 40년

4책四册 사본寫本. 그때 통신사通信使로 강호江戶 동경東京까지 갔다 온 일을 노래로 지었다.

186. 한양가漢陽歌 한양거사漢陽居士 저著(1880)

1책一册 목판본. 한양漢陽의 모든 상태狀態를 노래한 것이다.

187. 고금기사古今奇詞

1책一冊 사본寫本. 장편가사長篇歌詞와 잡가雜歌를 모은 것.

188. 삼죽유사三竹流詞 조황趙榥 저著(1811)

1책一冊 사본寫本. 일정一定한 형식形式으로 조황趙榥 자기自己가 지은 단가집短歌集.

189. 가곡원류歌曲源流 해동악장海東樂章 박효관朴孝寬 찬撰(1876)

1책一冊 사본寫本. 고금古今의 노래를 곡조曲調의 종류種類를 따라 엄정嚴正히 나누어 놓고 노래의 사설辭說도 여러 본本에 교준校準하여 놓았다. 질質로 정확正確하기는 종래從來의 노래책 가운데 이 책이 제일이겠다.

190. 금옥총부金玉叢部 안민영安玟英 저著

1책一冊 사본寫本. 안민영安玟英 자기自己의 가집歌集. 대원군大院君을 칭송稱頌하거나 기생妓生을 두고 지은 것이 많다. 그는 이조李朝 말末을 대표代表한 작가作家이었다.

191. 율곡신가栗谷新歌 이이李珥 저著

1책一冊 사본寫本. 옥루연가玉樓宴歌, 도덕가道德歌, 구곡담가九曲潭歌.

192. 해동가곡海東歌曲

1책一冊 사본寫本. 송강가사松江歌辭와 김북헌金北軒(춘택春澤)의 별사미인곡別思美人曲과 갑민가甲民歌.

193. 남훈태평가南薰太平歌

1책一冊 목판木板. 옛날 교방敎坊의 가요교과서歌謠敎科書.

194. 대동풍아大東風雅

상하上下 1책一冊. 가곡歌曲과 사詞의 집集.

195. 장가장長歌長

1책一冊 사본寫本. 장편가사집長篇歌詞集.

196. 단가집短歌集

1책一冊 사본寫本. 시조時調로 부르는 노래들을 모은 것.

197. 망로각수기忘老却愁記

1책一冊 사본寫本. 장편長篇 노래를 모으고 끝에는 삼사횡입황천기三士橫

入黃泉記, 금산사창업연회록金山寺創業宴會錄, 규중칠우쟁론기閨中七友爭論記를 부록附錄하였다.

198. 해동만고가海東萬古歌

1책一冊 사본寫本. 우리의 태고太古로부터 여조麗朝까지의 사실史實을 노래한 것.

199. 유치요람幼稚要覽

1책一冊 사본寫本. 중국中國 역대歷代의 명시문名詩文 등을 번역하여 옛날 여자女子들이 읽고 외우던 글이다.

200. 오륜가五倫歌

1책一冊 목판본.

201. 청산백운가靑山白雲歌

1책一冊 사본寫本. 과거科擧를 하고 소분掃墳하던 노래.

202. 애종용哀從容 공인윤씨恭人尹氏 저著

1책一冊 사본寫本. 유서遺書와 자탄가自歎歌.

203. 화충가華蟲歌(장끼전)

1책一冊 사본寫本. 꿩을 두고 지은 노래.

204. 악가樂歌

1책一冊 사본寫本. 진연進宴. 진작도감進爵都監 때 부르던 노래.

205. 만언사萬言辭 조원趙元 저著

1책一冊 사본寫本. 죽을죄를 지고 귀양을 가서 참회懺悔하는 노래.

206. 용담가사龍潭歌詞 최제우崔濟愚 저著

1책一冊 활자본.

207. 신오위장본申五衛將本 신재효申在孝 찬撰

5책五冊 사본寫本. 근세近世 가극歌劇의 명인名人 고창高敞 신오위장申五衛將이 수집蒐集, 개작改作, 창작創作한 노래 - 동창 춘향가童唱春香歌, 남창 춘향가男唱春香歌, 심청가沈淸歌, 적벽가赤壁歌, 토별가兎鱉歌, 횡부가橫負歌, 치산가治産歌, 오섬가烏蟾歌. 성조가成造歌. 도리화가桃李花歌. 그중 성조가成造歌 같은 건 가장 명작名作이었다.

208. 오가전집五歌全集 이선유李善有 편編

1책一册 활자본. 춘향가春香歌, 심청가沈淸歌, 화용도華容道, 수궁가水宮歌, 박타령 등等을 종래從來 광대가 부르던 법으로 단락段落을 나누어 놓았다.

209. 가곡보감歌曲寶鑑 김구희金龜禧 편編

1책一册 활자본. 평양平壤 기생학교妓生學校의 교과서敎科書. 본서本書에는 옛날 좋은 잡가雜歌가 많이 실리었다.

210. 악부樂府 이용기李龍基 찬撰

2책二册 사본寫本. 종래從來의 각색各色 잡가雜歌를 모아놓은 것.

211. 아악부가집雅樂部歌集

4책四册 사본寫本. 노래를 모아놓은 양量으로는 가장 크다고 하겠다.

212. 여창유취女唱類聚

1책一册 사본寫本. 여창女唱에 맞은 가사집歌辭集

213. 조선무속연구朝鮮巫俗硏究 추섭륭秋葉隆 편編

상하上下 2책二册 활자본. 상권上卷에는 종래從來의 무당노래가 수집蒐集되었다.

214. 조선동요집朝鮮童謠集 엄필진嚴弼鎭 저著

1책一册 활자본

215. 신구잡가新舊雜歌 한인석韓仁錫 편編

1책一册 활자본

216. 규방가사閨房歌詞

1책一册 사본寫本. 영남嶺南 부녀婦女들의 노래.

217. 근경가巹慶歌 이진용李晋用 작作

1책一册 활자본

218. 영주별곡瀛洲別曲

1권一卷 사본寫本. 제주濟州의 풍토風土를 노래한 것.

219. 농가월령가農家月令歌

1책一冊 사본寫本. 그 작자作者는 미상未詳.

220. 소당풍속시嘯堂風俗詩 김회수金廻洙 저著

1책一冊 사본寫本. 농가월령가農家月令歌를 한시역漢詩譯하였고 간간間間 난어구難語句를 우리말로 해역解譯하였다.

221. 홍길동전洪吉童傳 허균許筠 저著

1책一冊 목판본. 서울판板, 전주판全州板. 서자庶子로 태어나 천대賤待를 받으므로 도적당盜賊黨에 뛰어 들어 그 두령頭領이 되어 각지에 출몰하며 가지가지 기적奇蹟을 나타내던 일.

222. 구운몽九雲夢 김만중金萬重 저著

1책一冊 사본寫本. 서울, 전주全州의 목판본도 있다. 무서운 기백氣魄과 가장 뛰어나는 재분才分으로 문어학文語學의 의의意義를 잘 깨달은 저자著者는 인조 15년 정축호란丁丑胡亂에 강도절사江都節死한 김익겸金益兼의 유복자遺腹子로서 효행孝行이 탁이卓異한 바 그 어머니를 위로키 위하여 이 소설小說을 지었다 한다. 이 소설은 한 영통靈通한 상좌上佐가 그 스승의 영令을 받아 용궁을 가는 중로中路에서 8선녀仙女를 만나 희롱戱弄한 죄罪로 다시 인간人間에 환생하여 출장입상出將入相하며 8첩妾을 두고 가진 향락享樂을 하다 산종일성山鍾一聲에 깨고 보니 한 꿈이라 하였다.

223. 남정기南征記 (백원주白苑洲) 김만중金萬重 저著

1책一册 사본寫本. 서울, 전주全州의 목판본도 있다. 그때 숙종대왕大王께서 장희빈張禧嬪에게 혹惑하여 그 비妃 인현왕후仁顯王后를 폐廢하매 이런 요첩妖妾이 정실正室을 무함誣陷하여 축출逐出하고 그 집을 망치었다는 일을 진술陳述하여 대왕大王을 개오開悟케 하였다 한다.

224. 윤씨행장尹氏行狀 김만중金萬重 저著

1책一册 사본寫本. 김서포金西浦(만중萬重)가 지은 그 어머니 행장行狀이다. 구운몽九雲夢. 남정기南征記는 서포西浦의 종손從孫 김북헌金北軒(춘택春澤)이 다 첨삭윤색添削潤色하여 한문으로 번역하였다. 남정기南征記는 한역漢譯이 그 원문原文만큼 정채精采치 못하다고 한탄恨歎하였다. 이러하여 그 뒤 세상에는 흔히 한문 그것으로 전하고 한문 그것을 혹은 또 우리말로 번역하여 전하고 그 진적眞的한 원본原本은 얻어 보기 어려운지라 본서本書는 그의 작품作品을 연구研究함에 실로 귀중貴重한 재료材料다.

225. 옥루몽玉樓夢 남영로南永魯 저著

4책四册 신문관新文舘 발행發行 활자본. 구운몽九雲夢을 수연敷衍하여 더 섬실纖悉 화려華麗하게 만들어 종래從來 지식자知識者들에게 다대多大한 영총榮寵을 받는 것이다. 또 옥련몽玉蓮夢이란 것이 있으나 그것도 이와 대동소이大同小異하다.

226. 옥린몽玉麟夢 이정작李庭綽 저著

15책五册 사본寫本. 영조 때 사람 이회헌李悔軒(정작庭綽)이 구운몽九雲夢, 남정기南征記 등을 보고 이걸 지은 바 이 책이 중국에 들어가 그 사람들이 보고 배포排布는 좋으나 간략簡略하다 하고 다시 이걸 부연敷衍하여 80권을 맨들었다 한다.

227. 창선감의록彰善感義錄 김도수金道洙 저著

6책六册 사본寫本. 권선우의勸善寓意의 작作.

228. 춘향전春香傳

1책一册 사본寫本. 서울 판본板本도 있다. 정렬貞烈을 말한 것이다.

229. 별춘향전別春香傳

1책一册 목판본. 전부全部 41장張 백여百餘 년에 개간開刊하였다는 전주판全州板. 지금 전하는 판본板本으로는 최고最古한 것이겠다.

230. 열녀춘향수절가烈女春香守節歌

상하上下 1책一册. 목판본, 전주판全州板.

231. 고본춘향전古本春香傳

1책一册 활자본. 서기 1913년 서울 신문관新文舘 발행發行.

232. 심청전沈淸傳

상하上下 1책一册. 목판본. 전주판全州板. 서울판板. 효행孝行을 말한 것이다.

233. 흥부전興夫傳

1책一册 목판본. 우애友愛를 말한 것이다.

234. 조웅전趙雄傳

1책一册 목판본. 이태조李太祖의 일을 빗대어 맨든 것이라 한다.

235. 장화홍련전薔花紅蓮傳

1책一册 사본寫本

236. 박씨전朴氏傳

1책一冊 사본寫本

237. 꼭둑각시전

1책一冊 사본寫本

238. 장인걸전張仁傑傳

상하上下 2책二冊 사본寫本. 고려와 원나라와의 지내던 일을 재료材料로 한 기이奇異한 사적事蹟을 연출演出한 기서奇書

239. 인현왕후전仁顯王后傳

1책一冊 사본寫本. 숙종 때 폐비廢妃되었다 후위後位한 인현왕후仁顯王后 민씨閔氏의 일을 적은 것인 바, 필치筆致가 전아典雅, 난숙爛熟하다.

240. 한중록閑中錄

6권 6책六卷六冊 사본寫本. 사도세자빈思悼世子嬪인 혜경궁홍씨惠慶宮洪氏가 그 정채영롱精采玲瓏한 붓으로 그 철천徹天의 한恨을 섬세纖細, 유려流麗하게 그린 것이다. 우리 말글을 이처럼 빛나게 쓰시던 이가 그 몇 분이나 있었을고.

241. 청구야담靑丘野談

19책十九册 사본寫本. 우리 야담野談의 집대성集大成인 바 훌륭한 조선 말글로 되었다. 그중에는 참한 단편短篇도 많다.

242. 김학사전金學士傳

1책一册 사본寫本. 경상도慶尙道 상주尙州에 김 진사金進士와 박 진사朴進士가 사는 바 두 사람의 사이가 막역莫逆하였다. 김金은 문장文章이고 박朴은 지술地術이 용하다. 김金이 평일신후지지平日身後之地를 부탁하다가 유언遺言을 하고 죽어, 과연 명당明堂에 묘墓를 쓰고 김金의 자손子孫은 대창大昌하였다. 이런 설화說話도 있음 즉하다.

243. 국조고사國朝[64]故事

1책一册 사본寫本. 이조 역대歷代 임금의 일을 한글로 적은 것이다.

244. 요로원야화기要路院夜話記

11책一册 사본寫本. 순 한문으로 된 것도 있으나 본서本書는 순연한 말글로 되었다. 한 행객行客이 서울서 내려가서 요로원要路院에 자게 되는데 또 한 행객行客을 만나 양반兩班, 시문詩文, 붕당朋黨, 학예學藝 등을 논란論難하여 문답問答을 하고 그 밤을 새우고 서로 성명姓名도 모르고 나뉘었다

64 원본에는 '朝'가 아닌 '目'으로 잘못 표기되어 있어 이를 바로 잡았다.

하는 것을 적었다.

245. 남행록南行錄

1책一冊 사본寫本. 상소上疏하다 상지上旨를 거스리고 귀양 가는 할아버지를 따라 전라도全羅道 외딴섬(도島)으로 가, 신고辛苦를 하던 광경光景을 그린 것이다.

246. 화양노정기華陽路程記

1책一冊 사본寫本. 화양동華陽洞을 찾든 기행문紀行文

247. 역대문존歷代文存

3책三冊 사본寫本. 역대歷代의 어문語文. 즉 전교傳敎, 봉서封書, 제문祭文, 행장行狀, 유서遺書, 잡록雜錄 등을 수집蒐集한 것.

248. 안릉일기安陵日記

3책三冊 사본寫本. 홍경래 난洪景來亂의 기사記事.

249. 완월회맹玩月會盟

2백책二百冊 사본寫本. 인간행락人間行樂의 총서叢書, 이하以下는 번역소설

小說.

250. 삼국지三國誌

39책三十九冊 사본寫本

251. 수호지水滸志

35책三十五冊 사본寫本

252. 서유기西遊記

25책二十五冊 1책一冊 낙落 사본寫本

253. 서상기西廂記

2책二冊 사본寫本

254. 서주연의西周演義 봉신연의封神[65]演義

25책二十五冊 사본寫本

---

65 원본에 '신神'이 아닌 '상祥'으로 잘못 표기되어 있어 이를 바로 잡았다.

255. 서한연의西漢演義

16책十六册 사본寫本

256. 당전연의唐傳演義

19책十九册 사본寫本

257. 남송의南宋義

7책七册 사본寫本

258. 대명영열전大明英列傳

8책八册 사본寫本

259. 유씨삼대록劉氏三代錄

14책十四册 사본寫本

260. 화정선행록華鄭善行錄

15책十五册 사본寫本

261. 명행정의록明行精義錄

71책七十一册 사본寫本

262. 사은기우록私恩奇遇錄

7책七册 사본寫本

263. 소노천삼대록蘇老泉三代錄

2책二册 사본寫本

264. 설인귀전薛仁貴傳

4책四册 사본寫本

265. 장풍운張風雲

3책三册 사본寫本

266. 소현성전蘇賢聖傳

15책十五册 사본寫本

267. 인봉소麟鳳韶

3책三册 사본寫本

한국명저해제韓國名著解題[66]

— 속續 사부史部

해설解說 이병기李秉岐

268. 국조보감國朝寶鑑 7권卷 2책册 세조 명편命編 인본印本

국조보감國朝寶鑑은 이조 각대各代의 사적事蹟 중에서 후세後世에 귀감龜鑑이 될 만한 것만 모은 책이다.

이 책은 태조, 태종, 세종, 문종, 4대代 간間의 보감寶鑑으로서 세조 2년 수찬청修撰廳을 설치設置하고 신숙주申叔舟, 권람權擥 등等에게 명命하여 찬수撰修시킨 것이다. 사조보감四朝寶鑑이라고도 한다.

66 「韓國名著解題 -續·史部-」, 『사조』 1권 3호, 1958. 8.

269. 국조보감國朝寶鑑 68권卷 19책册 정조 명편命編 인본印本

국조보감國朝寶鑑, 선묘보감宣廟寶鑑, 숙묘보감肅廟寶鑑은 이미 되어 있었으나 정종, 단종, 세조, 예종, 성종, 중종, 인종, 명종, 인조, 효종, 현종, 경종의 보감寶鑑은 빠져 있었으므로 영조 때 이것을 속찬續撰하려 하였으나 뜻을 이루지 못하고 정조 때에 이르러 조경趙璥 등에게 명命하여 영조보감英祖寶鑑과 더부러 찬수撰修시켜 그 6년에 완성完成되다.

270. 국조보감國朝寶鑑 82권卷 18책册 헌종憲宗 명편命編 인본印本

정조, 순조 및 문종 청정聽政 때의 보감寶鑑이니 헌종 13년 정미丁未 찬집청纂集廳을 설치設置하고 조인영趙寅永을 총재總裁로 정원용鄭元容을 교정으로 하여 찬수撰修케 하다. 이듬해 9월에 완성되다.

271. 국조보감國朝寶鑑 90권卷 28책册 고종 명편命編

순종 3년 9월 규장각奎章閣으로 하여금 헌종, 철종 2대의 보감寶鑑을 찬수纂修케 하고 이미 이룩되었던 보감寶鑑과 합편合編한 것이니 이용원李容元이 찬집관纂輯官이었으며 이완용李完用이 교정校正이었다. 왕王의 서문序文이 붙어있다.

272. 선묘보감宣廟寶鑑 10권卷 5책册 숙종 명편命編 인본印本

선조 일대一代의 보감寶鑑으로서 숙종 때 이단하李端夏 등에게 명命하여 편성編成시켰으며 동同 10년에 완성되다.

273. 숙묘보감肅廟寶鑑 15권五卷 8책册 영조 명편命編 인본印本

숙종 일대一代의 보감寶鑑으로서 영조 때 찬집청纂輯廳을 설치하고 이덕수李德壽 등으로 하여금 집록輯錄시켰으니 6년에 이르러 완성完成되다. 그 중에 별편別編 1책一册이 있다.

274. 삼조보감三朝寶鑑 4권四卷 4책册 헌종憲宗 명편命編 인본印本

정조, 순조, 문조文祖 3대代의 치세治世에 있어서의 정령시조政令施措를 휘찬성서彙纂成書시킨 것으로써 정조는 병신丙申으로부터 경신庚申에 이르며, 순조는 경신庚申으로부터 갑오甲午에 이르며, 문조文祖는 정해丁亥의 청정聽政으로부터 경인庚寅에 이르다. 헌종憲宗 14년 무신戊申 조인영趙寅永 등이 편찬編纂하다.

276. 영조기사英祖紀事 9권卷 9책册 사본寫本

영조 즉위卽位 초년初年 갑신甲辰에 시작되어 재위在位 52년간의 학업學業 덕행德行 및 치적治績의 경개梗槪를 총괄總括하여 편년체編年體로 기술記述하고 따로 당시當時의 명신名臣의 장소강설章疏講說의 국정國政에 관關한 사실事實을 적재摘載하다.

277. 정조기사正祖紀事 37권卷 16책冊 사본寫本

정조 즉위卽位 초년初年 병신丙申 3월로부터 경신庚申 6월 승하昇遐한 날에 이르는 약 25년간의 기사紀事로서 당시當時의 대소정사大小政事를 편년체編年體로 기술記述하다.

278. 난초爛抄 24권卷 12책冊 윤치희尹致羲 편編 사본寫本

순조 경신庚申 즉위 초卽位初로부터 갑오甲午 승하昇遐의 날에 이르는 35년간의 조보朝報를 등록謄錄한 것이다.

279. 난선爛選 6권卷 6책冊 윤정선尹定善 편編 사본寫本

헌종 즉위卽位 초년初年 갑오甲午로부터 말년末年 기유己酉에 이르는 16년간의 조보朝報를 초록抄錄하여 기년紀年 예例를 따라 편한 것.

280. 헌종조 기사憲宗朝紀事 6권卷 6책冊 사본寫本

헌종憲宗이 즉위卽位한 갑오甲午로부터 말년 기유己酉에 이르는 16년간의 사실事實을 기술한 것.

281. 승정원일기承政院日記 3047책冊 승정원承政院 편編 사본寫本

승정원承政院은 왕명王命을 받들던 곳으로서 승지承旨 6인이 있었으며,

이吏, 호戶, 예禮, 병兵, 형刑, 공工 6방房으로 나누고 상하上下의 정령政令 등이 다 본원本院에 의依하였다. 본서本書는 그 일기日記로서 조선朝鮮 개국開國 초初부터 완비完備한 것이나 선조宣祖 임진 병화壬辰兵火를 만나 그 전반前半이 소실燒失되고 지금 남아있는 것은 인조 원년 계해癸亥 3월 12일부터 고종 31년 갑오甲午 6월 29일에 이르는 일기日記다. 그 소실燒失된 부분部分은 다시 청廳을 설치하고 보수補修하여 개수일기改修日記라고 칭稱한다.

282. 승선원일기承宣院日記 4책四册 승선원承宣院 편編 사본寫本

고종 31년 승정원承政院을 고쳐 승선원承宣院이라 하고 도승선都承宣, 좌우左右 승선承宣 등의 제관諸官을 두다. 본서本書는 그 일기日記로서 갑오甲午 7월 초1일부터 동同 10월 29일에 이르는, 즉卽 승정원일기承政院日記에 계속繼續될 성질의 것이다.

283. 궁내부일기宮內府日記 5책五册 궁내부宮內府 편編 사본寫本

고종 31년 승선원承宣院을 폐廢하고 그 사무事務를 궁내부宮內府로 옮기다. 본서本書는 그 후後의 일기日記로서 갑오甲午 11월 초1일부터 을미乙未 3월 30일에 이르는 즉卽, 승선원일기承宣院日記에 계속繼續될 성질의 것이다.

284. 비서감일기秘書監日記 8책八册 비서감秘書監 편編 사본寫本

고종 31년 승선원承宣院을 폐廢하고 그 사무事務를 궁내부宮內府로 옮기고 승정원承政院으로부터 승선원承宣院에 이르기까지 속수續修한 일기日記를 편성編成하였으나 32년에 이르러 그 사무事務를 나누어 다시 비서감秘書監을 설치하고 중승中丞 일원一員 좌우승左右丞 각各 일원一員을 두다. 본서本書는 그 일기日記로서 을미乙未 4월 초1일부터 동同 10월 29일에 이른 것이다. 이 일기日記는 승정원承政院, 승선원承宣院 및 궁내부宮內府 삼소三所의 일기日記를 계속繼續한 것이다.

285. 비서원일기秘書院日記 115책冊 비서원秘書院 편編 사본寫本

고종 32년 비서감秘書監을 비서원秘書院으로 고치고 향鄉, 승丞, 낭郎 등의 관官을 두다. 본서本書는 비서원秘書院의 일기日記로서 을미乙未 11월 초1일부터 광무光武 9년 을사乙巳 2월 30일 즉卽, 양력陽歷 4월 4일에 이른다. 비서감일기秘書監日記에 계속繼續될 성질의 것이다.

286. 비서감일기秘書監日記 33책冊 비서감秘書監 편編 사본寫本

광무光武 9년 비서원秘書院을 고쳐 다시 비서감秘書監이라 칭稱하다. 본서本書는 비서감秘書監의 일기日記로서 광무光武 9년 을사乙巳 3월 초1일 즉卽, 양력陽歷 4월 5일부터 융희隆熙 원년元年 정미丁未 10월 25일 즉卽, 양력陽歷 11월 30일에 이르다. 비서원일기秘書院日記에 계속繼續될 성질의 것이다.

287. 규장각일기奎章閣日記 33책冊 규장각奎章閣 편編 사본寫本

융희隆熙 원년 비서감秘書監을 폐廢하고 그 사무事務를 규장각奎章閣으로 옮기었다. 본서本書는 그 후後의 일기日記로서 융희隆熙 원년 12월 1일 음력陰曆 정미丁未 10월 21일부터 융희隆熙 4년 8월 219일 음력陰歷 경술庚戌 7월 25일에 이른다. 비서감일기秘書監日記에 계속繼續될 성질의 것이다.

288. 일성록범례日省錄凡例 1책冊 유본예柳本藝 저著 사본寫本

정조 즉위卽位 초初, 일기日記를 찬撰하여 일성록日省錄이라고 부르다. 기해己亥 규장각奎章閣을 설치하고 각신閣臣에게 명命하여 대찬代撰시키고 검서관檢書官이 매일每日 초草를 내다. 순조 정해丁亥 검서관檢書官 유본예柳本藝 일성록日省錄에 관關한 범례凡例를 만들어 후인後人으로 하여금 따르기 쉽게 하였다.

289. 일성록日省錄 2329책冊 규장각奎章閣 편編 사본寫本

영조 36년 경신庚辰. 정조가 세손世孫이었을 때 친親히 언동言動 학문學問을 일기日記하고 즉위卽位 후後 규장각奎章閣을 설치하여 각신閣臣으로 하여금 이것을 대편代編시키고 친親히 필삭筆削을 하여 시정행사施政行事와 더불어 기록記錄하였는데 후대後代에 이것을 이어 융희隆熙 4년에 이르는 150년간 계속되었다.

290. 세종사실事實 1책冊 사본寫本

세종 때의 중요重要한 사실事實을 적록摘錄한 것으로서 그중 세종의 검덕자선儉德慈善이 두텁고 문무文武를 독려督勵하고 풍교風敎와 국방國防에 마음 쓴 사력事歷에 관關하여 진언進言 및 이에 대한 교서敎書 등을 병록倂錄하다. 근천재謹天災, 생어선省御膳, 휼민은恤民隱, 진기민賑飢民, 휼형옥恤刑獄, 어경연御經筵, 교도저이敎導儲貳, 흥학교興學校, 권종학勸宗學, 숭검덕崇儉德, 각하서却賀瑞, 근정사勤政事, 근종시謹終始, 돈우애敦友愛, 납간쟁納諫諍, 신용인愼用人, 경수령警守令, 권농상勸農桑, 계음주戒飮酒, 양기노養耆老, 구질역救疾疫, 중인명重人命, 금시장禁柴場, 사상수賜喪需, 파영선罷營繕, 계사장戒私藏, 알성묘謁聖廟, 설과제設科第, 변현사辨賢邪, 결옥송決獄訟, 포절의褒節義, 법조종法祖宗, 수군정修軍政, 엄무비嚴武備, 휼군졸恤軍卒, 점군기點軍器, 축성보築城堡, 각진선却進膳, 교유서敎諭書 등이 실려 있다.

291. 성종사실事實 1책冊 사본寫本

성종 때의 중요한 치적治績을 적록摘錄하고 그 성덕盛德을 송양頌揚한 것으로서 근성학勤聖學, 감고사監古事, 근종시謹終始, 납간쟁納諫諍, 상규간賞規諫, 광언로廣言路, 근천재謹天災, 숭검덕崇儉德, 계완물戒玩物, 구현재求賢才, 변현사辨賢邪, 설과제設科第, 정풍속正風俗, 입강상立綱常, 흥학교興學校, 권농상勸農桑, 권방적勸紡績, 감어선減御膳, 휼민은恤民隱, 결옥송決獄訟, 계남형戒濫刑, 칙수령飭守令, 금횡렴禁橫斂, 억편사抑偏私, 용무신用武臣, 택장사擇將師, 면유장勉儒將, 휼군졸恤軍卒, 엄기자掩棄胔, 위장사慰將士, 점군기點軍器, 포도적捕盜賊, 위사신慰使臣, 하우택賀雨澤, 연재신宴宰臣, 경대신敬大臣, 양기로養

耆老, 염성졸念成卒, 면관수勉館需 등이 실려 있다.

292. 장릉지莊陵誌 4권四卷 2책二册 권화權和 박경여朴慶餘 편編 인본印本

본서本書는 처음에 노릉지魯陵誌라 칭稱하고 윤순거尹舜擧가 편찬編纂한 2권이 있다. 이것을 구지舊誌라 한다. 박팽년朴彭年 9대代의 손孫 박경여朴慶餘가 평동平東의 권화權和와 더불어 속지續誌 2권을 증보增補하고 장릉지莊陵誌라 개제改題하다. 구지舊誌는 세종 신유辛酉부터 시작하여 효종 계사癸巳에 끝났으며 속지續誌는 현종 임인壬寅부터 시작하여 영조 16년 갑신甲申에 이르다. 그러나 구지舊誌에 실린 바는 사실事實, 분묘墳墓, 사묘祠廟, 제축祭祝, 제기題記, 부록附錄 등으로서 속지續誌에는 복위復位, 봉릉封陵, 제기題記 육신복관六臣復官, 건사建祠 제문祭文 등이 실려 있다. 장릉莊陵은 단종端宗의 능陵으로서 강원도江原道 영월寧越에 있다.

293. 장릉사보莊陵史補 9권卷 3책册 정조 명편命編 인본印本

정조 21년 병신丙辰 이서구李書九 등에 명命하여 편찬編纂한 것. 윤순거尹舜擧의 노릉지魯陵志, 권화權和의 장릉지莊陵誌는 다 사찬私撰에 속하므로 불비不備함을 면免할 수 없는 고로 본서本書는 실록實錄을 주主로 하고 널리 제서諸書를 참조參照하여 되도록 근엄謹嚴하기를 기하였다.

294. 장능배식록莊陵配食錄 2권二卷 1책一册 정조 명편命編 사본寫本

세조 수선受禪 때 단종端宗에게 충절忠節을 다한 제신諸臣에 대對하여 정조 신해辛亥년에 이르러 추념追念하는 뜻에서 단종端宗 장릉莊陵 곁에 단壇을 설치하고 정단正壇에는 32인, 별단別壇에는 236인을 추제追祭하고 써 배식配食시키다. 이 책은 즉 그 인명록人名錄이다.

295. 온릉지溫陵志 1책一册 김광태金光泰 편編 사본寫本

영조 15년 기미己未 중종의 폐비 신씨廢妃愼氏를 복위復位하고 시호諡號를 단경端敬이라 하고 묘墓를 온릉溫陵이라 하다. 동同 20년 갑자甲子 삼봉參奉 김광태金光泰가 그 폐위廢位 및 복위復位에 관關한 전후前後 사실事實과 능陵을 설치한 절차節次 및 의식문儀式文을 모아 편한 것이 이 책이다.

296. 서정록西征錄 1책一册 이순지李純之 편編 인본印本

세종 때 서북경西北境 파저인婆猪人이 압록강鴨綠江을 건너 변경邊境을 침범하매 정의廷議 황희黃喜 등으로 하여금 위급함을 명국明國에 고告하고 이를 토벌하다. 본서本書는 그 사실事實을 기록한 것으로서 중종 11년 함경도咸鏡道 관찰사觀察使 윤금손尹金孫이 세상에 내었다.

297. 재조번방지再造藩邦志 4권四卷 4책四册 신경申炅 찬撰 인본印本

선조 10년 정축丁丑부터 정미丁未에 이르는 동안 조선이 명明의 구원救

援을 받은 사실事實을 모은 것으로서 해동포민海東逋民이라 자칭自稱하는 신경申炅이 찬撰한 것. 인조 27년 기축己丑에 이루어졌으며 숙종 19년 계유癸酉에 그 아들 이화以華가 영천군榮川郡에서 간행하다.

298. 징비록懲毖錄 16권六卷 7책七册 유성룡柳成龍 저著 인본印本

선조 임진란壬辰亂 때 유성룡柳成龍이 상위相位에 있으면서 나라의 중임重任을 지고 친親히 전고戰苦를 겪고 난후亂後 한거閑居하여 그 겪은 바를 수기手記한 것이 즉 본서本書다. 제1, 2권에는 난亂의 기인起因 및 전황戰況을 적고, 제3권三卷 이하以下 제7권까지는 근폭집芹曝集이라 하고, 제8권에서 제14권까지는 진사록辰巳錄, 제15권은 군문등록軍門謄錄으로 상狀, 계啓, 소疏, 차문이箚文移 등을 실리고 최후最後 1권은 당시當時의 사실事實을 부기附記한 것이다.

299. 항의신편抗義新編 4권四卷 2책二册 안방준安邦俊 편編 인본印本

중봉重峰 조헌趙憲의 봉사封事로서 청절왜사봉사請絶倭使封事, 청참왜사봉사請斬倭使封事 등 여러 글을 실리고 권수卷首에 궁경양친도躬耕養親圖 이하以下 8도圖를 실려 그 뜻한 바를 밝혔다. 안방준安邦俊을 추모追慕하는 나머지 서발序跋을 붙여 이것을 세상에 알렸다.

300. 분충서난록奮忠紓難錄 2권二卷 2책二册 석남붕釋南鵬 편編 인본印本

선조 25년 임진壬辰 때의 송운대사松雲大師 석유정釋惟政의 일기日記를 수집蒐集하고 그 끝에 지봉유설芝峯類說, 어우야담於于野談 등의 서書를 인용引用하고 제諸 명사名士의 만시挽詩 찬사贊詞를 부록附錄으로 하였다. 법손남붕法孫南鵬이 이를 편하고 신유한申維翰이 증책增冊하고 영조 15년 기미己未 밀양密陽 표충사表忠祠에서 개간開刊하다.

301. 임진필록壬辰筆錄 1책一冊 사본寫本

선조 25년 명明의 병부 우시랑兵部右侍郎 우첨 도어사右僉都御史 송응창宋應昌 이하以下 27인 및 제독提督 이여송李如松 이하以下 40여 인의 화책畫策 방어防禦에 관關한 사적事蹟을 각인各人에 따라 기술한 것이다.

302. 일본왕환일기日本往還日記 1책一冊 황신黃愼 저著 사본寫本

선조 29년 병신丙申, 저자著者가 통신사通信使로서 일본日本에 갔을 때 그 왕래往來의 일기日記와 사사교접使事交接의 상황狀況 및 산천풍속山川風俗의 견문見聞을 기록記錄한 것.

303. 해행록海行錄 2책二冊 사본寫本

선조 38년 을사乙巳로부터 정미丁未까지 사이에 일본日本과 강화講和할 때 대마도對馬島 평의지平義智와의 왕복往復의 서장書狀 및 사신使臣의 왕래往來, 그리고 궁정회의宮廷會議의 절차를 편록한 것.

304. 용만문견록龍灣聞見錄 1책一册 정탁鄭琢 저著 사본寫本

선조 25년 임진壬辰, 저자著者가 선조의 의주義州 천이遷移에 호종扈從했을 당시當時의 견문기見聞記로서 명장明將의 내왕來往을 영송迎送한 일과 교환交換한 문서文書, 언사言辭, 기타其他 명明에 관關한 사항事項 등을 구재具載하여 선조께 보인 것이다.

305. 창의록倡義錄 2권二卷 1책一册 인본印本

선조 25년 임진壬辰 때의 남원南原 사람 청계靑溪 양대복梁大僕의 창의倡義의 사적事蹟을 기록한 것으로서 상편上篇은 그 사적事蹟을 적고 하편下篇은 장전狀傳 등을 적고 권미卷尾에 제인諸人의 편지를 붙였다.

306. 당산의열록唐山義烈錄 1책一册 이만추李萬秋 편編 인본印本

선조 25년 임진란壬辰亂 때 중화中和(일명一名 당산唐山 사람) 윤붕尹鵬이 만호萬戶 차은진車殷軫, 은로殷輅 형제兄弟, 사인士人 김진수金進壽 등이 전투戰鬪에 나아간 사실事實 및 도백道伯의 장계狀啓, 예조禮曹의 회계回啓, 의열비문義烈碑文 등을 편編한 것.

307. 서정록西征錄 1책一册 김기종金起宗 편編 인본印本

인조 14년 갑자甲子 평안병사平安兵使 이괄李适이 모반하여 원수元帥 장만張晩 등이 이를 토평討平한 사실事實을 편집編輯한 것.

308. 양구기사陽九記事 4권四卷 4책四冊 사본寫本

인조 14년 병자丙子, 청淸과 강화講和한 전말顚末을 기록한 것으로서 병자丙子 이전以前에 청인淸人이 내왕來往하여 난亂을 만들 때로부터 명明이 멸망할 때까지를 기록한 것이다.

309. 정묘양호거의록丁卯兩湖擧義錄 2권二卷 1책一冊 인본印本

인조 5년, 청군淸軍이 침범하여 왕王이 강도江都로 파천播遷했을 때 사계沙溪 김장생金長生이 격檄을 각各 군郡에 전傳하여 의군義軍을 모집募集하고 분전고투奮戰苦鬪한 사실을 기록한 것이다. 청군입구淸軍入寇의 기사記事, 교문敎文, 장계狀啓, 격문檄文, 차첩差帖, 보장報狀, 관문關文, 호소사號召使 이하以下 20여 명의 의사義士 약전略傳 등이 있다. 7대손代孫 김희金憙의 서발序跋이 붙어 있다.

310. 병자호남창의록丙子湖南倡義錄 5권五卷 2책二冊 호남湖南 유림儒林 편編 인본印本

인조 14년 병자丙子, 청군淸軍이 서울을 침범하고 왕王이 남한南漢으로 피난하였을 때 현감縣監 이흥발李興浡 등 5인이 근왕勤王의 뜻을 세우고 호남湖南의 조수성曺守誠 등과 여산礪山에서 만나 대사간大司諫 정홍명鄭弘溟을 대장大將으로 삼고 청주淸州에 이르렀으나 인조의 출성出城을 듣고 통곡痛哭하며 돌아왔다. 이 책은 호남湖南의 제유諸儒가 서로 의논하여 제사諸士의 사력事歷을 열기列記한 것으로서 구본舊本은 영조 46년 경인庚寅

김원행金元行의 서序를 실었으며 본서本書는 철종 9년 무오戊午 보수補修 중간重刊한 것이다, 제1권에는 창의 사적倡義事蹟, 교문敎文, 통문通文, 열읍 보첩列邑報牒, 소모사사실召募使事實, 오현사실五賢事實, 제2권二卷에는 종사 사실從事事實, 제3권에는 열읍도유사제공사실列邑都有司諸公事實, 제4권에는 열읍부의제공사실列邑赴義諸公事實, 화순거의통문和順擧義通文 및 제공사실 諸公事實, 제5권에는 나주거의통문羅州擧義通文 및 거의제공사실擧義諸公事實, 화순거의시和順擧義時의 일기日記 등을 기재記載.

311. 소위포창의록少爲浦倡義錄 2책二册 김양기金良器 등等 편編 사본寫本

참의參議 김우金佑가 선조 임진란壬辰亂 때 의義를 부르짖고 인조 정묘丁卯에 또 의義를 부르짖어 아들 변汴 등 4인과 더불어 군사를 모아 용천龍川 소위포少爲浦에서 공을 세웠으니 그 사적事蹟을 영조 기묘己卯에 그 5대손代孫 양기良器가 기록하고 6대손代孫 이긍履兢 등이 계속 기록한 것이다.

312. 남한일기南漢日記 4권四卷 4책四册 석지형石之珩 저著 사본寫本

인조 14년 병자丙子. 청군淸軍이 남한南漢을 침범했을 당시當時의 일기日記로서 오래도록 세상에 알려지지 않았으나 영조 29년 유수留守 이기진李箕鎭이 그 사실事實을 알고 또 틀림없음을 인정하여 등사謄寫해서 세상에 전한 것이다. 권말卷末 호종록扈從錄에 영의정領議政 김류金瑬 이하 수백數百 명名의 성명姓名이 부기附記되어 있다.

313. 강도일기江都日記 1책一冊 어한명魚漢明 저著 사본寫本

인조 병자란丙子亂에 청병淸兵이 서울에 임박하자 봉림대군鳳林大君(효종) 및 인평대군麟坪大君은 난亂을 강화江華로 피避하여 갑곶진甲串津에 이르렀다. 저자著者는 그 때 경기좌도수운판관京畿左道水運判官으로서 그 땅에 있으면서 힘을 다하여 보호하고 바다를 건너게 하다. 본서本書는 그 일기日記로서 권말卷末에 농암農巖 김창협金昌協 수암遂庵 권상하權尙夏의 발문跋文이 붙어있다.

314. 신사서행사건辛巳西行事件 1책一冊 사본寫本

인조 15년 청淸과 강화講和하자 소현세자昭顯世子, 빈궁嬪宮, 봉림대군鳳林大君(효종) 및 부인夫人을 심양瀋陽으로 인질人質 보내다. 8월 강희제康熙帝를 따라 심양瀋陽을 발發하여 송산松山에 이르는 왕복往復 10여 일, 유숙留宿 22일日 간間의 일기日記로서 당시當時의 정황情況을 역력歷歷히 볼 수 있다.

315. 남정일록南征日錄 4권四卷 2책二冊 인본印本

영조 4년 이인좌李麟佐, 정희량鄭希亮, 남태징南泰徵, 박필몽朴弼夢 등이 내외內外 상응相應하여 난亂을 일으키다. 그 때 최규서崔奎瑞 변變을 궁정宮廷에 고告하여 오명항吳命恒으로써 도원수都元帥를, 박문수朴文秀, 조현명趙顯命 등을 종사관從事官으로 하여 경병京兵을 거느리고 남하南下, 적賊을 안성安城 죽산竹山 등에서 쳐부수고 여당餘黨을 모조리 주복誅伏하다. 난亂이

진정鎭定된 후 명항命恒에게 분전奮戰 공신功臣 일등一等을 주다. 본서本書는 즉 정원일기政院日記, 감난록勘亂錄 조풍원일록趙豊原日錄, 군관신진소軍官申震熽 권희학權喜學의 기사記事 등을 참조하여 당시의 사실을 편한 것.

316. 무신창의사실戊申倡義事實 1책一册 사본寫本

영조 6년, 경상도慶尙道의 난적亂賊 고감사故監司 이운징李雲徵의 손孫 인좌麟佐가 스스로 대원수大元帥를 칭稱하고 좌윤左尹 신경제申慶齊의 손孫 천영天永을 병사兵使로 하고 권재봉權在鳳을 영장營將으로 하고 무리를 모아 청주淸州로 들어가서 병사兵使 이봉상李鳳祥, 영장營將 남연南延 등을 살해殺害하다. 또 죽산竹山 안성安城을 약취略取하니 정희량鄭希亮이 안음安陰에서 군사를 일으켜 상응相應하다. 당시當時의 대사성大司成 박사수朴師洙가 안무사按撫使 겸兼 안동진安東鎭 절제사節制使를, 응교應敎 조덕린趙德鄰이 호소사號召使 겸兼 안무사安撫使를 배拜하여 더불어 영남嶺南 70주州에서 의병義兵을 모집募集하고 이것을 초토剿討하다. 본서本書는 그 격문檄文 및 의군義軍의 규약規約, 병기兵器, 양식糧食 등에 관한 긴요사항緊要事項을 집록輯錄한 것.

317. 영양사난창의록永陽四難倡義錄 1책一册 인본印本

선조 임진壬辰 정세아鄭世雅가 의義를 부르짖고 인조 정묘호란丁卯胡亂에는 손해孫瀣가 무리를 거느려 의義를 부르짖고, 병자丙子 남한南漢 피위被圍의 난難에는 정세아鄭世雅의 손孫 정호인鄭好仁이 무리를 거느려 의거義擧

하고, 영조 무신戊申의 난難에는 정호인鄭好仁의 증손曾孫 정규양鄭葵陽이 무리와 더불어 의거義擧하다. 이상以上 4차次의 의거義擧에 관하여 그 위적偉蹟을 추회追懷하고 영천永川의 유림儒林에서 이것을 편록編錄하여 순조 22년 임오壬午에 간행하다.

318. 혼정편록混定編錄 18권卷 10책十册 안방준安邦俊 찬撰 사본寫本

선조 8년 을해乙亥부터 효종 원년 경인庚寅에 이르는 동서 분당東西分黨의 시비是非 개요槪要에 대하여 양변兩邊의 문자文字를 철습掇拾하여 편록編錄한 것. 전집前集 8권, 후집後集 4권, 별집別集 2권, 속집續集 4권.

319. 계미진신풍우록癸未搢紳風雨錄 2권二卷 2책二册 사본寫本

선조 26년 계미癸未 동서당東西黨이 각기角起하였을 제 율곡栗谷 이이李珥가 탄핵彈劾당한 전말을 기록한 것.

320. 갑을록甲乙錄 5권五卷 5책五册 사본寫本

숙종 10년 갑자甲子 및 11년 을축乙丑 양년兩年에 걸친 당쟁黨爭이 학문상學問上에 파급波及된 사적事蹟을 기재記載한 것. 송시열宋時烈과 윤선거尹宣擧의 일, 윤전尹鐫의 일, 갈명碣銘의 일, 이유태李惟泰의 일 등으로부터 갑을甲乙 공사公私의 안案에 이르기까지 제가諸家의 왕복문서往復文書 및 임인壬寅 이후以後의 기사記事를 기록하여 있다. 당시當時의 당쟁黨爭의 상황

狀況을 알기에 족한 것이다.

321. 사백록俟百錄 3책三册 민진강閔鎭綱 편編 사본寫本

본서本書는 송시열宋時烈, 윤증尹拯의 시비是非에 대對하여 관계關係된 문자文字를 편집編輯한 것으로서 윤전尹鐫의 일을 비롯하여 변론辯論의 왕복서한往復書翰 소장疏章 등 일체를 기재記載한 것이다. 백세百世의 공의公議를 바라는 뜻에서 이렇게 서명書名을 삼았다.

322. 노회록魯懷錄 6권六卷 2책二册 이정걸李廷傑 편編 사본寫本

우암尤菴 송시열宋時烈과 명재明齋 윤증尹拯은 원래 사제師弟의 관계가 있었으나 후에 원수의 사이가 되었다. 그 곡절曲折을 밝히기 위하여 양가兩家의 왕복서찰往復書札, 타인他人의 분해문자分解文字, 문인門人의 부억소찰扶抑疏札 등을 상록詳錄한 것, 모두 6편으로 나누었으니 왈曰 강도 편江都篇, 왈曰 여윤 편驪尹篇, 왈曰 교제 편交際篇, 왈曰 갈문 편碣文篇, 왈曰 의서 편擬書篇, 왈曰 사제 편師弟篇이 그것이다. 숙종 16년 경오庚午 이후以後 명재明齋의 문인門人 이정걸李廷傑이 편찬編撰하다. 명재明齋는 노성魯城에 있었으며 우암尤庵은 회덕懷德에 있음으로써 노회록魯懷錄이라 한다.

323. 회니본말懷尼本末 1책一册 사본寫本

본서本書는 송시열宋時烈과 윤증尹拯의 노소분당老少分黨에 관關한 사유事

由를 서로 변론辯論한 문자文字와 송윤宋尹 양문兩門 문도門徒의 서독書牘, 원유院儒의 통문通文 및 주어소장奏御疏章 등을 수록蒐錄한 것. 시열時烈의 거주지居住地가 회덕군懷德郡에 있었으며 증拯의 거주지居住地가 이성군尼城郡에 있었으므로 회니본말懷尼本末이라 제題하다.

324. 신임기년제요辛壬紀年提要 15권五卷 7책七册 구준원具駿遠 편編 사본寫本

본서本書는 경종景宗 원년 신축辛丑 2년 임인壬寅의 노소론당파老少論黨派의 쟁단爭端에 관關한 문자文字 및 사실事實을 기재記載한 것으로서 김재로金在魯의 난여爛餘, 이재李縡의 초종설初從說을 절충折衷하고 또 한편 군서群書를 더듬어 궐유闕遺를 채웠다. 원편元編 9권, 속편續編 4권, 보편補編 2권이 있다.

325. 수사비록隨事備錄 10책十册 사본寫本

승정원일기承政院日記 중에서 숙종 46년 경자庚子 6월 이강以降, 경종景宗 2년 임인壬寅 6월에 이르는 3년간의 당론黨論의 사적事蹟을 초록抄錄하고 그 밖에 공사公私의 문자文字, 일기日記 등을 합편合編한 것.

326. 선경후갑록先庚後甲錄 11권一卷 11책一册 사본寫本

경종이 즉위卽位한 경자庚子로부터 영조 14년 무오戊午에 이르는 동안 노소론老少論이 서로 공격攻擊한 개요槪要와 소장疏章 및 제가諸家에게 초장

抄藏되었던 서적書籍 등을 인습引拾하여 편록編錄한 것.

327. 수문록隨聞錄 3권三卷 3책三册 이문정李聞政 저著 사본寫本

경종 원년 신축辛丑 영조 봉책封冊에 관하여 노소론老少論의 당쟁黨爭이 일어난 사실事實을 수록隨錄한 것으로서 농수수문록農叟隨聞錄이라고도 칭稱하다. 농수農叟는 저자著者의 호號, 그 유고遺稿를 권미卷尾에 붙이다.

328. 아아록我我錄 4권四卷 4책四册 남기제南杞濟 저著 사본寫本

용문문답龍門問答이라고도 한다. 선조 22년 기축己丑으로부터 경종 원년 신축辛丑에 이르는 동안 동서노소東西老少 4색色의 당화黨禍에 관한 전말顚末을 문답체問答體로 서술하고 또한 임진사략壬辰事略, 병자사략丙子事略 등을 병기倂記하여 있다. 아아록我我錄이란 지아자기유춘추호知我者其惟春秋乎 죄아자기유춘추호罪我者其惟春秋乎의 말을 딴 것이며 용문문답龍門問答이란 양평군楊平郡 용문산龍門山 설암승사雪菴僧舍에서의 문답問答인 까닭이다.

329. 동소만록桐巢漫錄 2권二卷 2책二册 남하정南夏正 저著 사본寫本

역대歷代 일사逸事를 수록隨錄한 것으로서 당론黨論 등에 이르러서는 자기自己의 의견意見으로써 비평批評하다. 박사정朴思正이 이를 개산改刪 성편成編하다.

330. 천의소감闡義昭鑑 4권四卷 3책三册 영조 명편命編 인본印本

영조 31년 상신相臣 김재로金在魯 등에게 명하여 경종景宗 신축辛丑 이후以後 무신경술무신戊申庚戌戊辰 등의 화란禍亂과 을해옥사乙亥獄事에 이르는 사실事實을 편찬編纂하고 건저建儲의 의義를 천명闡明하여 후세後世에 소시昭示한 것.

331. 천의소감언해闡義昭鑑諺解 4권四卷 4책四册 영조 명편命編 인본印本

천의소감闡義昭鑑에 언문諺文으로써 해석解釋을 붙인 것. 일반에게 널리 알리기 위하여서다.

332. 감란록勘亂錄 6권六卷 4책四册 영조 명편命編 인본印本

영조가 송인명宋寅明 박사수朴師洙 등에게 명하여 찬撰한 것으로서 붕당상쟁朋黨相爭으로 말미암아 목호룡睦虎龍 형제兄弟 및 김일경金一鏡 등이 은근히 서로 결당結黨하였던바, 우당偶黨 중에 주誅를 당한 자者 있어 마침내 분기憤起하여 변란變亂을 일으키기에 이른 전말顚末을 상기詳記하고 써 붕당朋黨 원인援引의 폐독弊毒을 계칙戒飭한 것.

333. 봉교엄변록奉敎嚴辨錄 1책一册 영조 명편命編 인본印本

영조 38년 임오壬午, 상신相臣 조재호趙載浩 등이 유언流言하여 화禍를 일으킨 후부터 이것을 극률極律에 처處한 후後 상신相臣 신만申晩 등에게 명命하여 그 사실事實을 편찬編纂시키고 봉교엄변록奉教嚴辨錄이라 칭稱하여 십단十斷의 의義를 보였다.

334. 어제표의록御製表義錄 1책一冊 영조 찬撰 인본印本

영조 40년 갑신甲申, 장조莊祖의 생모生母 영빈이씨暎嬪李氏가 세상을 떠난 후 종국宗國을 위하여 대의大義를 지킨 것을 추념追念하고 그것을 표시表示하는 뜻에서 친親히 찬撰한 것이다.

335. 명의록明義錄 3권三卷 2책二冊 정조 명편命編 인본印本

정조 병신丙申 홍인한洪麟漢, 정후겸鄭厚謙 등이 세손대리世孫代理를 저희沮戱한 까닭에 정신廷臣이 이를 주토誅討한 사실을 기록한 것. 정유丁酉 봄 상신相臣 김치인金致仁 등이 봉교찬집奉教纂輯하다.

한국명저해제韓國名著解題[67]

— 사부史部

해설解說 이병기李秉岐

336. 속명의록續明義錄 1권 1책一卷一冊 정조 명편命編 인본印本

명의록名義錄의 속편續編이다. 정조 정유丁酉 7월 신묘辛卯로부터 무술戊戌 2월 임자壬子에 이르는 기사紀事로서 김치인金致仁 등이 명命을 받아 편성編成하다. 따로 국문으로 된 역서譯書가 있다.

337. 속명의록언해續明義錄諺解 1책一冊 정조 명편命編 인본印本

정조 2년 무술戊戌 김치인金致仁에게 명命하여 편찬編纂한 속명의록續名義錄을 국문으로 번역하여 간행한 것이다.

67 「韓國名著解題 -史部-」, 『思潮』 1권 4호, 1958. 9.

338. 현고기玄皐記 4권四卷 2책二册 박종겸朴宗謙 편編 사본寫本

원편原編 및 속편續編으로 나누어져 있으니 원편原編은 박종겸朴宗謙이 편編한 것이나 속편續編의 편자編者는 자세치 않다. 원편原編은 영조 38년 임오壬午에 있어서의 장조莊祖의 화사禍事를 기록한 현구기사玄駒記事로서 속편續編에는 정조 병신丙申 이후의 장조莊祖에 관한 사실事實, 철종哲宗 을묘乙卯의 유소儒疏 및 고종高宗의 기해己亥 추숭追崇의 사실事實 등을 기록하고 또 시파時派 벽파辟派의 당쟁본말黨爭本末 등을 붙였다

339. 현구기사玄駒記事 1책一册 박종겸朴宗謙 편編 사본寫本

영조 38년 임오壬午, 장조莊祖 동궁東宮에 있으면서 세상을 떠난 사실의 제서諸書에 나타난 바를 수집한 것으로서 권말卷末에는 그 때의 주서注書 이광현李光鉉의 소기小記가 붙어있다.

340. 읍혈록泣血錄 1책一册 혜경궁惠慶宮 찬撰 사본寫本

장조후莊祖后 홍씨洪氏가 혜경궁惠慶宮으로 있을 때 왕가王家의 부상사不祥事와 친가親家의 화환禍患으로 겪은 극난한 사실들을 국문國文으로 역술歷述하고 이것을 한문으로 번역한 것.

341. 추감황은편追感皇恩編 2권二卷 2책二册 영조 편編 인본印本

태조太祖 개국開國 임신壬申으로부터 시작되어 인조 11년 계유癸酉에 이

르는 동안 명明에서 보내온 제문祭文, 고誥, 칙勅 등을 수집, 편하고 지장誌狀 및 예부禮部의 자문咨文을 붙여 예각藝閣 활자로서 인출印出한 것이니 영조 45년 기축己丑에 편성하다.

342. 존주휘尊周彙 편編 20권卷 7책七册 정조 명편命編 사본寫本

정조 24년 경신庚申 봄, 명말明末 의종毅宗의 혼을 제사하고 역대歷代 지사志士, 병자丙子 제신諸臣, 척화 순절자斥和殉節者 등의 정충대절精忠大節을 추념追念하는 뜻에서 병조참의兵曹參議 이의준李義駿 등에게 명命하여 본서本書를 편차編次시키고 전前 참판參判 이서구李書九 등이 다시 윤식潤飾을 가加하다. 즉 황조기년皇朝記年, 본국기년本國記年, 황단지皇壇志, 황단연표皇壇年表 및 제신사실諸臣事實 등이다.

343. 백사배천일록白沙北遷日錄 1책一册 정충신鄭忠信 저著 인본印本

광해군 10년 무오戊午, 모후母后 인목대비仁穆大妃를 폐廢하려고 정의庭議가 있었을 때 백사白沙 이항복李恒福 원로대신元老大臣으로써 충언忠言을 하여 윤기倫紀를 세우려 하였다가 도리어 북청北靑으로 귀양 갔을 제 금남군錦南君 정충신鄭忠信이 항복恒福에 수행隨行하여 전후 사실事實을 일기日記하고 항복恒福의 증손曾孫 양와養窩 세구世龜 교정을 가加하고 북청부사北靑府使 정내상鄭來祥이 함경감사咸慶監司 이수언李秀彦 등과 힘을 합하여 개간開刊하다. 권말卷末에 항복恒福의 폐모 간쟁廢母諫諍의 헌의수초獻議手草를 판각板刻하여 부재附載하였다.

344. 신묘중광록辛卯重光錄 1책一冊 영조 명편命編 인본印本

청인淸人 주린朱璘이 찬撰한 명기집략明紀輯略 중中 조선 태조의 종계宗系와 인조의 사실事實을 무재誣載함으로써 영조 47년 신묘辛卯, 김상철金尙喆 등을 보내어 그릇된 바를 바로잡을 것을 청請하였던바, 준허準許를 얻은 전말顚末을 기록記錄한 것이다. 전에 선조 때 변무辯誣의 전말顚末을 기록記錄한 광국지경록光國志慶錄이 있다. 고故로 이것을 중광록重光錄이라 칭한다. 예각藝閣에 명命하여 활자活字 인행印行시키다.

345. 정미전신록丁未傳信錄 1책一冊 사본寫本

현종 8년 중국의 복건福建 천주泉州 사람 임인관林寅觀, 진득陳得, 증승曾勝, 정희鄭禧 이하 총수總數 95명이 통상通商을 위하여 일본日本으로 항행航行 중中 풍랑風浪을 만나 제주濟州에 표착漂着하였으므로 중국 예부禮部에 통보通報한 후, 도총부都總府의 경력經歷 이상훈李相勛, 역관譯官 이승겸李承謙으로 하여금 호송護送하여 국경國境을 넘게 한 사실을 기록하고 20여 년 전 효종을 따라온 한인漢人 황공黃功 등과의 문답서問答書 및 당시當時의 명가名家의 관계서찰關係書札을 붙였으며 또 그 정황情況을 기술記述하였다. 이것이 완성된 것은 영조 51년 을미乙未이다.

346. 신사변무시말辛巳辨誣始末 1책一冊 사본寫本

순조 21년 신사辛巳, 윤명렬尹命烈이 청국淸國 증수增修의 문헌통고文獻通考 속에 경종景宗 영조의 왕위王位 수수授受 당시當時 김창집金昌集, 이이명李

顧命, 이건명李健命, 조태채趙泰采 등 사신四臣이 반역反逆을 꾀하였다가 드러나 주복誅伏된 기사記事가 있는 것을 보고 상소上疏하여 마침내 묘쟁廟諍에 물었더니 청국淸國에 대하여 변무辯誣하고 기사記事의 삭제削除를 청請할 것을 정하고 진하사은進賀謝恩 겸兼 진주정사陳奏正使 이호민李好敏 등을 보내어 목적을 달성하게 되었는데 그 전말을 상기詳記한 것이다.

347. 동묘영접록東廟迎接錄 1책一冊 김창희金昌熙 편編 사본寫本

고종 19년 임오壬午 청국淸國 제독提督 오장경吳長慶, 변리군무辯理軍務 원세개袁世凱가 주재駐在했을 때 김창희金昌熙를 영접관迎接官으로 정定하고 교섭交涉하다. 임오壬午 7월 23일로부터 8월 29일에 이르는 동안 서로 필담筆談한 일기日記다.

348. 미암일기초록眉巖日記抄錄 4권四卷 4책四冊 유희춘柳希春 저著 사본寫本

선조 정묘丁卯로부터 정축丁丑에 이르는 11년간의 공사公私의 사실事實을 약기略記한 것.

349. 수옹일기睡翁日記 2권二卷 2책二冊 송갑조宋甲祚 저著 인본印本

인조 2년부터 6년에 이르는 동안의 일기日記로서 따로 시詩, 문文, 행장行狀, 묘지墓誌 등이 실려 있다. 갑조甲祚의 5대손代孫 송구상宋龜相의 편차編次로 김종수金鍾秀, 송환기宋煥箕 등이 교정하고 송환학宋煥學이 투자投資하여 상목上木하다.

350. 헌재기문록獻齋記聞錄 4권四卷 4책四册 신명규申命圭 저著 사본寫本

인조 14년 병자丙子로부터 숙종 19년 계유癸酉에 이르는 병란정쟁兵亂政爭 등을 집록輯錄한 것.

351. 한거만록閑居漫錄 2권二卷 2책二册 정재륜鄭載崙 저著 사본寫本

효종, 현종 양대兩代의 각가지 사항事項을 적기摘記한 수필隨筆로서 저자著者의 족제族弟 정항원鄭行源이 편차編次한 것이다.

352. 악파만록藥坡漫錄 94권九十四卷 61책一册 이희령李希齡 저著 사본寫本

국사國史 야승野乘에서 역대歷代의 사실事實을 수록隨錄한 것으로서 저자著者의 손孫 한종漢宗이 이를 편집編輯하다. 제1권은 나여羅麗에서 시작되어 산천山川의 내파來派, 역대歷代의 강역疆域을 논술論述하고, 제2권은 고려통합統合의 사실事實을 약기略記하여 해동명신海東名臣의 소전小傳을 붙이고, 제3권은 이씨 조선李氏朝鮮의 강역疆域을 논술論述하여 선원세보璿源世譜를 붙이고, 제4권四卷 이하는 태조太祖로부터 영조에 이르는 역대歷代의 정담政談 및 명신名臣의 소전小傳을 채집采輯하다. 그리고 경종景宗 및 영조 양대兩代는 한종漢宗이 속집續輯하고 영조 갑신甲申 편성編成을 마치다.

353. 풍암집화楓巖輯話 7권七卷 7책七冊 유광익柳光翼 편編 사본寫本

제서諸書에 잡출雜出된 해동사적海東事蹟을 수집蒐輯하여 세차世次로써 편編한 것. 지방국도地方國都의 기략紀略, 단기이강檀箕以降 고려에 이르는 제론변諸論辨 및 태조太祖로부터 숙종에 이르는 중대重大 사실事實과 기문記聞 등을 분목分目 편차編次한 것이다.

354. 수서잡지修書雜志 7권七卷 7책七冊 이의철李宜哲 편編 사본寫本

영조 26년 경오庚午로부터 정조 2년 무술戊戌에 이르는 전지傳旨 및 소차疏箚 중에서 참고參考될 만한 것을 사록寫錄한 것.

355. 통색촬요通塞撮要 4권四卷 2책二冊 사본寫本

태종太宗 13년 서얼자손庶孽子孫은 현직顯職에 서敍하지 말라는 교명敎命을 발發하여 서얼庶孽은 사로仕路를 경색梗塞 당하여 시試에 나아가고 거擧에 응應할 수 없었다. 본서本書는 문지門地를 열고 사로仕路에 통通케한 전교傳敎, 소차수의疏箚收議, 문답問答 등을 촬록撮錄한 것이다.

356. 규사葵史 2권二卷 2책二冊 인본印本

조선의 국제國制는 서자庶子에게 청환淸宦을 허許하지 않았다. 그러므로 선조의 비批「규곽향일葵藿向日 불택방지不擇旁枝 인신원충人臣願忠 기필정적豈必正嫡 운운云云」을 따라 제명題名을 택擇하고 역대歷代 서얼庶孽의 사실

事實 및 장주章奏 등을 채집採輯하여 한 책을 만들어 고람考覽케 하다. 권말卷末에 「규사현인록葵史賢人錄」이라고 제題하여 고려의 정문배鄭文培, 이덕무李德懋 등 60여 명의 약전略傳을 부기附記하다. 철종哲宗 9년 대구大邱 제유諸儒의 협력協力으로 설립設立된 달서정사達西精舍에서 편성編成한 것.

357. 동국사략東國史略 6권六卷 2책二冊 태종 명찬命撰 인본印本

본서本書는 태종太宗 때 권근權近, 이첨李詹, 하륜河崙 등이 명命을 받아 찬집撰輯한 것이다. 제1권은 단군檀君, 기자箕子, 위만조선衛滿朝鮮, 사군四郡, 삼부三府, 삼한三韓, 신라, 고구려 백제기百濟記, 제2권은 신라기新羅記, 제3, 4, 5, 6권은 고구려기高句麗記이다.

358. 해동역사海東繹史 71권卷 26책冊 한치윤韓致奫 저著 사본寫本

중국 및 일본日本의 사승史乘 중에서 우리에 관한 기사를 채취採取하고 문門을 나누어 편성編成한 것으로서 단군檀君 때부터 고려 때까지를 세기世紀로 하고 제諸 소국小國은 여기 붙였다. 성력星曆, 예악禮樂, 병형兵刑, 식화殖貨, 물산物產, 풍속風俗, 궁실宮室, 관씨官氏, 석釋, 교빙交聘, 예문藝文 및 지志, 인물고人物考, 일본고日本考, 숙신씨고肅愼氏考 등으로서 왕왕往往 저자著者의 질姪, 진서鎭書의 부기附記가 있다. 인용서引用書 또한 많으니 550부나 된다.

359. 동사보유東史補遺 4권四卷 2책二册 조정趙挻 저著 인본印本

길주 목사吉州牧使 조유도趙有道의 부父 조정상趙挻常은 항상 동사東史의 불비不備함을 염려 하더니 소한消閑의 일조一助로 상고上古 단군이강檀君以降 역대歷代의 사실事實을 초록抄錄하고 그 궐루闕漏를 보태어 동사보유東史補遺라 이름 짓고 협사篋笥에 넣어두기 여러 해 만인 인조 24년 병술丙戌 겨울, 유도有道가 이를 간행하여 세상에 내놓은 것이다.

360. 동사찬요東史纂要 8권卷 8책八册 오운吳澐 편編 인본印本

신라 시조始祖 갑자甲子로부터 고려 공양왕恭讓王 임진壬申에 이르는 1419년간의 사적事蹟을 동국통감東國通鑑, 삼국사기三國史記, 고려사高麗史 등에서 추려 편찬한 것.

361. 휘찬여사彙纂麗史 48권卷 22책册 홍여하洪汝河 저著 인본印本

우리의 인사人士들은 즐겨 중국의 역사를 논하지만 자국自國의 역사歷史에 이르러서는 오히려 모르는 자가 많음을 한탄하고 구사舊史에 대하여 그 모자라는 바를 보탠 것으로서 여하汝河가 세상을 떠난 지 백년 후 영남嶺南의 유지有志들이 간행한 것이다.

362. 흥왕조승興王肇乘 4권四卷 2책二册 홍양호洪良浩 편編 사본寫本

조선朝鮮 개국開國의 기인起因을 밝히기 위하여 고려 폐왕廢王 우이강禑以降의 대개大槪를 기술記述하고 그중에서도 함경도咸鏡道는 왕적王蹟 현저顯著한 땅이라 해서 박채상토博採詳討하고 역대歷代의 찬기贊記 및 제신諸臣의 서술敍述, 가송歌頌 등을 망라網羅한 외패사外稗史다. 야승野乘 중에 믿을 만한 것은 소주小註로 하여 부기附記했다.

363. 용흥성적龍興聖蹟 1책一册 사본寫本

조선 태조太祖 용흥龍興의 소유所由를 밝히기 위하여 선조先祖를 목조대왕穆祖大王이라 존칭尊稱하고 이하以下 역시 이를 따라 익조翼祖, 도조度祖, 환조桓祖라 하고 각기 그 성격性格, 사업事業, 생사生死, 능묘陵廟의 소재所在 등을 약기略記하고 또 배우配偶의 사략事略을 붙였다. 특히 태조太祖의 사적事蹟에 이르러서는 대업大業의 창시자創始者로서 무상無上의 경어敬語를 사용하여 서술敍述하고 정종定宗, 태종太宗까지 그렇게 하였다. 권미卷尾에 태조太祖의 영전影殿 및 구舊 호적戶籍 보존保存의 연유緣由를 부기附記하여 사실事實을 증명證明하다.

364. 열조통기列朝通紀 28권卷 16책册 안정복安鼎福 편編 사본寫本

태조太祖 원년 임진壬申로부터 영조 41년 을유乙酉에 이르는 사실史實의 각 서各書에 산견散見한 것을 수집蒐集한 것이다. 정조 34년 경신庚申에 완성되다.

365. 소대기년昭代紀年 27권卷 27책册 사본寫本

이태조李太祖로부터 숙종에 이르는 사실史實을 편년編年 서기叙記하고 권수卷首에 고려의 말정末政과 조선 개국開國의 원인原因 및 태조太祖의 고증조고高曾祖考 4대代의 약력略歷을 기재記載한 것이다.

366. 조야회통朝野會通 28권卷 16책册 사본寫本

태조太祖 탄생誕生 때부터 영조 원년 을사乙巳에 이르는 역대歷代의 정강사업政綱事業을 편년체編年體로 기술記述한 것.

367. 조야집요朝野輯要 28권卷 21책册 사본寫本

본서本書는 저자著者 미상未詳이나 갑신甲辰 모춘暮春 칠십세옹서우경어재七十歲翁書于耕漁齋라 적혀 있고 권말卷末에 명의록明義錄을 인용引用한 것으로 보아 정조 8년 갑진甲辰 경頃에 이루어진 것이리라. 인용서引用書는 용비어천가, 국조보감國朝寶鑑 등 80여 부나 되며 제1편은 동국연혁총서東國沿革總叙, 사조조기왕적四祖肇基王跡 및 성조용잠응운聖祖龍潛膺運 등의 기사紀事로서 제2편 이하以下는 태조太祖로부터 영조에 이르는 사실史實에 그치고 병정丙丁의 역옥逆獄을 부록附錄으로 하였다.

368. 연려실기술練藜室記述 29권卷 29책册 이긍익李肯翊 저著 사본寫本

저자著者는 조선朝鮮 야사류野史類에 선본善本 없음을 개탄하고 널리 국사國史, 야승野乘을 뒤져 조선 태조太祖로부터 현종에 이르는 역대歷代의 사실事實을 기사본말체紀事本末體를 따라 각대各代마다 요목要目을 두고 발췌拔萃 편차編次하다. 원집을 20권으로 하였는데 속집續集 8권은 숙종 일대一代 중中의 기사記事를 수록收錄하고 별집別集 18권에는 국조國朝, 사전祀典, 사대事大, 관직官職, 정교政敎, 문예文藝, 천문天文, 지리地理, 변어邊圉 및 역대歷代 등을 편編하고 함부로 일언일구一言一句를 가加한 일이 없다. 동서남북東西南北 사색분당四色分黨이 있은 이후以後 제가諸家의 기술記述은 대개 편당적偏黨的으로 기울어 공정公正한 글이 심히 적으나 본서本書는 스스로 다른 바가 있다.

369. 국조기략國朝記略 5책五冊 사본寫本

조선 역대歷代의 세계世系를 권수卷首에 적고 다음에 사건事件을 촬록撮錄하고 배향配享의 공신功臣, 상신相臣, 문형文衡, 유종儒宗, 명신名臣, 호당湖堂 및 융원戎垣 등을 권미卷尾 부재附載하다. 연대는 태조太祖로부터 광해군에 이르다.

370. 춘파당일월록春坡堂日月錄 12권二卷 15책五冊 이성령李星齡 편編 사본寫本

조선 태조太祖 이하以下 인조에 이르는 역대歷代의 사실事實을 편년체編年體로 편성編成한 것.

371. 견첩록見睫錄 6권六卷 6책六册 사본寫本

조선의 사승史乘을 기록한 것으로서 제1권은 품육稟毓, 부서符瑞, 산천山川, 도읍都邑, 능묘陵廟, 제작制作, 인덕仁德, 성학聖學, 풍속風俗, 군병軍兵, 전부田賦로 되어 있고, 제2권은 재상災祥, 병혁兵革, 사변事變, 사화士禍, 붕당朋黨, 방례邦禮로 되어 있고, 제3권은 유림儒林, 효행孝行, 충절忠節, 정렬貞烈, 사제師弟로 되어 있고, 제4권은 가법家法, 혼인婚姻, 궁달窮達, 수요壽夭, 과거科擧, 용인用人, 관직官職, 재상宰相, 간신諫臣, 목수牧守, 장수將帥, 공훈功勳으로 되어 있고, 제 5권은 문장文章 시율詩律, 총민聰敏, 장후奬詡, 감식鑑識, 정직正直, 덕량德量, 염아恬雅, 기의氣義, 성실誠實, 염검廉儉, 탐치貪侈, 노망魯莽으로 되어 있고, 제6권은 해희諧戱, 보응報應, 형옥刑獄, 원왕冤枉, 참험讖驗, 기예技藝, 기용器用, 주식酒食, 몽매夢寐, 사망死亡, 총묘塚墓, 영이靈異, 선도仙道, 승불僧佛, 창기娼妓, 귀신鬼神, 금수禽獸, 초목草木, 외국外國 등 66류類로 나뉘어 있다.

372. 진사기략震史記略 1책一册 사본寫本

인조 14년 병자丙子로부터 숙종 14년 무신戊辰에 이르는 53년간의 시사時事를 약록略錄한 것이다.

373. 소화외사小華外史 12권卷 6책册 오경원吳慶元 저著 인본印本

오경원吳慶元이 찬술纂述한 것으로서 고려 및 조선조朝鮮朝에 명明과 교섭交涉한 사실事實을 기록한 것. 순조 30년에 상목上木하여 고종高宗 5년에 재판再版하다.

374. 송원화동사합편강목宋元華東史合編綱目 33권卷 33책冊 이항로李恒老 편編 인본印本

송원사宋元史에 고려사高麗史를 합부合附하고 주자통감강목朱子通鑑綱目의 열例를 따라 편編하다. 편자編者의 문인門人 유중교柳重教, 김평묵金平默 양인兩人이 상정商訂하니 원편原編 29권卷 부록附錄 4권이 있다. 고종 10년 병오丙午 해주海州의 오봉영吳鳳泳, 선천宣川의 박유채朴瑜采 등이 출자出資 간행하다.

375. 주서국편周書國編 10권卷 3책冊 박태보朴泰輔 편編 인본印本

춘추春秋가, 노魯의 은공隱公 때로부터 거슬러 올라가 무왕武王 원년에 이르는 사백년과 노魯의 애공哀公으로부터 주周의 위열왕威烈王 22년에 이르는 64년 전후前後 합하여 464년간의 사적事蹟이 빠져 있으므로 이를 완비完備케 하기 위하여 제사諸史를 참조參照하여 편차編次한 것이니 주초周初로부터 노魯, 제齊, 진晋, 정鄭, 위衛, 송宋, 진秦, 초楚, 오吳에 이르는 사실事實을 나라 별別로 기재記載한 것.

376. 노사영언魯史零言 30권卷 15책冊 이항복李恒福 편編 인본印本

편자編者가 춘추좌씨전春秋左氏傳에 침잠沈潛하였던 고로 그 전문傳文에 대하여 사류事類를 분초分抄함으로써 이룩된 것이다. 한번은 병화兵火를 만나 산일散逸되었으나 현종 때 손孫 시현時顯 그 아들 세구世龜에게 명命하여 이것을 집간輯刊시켰다. 영언零言이라 제題한 것은 노사영쇄魯史零瑣의 언言을 모았다는 뜻이다.

377. 사기영선史記英選 8권卷 4책冊 정조 편編 인본印本

정조 19년 사마천司馬遷의 사기史記에서 그 정수精粹를 뽑아 후학後學의 규범規範이 되게 한 것이니 그 목차目次는 제1이 항우본기項羽本紀, 소상국蕭相國, 유후留侯 등의 세가世家, 제2가 백이伯夷, 관중管仲, 안영晏嬰, 오자서伍子胥, 소진蘇秦, 맹상군孟嘗君, 평원군平原君 등의 전傳, 제3이 신릉군信陵君, 범휴范睢, 악의樂毅, 굴원屈原, 장이張耳, 진여陳餘 등의 전傳, 제4가 회음후淮陰侯, 추생鄒生, 육가陸賈, 원앙袁盎, 오왕비吳王濞 등의 전傳, 제5가 위기후魏其侯, 무안후武安侯, 관부灌夫, 이장군李將軍 및 자객刺客, 유협遊俠 등의 전傳, 제6이 골계滑稽, 화식전貨殖傳 및 태사공자서太史公自序, 제7이 소무蘇武, 이능李陵, 흉노匈奴, 곽광霍光, 하후승夏侯勝 등의 전傳, 제8이 위상魏相, 병길丙吉, 소망지蕭望之, 조충국趙充國, 매복梅福 등의 전傳이다.

378. 사찬史纂 12권卷 인본印本

사마천司馬遷의 사기史記에서 본기本記 1편, 세가世家 4편, 열전列傳 45편, 서書 3편을 선발選拔 편찬編纂한 것으로서 그 구절句節에 의란疑難한 바 있는 것은 소주小註를 붙여 해석解釋하였다.

379. 사한일통史漢一統 16권六卷 16책六册 인본印本

사기史記 및 한서漢書 중에서 전기傳記를 초록抄錄하고 이에 대한 약주略註를 붙인 것이다.

380. 한사열전초漢史列傳抄 4권四卷 4책四册 최립崔笠 편編 인본印本

사기史記 및 한서漢書 열전列傳 중 초학初學에 편便한 것을 택擇하고 갑을병甲乙丙 3부로 나누어 편성編成한 것이다. 갑집甲集은 항적項籍 이하以下 8명, 을집乙集은 한왕신韓王信 이하以下 20여 명, 병집丙集은 오왕비吳王濞 이하以下 10여 명의 전傳을 수록收錄하고 국문國文으로 구결口訣을 붙인 것이다.

381. 한서전초韓書傳抄 2권二卷 2책二册 안상安瑺 편編 인본印本

한서열전漢書列傳 중에서 진승陳勝, 항적項籍 이하以下 담착曇錯, 엄조嚴助 등 15명의 전傳을 초록抄錄하고 명종 21년 병인丙寅 청량서원淸凉書院 학생學生의 용본用本으로 출판出版한 것이다.

382. 한서약선漢書略選 1책一册 인본印本

한서漢書의 열전列傳을 초출抄出한 것으로서 권미卷尾에 정조 정유丁酉년에 주조鑄造한 활자로써 시인試印하였음을 부언附言하였다.

383. 송사전宋史筌 백百 148권卷 61책冊 정조 편編 사본寫本

원의 탈탈脫脫이 찬撰한 송사宋史 496권四百九十六卷은 21사史 중中 가장 모잡노망毦雜鹵莽이라는 칭稱을 받다. 명 태조明太祖, 송렴宋濂에게 명命하여 개수改修케 하였으나 이루지 못하였다. 정조 춘궁春宮때 반복역심反覆繹尋하고 손수 필삭筆削을 가加하여 등극登極 후後 역시 친親히 집차輯次하고 고쳐 쓰기 전후前後 10회, 마침내 148권으로 이룩된 것이 본서本書다.

384. 황명통기집요皇明通記輯要 24권卷 4책冊 영조 명편命編 인본印本

영조 47년 신묘辛卯에 편찬한 명明의 사기史記로서 태조太祖 홍무洪武로부터 희종熹宗 천계天啓까지 24권으로 나누어 편집編輯하고 권수卷首에 영조의 소식小識을 재록載錄하였다.

385. 황명기략皇明紀略 6권六卷 3책三冊 인본印本

명사明史의 대략大略을 찬집纂輯한 것으로서 태조太祖로부터 장종章宗에 이르다.

386. 강목집요綱目輯要 7권七卷 3책三冊 이시응李是應 편編 인본印本

통감강목通鑑綱目 및 속강목續綱目 중의 대요大要를 초절찬집鈔節纂集하고 매장每章 긍계肯綮한 말을 서두書頭에 대서大書하여 고람考覽케 한 것이다.

387. 강목초綱目抄 8책八册 사본寫本

주자朱子의 강목綱目 중中에서 긴요緊要한 어단語段을 선초選抄한 것.

388. 속강목의보기견續綱目疑補記見 2권二卷 2책二册 사본寫本

속자치통감강목續自治通鑑綱目 중中 의의疑義있는 부분을 수보修補한 것. 권수卷首에 홍재弘齋 및 진장震章의 인기印記가 있다. 정조가 세손世孫이었을 때 서연書筵에서 진술한 의견意見을 사록寫錄한 것이리라.

389. 통감증산通鑑增删 15권卷 5책册 사본寫本

송강지宋江贄의 통감절요通鑑節要를 증산增删한 것으로서 주周의 위열왕威烈王 23년 무인戊寅으로부터 후주後周의 세종 현덕顯德 6년 기미己未에 이르는 1362년간의 사실事實을 간명簡明히 기재記載한 것.

390. 속사략익전續史略翼箋 3권三卷 6책六册 홍석주洪奭周 저著 인본印本

홍인모洪仁謨가 원의 증선지曾先之의 사략史略의 체재體裁를 따라 명明의 290년간의 사실史實을 기술記述하여 1권一卷을 이룩하고 속사략續史略이라 이름하다. 그 아들 석주奭周, 그 책에 대하여 다시 주석註釋 및 보유補遺를 붙였으니 곧 본서本書다. 순조 21년 신사辛巳에 이룩되었으며 철종哲宗 8년 정사丁巳에 간행되다.

391. 사보략史補略 9권卷 3책册 이시선李時善 편編 인본印本

증선지曾先之의 사략史略을 따라 편성編成한 것으로서 원본原本은 당대唐代까지 미쳐 있으나 본서本書는 주周의 위열왕威烈王 이전以前 9권卷까지를 간판刊板하다. 철종哲宗 계해癸亥 신계莘溪 이돈우李敦宇, 경상도慶尙道 관찰사觀察使로 있을 때 간행하다.

392. 정사휘감正史彙鑑 8권卷 4책册 홍봉한洪鳳漢 편編 사본寫本

당우唐虞로부터 명明에 이르는 역대歷代 제사諸史 중中 잠계箴戒가 될 만한 사적事蹟을 취하여 분류조록分類條錄하고 세자강학世子講學의 자료가 되게 한 것이니 영조 45년 기축己丑에 편진編進하다. 그 요목要目은 독성효篤聖孝, 법조종法祖宗, 경사천敬事天, 근사전謹祀典, 전성학典聖學, 숭유학崇儒學, 상검약尙儉約, 거편사祛偏私, 계총찰戒聰察, 신사교信辭教, 정궁위正宮闈, 어근습馭近習, 목종친睦宗親, 대척완待戚畹, 임현능任賢能, 변간사辨奸邪, 중전선重銓選, 엄과성嚴科誠, 개언로開言路, 양사기養士氣, 장명절獎名節, 권렴치勸廉恥, 애민생愛民生, 근정사勤政事, 절재용節財用, 간행행簡行幸, 수법제守法制, 입기강立紀綱, 명상벌明賞罰, 휼형옥恤刑獄, 예신료禮臣僚, 하붕당下朋黨, 칙무비飭武備, 유후곤裕後昆 등이다.

393. 역대사론歷代史論 41권卷 10책十册 송휘은宋徽殷 편編 인본印本

편자編者 일찌기 그 스승 박세채朴世采와 사史를 논論하매 크게 일치一致된 바 있었다. 인因하여 서로 협력協力하여 마침내 한 책을 편編하였으나 대성大成치 못하고 세상을 떠나다. 영조 12년 그 아들 성명成明이 함흥咸興 영중營中에 있으면서 그 내유來由를 적어 기강剞剛에 붙이다. 내용內容은 당우唐虞로부터 당唐, 송宋 역조歷朝의 제왕帝王 제신諸臣에 대하여 선유先儒의 논평論評을 취사取捨하여 각各 이름 밑에 붙여 군서群書를 번열繙閱치 않고 그 장부득실藏否得失을 알기에 편하도록 한 것이다.

394. 사요취선史要聚選 9권卷 5책冊 권이생權以生 편編 인본印本

중국의 태고太古 때부터 명明의 영명왕永明王에 이르는 역대歷代 사승史乘의 요항要項을 취록聚錄한 것. 인종仁宗 때 완성되다. 제1권에는 제왕상帝王上, 제2권에는 제왕하帝王下, 공족公族, 부오월附吳越, 제3권에는 후비后妃, 요희妖姬, 기첩妓妾, 열녀烈女, 상국相國, 제4권에는 장수將帥, 직신直臣, 절의節義, 제5권에는 성현聖賢, 제6권에는 이단異端, 문장文章, 은일隱逸, 제7권에는 휴퇴休退, 참위僭僞, 포역暴逆, 간흉奸凶, 폐행嬖倖, 엄관閹官, 현관賢官, 외척外戚, 양리良吏, 혹리酷吏, 변사辨士, 절협節俠, 명필名筆, 부객富客, 제8권에는 열전상列傳上, 제9권에는 열전하列傳下를 실리다. 일명一名 증보역대회령增補歷代會靈이라 칭稱하다.

한국명저해제韓國名著解題[68]

— 사부史部

해설解說 이병기李秉岐

395. 역옹패설櫟翁稗說

★ 1책一冊 이제현李齊賢 저著 사본寫本

저자著者의 수필隨筆로서 사승史乘에 빠진 이문異聞·기사奇事 및 인물평人物評·경론經論·시문詩文·서화書畵·품평品評 등을 수록隨錄하다. 고려의 사물事物을 아는데 호자료好資料라 할 수 있다. 습유拾遺로서 그 시문詩文 약간을 실리다. 권미卷尾에 목은牧隱이 찬撰한 묘지명墓誌銘을 붙이다.

396. 용재총화慵齋叢話

★ 3권三卷 3책三冊 성현成俔 저著 사본寫本

저자著者의 수필隨筆로서 문화文話·시화詩話·서화書話·화담畵譚이 실려

68 「韓國名著解題 -史部-」, 『思潮』 1권 5호, 1958. 10.

있다. 또 인물평人物評도 있으며, 사화史話도 있으며 실력담實歷譚도 있다. 문장文章이 온아穩雅하며 읽기에 지루함을 모른다. 이조 시대時代의 수필隨筆 중中에서 가장 뛰어난 것으로 볼 수 있다.

397. 필원잡기筆苑雜記

★ 2권二卷 2책二册 서거정徐居正 저著 사본寫本

조선朝鮮 고래古來의 일사逸事 한화閑話 중에서 후세後世에 전傳할만한 것을 모아 편집編集한 것. 혹或 그 내용內容이 사실事實과 꼭 들어맞지 않는 것이 있다손 치더라도 참고參考될 만한 점이 또한 많다.

398. 계서야담溪西野談

★ 6권六卷 6책六册 이희준李羲準 저著 사본寫本

조선 고금古今의 기사奇事·이문異聞·잡설雜說·해담諧談 등을 견문見聞을 따라 기록記錄한 것.

399. 해동잡록海東雜錄

★ 14권卷 7책册 권별權鼈 편編 사본寫本

단기檀箕 이래以來의 역대歷代의 사력事歷을 제서諸書 중에서 채록採錄하고 열전列傳은 성姓을 나누어 약서略叙하였다. 그리고 왕실王室은 고려에 그치고. 열전列傳은 조선국초朝鮮國初에 이르다.

400. 독좌문견일기獨坐聞見日記

★ 1책一册 안기호安其浩 편編 사본寫本

세조 이후以後 인조 이전以前에 있어서의 조야朝野의 잡사이담雜事異談을 견문見聞을 따라 기록記錄한 것.

401. 잠곡필담潛谷筆譚

★ 1권一卷 1책一册 김육金堉 저著 사본寫本

저자著者의 수록隨錄으로서 거의 그 당시當時의 기사奇事·이문異聞을 실리다. 일부一部는 소설小說 같고 일부一部는 일사逸史와 같다. 당시當時의 사정事情을 알기에 편리하다.

402. 소대수언昭代粹言

★ 12책册 정도응鄭道應 편編 사본寫本

제가諸家의 저작著作을 추려 모은 것으로서 제1편에서 제4편은 허봉許篈이 편찬編纂한 해동야언海東野言·동별집초同別集抄 등에 실린 태조기太祖紀에서 명종기明宗紀이며, 제5~6편은 우성전禹性傳 저著인 계미기사癸未記事·계갑일록癸甲日錄·시정록時政錄 상하上下·기축록己丑錄, 제7~8편編은 이정형李廷馨 저著 동각잡기東閣雜記 상하上下, 제9~10편編은 남박南璞 저著 병자록丙子錄 상하上下·난잡일기亂雜日記·강도록江都錄, 제11~12편編은 김시양金時讓 저著인 부계기문涪溪記聞·자해필담紫海筆談·하담파적록荷潭破寂錄 등이다.

403. 계음만필溪陰漫筆

★ 3권三卷 3책三册 윤흔尹昕 편編 사본寫本

공사公事의 사변事變, 사화士禍의 원인原因, 명신재보名臣宰輔의 출처出處·진퇴進退·이어俚語·기담奇談 등의 수록隨錄으로서 일명一名 도재수필陶齋隨筆이라고도 한다.

404. 대동야승大東野乘

★ 72권卷 72책册 사본寫本

본서本書는 인조 이전以前 약 250년간의 제가諸家의 저술著述 중에서 57종을 채집採輯한 것으로서 대개가 미未간행의 것이므로 참고參考될 점이 많다. 그 내용內容 서목書目은 다음과 같다.

용재총화慵齋叢話(성현成俔), 필원잡기筆苑雜記(서거정徐居正), 추강냉화秋江冷話, 사우명행록師友名行錄(남효온南孝溫), 유문쇄록諛聞瑣錄(조신曺伸), 병신정사록丙辰丁巳錄(임보신任輔臣), 패관잡기稗官雜記(어숙권魚叔權), 기묘록보유己卯錄補)(미상未詳), 산설림초고五山說林草藁(차천로車天輅), 해동악부海東樂府(심광세沈光世), 청파극담靑坡劇談(이육李陸), 음애일기陰崖日記(이자李耔), 해동야언海東野言(허봉許篈), 기묘록보유己卯錄補遺(안로安璐), 기묘록속집己卯錄續集(미상未詳), 을사전문록乙巳傳聞錄(이모李某), 용천담적기龍泉談寂記(김안로金安老), 청천유한록聽天遺閑錄(심수경沈守慶), 석담일기石潭日記(이이李珥), 기축록己丑錄(황혁黃赫), 기축록속己丑錄續(미상未詳), 해동잡록海東雜錄(권별權鼈), 계갑일록癸甲日錄(우성전禹性傳), 계미기사癸未記事(미상未詳), 시정비時政非(정철鄭澈), 상촌잡록象村雜錄(신흠申欽), 난중잡록亂中雜錄

(조경남趙慶男), 역대요견歷代要見(미상未詳), 재조번방지再造藩邦誌(신경申炅), 광해조일기光海朝日記(미상未詳), 응천일기凝川日記(미상未詳), 광해초상록光海初喪錄(미상未詳), 장빈호찬長貧胡撰(윤기헌尹耆獻), 기재잡기寄齋雜記, 기재사초寄齋史草(박인량朴寅亮), 선원실록璿源實錄(미상未詳), 동각잡기東閣雜記(이정형李廷馨), 기빈만필畸貧漫筆(정홍명鄭弘溟), 운암잡록雲巖雜錄(유성룡柳成龍), 문소만록聞韶漫錄, 갑신만록甲辰漫錄(윤국형尹國馨), 송와잡기松窩雜記(이기李墍), 송계만록松溪漫錄(권응인權應仁), 월정만록月汀漫錄(윤근수尹根壽), 오음잡설梧陰雜說(윤두수尹斗壽), 청강쇄어淸江瑣語(이제신李濟臣), 정술록丁戌錄(황유첨黃有詹), 일사기문逸史記聞(미상未詳), 청백일기靑白日記, 연평기延平記(신익성申翊聖), 계해정사록癸亥靖社錄(미상未詳), 묵재일기默齋日記(안방준安邦俊), 혼정편록混定編錄(윤선영尹宣寧), 유천답기柳川劄記(한준겸韓浚謙), 죽창한화竹窓閑話, 송도기이松都記異(이덕형李德泂), 자해필담紫海筆談, 하담파적록荷潭破寂錄, 부계기문涪溪記聞(김시양金時讓)

405. 공사견문록公私見聞錄

★ 4책四冊 정재륜鄭載崙 저著 사본寫本

저자著者 일찍부터 금중禁中에 드나들고 사조四朝에 역사歷事하여 공사公私간에 견문見聞한 바 많다. 써 가언선행嘉言善行으로 법法을 삼을 것과 괴사패거乖事悖擧를 경계警戒할 점을 취하여 수문수서隨聞隨書한 것이다. 한거만록閒居漫錄과 인계록因繼錄과를 첨부添附하다.

406. 문견답기聞見剳記

★ 10책十册 사본寫本

편자編者가 붓 가는 대로 잡기雜記한 것이니 7책은 조선朝鮮 태조太祖 이후 헌종 때에 이르는 전고典故를 기록記錄하고 3책은 중국中國 역대歷代의 사적事蹟을 기록記錄한 것.

407. 동국문헌비고東國文獻備考

★ 백권百卷 40책 영조 명편命編 인본印本

본서本書는 영조 46년 경인庚寅 홍봉한洪鳳漢 등에게 명命하여 널리 공사公私의 기실記實에 관하여 마씨馬氏의 문헌통고文獻通考를 따라 편찬編纂한 것으로서 상위象緯·여지與地·예禮·악樂·병兵·형刑·전부田賦·재용財用·호구戶口·시적市糴·선거選擧·학교學校·직관職官 등으로 분목分目하고 조선 고금古今의 문물제도文物制度 일체一切를 망라網羅하다. 조선에 있어서 사물事物을 연구하는 데 가장 참고參考가 될 만한 것.

408. 증보문헌비고增補文獻備考

★ 250권卷 50책册 고종 명편命編 인본印本

동국문헌비고東國文獻備考는 영조 때 이루어졌으며 그 목目을 13고考로 나누었던 것을 정조 때 이만운李萬運에게 명하여 다시 7고考를 더하여 20고考로 하였으나 간행하기에 이르지는 못하였다. 고종高宗 때에 와서 박용대朴容大 등으로 하여금 그것을 취사取捨하여 상위象緯·여지與地·제계帝系·예禮·악樂·병兵·형刑·전부田賦·재용財用·호구戶口·시적市糴·교빙交聘·선거

選擧·학교學校·직관職官·예문藝文의 16고考로 고치고 융희隆熙 2년에 재판再版한 것이 곧 본서本書다.

409. 동국문헌절요東國文獻節要

★ 4권四卷 4책四册 사본寫本

동국문헌東國文獻의 개요槪要를 기술記述한 것이니 제1권一卷에는 분야分野·역대歷代·기년紀年·팔도군현연혁八道郡縣沿革·도로道路 및 수로水路·전제경계田制經界 및 양전제전量田諸田·제언堤堰, 제2권에는 조세租稅·공제貢制·전부田賦·대동大同. 제3권에는 조적糶糴·호구戶口·재용財用·양역良役 및 균역均役·어염魚鹽, 제4권에는 전화錢貨·면포綿布·병고兵考·군문軍門·전선戰船·수군水軍 등에 관한 사항事項을 수록收錄하다.

410. 문헌수록文獻隨錄

★ 1책一册 사본寫本

부세賦稅·양전量田·정전井田·조적糶糴·진법賑法·군軍·제制·관염官鹽·관방關防·수리水利·전조선戰漕船·윤선재용輪船財用·전폐錢弊 등에 관하여 고래古來의 제도制度를 인증引證하고 그 요항要項을 재록載錄한 것.

411. 양전변고兩銓便攷

★ 2권二卷 2책二册 고종 명편命編 인본印本

문무량관전고文武兩官銓考의 법法을 기록記錄한 것. 이전吏銓·병전兵銓 각

各 삼십여 목三十餘目을 실리다. 고종 2년에 간행하고 7년에 보간補刊하다.

412. 백헌총요百憲總要

★ 2책二册 사본寫本

이吏·호戶·예禮·병兵·형刑·공工의 6조曹에 속한 법례法例를 기록記錄한 것으로서 전부全部를 171목目으로 나누다. 즉 이吏 9목目, 호戶 18목目, 예禮 56목目, 병兵 16목目, 형刑 68목目, 공工 4목目이다.

413. 반계수록磻溪隨錄

★ 26권卷 14책册 유형원柳馨遠 저著 인본印本

제도制度에 관關한 고증考證을 기록한 것으로서 전제田制·전제후록田制後錄·전제고설田制攷說·전제후록고설田制後錄攷說·교선敎選·교선고설敎選攷說·임관任官·임관고설任官攷說·직관職官·직관고설職官攷說·녹제祿制·녹제고설祿制攷說·병제兵制·병제후록兵制後錄·병제후록고설兵制後錄攷說 속편續篇 등의 목目이 있다. 또 보유補遺에는 군현제郡縣制 등을 실었다. 영조 46년 경인庚寅 경상감사慶尙監司 이미李瀰에게 명命하여 간행하고 그 후後, 조시준趙時俊이 경상감사慶尙監司였을 때 재산財産을 기울여 속간續刊하다.

414. 경세유표經世遺表

★ 32권卷 16책册 정약용丁若鏞 저著 사본寫本

주례周禮 6관官의 제制를 따라 속료屬僚 360을 축소縮小하여 120으로감減하고 이吏·호戶·예禮·병兵·형刑·공工의 6관官을 6조曹라 이름하고 의정부議政府를 그 상위上位에 두고 속료屬僚 각各 20의 관官은 적은 일만을 전장專掌하고 대사大事는 판서判書의 자재自裁에 맡기는 조직組織으로 하고 여기 따르는 고금古今의 실례實例 및 자기自己의 사견私見을 상주詳註하여 국계민생國計民生의 기초基礎를 화책畫策한 것. 일명一名 방례초본邦禮草本이라고도 한다.

415. 목민심서牧民心書

★ 48권卷 16책冊 정약용丁若鏞 저著 사본寫本

순조 때 저자著者가 강진康津에 적거謫居하기 18년간, 사서四書, 오경五經을 고구攷究하는 한편 23사史 및 조선의 제사諸史·자子·집集 등에 관한 예로부터의 사목司牧의 유적遺跡을 채집採輯하고 이서吏胥의 통폐通弊를 제거除去하기에 노력努力한 것으로서 통편通篇을 부임赴任·율이律已·봉공奉公·애민愛民·이전吏典·호전戶典·예전禮典·병전兵典·형전刑典·공전工典·진황賑荒·해관解官의 12목目으로 나누고 각各 6조條를 붙여 72로 하고 다시 이것을 48권으로 나누어 일부一部로 하다.

416. 만기요람萬機要覽

★ 11책冊 이만운李萬運 편編 사본寫本

본서本書는 순조 때 편진編進한 것으로서 궁중宮中의 식례式例로부터 백반정무百般政務에 이르는 조규항례條規恒例를 수록蒐錄하고 이것을 재용財用 및 군정軍政의 2편篇으로 나누고 다시 재용편財用編을 각각 공貢·전결田

結·각세各稅·전화錢貨·시전市廛·제언堤堰·황정荒政·환총還摠 등으로, 군정편軍政篇은 각각 영營·봉수烽燧·역체驛遞·진보鎭堡·관방關防·주사舟師 및 서북변계사실西北邊界事實 등으로 분목分目하다.

417. 경국대전經國大典

★ 6권六卷 4책四册 인본印本

조선朝鮮 국초國初로부터 원속육전등록元續六典謄錄 등의 법전法典이 있으며 또 각종各種 교령敎令이 있다 하나 전후前後 저오牴牾의 염려가 있음으로써 세조 여기 손을 대어 만세萬世의 법法을 삼고자 영성부원군寧城府院君 최항崔恒 등에게 명命하여 그 편찬編纂에 종사從事케 하다. 6년에 호전戶典이 이루어지고 7년에 형전刑典이 이루어지고 그 밖의 사전四典은 아직 교정에 이르기 전에 승하昇遐하여 예종睿宗 원년에 이르러서야 완성完成하여 상진上進하다. 성종 원년 경인庚寅에 비로소 이전吏典·병전兵典의 관제官制를 사용하였으나 아직 교정할 곳이 있어 2년 신묘辛卯에 이르러 미반未頒의 부분部分을 시행施行하다. 그러나 5년 갑오甲午 다시 개정改訂을 가加하고 16년 을사乙巳에 또 교정하다.

418. 대전속록大典續錄

★ 6권六卷 1책一册 인본印本

경국대전經國大典 이후의 신과新科 별조別條 적지 않고 또 시정時政의 추이推移로 말미암아 혹或은 대전大典과 저오牴牾되는바 있어서 그 적용適用이 곤란困難함으로 성종 23년 임자壬子, 광천군廣川君 이극증李克增 등에게 명命하여 대전大典 이후以後의 교령敎令으로서 항법恒法으로 삼을만한 것을 취取하여 본서本書를 집성輯成한 후, 대전후속록大典後續錄이 출간出刊되자 본서本書를 전속록前續錄이라 하다.

한국명저해제韓國名著解題[69]

— 지리류地理類

해설解說 이병기李秉岐

419. 신증동국여지승람新增東國輿地勝覽

★ 55권卷 25책冊 인본印本

성종 선성군宣城君 노사신盧思愼 등으로 하여금 대명일통지大明一統志를 본받아 동국여지승람東國輿地勝覽을 찬수撰修케 하고, 중종 25년 경인庚寅에 다시 이행李荇 등에 명命하여 증보정정增補訂正한 것이다. 권수卷首에 약도略圖를 게재揭載하고, 경기京畿 이하以下 제도諸道의 연혁沿革·풍속風俗·묘사廟社·능침陵寢·궁궐宮闕·관부官府·학교學校·토산土産의 종류種類 및 효자孝子 열부烈婦의 행장行狀·성곽城郭·산천山川·누정樓亭·사사寺社·역원驛院·교량橋梁의 위치位置·명현名賢의 사적事蹟·시인詩人의 제영題詠에 이르기까지 비재備載 아니 한 것이 없다.

69 「韓國名著解題 -地理類-」, 『思潮』 1권 6호, 1958. 11.

420. 동국지리지東國地理誌

★ 1책一冊 한백겸韓百謙 저著 인본印本

전한서조선전前漢書朝鮮傳·후한서고구려전後漢書高句麗傳·동동옥저전同東沃沮傳·동부여국전同夫餘國傳·읍루전挹婁傳·동삼한전同三韓傳·기타其他 고구려·백제·신라·고려 등의 지리地理에 관한 기사記事를 적록摘錄한 것으로서 간간間間이 자기自己의 의견意見을 부기附記하였다

421. 대한강역고大韓疆域考

★ 9권卷 2책冊 정약용丁若鏞 저著 장지연張志淵 보補 인본印本

정약용丁若鏞이 강진康津에 찬축竄逐되어 다산茶山의 동암東庵에 유거幽居시時, 여유당집與猶堂集을 저著하였는데 강역고疆域考는 이 집중集中의 하나로서 장지연張志淵이 이에 안설案說을 붙이고, 또한 임나고任那考 및 백두산白頭山 정계고定界考 등을 가加하여 공간公刊한 것이 곧 본서本書이다. 원본原本 10을 9권으로 개편改編하여 권초卷初에 지도地圖를 삽입插入하고, 제1권에는 조선고朝鮮考·사군총고四郡總考·낙랑樂浪·현토玄菟·임둔臨屯·진번眞番·낙랑별고樂浪別考·대방고帶方考, 제2권에는 삼한총고三韓總考·마한馬韓·진한辰韓·변한별고辯韓別考·임나고任那考, 제3권에는 졸본고卒本考·국내고國內考·환도丸都·안시安市·위례慰禮·한성고漢城考, 제4권에는 옥저고沃沮考·예맥고濊貊考·동별고同別考·말갈고靺鞨考, 제5권에는 발해고渤海考·동속고同續考, 제6권에는 도로연혁고道路沿革考, 제7권에는 서북로연혁고西北路沿革考·부구연성고附九連城考, 제8권에는 패수변浿水辨·백산보白山譜, 제9권에는 백두산정계비고白頭山定界碑考 등을 수록收錄하였다.

422. 조선수경朝鮮水經

★ 15권卷 4책冊 정약용丁若鏞 저著 사본寫本

본서本書 중에 게재揭載된 것은 조선 북부北部의 제수諸水가 많다. 권초卷初에 녹수淥水를 들어 그 밑에 독로수禿魯水·염난수鹽難水, 동수潼水를 부기附記하였으며, 다음에 만수滿水·정수淀水·패수浿水·오계수浯溪水·용수瀧水·저수瀦水 및 대수帶水 등의 제천諸川에 대해서 그의 소재지所在地, 명칭名稱 등의 이동異同을 변별辨別하고, 그 발원發源으로부터 유역流域·연안沿岸·분파分派·합류合流 등의 상황狀況을 산해경山海經·한서지리지漢書地理志 등 및 중국·조선의 고서古書 수십 부를 인용引用함과 아울러 제가諸家의 설說을 들어 고증考證하였다. 문인門人 이청李晴의 주註가 있다.

423. 도로고道路考

★ 4권四卷 4책四冊 신경준申景濬 저著 사본寫本

조선 도로道路의 이정里程을 기록記錄한 것이다. 제1권에는 능원묘陵園墓의 정로正路와 온천궁溫泉宮의 육대로六大路인 의주義州·경흥慶興·평해平海·동래東萊·제주濟州·강화江華 등을 수록收錄하였으며, 제2권에는 팔도八道 각읍各邑 사지방통로四至旁通路 및 제영리수諸營里數, 제3권에는 연로沿路 곧 백두산로白頭山路·압록강로鴨綠江路·두만강로豆滿江路와 팔도연해로八道沿海露·팔도八道의 역체파발로驛遞擺撥露, 제4권에는 해로海路·봉로烽路 교린사행로정리交隣使行路程里, 그리고 부록附錄에는 조석풍우潮汐風雨 등 선로船路에 관한 사항事項 등이 기재記載되어 있다. 영조 46년에 편성編成되다.

424. 동국명산기東國名山記

★ 1책一冊 성해응成海應 저著 인본印本

국내國內의 명산승수名山勝水 등을 분기分記한 것으로서 경도京都·기내畿內·해서海西·관서關西·관북關北·호중湖中·호남湖南 등으로 나뉘어 있다. 동경東京 외국어학교外國語學校 한국교우회韓國校友會에서 인쇄印刷한 것이다.

425. 경조부지京兆府誌

★ 1책一冊 이승경李承敬 편編 사본寫本

한성부漢城府의 사적事蹟을 기재記載한 것으로서 기지基址·공해公廨·좌위절차左衛節次·각방직장各房職掌·오부방결五部坊契·사산금표四山禁標·각사各司의 공문公文 등을 편록編錄하다.

426. 북한지北漢誌

★ 1책一冊 석성능釋聖能 저著 인본印本

숙종 37년 북한산성北漢山城이 축성築成되자 산성위술山城衛戌이었던 승성능僧聖能이 산성기사山城記事를 편성編成하여 이를 북한지北漢誌라 이름붙여 간행한 것이 본서本書이다. 권초卷初에 지도地圖를 삽재揷載하고 도리道里·연혁沿革·산계山谿·성지城池·事實사실·관원官員·장교將校·궁전宮殿·사찰寺刹·누관樓觀·교량橋梁·창름倉廩·정계定界·고적古蹟 등의 14목目을 상기詳記하였다.

427. 중정남한지重訂南漢誌

★ 13권卷 홍경모洪敬謨 편編 사본寫本

남한산南漢山의 지지地誌이다. 남한산南漢山은 백제왕 온조溫祚가 처음으로 도읍都邑을 정定한 곳이며, 병자호란丙子胡亂 시時 인조가 그 자리로 피란하기 위해서 이를 개축改築하여 산성山城으로 하였다. 본서本書는 헌종憲宗 12년 편자編者가 남한수어사南漢守禦使 서명응徐命膺이 편성編成한 지지地誌를 증보增補한 것이니 산천山川·지형地形·아서衙署·토산土産·인물人物·성사城史·능묘陵墓·고실故實 등 빠짐이 없다.

428. 송도지松都誌

★ 7권七卷 2책二册 정창순鄭昌順 보補 편編 인본印本

송도松都는 지금의 개성開城이니, 인조 26년 유수김육留守金堉이 조신준曹臣俊이 찬수撰修한 송도잡기松都雜記를 증산增刪하여 1권으로 만들어 이를 송도지松都誌라 칭稱하여 재행梓行한 것인데, 후後에 이숙李塾, 엄집嚴緝 등이 계속繼續하여 증수增修하였으나 병선兵燹으로 인因하여 산일散逸된 것이 많다. 영조 33년 오수채吳遂采가 속지續志 1권을 증보增補하였으며, 정조 6년에 이르러 정창순鄭昌順이 신구新舊를 작채酌採하여 본서本書를 완성完成하였다. 그 내용內容은 고려세기高麗世記·국조기사國朝記事·강역연혁疆域沿革·관원官員·군명郡名·성곽城郭·봉수烽燧·부방部防·성씨姓氏·호구戶口·전제田制·풍속風俗·토산土產·산천山川·형승形勝·제영題詠·학교學校·궁전宮殿·사묘祠廟·관사官舍·누정樓亭·관방關防·병제兵制·부역賦役·우발郵撥·교량橋梁·능묘陵墓·불우佛宇·고적古蹟·인물人物·재행才行·충신忠臣·효자孝子·효부孝婦·명관名官·유수留守·경력經歷·도사都事·문과文科·음사蔭仕·사마司馬·무과武科·무남부변장武南附邊將·부록附錄 등이다.

429. 중경지中京誌

★ 2권二卷 6책六册 김이재金履載 편編 인본印本

개성開城의 지지地誌로서 인조 26년 개성유수開城留守 김육金堉이 조신준曹臣俊의 송도잡기松都雜記를 증산增刪하여 1권으로 편차編次하고 송도지松都誌라 이름 붙여 재항梓行하였다가, 53년 후後인 숙종 경신庚辰 유수留守 이숙李塾이 첨정僉正 박내경朴來慶, 진사進士 김시태金始兌로 하여금 새로이 일사逸事를 증보增補케 하여 상하上下 2권으로 만들었다. 그 후後 6년 을유乙酉 유수留守 엄집嚴緝이 이를 간행하고 구지舊誌라 칭稱하였다. 그리고 다시 53년 후後인 영조 정축丁丑 유수留守 오수채吳遂采가 진사進士 한명상韓命相, 이태호李泰浩 등과 같이 을유乙酉 이후以後의 사실事實을 편집編輯하여 송도속지松都續誌라 이름 하였으며, 또 다시 26년 후後인 정조 임인壬寅 유수留守 정창순鄭昌順이 원속량지原續兩誌를 합편合編하고, 이에 증보增補하여 3편篇으로 하였으며, 그 다음 해 유수留守 서유방徐有防, 진사進士 마지광馬之光, 조유선趙有善과 같이 그의 궐략闕略을 보충補充하여 송경지보유松京誌補遺라 이름하고, 을사乙巳년 유수留守 윤숙尹塾이 이를 간포刊布하였다. 그 후後 18년 만인 순조 임술壬戌에 유수留守 김문순金文淳이 그 유실遺實을 수집蒐輯하여 보유補遺와 합편合編하고 송도속지松都續誌라 이름 지었다. 그 후後 23년 갑신甲申 유수留守 김이재金履載가 원속지原續誌를 합하여 중경지中京誌라 이름 하였으며. 그 후後 7년만인 경인庚寅에 유수留守 서희순徐憙淳이 계속繼續해서 편마編摩하였고 다시 26년 만인 철종哲宗 을묘乙卯

유수留守 조병기趙秉夔, 이를 간행하였다.

430. 고려고도징高麗古都徵

★ 7권七卷 3책三册 한재렴韓在濂 편編 인본印本

개성開城의 고적古蹟을 일괄一括하여 편집編輯한 것으로서 제1권에는 국도고國都考·산수고山水考·성곽고城郭考, 제2권에는 궁전고宮殿考, 제3권에는 공해公廨 부정동성附征東省·관사館舍·교역郊驛·방시坊市·교량橋梁, 제4권에는 풍속風俗, 제5권에는 단묘고壇廟考 부경령전附景靈殿·적경원積慶園·적전籍田·산릉고山陵考 부영안성附永安城 등과 보유補遺에는 단묘壇廟 및 산릉山陵, 제6권에는 대학고大學考 부구재附九齋, 제7권에는 사원寺院 부인희전附仁熙殿·혜명전惠明殿을 수록收錄하다.

431. 적성지赤城誌

★ 5권五卷 2책二册 조병유趙秉瑜 편編 사본寫本

전라북도全羅北道 무주군茂朱郡의 읍지邑誌로서 제1권에는 연혁沿革·군명郡名·강계疆界·방리坊里·결총結總·진공進貢·조적糶糴·전세田稅·대동大同·선무選武·봉름俸廩·장시場市·교량橋梁·제언堤堰·형승形勝·풍속風俗·산천山川·토산土産·성씨姓氏·단묘壇廟·공해公廨·창고倉庫·역원驛院·사찰寺刹·아사衙舍·누정樓亭 등, 제2권에는 학교學校·원우院宇·시술제時術齊 등, 제3권에는 관안官案·문과文科·음사蔭仕·무과武科·생진生進 등, 제4권에는 인물人物·우거寓居·학행學行·충신忠臣·효자孝子·열녀烈女·효부孝婦·유일遺逸 등, 제5권에는 적상진赤裳鎭·책판板·향대享臺·암지岩池 등이다, 고종高宗 병신丙申 군수郡守 조병유趙秉瑜가 편집編輯한 것.

432. 경상도지리지慶尙道地理誌

★ 1책一冊 사본寫本

세종 6년과 7년에 각도各道에 명命하여 도내道內 각읍各邑의 연혁沿革, 부주군현府州郡縣 향소부곡鄕所部曲의 이합離合·산천계역山川界域의 험조險阻·관방關坊·산성읍성山城邑城의 주회周回·광협廣狹·온천溫泉·빙혈氷穴·풍혈風穴·염정鹽井·목장牧場 및 양마良馬의 소산所産, 토지비척土地肥瘠·수천심천水泉深淺·풍기한란風氣寒暖·풍속소상風俗所尙·호구토산戶口土産의 수數, 조세租稅 세공歲貢 전운轉運의 정도程途, 영진양포營鎭梁浦의 건설建設, 군정전함軍丁戰艦의 수액數額, 해중제도海中諸島의 거리距離, 도중島中 농민農民의 유무有無, 연대봉화煙臺烽火의 소재所在, 역대능침歷代陵寢·명인묘분名人墓墳 및 토성걸출土姓傑出의 인물人物, 고석영이古昔靈異의 유적 등을 조사調査하여 이로서 지리지地理誌를 편찬編纂케 하였다, 본서本書는 하연河演이 경상감사慶尙監司였을 때 편수編修한 경상도慶尙道의 지리지地理誌로서 감영監營에 보존保存되었던 것이다. 권수卷首에 자서自序가 있다.

433. 경상도속찬지리지慶尙道續撰地理誌

★ 1책一冊 사본寫本

세종 시時 각도各道 지리지地理誌를 편성編成하고. 예종睿宗 6년에 다시 각도各道에 명命하여 이를 속찬續撰케 하였다. 본서本書는 그중의 하나이다.

434. 동경잡기東京雜記

★ 3권三卷 3책三册 민주면閔周冕 보補 편編 인본印本

경상북도慶尙北道 경주慶州는 신라 천년의 왕도王都였으며, 일명一名 동경東京이라 칭稱하여 유적遺蹟이 가장 많다. 본서本書는 그의 잡기雜記로서 동경지東京誌라 하였던 것을 현종 기유己酉 민주면閔周冕이 이를 증수增修 간행하고, 또 숙종 신묘辛卯 남지훈南至薰이 이를 중간重刊하였으며, 다시 헌종憲宗 을사乙巳 성원묵成原默이 이에 증보增補를 가加하여 잡기雜記라 개명改名하여 간행하였다. 제1권에는 진한기辰韓記·신라기新羅記·경주지계慶州地界·건치연혁建置沿革·관호연혁官號沿革·속현屬縣·진관鎭管·속임屬任·인리人吏·읍명邑名·성씨姓氏·풍속風俗·산천山川·승지勝地·토산土産·성곽城郭·관방關防·봉수烽燧·궁실宮室·창고倉庫·학교學校·역원驛院·교량橋梁·사묘祠墓·능묘陵墓·기우소祈雨所, 제2권에는 불우佛宇·고적古蹟·임수林藪·호구戶口·군액軍額·전결田結·제언堤堰·각방各坊·각동各洞·명관名官·인물人物, 제3권은 우거寓居·과목科目·음사蔭仕·효행孝行·우애友愛·충의忠義·정렬貞烈·기예技藝·서적書籍·제영題詠·잡기雜記·보유이문補遺異聞 등으로 분목分目하였다.

435. 평양지平壤志

★ 16권卷 10책十册 윤두수尹斗壽 편編 인본印本

평양지平壤志에는 원지原志·속지續志·후속지後續志가 있다. 원지原志 9권에는 강역疆域·분야分野·연혁沿革·성지城池·부방部坊·군명郡名·풍속風俗·형승形勝·산천山川·누정樓亭·사묘祠墓·공서公署·창저倉儲·학교學校·고적古蹟·직역職役·병제兵制·역체驛遞·교량橋梁·토산土産·토전土田·공부貢賦·교방敎坊·원정院亭·사우寺宇·호구戶口·인물人物·효열孝烈·고사古事·문담文談·신이神異·잡지雜志·시문詩文을 편록編錄하였다. 선조 23년 경인庚寅 오음梧陰 윤두수尹斗壽, 평안도平安道 관찰사觀察使로 평양平壤 재임在任 시時 이를 편간編刊하였다. 속지續志 5권은 윤두수尹斗壽의 후손後孫 윤유尹游가 영조 6년 경술庚戌에 편간編刊한 것으로서 수록收錄된 것은 대개 원편原編과 같다. 헌종憲宗 3년 정유丁酉 원지原志와 함께 합간合刊하였다. 또 철종哲宗 5년 을묘乙卯 후속지後續志 2권이 되었는데, 주인州人이 편차編次한 것으로서 후後에 이를 첨보添補하였다. 본서本書는 이와의 합본合本이다.

436. 평양지선平壤志選

★ 3권三卷 1책一册 인본印本

평양지平壤志 중의 시詩만을 초록抄錄한 것이다.

437. 용만지龍灣誌

★ 2권二卷 2책二册

용만龍灣은 평안북도平安北道 의주義州의 별명別名으로서 본서本書는 그 읍지邑誌이다. 헌종憲宗 15년 진사進士 김응수金應洙가 증보增補 중간重刊하였다. 내용內容은 강역疆域·연혁沿革·군명郡名·관직官職·성씨姓氏·형승形勝·산천山川·도서島嶼·방리坊里·풍속風俗·토산土產·성지城池·관방關防·단묘壇廟·교원校院·제전祭典·호구戶口·전토田土·부세賦稅·창고倉庫·곡총穀總·요역徭役·관해館廨·누정樓亭·어염漁鹽·진공進貢·봉름俸廩·군액軍額·진보鎭堡·봉수烽燧·장시場市·역체驛遞·도로道路·교량橋梁·진선津船·제언堤堰·사찰寺刹·저리邸吏·각고各庫·부선생府先生·인물人物·충훈忠勳·효행孝行·열행烈行·문관文官·무직武職·문음文蔭·무음武蔭·근사勤仕·연방蓮榜·명관名官·유우流寓·고적古蹟·성조聖祖·흥왕사적興王事蹟 및 역대고사歷代故事·진시賑施·기문奇聞·이적異蹟·추부효열追附孝烈·신임사적辛壬事蹟·추부군追附軍 등이다. 권수卷首에 의주義州의 전도全圖가 실려 있다.

438. 관북읍지關北邑誌

★ 5책五册 사본寫本

함경남도咸鏡南道 각各 군郡의 읍지邑誌를 합편合編한 것으로서 상략詳略이 동일同一치 아니하다. 그 중에서 함산지통기咸山誌通紀는 원보原補 6권으로서 가장 명세明細하며. 그 외外 것은 대개 간략簡略한 것이다.

439. 북관지北關誌

★ 2권二卷 2책二册 이단하李端夏 편編 사본寫本

함경북도咸鏡北道 각各 군郡의 읍지邑誌를 개괄概括 편집編輯한 것으로서 처음 택당澤堂 이식李植이 북평사北評事였을 때 이의 편차編次에 착수着手하였으나 완성完成을 보지 못하고. 그의 자子 외재畏齋 단하端夏가 또 북평사北評事로 되었을 때 이를 계성繼成하였다. 숙종 계유癸酉 북병사北兵使 신여철申汝哲이 이를 간행하다.

440. 해동성적지海東聖蹟誌

★ 2권二卷 1책一册 인본印本

선조 임진壬辰 정유丁酉 때 관우關羽의 신령神靈이 군승軍勝을 명조冥助하는 것이라고 칭稱하여 남묘南廟를 경성京城의 숭례문崇禮門 밖에, 동묘東廟를 흥인문興仁門 밖에, 창설刱設하고, 또한 명군明軍의 도독都督 진린陳璘은 전라도全羅道 강진현江津縣에, 그리고 유격遊擊 남방위藍芳威는 전라도全羅道 남원부南原府 서문西門 밖과 경상도慶尙道 성주星州 및 안동부安東府에 관우關羽의 묘廟를 각각各各 건립建立하고 이에 제사祭祀하였으며, 그 후後에도 역대歷代로 이에 제사祭祀를 드렸다. 본서本書는 묘사고廟祠考·유인고遺印考·사전고祀典考·제문고祭文考·영감고靈感考·예문고藝文考·기류記類·명류銘類·시류詩類·부류賦類·찬류贊類·연류聯類·편류扁類 등이 그 내용內容으로 되어 있다.

441. 이십일도회고시二十一都懷古詩

★ 1책一册 유득공柳得恭 저著 인본印本

사천 년 이래以來의 건국개도建國開都의 회고시懷古詩로서 단군조선檀君朝鮮으로부터 고려조朝까지의 이십일도二十一都의 절구絶句 43篇이 있다. 정조 을사乙巳 전주편차箋註編次하여 고종高宗 정축丁丑에 이를 간행하였다.

442. 관동일록關東日錄

★ 1책一册 홍인우洪仁祐 저著 인본印本

명종 8년 계축癸丑 4월 홍인우洪仁祐·허국선許國善·남시보南時甫 등이 관동유람關東遊覽을 떠나 육행천리陸行千里·해행오백리海行五百里·산행삼백리山行三百里의 지역地域을 발섭跋涉하고 5월에 이르러 귀향歸鄕한 기행문紀行文이다.

443. 관동십경關東十境

★ 1책一冊

강원도江原道에 속屬한 승구勝區 중中 시중대侍中台·총석정叢石亭·삼일포三日浦·해산정海山亭·청간정淸澗亭·낙산사洛山寺·경포대鏡浦台·죽서루竹西樓·망양정望洋亭·월송정月松亭 등을 묘사描寫한 화첩畵帖으로서 제영題詠은 김상성金尙星을 비롯한 영조 시時의 제가諸家에 의依해서 된 것이다. 관동關東은 강원도江原道의 별칭別稱.

444. 금강산기金剛山記

★ 1책一冊 조성하趙成夏 저著 인본印本

금강산金剛山은 개골皆骨·풍악楓嶽·상악霜嶽 등의 별칭別稱이 있으며, 한국韓國 제1의 승구勝區라 불리워지고 있다. 본서本書는 고종 을축乙丑년, 저자著者가 등산登山하여 실견實見한 33일간日間의 일기日記·시문詩文 등을 편차編次한 것으로서 금강산기金剛山記·동유시東遊詩·유금강산일표遊金剛山日表 등으로 되었다.

445. 택리지擇里志

★ 1책一册 이중환李重煥 저著 사본寫本

우리 전역全域 내內의 산수록山水錄으로서 형승形勝을 서술敍述하고, 선비가 자리 잡을 곳에 대하여 상설詳說하였다. 일명一名 팔역지八域志라고도 하며, 또한 박종지博綜誌, 산수록山水錄이라고도 칭稱한다.

446. 황화정도고皇華程塗考

★ 1책一册 사본寫本

조선서 중국 북경北京으로 가는 도정道程을 기술記述한 것으로서 의주義州 압록강鴨綠江으로부터 책문柵門에 이르기까지의 천이백 리, 책문柵門 안시성安市城으로부터 심양瀋陽에 이르기까지의 사천오백 리, 심양瀋陽 원당사願堂寺로부터 산해관山海關에 이르기까지의 칠천팔백칠십 리, 산해관山海關 심하深河로부터 북경北京 조양문朝陽門에 이르기까지의 육천육백칠십 리, 압록강鴨綠江에서 조양문朝陽門에 이르기까지를 총계總計 이만 이천사백 리라 하였다. 이 외外에 구연성九連城에서 조양문朝陽門에 이르기까지의 도시都市 명칭名稱과 고적古蹟의 대개를 기재記載하였다.

447. 사민필지士民必知

★ 2권二卷 1책一册 인본印本

처음 영국인英國人 흘법訖法(헬벨)이 조선어朝鮮語를 사용使用하여 지구地球 및 만국萬國의 산천山川·풍토風土·정령政令·학예學藝 등을 약기略記하고 백남규白南奎, 이명상李明翔 등이 이를 한역漢譯하였으며, 다시 김택영金

澤榮이 이를 보편補編하여 고종 32년 을미乙未에 출판出版하였다.

448. 동여도東輿圖

★ 23책冊 사본寫本

철종 시時 고산자古山子가 작편作編한 조선지도朝鮮地圖로서 제1책一冊은 경원慶源·온성穩城·종성鐘城, 제2책은 경흥慶興·회령會寧·무산茂山, 제3책은 부령富寧·후주厚州, 제4책은 경성鏡城·갑산甲山·삼수三水, 제5책은 명주明州·길주吉州·강계江界·(위원渭原)·초산楚山, 제6책은 단천端川·이원利原·북청北青·벽동碧潼·창성昌城, 제7책은 홍원洪原·함흥咸興·희천熙川·운산雲山·귀성龜城·삭주朔州·의주義州, 제8책은 정평定平·영흥永興·영원寧遠·맹산孟山·덕천德川·개천价川·영변寧邊·안주安州·박천博川·태천泰川·가산嘉山·정주定州·곽산郭山·선천宣川·철산鐵山·용천龍川, 제9책은 고원高原·문천文川·덕원德源·양덕陽德·성천成川·강동江東·은산殷山·순천順川·자산慈山·순안順安·숙천肅川·영유永柔·증산甑山, 제10책十冊은 흡곡歙谷·통천通川·안변安邊·회양淮陽·곡산谷山·수안遂安·삼등三登·상원祥原·평양平壤·중화中和·황주黃州·강서江西·함종咸從·용강龍岡·장연長連·삼화三和, 제11책十一冊은 서흥瑞興·고성高城·금성金城·금화金化·평강平康·철원鐵原·이천伊川·안협安峽·토산兎山·신계新溪·평산平山·봉산鳳山·재령載寧·안악安岳·신천信川·문화文化·은율殷栗·송화松禾·풍천豊川·장연長淵, 제12책은 양양襄陽·간성杆城·인제麟蹄·양구楊口·낭천狼川·춘천春川·영평永平·포천抱川·연천漣川·삭령朔寧·마전麻田·적성積城·파주坡州·장단長湍·개성開城·금천金川·백천白川·연안延安·해주海州·강령康翎·옹진瓮津, 제13책은 강릉江陵·창평昌平·횡성橫城·홍천洪川·가평加平·지평砥平·양근楊根·광주廣州·양주楊州·한양漢陽·과천果川·수원水原·시흥始興·고양高陽·양천陽川·안산安山·교하交河·김포金浦·부평富平·인천仁川·통진通津·강화江華·교동喬桐, 제14책은 삼척三陟·정선旌善·영월寧越·영춘永春·단양丹陽·제천提川·청풍淸風·원주原州·충주忠州·음성陰城·여주驪州·음죽陰竹·이천利川·죽산竹山·양지陽智·용인龍仁·양성陽城·안성安城·직산稷山·진위振威·평택平澤·남양南陽·아산牙山·면천沔川·당진唐津, 제15책은 울진蔚珍·평해平海·영해寧海·영양英陽·진보眞寶·청송靑松·예안禮安·봉화奉化·안동安東·영천榮川·순흥順興·예천醴川·풍기豊基·용궁龍宮·함창咸昌·문경聞慶·연풍延豊·괴산槐山·보은報恩·청안淸安·회인懷仁·진천鎭川·청주淸州·문의文義·회덕懷德·목천木川·연기燕岐·전의全義·천안天安·공주公州·온양溫陽·신창新昌·정산定山·예산禮山·대흥大興·청양靑陽·덕산德山·홍주洪州·해미海美·서산瑞山·결성結城·보령保寧·태안泰安, 제16책은 영덕盈德·청하淸河·흥해興海·신령新寧·의성義城·의흥義興·군위軍威·비안比安·인동仁同·선산善山·개령開寧·상주尙州·금산金山·황간黃澗·영동永同·청산靑山·무주茂朱·옥천沃川·금산錦山·진산珍山·용담龍潭·진잠鎭岑·연산連山·고산高山·노성魯城·은진恩津·여산礪山·석성石城·용안龍安·익산益山·부여扶餘·임천林川·함열咸悅·홍산鴻山·한산韓山·임피臨陂·옥구沃溝·서천舒川·비인庇仁·남포藍浦, 제17책은 장계長鬐·연일延日·경주慶州·영천永川·하양河陽·자인慈仁·경산慶山·칠곡漆谷·대구大邱·현풍玄風·창녕昌寧·성주星州·고령高靈·초계草溪·합천陜川·지례知禮·거창居昌·안의安義·장수長水·진안鎭安·임실任實·전주全州·금구金溝·태인泰仁·김제金提·정읍井邑·만경萬頃·부안扶安·고부古阜·흥덕興德, 제18책은 울산蔚山·기장機張·언양彦陽·양산梁山·김해金海·밀양密陽·창원昌原·칠원漆原·영산靈山·함안咸安·의령宜寧·삼가三架·진주晋州·단성丹城·산청山淸·함양咸陽·운봉雲峯·구례求禮·남원南原·곡성谷城·순창淳昌·옥과玉果·담양潭陽·창평昌平·광주光州·장성長城·고창高敞·무장茂長·영광靈光·함평咸

平, 제19책은 동래東萊·웅천熊川·진해鎭海·고성固城·통영統營·사천泗川·곤양昆陽·하동河東·남해南海·광양光陽·순천順天·낙안樂安·동복同福·보성寶城·화순和順·능주綾州·남평南平·장흥長興·나주羅州·강진康津·영암靈岩·무안務安, 제20책은 거제巨濟·흥양興陽·해남海南·진도珍島, 제21, 22책은 제주濟州·정의旌義·대정大靜 등으로 하고, 주현州縣·대소영大小營·진보鎭堡·산성山城·봉수烽燧·역참驛站·면동리面洞里 등을 상세詳細히 기술記述한 것이다. 별편別編으로 목록目錄 1책一册을 붙였다.

449. 대동방여전도大東方輿全圖

★ 22책册

상밀詳密한 우리 지도地圖로서 경기京畿·충청忠淸·경상慶尙·전라全羅·강원江原·황해黃海·함경咸鏡·평안平安·제주濟州 등으로 구분區分하고. 주현州縣·대소영大小營·진보鎭堡·산성山城·봉수烽燧·역참驛站·방면坊面·전부田賦·민호民戶·인구人口·군총軍總·목장牧場·창고倉庫·곡총穀總·진보津堡·면面 등을 상기詳記하였으며. 또한 표表로서 이들의 수數를 나타내어 색람索覽에 편便하게 하였다.

450. 경기도京畿圖

★ 41책册 사본寫本

경기도京畿道의 지도地圖로서 인천仁川·양주楊州·수원水原·광주廣州·개성開城·여주驪州·장단長湍·강화江華·남양南陽·용인龍仁·파주坡州·이천利川·풍덕豊德·포천抱川·죽산竹山·삭령朔寧·안성安城·고양高陽·가평加平·통진通

津·부평富平·김포金浦·영평永平·마전麻田·안산安山·교하交河·음죽陰竹·진위振威·시흥始興·적성積城·과천果川·연천漣川·양지陽智·양성陽城·양천陽川·교동喬桐·대부大阜·지평砥平·양근楊根·영평永平으로 구별區別하다.

451. 호서도湖西圖

★ 51책冊 사본寫本

충청남북도의 지도地圖로서 충청남도를 공주公州·홍주洪州·서산瑞山·평신진平薪鎭·면천沔川·태안泰安·회덕懷德·한산韓山·서천舒川·덕산德山·임천林川·직산稷山·은진恩津·청양靑陽·연산連山·부여扶餘·남포藍浦·결성結城·보령保寧·해미海美·아산牙山·온양溫陽·대흥大興·정산定山·진잠鎭岑·노성魯城·석성石城·비인庇仁·당진唐津·신창新昌·전의全義·연기燕岐·천안天安·평택平澤으로 나누고, 충청북도를 청주淸州·충주忠州·음성陰城·진천鎭川·옥천沃川·청풍淸風·홍산鴻山·보은報恩·제천堤川·청안淸安·영동永同·문의文義·회인懷仁·단양丹陽·영춘永春·황간黃澗·청산靑山·연풍延豊으로 구분區分하였다.

452. 호남도湖南圖

★ 719책冊 사본寫本

전라남북도의 지도地圖로서 호남우해전도湖南右海全圖·무안務安·목포진木浦鎭·순천順天·방답진防踏鎭·돌산진突山鎭·광주光州·해남海南·제주濟州·대정大靜·선의旋義·합도合圖·나주羅州·지도진智島鎭·흑산도黑山島·영암靈巖·이진진梨津鎭·어난진於蘭鎭·추자도楸子島·영광靈光·다경포多慶浦·임자진荏子鎭·보성寶城·장흥長興·회령진會寧鎭·흥양興陽·맹도진虻渡鎭·여도진呂島鎭·발포진鉢浦鎭·녹도진鹿島鎭·함평咸平·능주綾州·강진康津·고금도진古今島鎭·마도진馬島鎭·지도진智島鎭·장성長城·창평昌平·구례求禮·담양潭陽·남평南平·진도珍島·금갑진金甲鎭·광양光陽·섬진진蟾津鎭·동복同福·곡성谷城·만경고萬頃古·군산진群山鎭·전주全州·남원南原·임실任實·부안扶安·검모포黔毛浦·위도진蝟島鎭·순창淳昌·고부古阜·김제金堤·태인泰仁·무장茂長·금산錦山·익산益山·무주茂朱·장수長水·여산礪山·임피臨陂·금구金溝·진안鎭安·만경萬頃·흥덕興德·진산珍山·함열咸悅·정읍井邑·용담龍潭·영봉靈峰·고창高敞·용안龍安으로 구분區分하고, 부록附錄으로 고산高山·법성法聖·청산도青山島·화순和順·남도南桃·낙안樂安·옥구沃溝·옥과玉果·임치臨淄·군산群山 등이 있다.

453. 영남도嶺南圖

★ 12책二冊 사본寫本

경상남북도의 지도地圖로서 진천목장晋川牧場·울산목장蔚山牧場·분산盆山·독용禿用·금도金島·김정金井·조령鳥嶺·가산嘉山·천생天生·적량赤梁·창녕昌寧·사천泗川·기장機張·삼가三嘉·비안比安·웅천熊川·자인慈仁·영양英陽·칠원漆原·문경聞慶·안의安義·장목포長木浦·개운포開雲浦·두모포豆毛浦·서평포西平浦·서생西生·포항浦項·미조항彌助項·다태多太·부산釜山·지세포知世浦·조나포助羅浦·옥포玉浦·영해寧海·밀양密陽·청송青松·동래東萊·좌수영左水營·선산善山·인동仁同·칠곡漆谷·순흥順興·하동河東·거제巨濟·합천陜川·금산金山·영천永川·영덕盈德·고성固城·의성義城·경산慶山·남해南海·개령開寧·의령宜寧·하양河陽·용궁龍宮·봉화奉化·청하淸河·언양彦陽·진해鎭海·진보眞

寶·함창咸昌·지례知禮·거창居昌·청도淸道·초계草溪·함양咸陽·예천醴泉·영천榮川·흥해興海·풍기豊基·양산梁山·함안咸安·곤양昆陽·고령高靈·현풍玄風·산청山淸·단성丹城·군위軍威·의흥義興·신령新寧·예안禮安·연일延日·장계長鬐·영산靈山·통영統營·관하각진지도管下各鎭地圖, 삼천포三千浦·당포唐浦·사량蛇梁·구소비舊所非·미조항彌助項·적량赤梁·평산포平山浦·섬진蟾津·영등永登(가배량加背梁)·율포栗浦·지세포知世浦·옥포玉浦·조나포助羅浦·장목포長木浦·척성尺城·가덕加德·안골安骨·제포薺浦·구산龜山·남촌南村 신흥산성新興山城·통영전도統營全圖로 구분區分하다.

454. 해서도海西圖

★ 42책冊 사본寫本

황해도의 지도地圖로서 해주海州·수양산성首陽山城·용매진龍媒鎭·봉산鳳山·산산진蒜山鎭·재령載寧·장수산성長壽山城·신천信川·황주黃州·정방산성正方山城·철도진鐵道鎭·평산平山·연안延安·장연長淵·조이진助泥鎭·오차진吾叉鎭·금사진金沙鎭·백령진白翎鎭·송화松禾·옹진甕津·안악安岳·곡산谷山·문성진文城鎭·서흥瑞興·선적진善積鎭·소기진所己鎭·대현산성大峴山城·수안遂安·문산진文山鎭·백천白川·김천金川·은율殷栗·구월산성九月山城·토산兎山·신계新溪·풍천豊川·허사진許沙鎭·초도진椒島鎭·문화文化·강령康翎·등산진登山鎭·장연長連으로 구분區分하다.

455. 관동도關東圖

★ 28책冊 사본寫本

강원도와 함경남도 일부一部를 포함包含한 지도地圖로서 춘천春川·홍천洪川·원주原州·강릉부江陵府·인제麟蹄·삼척진三陟鎭·횡성橫城·양구楊口·평창平昌·영월寧越·통천通川·회양淮陽·이천伊川·정선旌善·양양襄陽·울진蔚珍·금성金城·평강平康·철원鐵原·평해平海·김화金化·안협安峽·삼방三防·흡곡歙谷·낭천狼川·삼척三陟·간성杆城·고성高城으로 구분區分하다.

456. 관서도關西圖

★ 85책冊 사본寫本

평안남북도의 지도地圖로서 평양平壤, 보산진堡山鎭·성천부成川府·순천順川·용연진龍淵鎭·안주목지도安州牧地圖·노강진老江鎭·용강龍岡·황룡진黃龍鎭·중화부中和府·성산진城山鎭·개천价川·금성진金城鎭·강서江西·영원寧遠·양덕陽德·강동江東·맹산孟山·증산甑山·덕천德川·조원祚原·영유永柔·숙천肅川·순안順安·영변부寧邊府·강계江界·자성慈城·후창厚昌·용천부龍川府·정주목定州牧·선천宣川(곽산진郭山鎭·동림진東林鎭)초산楚山(아이진阿耳鎭)·우현진牛峴鎭·동령진東嶺鎭·산양진山羊鎭구성부龜城府(안의성安義城)·식송진植松鎭 철산부鐵山府(서림진西林鎭)·선사진宣沙鎭·희천熙川·벽동碧潼임사진林士鎭·벽단진碧團鎭·광평보廣坪堡·소파아小坡兒·대파아大坡兒·소길호리小吉號里·추구비楸仇非·운산雲山(위곡진탄보委曲鎭灘堡)·태천泰川·창성부昌城府(창성진관昌城鎭管)·갑암보甲巖堡·창주진昌州鎭·시새진恃塞鎭·대길호大吉號·이보里堡·설두리보雪頭里堡·묘동보廟洞堡·어정탄보於汀灘堡·삭주부朔州府구령진仇寧鎭·막령진幕嶺鎭·천마진天摩鎭·위원渭原(갈헌동보乫軒洞堡)·오노량진吾老梁鎭·짓동보莻洞堡·가산嘉山·곽산郭山·박천博川·은산殷山·신도薪島·삼등三登·삼화부三和府·자산부慈山府·함종부咸從府·임해진壬海鎭·유원진柔院鎭·고성진古城鎭·서성진西城鎭·동진진東津鎭·광량진廣梁鎭·자산慈山·자모慈母·성진城鎭으로 구분區分하다.

457. 관북도關北圖

★ 24책冊 사본寫本

함경남북 양도兩道의 지도地圖로서 함흥咸興·안변安邊·북청北青·영흥永興·문천文川·덕원德源·경성鏡城·고원高原·온성穩城·경원慶源·경흥慶興·갑산甲山·정평定平·홍원洪原·이원利原·단천端川·길주吉州·명천明川·무산茂山·삼수三水·종성鍾城·회령會寧·부령富寧·장진長津으로 구분區分하다.

458. 울릉도내외도鬱陵島內外圖

★ 2책冊 사본寫本

경상북도 울릉도鬱陵島 내외內外의 형상形狀을 도본圖本한 것이다.

459. 중동지도中東地圖

★ 1책冊 사본寫本

권수卷首에 아세아亞細亞 부근附近의 총도總圖를 붙여 천하天下라고 칭稱하고, 다음에 중국의 전도全圖를 게치揭置하여 차례로 북경北京·산서山西·

합서陝西·산동山東·하남河南·사천泗川·남경南京·양호兩湖·절강浙江·강서江西·복건福建·광동廣東·광서廣西·귀주貴州·운남雲南·요동遼東 등으로 구분區分하였으며. 또 그다음에 조선 전도全圖를 게재揭載하여 경기京畿·충청忠淸·전라全羅·경상慶尙·강원江原·함경咸鏡·황해黃海·평안平安으로 구분區分하고, 권말卷末에 일본日本·유구流球의 지도地圖를 붙였다.

한국명저해제韓國名著解題[70]

— 병가류兵家類·농가류農家類·기타其他

해설解說 이병기李秉岐

병가류兵家類

460. 병장설兵將說

★ 1책一册 세조 찬撰 인본印本

세조는 조선 역대歷代 중中 가장 병사兵事에 관심하였으며, 성격이 강의과단剛毅果斷하고 장략將略이 있었다. 임기응변臨機應變, 제장諸將에 훈시하는 바가 거의 틀림이 없었으나, 그 언변이 너무 간결하여 해득키 쉽지 않은 바가 있다. 써 그 당시의 명신名臣 신숙주申叔舟·정인지鄭麟趾·강희맹姜希孟 등이 이에 주석을 붙인 것이 즉 본서本書이다. 병설兵說·장설將說·병법대지兵法大旨가 그 내용으로 되어 있으며, 간요簡要하여 모두가 병가兵家의 잠언箴言이 됨에 족足한 바가 있다.

70 「韓國名著解題 -兵家類·農家類·其他-」, 『思潮』 1권 7호, 1958. 12.

461. 병장도설兵將圖說

★ 1책一册 인본印本

문종의 명命으로 찬撰한 진법서陳法書를 수정한 것이다. 진법서陳法書는 문종 원년 초간初刊 후 다시 대자大字 소자小字의 두 가지로 되었는데, 소자진법서小字陳法書는 단종端宗 3년에 되었고 대자진법서大字陳法書는 세조 4년에 되어, 거의 대차大差가 없기는 하나 절목節目에 있어서 상호 출입出入 부동不同한 바가 있어, 성종이 이를 유감히 여겨 그의 23년 유자광柳子光 등에게 명하여 다시 재정再訂 정본定本케 하여 이를 인행印行한 것이 즉 본서本書이다. 그 체재에 있어서 항목 내용은 초판初版의 진법陳法과 틀린 바가 없기는 하나, 단지 제종諸種의 그림이 권말卷末에 게재되어 있던 것을 여기에는 그림을 권두卷頭에, 글을 권말卷末에 게재하였다.

462. 속병장도설續兵將圖說

★ 1책一册 영조 명찬命撰 인본印本

성종 시時, 병장도설兵將圖說이 있어 고금의 진법陳法을 설명하였다. 그 후 제도 변천이 있어 영조 25년 기사己巳 조관빈趙觀彬·박문수朴文秀·구성임具聖任·김성응金聖應·김상로金尙魯 등 5인에 명하여 다시 병장도설兵將圖說에 이어 본서本書를 성본成本하였다. 그 체재 및 내용 등은 병장도설兵將圖說과 대차大差 없으며, 권초卷初에 무기武旗를 게재하고, 다음에 구궁팔진九宮八陳·육화六花·원진圓陳·방진方陳·직진直陳·예진銳陳첩진·疊陳·학익鶴翼·곡진曲陳·현무진玄武陳 등 제종諸種의 진형陣形, 권말卷末에 형명形名·결진結陳·군령軍令을 표시하였는데 그중에서도 군령軍令을 가장 상세하게 해설하였다.

463. 사진총방肆陣總方

★ 1책一册 정조 명찬命撰 인본印本

무예별감武藝別監의 제종諸種의 작진법作陣法을 집록集錄한 것이다. 방진方陳·내진內陳·직진直陳·태진兌陳·곡진曲陳·현무진玄武陳·육화진六花陳의 그림을 첨부하였다. 정조 5년 신축辛丑에 편성되었다.

464. 무예도보통지武藝圖譜通志

★ 4권四卷 4책四册 정조 명찬命撰 인본印本

조선 당초의 무예武藝는 궁사일기弓射一技에 그치었으나. 선조 시時 임진란壬辰亂을 겪고부터는 각종 무기武技의 필요성을 느끼게 되었다. 때마침 명인明人 척계광戚繼光의 기효신서紀效新書를 구득購得하여 비로소 곤봉棍棒을 가하여 12반般으로 하고, 영조 시時에 이르러 다시 장쟁長鎗을 가하여 18반般으로 하고, 정조에 이르러 기예騎藝의 6기技를 가하여 24반般으로 하였다. 본서本書는 이들 무예武藝를 도해圖解 설명한 것이다. 수록된 것은 장쟁長鎗·죽장창竹長槍·기창당파旗槍鎲鈀·기창낭선旗槍狼筅·쌍수도双手刀·예도왜검銳刀倭劍·제독검提督劍·본국검本國劍·쌍검마상쌍검双劍馬上双劍·월도月刀·마상월도馬上月刀·협도挾刀·등패藤牌·권법拳法·곤봉棍棒·편곤鞭棍·마상편곤馬上鞭棍·격구擊球·마상재馬上才의 23기技에 사射를 가한, 즉 24반般이다.

465. 무예도보통지언해武藝圖譜通志諺解

★ 1책一冊 정조 명찬命撰 인본印本

무예도보통지武藝圖譜通志에 국문國文 해설을 붙인 것이다.

466. 진법陳法

★ 1책一冊 문종 명命 편찬編撰 인본印本

태종 및 세종이 무武를 중重히 여겨 하륜河崙·변계량卞季良 등에게 명하여 진법陳法에 관한 고래古來의 제설諸說을 선집選集케 하였다. 그러나 그 책은 고문古文에 의해서 편술編述된데 불과하므로 문종은 다시 수양대군首陽大君·정인지鄭麟趾·김효성金孝誠 등에 명하여 새로이 진법陳法을 편술編述케 하였다. 즉 본서本書가 그것이다. 수록된 것은 분삭分數·형명形名·결진結陣·용병用兵·군령軍令·용겁지세勇怯之勢·승패지형勝敗之形 등으로서 권말卷末에 각各 편編의 그림을 첨부하여 설명하였다. 문종 원년에 개간開刊되다.

467. 동국병감東國兵鑑

★ 2권二卷 2책二冊 문종 명편命編 인본印本

전한前漢 무제武帝 때부터 고려 폐왕廢王 우禑의 시대 이태조李太祖가 여진인女眞人 발도拔都를 격퇴한 때까지 조선과 중국 사이에 일어난 전후前後 삼십여 회의 사략事略을 열거列擧한 것이다.

468. 역대병요歷代兵要

★ 13책十三册 이석형李石亨 등等 편編 인본印本

이석형李石亨이 전라도관찰출척사全羅道觀察黜陟使였을 때 동료인 조매趙枚·송임명宋林明 등과 같이 편찬한 것이다. 중국 상대上代로부터 조선 태조太祖에 이르기까지의 사史책에 나온 병략상兵略上 취미 있는 전쟁 기사記事를 발췌한 것으로서 태조가 여진인女眞人의 발도拔都를 대파大破하는 것으로써 끝맺는다. 세조 원년 광주光州에서 개간開刊.

469. 제승방략制勝方略

★ 2권二卷 1책一册 김종서金宗瑞 저著 이일李鎰 증보增補 인본印本

태종·세조 시時 김종서金宗瑞가 이를 안출案出하고 선조 시時 이일李鎰이 이를 증보增補 수정한 것이다. 처음에는 경흥진慶興鎭·경원진慶源鎭·종성진鍾城鎭·온성진穩城津·회령진會寧鎭·부령진富寧鎭·길주진吉州鎭·경성진鏡城鎭 등 팔진성八鎭城의 부락部落 보루堡壘 등의 위치 및 공수攻守의 요해要害와 용의用意를 상기詳記하고, 다음에 방변대防邊隊가 지켜야 할 군무軍務 29조條, 금령禁令 27조條 및 온성穩城·종성鍾城·회령會寧·경원慶源·길주吉州·부령富寧 등 육진六鎭의 군관軍官의 관명官名을 열서列書하였으며, 끝에는 선조 때의 함경북도咸鏡北道 병마절도사兵馬節度 이일李鎰의 청행제승방략장請行制勝方略狀과 이에 대한 회상回狀과를 부록하였다. 함경도 호인胡人의 방비防備는 조선의 중대한 군정軍政이었으므로 이에 대하여 주도한 획책을 세워, 유사시有事時에는 육진오위六鎭五衛가 협력하여 서로 구원하는 제도를 삼은 것이다.

470. 풍천유향風泉遺響

★ 1책一冊 송규빈宋奎斌 저著 사본寫本

정조 2년 송규빈宋奎斌이 임진란壬辰亂·병자丙子의 변變에 비추어 국방國防·진형陣形·병기兵器 등에 대對한 사견私見을 누술縷述한 것이다.

471. 음우비陰雨備

★ 1책一冊 사본寫本

병비兵備를 논한 것으로서, 중관방重關防·장군제壯軍制·경황희警荒嬉·수도성修都城·석재용惜財用·득장재得將才의 6조條로 분목分目하였다.

472. 신기비결神器秘訣

★ 1책一冊 한효순韓孝純 편編 인본印本

한효순韓孝純이 선조 36년 함경도咸鏡道 순찰사巡察使였을 당시 세상에 전해지고 있는 총기銃器·화약火藥의 용법用法 및 제법製法을 기술記述한 서적 중 실용에 적절한 것을 발집拔集하여 이에 태공병법太公兵法·손자병법孫子兵法·위료병법尉繚兵法·척계광병법戚繼光兵法을 보첨補添한 것이다. 신기神器라 함은 총포銃砲가 다른 무기武器에 비比하여 신묘神妙의 힘이 있기 때문이다.

473. 구포장방법臼砲裝放法

★ 1책一册 사본寫本

구포臼砲의 제制를 설해說解하고 약환藥丸을 장전裝塡하여 화전火箭을 쏘는 법을 기술한 것으로서 국문國文을 섞어 이를 기술하다.

농가류農家類

474. 농가집성農家集成

★ 1책一册 신속申洬 편編 인본印本

세종의 명命으로 찬撰한 것으로서, 농사직설農事直說·주희朱熹의 권농문勸農文·세조 시時 강희맹姜希孟이 작편作編한 금양잡록衿陽雜錄 및 사시찬요四時纂要를 수집한 것이다. 농사직설農事直說은 조선 수토水土가 중국의 그것과 틀리는 바가 있어서 중국 농서農書의 법法을 직접 조선에 실시할 수 없는 것이므로 각도各道 관찰사觀察使에 명하여 그 지방의 노농老農에게 실험방법實驗方法을 물어, 이를 수록하여 보고報告케 하고 다시 이를 보충하여 1권으로 한 것이다. 금양잡록衿陽雜錄과 사시찬요四時纂要와는 사시四時의 농사 및 농작물에 대한 주의 사항을 집록集錄한 것이다. 효종 6년 을미乙未에 편찬되다.

475. 잠상집요蠶桑輯要

★ 1책一册 사본寫本

양잠養蠶이 백성에게 불가결한 것임을 기술하고, 그 방법을 평이하게 설명하였으며. 다시 권말卷末에 양잠에 요要하는 기구器具의 그림을 그려 그 용법을 설명하였다. 당시 양잠의 필요를 통감하고, 일반 남녀에게 주지시키기 위하여 국문國文으로 본서本書를 작편作編하였다.

476. 잠상촬요蠶桑撮要

★ 1책一册 이우규李祐珪 편編 인본印本

고종高宗 19년 임오壬午. 20년 계미년간癸未年間 각국과 통상조약通商條約을 체결한 후, 노상재종법魯桑栽種法·양잠소사법養蠶繅絲法 등을 외국 서적 중에서 초출抄出하여 이를 성서成書하고 각종의 기구도양器具圖様을 부재附載하여 21년 갑신甲申에 간행하다.

의가류醫家類

477. 동의보감東醫寶鑑

★ 25권二十五卷 5책五册 인본印本

허준許浚이 선조의 지우知遇를 얻어 그 29년, 중국·조선의 의서醫書를 부취裒聚하여 완비된 일서一書를 만들라는 명을 받았다. 이에 따라 편집국編輯局을 설치하고 스스로 주임主任이 되어 다른 의관醫官들과 더불어 편집에 종사하였다. 때마침 정유란丁酉亂이 일어나 제諸 의성醫星이 흩어짐으로 말미암아 편집의 업業도 한때 중지하지 않을 수 없게 됨에 이르러 난후亂後 다시 준浚 일인一人인에 명하여 찬撰케 하였다. 이미 선조는 승하昇遐하여 광해군 3년 신해辛亥에 이르러 비로소 완성하고, 그 5년 계축癸丑에

판版이 되어 인행印行하였다. 조선에 있어서 제일가는 의서醫書라 할 수 있다. 편수篇數는, 23으로서, 내경內景篇(즉卽 내과학內科學) 4, 외형外形篇(즉卽 외과학外科學 4, 잡雜篇(즉卽 유행병流行病, 곽란霍亂, 부인병婦人病, 소아병小兒病) 11, 탕액湯液篇(즉卽 약방藥方) 3, 침자鍼灸篇 1로서 각各 병하病下에 처방을 조기條記하여, 체재가 아주 정연하다. 또한 그 설명에 있어서도 심하게 괴탄견강愧誕牽强의 폐弊가 없이 한방漢方의 의서醫書에 있어서도 가장 뛰어난 것이라고 하겠다.

478. 제중신편濟衆新編

★ 8권八卷 5책五册 인본印本

정조 시時 시의侍醫 강명길康命吉에게 명하여 고금의 의서醫書를 참고하여 그 요점을 취하고 번거러운 바를 깎아 편찬케 한 것이다. 제1권은 풍風·한寒·서暑·습濕·조燥·화火로부터 일어나는 여러 가지 병病 및 약방藥方, 제2권은 내상內傷·허로虛勞·정精·기氣·신神·혈血·몽夢·성음聲音·언어言語·진액津液·담음痰飮으로부터 일어나는 제증諸症 및 약방藥方, 제3권은 오장五臟·육부충六腑蟲·소대변小大便·머리·면面·눈·귀·코·입·혀·잇발·인후咽喉의 제증諸症 및 약방藥方,제4권은 목·턱·가슴·배·손·발·모발毛髮·생식기生殖器·항문肛門·곽란霍亂·해수咳嗽 등의 제증諸症 및 약방藥方, 제5권은 적취積聚·부종浮腫·소갈消渴·학瘧·역疫·병病·해달瘖疸·제창諸瘡·해독解毒·급병急病의 제증諸症 및 약방藥方, 제6권은 부인병婦人病, 제7권은 소아두진小兒痘疹·마진痲疹·양로養老의 제증諸症 및 약방藥方, 제8권은 권성가卷性歌를 게재하였다. 이 중 제8권의 약성가藥性歌는 중요한 약물藥物의 효용을 사언사구四言四句로 꾸며 기억에 편케 하였다.

479. 수민묘전壽民妙詮

★ 4권四卷 2책二册 사본寫本

권卷 초初에 신형身形·정精·기氣·신형神血 등을 고서古書에서 인용 설명하고 도가道家의 양생법養生法을 부가附加하였으며, 다음에 오장육부五臟六腑·포충胞蟲·대소변大小便·머리·면面·손·발 등의 각 기관에 설급說及하고, 병病이 야기惹起되는 원인 및 증상症狀을 기술하였다.

480. 신찬벽온방新纂辟瘟方

★ 1책一册 인본印本

광해군光海君 4년 임자壬子 함경도咸鏡道에 여역癘疫이 크게 유행하여 8로路에 전파하였다. 익翌년 간역벽온방簡易辟瘟方을 인반印頒하고 다시 미비한 점을 염려하여 동의보감東醫寶鑑의 찬자撰者 허준許浚에게 명하여 본서本書를 찬정撰定하여 온역瘟疫의 원인 맥리脉理·형증形證·약명藥名·치법治法·양법禳法·벽법辟法·부전염법不傳染法·침법鍼法·불치증금기不治證禁忌 등을 기술記述케 하여 인반印頒하였다.

481. 벽역신방辟疫神方

★ 1책一册 인본印本

광해군光海君 5년 계축癸丑 춘독역春毒疫이 성盛히 퍼져 많은 백성이 병사하였으므로 허준許浚에게 명하여 독역毒疫의 치법治法 및 약방藥方 중에서 실행하기 쉽고 또한 효엄이 있는 것을 선집選集케 하여 관각官刻해서 널리 퍼뜨린 것이다. 독역毒疫의 기원起源·증상症狀으로부터 치법治法 및 약법藥法에 이르기까지 대단히 간명하게 꾸며졌다.

천문류天文類

482. 천동상위고天東象緯考

★ 18권十卷 8책八册 최천벽崔天壁 저著 인본印本

천변지리天變地異란 고대 국가에 있어서는 대사건으로서 천제天帝가 이 방법을 가지고 국군國君을 경고하는 것이라고 믿었다. 때문에 역대歷代의 사관史官은 반드시 이를 사기史記하여 후세의 거울이 되도록 하였다. 최천벽崔天壁 역시 이와 같은 뜻에서 숙종 34년 무자戊子 고려 475년간의 사실史實에서 발견된 천지天地의 이상異象을 수집하여 이 책을 만들었다. 천변天變·지변地變·일변日變·홍관일월변虹貫日月變·경위성변經緯星變·잡변雜變 등을 수록하였다.

483. 제가역상집諸家曆象集

★ 4권四卷 4책四册 인본印本

세종 27년 을축乙丑 이순지李純之에게 명하여 편찬케 한 것으로서, 고서古書를 검출檢出하여 천문天文 1권, 역법曆法 1권, 의상儀象 1권, 귀루晷漏 1권一卷 을 완성完成하였다. 세종은 조선 역대歷代 중中 가장 천문天文에 취미를 가졌으니 이 책 이외에도 그 분이 제작한 간의簡儀·일성정시의日星定時儀·혼천의渾天儀 및 누각기漏刻器 등 모두가 정묘의 극치를 이루었으며, 역曆에 있어서는 또한 대명력大明曆·수시력授時曆·회회력回回曆 등의 여러 역서曆書 및 역법曆法의 제서諸書를 참고로 하여 이것을 제정하였다고 한다.

484. 국조역상고國朝曆象考

★ 4권四卷 2책二冊 인본印本

정조 19년, 역관曆官 성주덕成周悳 등에게 명하여 편찬케 한 것으로서, 일부一部 4권, 역법연혁曆法沿革·북극고도北極高度·동서편도東西偏度·갱루更漏의 5목目으로 되었다. 이조 이전에는 역상曆象의 제도가 완비되지 않았었으나 세종에 이르러 무엇보다도 뜻을 역曆에 경주傾注하여 정인지鄭麟趾 등에게 명하여 역서曆書 칠정통궤七政通軌를 교정케 함으로서 이를 관각官刻하였으며, 또 간의기簡儀器·앙의기仰儀器를 주조하여 한성漢城의 북극성北極星 및 자오선子午線을 측정하고 이로서 계절 및 누각漏刻의 표준을 표시하였다. 그 후 정조 때에 이르러 적도의지평기赤道儀地平器를 제작하여 진시각眞時刻을 표시하는 기계로 하고 그의 산측算測은 모두 한성의 북극성을 표준으로 하였다. 이와 같이 이조 때에는 역대歷代로 역상曆象에 대하여 깊은 관심을 가지고 있었으며 그의 역법의상曆法儀象의 제도 등 볼만한 것이 적지 않다.

485. 수시력첩법입성授時曆捷法立成

★ 1책一冊 강보姜保 편編 인본印本

고려 충렬왕忠烈王 24년 무술戊戌 세자世子 충선왕忠宣王이 원으로 들어가 수시역법授時曆法을 보고서 이를 고려에 전달코자 하였다. 때마침 서운정書雲正 강보姜保가 그 법法에 정통함으로써 이를 전사傳寫케 하여 서운관

書雲觀에 두고 그 후 충혜왕忠惠王 4년에 간행하였다.

486. 시헌기요時憲紀要

★ 2권二卷 2책二冊 남병길南秉吉 저著 인본印本

남병길南秉吉은 천문에 있어서 천재天才라는 칭稱이 있었다. 당시 천문역법天文曆法은 과거科擧의 일과一科에 속하였으며 중인中人의 자제 중에 이를 학습하는 자가 많았다. 역법曆法은 청淸나라 때 서양 역법曆法도 이를 참작하여 시헌법時憲法이라 하여 종래의 역법曆法에 비해 가장 정치완비精緻完備를 극極하였지만 학습자學習者들은 그의 난해難解에 고통을 느꼈다. 그래서 남병길南秉吉이 이 책을 저술著述하여 시헌법時憲法의 정요精要를 기술記述하고 후진後進에 편케 하였다. 상上권은 칠정편七政篇으로서 역법연혁曆法沿革·천상天象·지체地體·황적도黃赤道·경위도經緯度·역원曆元·세실歲實·지반경차地半經差·청몽기차清蒙氣差·항성행도恒星行度·항성산례恒星算例·태양행도太陽行度·일전산례日躔算例·태음행도太陰行度·일리산례日離算例·오성행도五星行度·토성산례土星算例·목성산례木星算例·화성산례火星算例·금성산례金星算例·수성산례水星算例·오성단목산례五星段目算例를 게재揭載하고 하편下篇은 교식편交食篇으로서 교식총론交食總論·월식산례月食算例·월식대식산례月食帶食算例·일식산례日食算例·일식대식산례日食帶食算例를 게재揭載하였다. 철종哲宗 11년 경신庚申에 이룩되었다.

487. 교식추보법交食推步法

★ 2권二卷 1책一冊 인본印本

역법曆法은 고래로 제왕帝王의 치정治政에 중요한 것이었다. 고려 이래 이조 초에 이르기까지는 당唐의 선명력宣明曆과 명明의 대통력大統曆의 법法을 순용循用한 것이었으므로 연대年代의 구원久遠과 지역地域의 동서東西로 인하여 차류差謬가 극히 심하였다. 세종이 비로소 금金의 대명력大明曆, 원의 수시력授時曆, 명明의 통궤通軌 등의 제법諸法을 추구하여 우선 조선 한양漢陽은 북극출지北極出地 36도度가 약간 약한 것이라고 측정하고 신술新術을 추연推演하여 이 책을 편찬하였으며, 일월교식日月交食에 대하여 분축盆縮의 차差, 지질遲疾의 차差, 가감加減의 차差, 태양太陽의 출입분出入分, 신혼晨昏의 분分, 반주半晝의 분分 및 동지冬至의 적도일도赤道日度와 황도일도黃度日度와의 법法을 고법古法에 의하지 않고 직접 추구하였으며, 이로써 이 책을 편성하고 그의 법측의 기송記誦을 편케 하기 위하여 산법가시算法歌詩를 제작하여 세조 3년 무인戊寅 이순문李純文에게 명하여 금석제金石梯와 더불어 교식추보법交食推步法 및 산법가시算法歌詩의 가령假令과 주해註解를 작편作編케 하고, 교식추보법交食推步法을 상하上下 2권으로 하였으며, 또한 주해註解한 산법가시算法歌詩를 산학발계몽算學發啓蒙이라 제題하여 권수卷首에 붙였다.

488. 성경星鏡

★ 2권二卷 2책二冊 남병길南秉吉 편編 인본印本

중국 고래의 천문서天文書를 본으로 하고 한편 서양인의 설說도 참조하고 성숙星宿의 도보圖譜를 그려 설명說明한 것이니 28숙宿 외外에 자미원紫微垣·대미원大微垣·천시원天市垣·근남극성近南極星이 있으며, 성수星數는 일등성一等星 16, 이등성二等星이 51, 삼등성三等星이 159, 사등성四等星이 349, 오등성五等星이 399, 육등성六等星이 343 등等, 따로 권말卷末에 적도의도赤道儀圖 및 그 용법用法을 게재하였다. 철종 12년 신유辛酉에 이룩되었다.

489. 요해성종遼海星宗

★ 6권六卷 6책六册 사본寫本

수數로부터 역易을 논하여 천문天文·지리地理·방위方位 및 인사人事에 이르렀으며 천天·지地·인 3재才의 관계가 밀접함을 설명하였으며, 끝으로 5복성福星에 미쳤다. 그리고 오복성五福星의 소재는 스스로 정칙定則이 있어 그가 있는 곳에는 민수복民壽福으로서 병혁兵革의 재앙이 없다. 즉 중국 하서河西의 건지乾地, 요동遼東의 간지艮地, 동이東夷의 손지巽地, 촉천蜀川의 곤지坤地, 낙읍洛邑의 중궁中宮 등을 5지五地라고 하였다. 그리하여 조선을 요동遼東의 간지艮地로 쳐서 복덕성福德星의 소재지처럼 하였다. 고종 21년에 이룩되었다.

490. 세초류휘細草類彙

★ 2책二册 허원許遠 편編 인본印本

숙종 31년 을유乙酉 허원許遠으로 하여금 청경清京에 가서 역관曆官 하석何錫에게서 역법曆法을 연학硏學케 하였다. 허원許遠은 그 법法을 완전히 습득하고 귀국하여 일서一書를 편성하였는데, 이를 세초유휘細草類彙라고 한다. 36년 경인庚寅에 간행되다.

491. 재이고災異考

★ 1책一册 사본寫本

인조 2년 갑자甲子로부터 정묘丁卯·임진壬申·계유癸酉·병자丙子·정축丁丑·무인戊寅·기묘己卯·경신庚辰·신사辛巳·임오壬午·계미癸未·갑신甲申·을유乙酉·병술丙戌·정해丁亥·무자戊子·기축己丑·신묘辛卯·임진壬辰·계사癸巳·갑오甲午·을미乙未까지 24년간에 일어난 조선 각지의 천변지리天變地異를 실록實錄에 의하여 수록한 것이다.

492. 역대요성록歷代妖星錄

★ 1책一册 김익렴金益廉 편編 사본寫本

고래로 요성妖星이 나타나 나라에 대흉사大凶事가 일어난 사적事蹟을 수집한 것이다. 춘추春秋 노문공魯文公 14년의 혜성慧星으로부터 명明의 신종神宗 만성萬星 5년의 혜성에 이르고 있다. 그런데 특히 저자가 중重히 취급한 것은 만력萬曆 5년의 혜성이 명조明朝의 멸망과 청군淸軍 입공入攻의 조후兆候라고 한 것이다. 현종 5년에 이룩되었다.

493. 천세력千歲歷

★ 3권三卷 3책三册 인본印本

세종 26년 조선력朝鮮曆을 제작하여 민간에 배포配布하였으나 정치精緻

를 결缺하고 시時에 차이差異가 있어 정조 때에 이르러 다시 정밀한 중국의 역법曆法을 조선에 옮겨 그 6년에 천세력千歲曆이 편성되었다. 제1책一冊은 정조 원년 정유丁酉로부터 10년 병술丙戌에 이르는 매세每歲의 대소월大小月 및 24절기節氣, 매월每月의 초1일, 11일, 21일의 일진간지日辰干支를 시헌력법時憲曆法으로써 추산推算하였고, 제2책은 동일한 내용을 대통력법大統曆法으로써 추산하고, 제3책은 숙종 19년 계유癸酉로부터 정조 16년 임자壬子에 이르는 백년간의 대통시헌大統時憲을 대거對擧한 중력中曆을 붙였다. 제1책一冊의 권두卷頭에 세종 26년 갑자甲子를 상원上元으로 추정推定한 원도元圖를 붙였다.

494. 누주통의漏籌通義

★ 1책一冊 인본印本

고대로부터의 누각통의漏刻通義를 설명하고 아울러 일년사계오경一年四季五更의 각경各更에 주主된 성숙星宿을 들었다. 이 책에서 설명한 누주漏籌는 11전箭으로 되었으며 1년을 11로 구분하고 각전各箭을 이에 배분하여 1주야晝夜가 균등한 전후 2계절季節을 주관主管케 하였다. 예를 들면 동지冬至 초일初日부터 대한大寒 후後 2일에 이르는 사이와 소설小雪 전前 4일로부터 동지冬至 전 1일에 이르는 사이는 제1전箭을 사용하여 시각時刻을 계산하고 대한大寒 후後 2일에 이르는 사이와 입동立冬 전 4일부터 소설小雪 전 5일에 이르는 사이는 제2전箭을 사용하여 시각을 계산하는 것이 그것이다.

495. 산술관견算術管見

★ 1책一册 이상혁李尙爀 저著 인본印本

중국 수리정온數理精蘊의 궐闕을 보충하고 각등各等 변형사유邊形捨遺, 전인前人이 아직 발명하지 못한 원용삼방호구圓容三方互求, 서인西人 두덕산杜德算의 할원割圓 및 현시弦矢의 첩술捷術을 추연推演한 고선구현시孤線求弦矢 및 현시구고도弦矢求孤度 등 4편을 상술詳述하였으며 편미編尾에 불분선삼열법해不分線三率法解 1편을 붙였다. 철종哲宗 6년 을묘乙卯 판서判書 남상길南相吉이 활자로 인출印出하였다.

496. 산학정의算學正義

★ 3권三卷 3책三册 남상길南相吉 저著 인본印本

산수算數의 제법諸法을 논설한 것으로서 상·중·하 3편으로 분목分目하고 상편은 주로 입법비례立法比例의 강령綱領을 논論하였으며, 중·하편은 명리明理를 편編하였다. 고종 4년 정묘丁卯에 편성 간행되었다.

<완完>

서지 탐방·기타

이병기李秉岐 선생先生

▌독서방문기②

이병기李秉岐 선생先生[71]

성대城大 이명선李明善

탐방기探訪記라는 것은 잘 몰으는 분을 어쩌다 차자가야 쓸 수 잇는 것이지 자조 차저가고 잘 아는 분에게는 탐방기探訪記 쓰기가 도리혀 대단大端히 거북한 듯하다. 더구나 이러케 잘 □ 쓸 째에는-.

선생先生을 방문訪問하야 늘 늣기는 바는 분주奔走한 생활生活 속에 비처 잇는 왕일往日한 시정詩情이다. 선생先生의 서재書齋에 들어가 안젓스면 나 가튼 속물俗物도 시조時調 몃 수首쯤은 금방 지을 수 잇슬 것 가튼 그 어떠한 영감靈感을 밧는 듯하다. 나는 이러한 생활生活 분위기雰圍氣를 대단大端히 귀중貴重한 것이라 생각한다. 여기에서야말로 예술藝術과 생활生活, 연구研究와 생활生活이 얼마나 합치合致하여 잇고 연합聯合하여 잇나를 볼 수 잇는 것이 안일가 한다. 예술藝術을 만드는 것이 아니고 예술藝術 속에 살고 연구研究를 하는 것이 아니라 연구研究 속에 살고 잇는 것이다. 그 속에 아주 몽통이에 들어가 잇다. 머리만 듸밀고 손만 듸미는 이들과는 판이 다르다.

여기에 선생先生의 예술藝術과 연구研究의 진실성眞實性이 잇고 철저성

71 「李秉岐 先生」, 『매일신보』, 1938. 11. 13.

徹底性이 잇고 짜라서 그 속에 무한無限한 함축含蓄이 잇는 것이 안인가 한다.

선생先生은 다른 누구보다도 그리고 다른 무엇보다도 조선朝鮮말을 잘 알고 계신다. 조선朝鮮말이 선생先生 속에만 살어잇고 선생先生의 손으로만 살닐 수 잇는 것 갓다. 선생先生을 방문訪問할 째마다 나는 제 자신自身이 얼마나 조선朝鮮말을 몰으고 조선朝鮮말을 죽이고 잇나 늘 느씬다. 그리고 제의 오묘奧妙한 생활감정生活感情을 표현表現함에 잇서 이 조선朝鮮말을 쓰는 외에는 다른 아무 길도 업슴을 느씬다. 조선朝鮮말은 어휘語彙가 적으니 한어漢語의 변變한 것이니 어쩌니 말하는 이는 괴롭드라도 한 번 선생先生을 차저가 황진이黃眞伊의 시조時調라도 몃 수首 해석解釋해 달나고 청請하라. 다시는 그러한 어리석은 입을 못 버리게 될 것이니-. 아니 선생先生의 시조를 단 몃 수首만이라도 낭독朗讀한다면 그러한 생각은 달너질 것이다.

조선朝鮮의 고서古書 수집蒐集에 대對한 선생先生의 고심古心과 정성精誠은 참으로 눈물겨운 것이 잇다. 허다許多의 진본珍本이 선생先生의 힘으로 소멸消滅을 면免하엿다. 조선문학朝鮮文學을 연구硏究하려 하는 이는 물론勿論 조선문화朝鮮文化에 대對하야 무엇이고 연구硏究하려 하는 누구나 한 번은 선생의 서재書齋를 차저갈 필요必要가 잇고 쏘 의의意義가 잇슬 것이다. 선생先生의 서재書齋에는 주옥珠玉과 가튼 귀중貴重한 자료資料가 얼마든지 싸혀잇다.

일전日前에는 『규합총서』라는 책을 구求하야 가지고 내싼은 제법 대단大端한 진본珍本을 비로소 발견發見한 것처럼 생각하고 의기양양意氣揚揚하여 선생先生의 댁宅을 차저갓든 것이다.

『규합총서』라는 책을 보신 일이 잇습닛가? 이번에 지가 한 벌 구求하엿는데-.

나는 자랑삼어 여쭈어보앗다.

『규합총서』? 어데서 조흔 것 구求하엿구먼 그랴. 나한테도 멧 해 전前에 한 벌 구求해논 것이 잇지만-.

선생先生은 아무러투 안흔 듯이 대답對答하시고 이 책의 유래由來라든가 내용內容을 대강 설명說明하여 주시엇다. 그러나 나는 그 전前부터 선생先生의 장서藏書 속에는 실로 수數만흔 진본珍本이 들어잇는 것을 알고 잇섯지만 그것이 새삼스리 느껴저서 선생의 말슴도 그저 건성으로 듯고 잇섯다. 그리고 언제나 선생의 장서 속에 업는 진본珍本을 지가 한번 구求할 수 잇나 하는 절망적絶望的 희망希望을 멀거니 그리엇는 것이다.

선생先生에 대對하야는 쓸 말이 만히 잇지만 이만 긋멧고저 한다. 선생先生의 더욱 건강健康하심을 빈다.

매일신보 1938년 11월 13일

국어국문학의 대가

신구新舊 진서眞書는 국가적國家的인 존재存在 국문학자國文學者 이병기李秉岐 씨氏

書齋를 찾아서

國語國文學의 大家

新舊詩書는 國家的인 存在

국어국문학의 대가

신구新舊 진서眞書는 국가적國家的인 존재存在 국문학자國文學者 이병기李秉岐 씨氏[72]

○ 국어 및 국문학의 대가로 알리워진 씨의 서재에는 신구新舊 각양의 체재로 된 각계의 전문 서적이 가득히 꽂혀있다. 시인으로서 국문학자로서 수십 종의 저서를 갖고 있다는 씨는 만여 권에 달하는 책을 난리 중에도 고스란히 간직하여 고향(여산礪山)에 대부분을 두고 그 일부만으로 아담한 서재를 꾸미고 있다.

○ 국문학 사학史學 서지학書誌學 및 풍토 야담 등 씨가 오래동안 연찬의 벗으로 삼아온 많은 책이 모다 귀하지 않는 것은 아니나 그중에서 이 나라의 어떤 개인이나 도서관에서도 찾아볼 수 없는 것으로 다음과 같은 서적을 자랑스럽게 들고 있다.

용비어천가龍飛御天歌(초간본初刊本)

금강경삼가해金剛經三家解 4권

남명집南明集

72 「書齋를 찾아서/국어국문학의 대가 新舊眞書는 國家的인 存在 國文學者 李秉岐氏」, 『전북일보』, 1957. 11. 24.

불경칠서佛經七書(언해諺解)

훈몽자회訓蒙字會(원본原本)

독서삼매의 경境을 가장 낙樂으로 삼는 씨는 자다가 깨어도 무시로 책장을 더듬는다는 것이다.

○ 서적에 관한 이야기보다 더 많이 자신의 문학론을 토로하는 씨는 고전 공부 면에 언급하여 고전문학을 멸시하는 경향을 경멸하고 현대문학도 고전문학을 모체로 삼아야 되는 이상 자국의 고전에 대한 태도와 식견을 미처 확립하지 못한체 외래의 문학 『사조』에 현혹되어있는 것은 슬픈 일이라고 말하면서 인도는 버릴 수 있어도 「쉑쓰피어」는 버릴 수 없다는 영국인의 예술관을 칭찬하였다.(전북대문리과대학장)

이병기李秉岐 가람嘉藍
매화옥梅花屋 서실書室

이병기李秉岐 가람嘉藍 매화옥梅花屋 서실書室[73]

고래古來의 장서가藏書家에게는 같은 박학박식博學博識이지만 의취意趣 다른 영광榮光스런 명명命名이 남아있으니 그 하나가 서주書厨(흑칠서주黑漆書厨 입지서주立地書厨 양각서주兩脚書厨)라는 말도 있는가 하면 반면反面엔 서록書簏이라는 말도 있다. 어떻든 장서가藏書家는 역시 장서가藏書家답게 박람강기博覽强記한 독서讀書의 여덕餘德이 호화낭월명산승수격好花朗月名山勝水格으로 나타나야 될 것이다. 까닭에 선생先生의 애서변愛書辯에도 필체筆體 교판校板, 소위 서향書香을 좇는 애착愛着과 더불어 책冊의 초각鈔刻 초鈔의 위정각僞正刻의 정조지正粗紙의 미오美惡 장裝의 교졸巧拙 인印의 초종初終 등等에 걸쳐서 서별書別의 미美로 갖춰 이룬 용화산장龍華山藏 같은 선생先生의 비본秘本을 엿볼 수 있었다. 진본珍本으로 오십 년 전 4241년 간刊한 「대동사천재제일대위인大東四千載第一大偉人 을지문덕乙支文德」, 「수군제일위인水軍第一偉人 이순신李舜臣 장군將軍」은 신단재申丹齋 저著 안창호安昌浩, 이기찬李基燦, 변영만卞榮晩 각각各各 서序한 유시幼時의 애독서愛讀書를 비롯해서 세종조世宗朝 대왕大王 스스로 이십여二十餘 수首를 역록譯錄한 「증도가남명집證道歌南明集」이다. 원본原本 용비어천가龍飛御天歌는 완본完

73 「李秉岐嘉藍 梅花屋書室」, 『동아일보』, 1959. 10. 15.

本은 못 되지만 단연斷然 국보급國寶級에 가까운 것이며 성종조成宗朝 활자본活字本 4책四册 「금강반야바라밀경金剛般若波羅密經」은 어떻든 불경佛經으로 최고最高 미판美版에 가까운 것이다. 세조조世祖朝 활자본活字本 「구급방救急方」은 의서醫書로서 뿐만아니라, 초창기草創期 한글의 용법用法 등을 연구함에 있어서도 단연 귀중貴重한 문헌文獻이 되고 판미版美의 묘妙는 실實로 놀라운 바가 있었다. 타他에서 그 2二를 찾을 수 없다. 사본寫本 「석보상절釋譜詳節」 4책四册은 장서藏書의 통욕恫慾을 그대로 나타냄인가! 그 아려쾌재雅麗快哉라. 유유悠悠 사서삼매寫書三昧의 경지境地를 엿보는 것 같고 백여 년 전 모보가某譜家의 저著로 된 「칠육성씨보계책七六姓氏譜系册」은 실實로 희서稀書라. 그 계系는 오늘의 삼사대조三四代祖에 그쳤지만 첨삭세밀添削細密한 주註는 오늘에 와서 날로 소홀히 되는 보계譜系에 그야말로 귀貴한 고증본考證本이 되는 것이 아닐까. 『범우고梵宇攷』라는 것은 고래古來 사찰寺剎 명헌名獻이라 우리나라 고래古來의 사찰총기寺剎聰記라 할까. 현존現存 무형無形의 명名 사찰寺剎에 대한 상기詳記는 그 수數 무형無形이 많은 까닭에 더욱 귀본貴本이 될 것이다. 사위四圍 개고금皆古今이라 이상以上 부연키 어렵거니와 그야말로 진완珍玩 당연唐硯이 있으니 호사豪奢한 서실書室이 아니기에 더욱 급고진장비본汲古珍藏秘本과 같이 좋은 벗이 되어 있었다. 정취情趣 수폭의 난향蘭香. 선생先生은 오늘도 영일永日 중심에 좌坐하고 생각나심인지. 백수오동柏樹梧桐의 계절季節에 시우주詩友酒로 수愁를 소견消遣하시던 일을 누구나가 언재彥才 해원解元이라 하시는 분. 여기 노부老夫의 음吟을 다시 들을진대 압권壓卷에 앞서 오로지 쾌유快癒를 바랄 뿐. 기원祈願할 뿐.

송재오宋在五

가람 이병기李秉岐

—몸 늙어도 맘은 젊어

日曜訪問

가람 李秉岐

몸늙어도 맘은젊어

七十古稀에 宿願풀이 하겠노

가람 이병기李秉岐

—몸 늙어도 맘은 젊어[74]

지난 3월三月 14일十四日 음력 1월一月 28일二十八日 제74회第七十回

생신生辰을 맞은 가람嘉藍 이병기李秉岐 선생先生을 시내市內 계동桂洞에 있는 중앙중학中央中學 바로 앞의 자택自宅으로 찾았다. 고색古色이 창연蒼然한 낡은 한국식韓國式 기와집 대문大門을 들어서자 청빈淸貧한 선비의 집답게 찌그러진 양철로 만든 울타리가 바른편으로 보인다.

두 간이 될까 말까 한 족오마한 온돌방에 마주 앉은 가람 선생先生은

『올해는 어떻게 해서든지 책을 몇 권卷 내볼 작정입니다…』

『대개 무슨 책을?』

『네. 예전에 냈던 시조집時調集과 같은 새 시조집이나 하나 하고 그리고 연래年來의 숙원宿願이던 국문학개론國文學槪論이나 한 권卷… 이런 정도程道지요. 허허허.』

74 「가람 李秉岐-몸 늙어도 맘은 젊어」, 『조선일보』, 1961. 3. 19.

수족手足이 불편不便한 탓인지 기거동작起居動作이나 회화會話에 지장支障이 있는 것처럼 보인다.

『앞으로 학교강의學校講義는 계속繼續 하시렵니까?』

하고 묻자 연세年歲에 비比해 검은 끼가 많은 백발白髮의 노老 국문학자國文學者 이병기李秉岐 선생先生은

『물론勿論 나갈 생각입니다. 늦어도 오는 8월경八月頃부터는 본격적本格的으로 학교學校도 나가고 딴 일도 더하고…』

문자文字 그대로 노익장老益壯이십니다 라고 하니까 동안童顔처럼 붉은 얼굴에 미소微笑가 떠오른다. 놋화로에다 쇠주전자 옛날식式 책상이 최신식最新式 탁상시계卓上時計와 좋은 대조對照가 되는 가람 선생先生의 서재書齋는 삼면三面이 서가書架로서 고서古書를 비롯한 「한글큰사전」 「이조실록李朝實錄」 「불교도사佛敎道史」 「고려사高麗史」 등이 가득 차 있다.

『…책이래야 뭐 반半 이상以上이 시골에 가 있고…』

책을 두리번거리며 살피는 기자記者에게 말을 건 다음

『내가 가지고 있는 고서古書래야 별別것 없지만 두 서너 권卷 아주 귀貴한 서적書籍이 있습니다. 이것도 그중中의 하난데…』

하면서 손수 일어나 서가書架로부터 먼지 쌓인 책 봉투를 끄집어내어 책을 보여준다.

『에에… 이 책은 우리나라에 하나밖에 없는 귀본貴本이지요. 성종대왕成宗大王 때 인쇄印刷된 것으로서 전부全部 다섯 권卷으로 되어 있는데 내가 가진 것은 네 권뿐이고 한 권卷은 일본日本 사람들이 가져가 버려 없습니다.』

근近 오백여 년 전의 책이라는 「금강반야바라밀경金剛般若波羅蜜經」은 고서古書의 전통傳統과 권위權威를 자랑하듯 어둡고 무거워 보인다.

『이 책 이외以外에 「증도가證道歌」 <건乾>과 「남명집南明集」 <곤坤>, 이 두 책은 같은 내용內容의 것입니다만 중국中國의 시 20수二十首를 세종대왕世宗大王이 번역飜譯을 한 책이고… 또 이것은 「용비어천가龍飛御天歌」의 초판본初版本입니다. 초판初版 오백 부五百部 중中의 한 권卷이지……』

이 책 저 책 뒤져 보이는 가람 선생先生은 대단히 만족滿足스러운 표정表情이다. 1922년 휘문고보徽文高普에서 교편을 잡기 시작한 후 서울대학교學校를 비롯한 전북대학교全北大學校 문리과대학장文理科大學長을 거쳐 중앙대학교中央大學校 등에서 강의講義를 맡은 바 있는 이병기 선생李秉岐先生은 현재現在 학술원회원學術院會員이기도 하다. 일제 말엽日帝末葉의 마지막 항일민족운동抗日民族運動이었던 1942년의 조선어학회사건朝鮮語學會事件에 연좌連坐하여 1년一年 동안 옥고獄苦 겪은 바 있는 이李 교수敎授는 약주藥酒 좋아하기로 유명有名한데 요새도 약주를 하시느냐는 질문質問에

『헛허 요새도 합니다. 물론勿論 녯날 젊은 시절時節처럼 만히는 못 마십니다마는 반주 정도는 매일 합니다.』

『오늘이 돌아가신 수주선생樹州先生 장일葬日인데 들으셨습니까?』

『네. 알고 있습니다. 그 참…』

하면서 고개를 기울인다.

매년每年 제사를 지내려고 고향인 전북全北 익산益山엘 자주 내려간다는 노시조老時調 작가作家는 일상 가정생활日常家庭生活의 형편形便을 묻자

『……뭐 경제적으로 좀 곤란困難하다고 할 수 있겠지요.… 그러나 이런 것은 신문에 쓰지 마십시오. 허허.』

한다. 일본日本에 건너간 후 소식消息 없는 장남長男 이외以外에 서울에서 회사원會社員으로 있는 둘째 아드님과 같이 살고 있다고 덧붙인다. 현재現在 거처居處하고 있는 계동桂洞 집에 온 지 근近 20년二十年이 넘는다는데

마당에는 우물과 수도水道가 나란히 서 있었으나 수도水道란 명색名色이 수도水道지 물이 안 나온 지 오래다고… 앞으로 더욱더 건승健勝하시길 바란다고 기자記者가 사의辭意를 표表하고 일어서자 마루까지 따라 나오면서

『그럼 잘 가시오.』

하는 인사人事와 함께 노부인老夫人의 합장인사合掌人事에 답答하고 계동桂洞마루를 내려왔다.

정鄭

진귀서珍貴書와 이병기李秉岐 박사博士

대부분 가사문학류歌辭文學類 근近 이만권二萬卷 장서藏書 간직

珍貴書와 李秉岐博士

대부분歌辭文學類

近二萬卷藏書간직

진귀서珍貴書와 이병기李秉岐 박사博士

대부분 가사문학류歌辭文學類 근近 이만권二萬卷 장서藏書 간직[75]

국학國學에 한평생을 바친 분하면 얼른 「가람伽藍 이병기李秉岐」 박사博士(올해 71세)를 생각하게 된다. 「국어국문학國語國文學」에 뜻을 두고서도 계속 시작詩作을 발표發表하여 우리 문단文壇을 밝힌 분이었으나 이젠 70 고개를 넘은 나이에 신병身病으로 몸마저 부자유로와 그 많은 묵은 이야기들을 끌어내기가 어려울 지경이다. 그러나 옛날 소탈하였던 성미는 그대로 있어서 막상 이야기가 「책」에 미치니 즐거운 웃음소리를 높힌다. 계동桂洞 언덕바지에 있는 서재書齊라고 하기엔 답답한 방이다. 그곳이 우리의 국보적國寶的 존재存在인 가람의 서재書齊인 것이다. 묵은 신문지에 싸서 끈으로 동여 매둔 책 뭉치가 차곡이 들어 있다. 책상에 나란히 꽂힌 책은 대개가 우리 고전문헌古典文獻이다.

우리나라에서 고본古本 진서珍書를 많이 가졌기로 손꼽힌다는 박사博士의 서제書齊는 실상 고향인 익산益山 여산礪山에 있는 「매밀당梅密堂[76]」이고 귀서貴書도 거의 그곳에 두었다 한다. 장서藏書 만여萬餘 권卷의 그곳 서재書齊는 서예書藝 골동骨董 등도 적지 않으나 서울에는 오륙천五六千 권卷의

75 「珍貴書와 李秉岐博士」, 『동아일보』, 1962. 7. 16.

76 「진수당進修堂」의 오식誤植인 듯.

책冊을 가져다 두었을 뿐이라고 한다. 선생이 가진 진귀한 책들은 곧 박사博士의 연구硏究와 직결直結되는 「시조時調」와 「가사문학歌辭文學」에 관한 것이 대부분이다.

그중 제일로 자랑삼는 것이 「석보상절釋譜詳節 4권四卷」의 사본寫本이다. 이건 모두 「24권二十四卷」으로 일제시日帝時 황해黃海도 어느 절에서 발견發見되었으나 여러 손을 거치는 통에 모두 잃고 지금 겨우 4권이 국립도서관國立圖書館에 보관 중인 것이다. 이것을 박사博士의 친구분이 선생을 위해 그대로 옮겨준 것이다. 꼭 사진으로 찍은 듯이 옮겨 그린 그 책에 대한 선생의 애착은 대단하다. <이거 이거 이렇게 꼭 같이 베낄 수가 없지> 연신 감탄하는 품이 처음 책을 대하기나 하는 듯, 이미 작고作故했다는 그 친구분을 대해 하는 이야기처럼 들린다.

이젠 다시 찾을 수 없을지도 모른다면서 그 「석보상절釋譜詳節 전全 24권四卷」을 모으고 싶은 마음이 한없다고 한다. 이젠 책을 얻어 들일 재력도 없고 또 좋은 책들이 통 나오지도 않는다고 서글픈 표정이다.

또 한 묶음의 신문지를 펼치니 그 속에는 보기에도 꽤 묵은 듯한 책이 나온다. 이게 「용비어천가龍飛御天歌 초본初本」이라고 한다. 아무도 갖지 못한 그야말로 진귀본珍貴本이다.

앞장에는 세종世宗이 손수 눌렀다는 도장 「선사지발宣賜之跋」이란 붉은 도장이 쳐졌는데 오백 년을 지내는 동안 군데군데 뭉그러진 곳은 있어도 안평대군安平大君의 글씨는 그대로다. 이 책은 돈보다 책을 아끼는 어느 친구에게서 산 것인데 그 친구가 이 책의 값어치를 잘못 안 것은 이 책의 가풀 종이가 선조宣祖 때의 것이라 이것을 중간重刊인 줄만 알았기 때문이라 한다. 「국보國寶」인 줄 모르고 헐값에 팔았다가 나중에 물러 달라고 애걸하던 일이 책을 들 때마다 생각난다고. 이건 「5책五冊 10권十卷」으로 되어 있는데 선생이 가진 것은 「1책一冊 2권二卷」 하나뿐이나 나머지는 아직 발견發見되지 않았다고 한다. 수없이 많은 진서珍書에서 역시 선생의 구미에 맞는 것은 「현금동문류기玄琴東文類記」라는 책. 이건 선조宣祖 때 거문고에 능통한 이덕윤李德胤의 「필적筆跡」과 손수 붙인 「보표譜表」가 있는 진본珍本이다. 세종조世宗祖의 김수온金守溫, 성종成宗 때의 성현成俔, 그밖에 안상安瑺 등等의 「필적筆蹟」과 「보표譜表」가 있을뿐더러 「보표연구譜表研究」에게 문고 「만드는 법法」까지 쓰여 있다.

이 책은 가문家門에서 전傳해오던 것으로 거문고 가락을 실은 「금가琴歌」와 함께 우리나라 거문고 연구에는 없지 못할 책이라고 한다. 이 밖에도 시조時調에 붙인 「양금곡」 집대성集大成인 「구라철사금보歐邏鐵絲琴譜」도 있다.

국학國學에 일생一生을 바친 분이라 책은 일일이 지적하기 어려울 정도로 많으나 그중 박사博士가 손꼽는 것 중에 「증도가건證道歌乾」이란 것도 있다.

두 권卷으로 된 이 책冊은 성종조成宗祖에 나왔으나 시작은 세종조世宗祖에 한 것이라 하며 중국中國 송宋나라의 노래를 번역하라는 세종世宗의 어명御命을 따라 대代를 이어 계속 성종成宗이 완결했다. 첫머리 30수首의 노래는 세종대왕世宗大王이 손수 번역하여 뜻도 새겼다. 이것도 앞뒤가 떨어져 나간 것을 손수 베껴 넣었다.

마지막으로 웃음 섞어가며 보여주는 책이 「인현성모덕행록仁顯聖母德行錄」 전질이다. 「장희빈張禧嬪」으로 잘 알려진 이야기다. 궁중宮中에서 쓴 것인데 「궁체宮體」로선 아주 그 글씨가 명필名筆이라고 한다. 이건 그 글씨에 반해 극히 아끼고 있다는 것이다.

서울대도서관大圖書館에 기증寄贈

이병기李秉岐 씨의 장서藏書 4,205권

서울大圖書館에寄贈

李秉岐씨의藏書 4,205권

서울대도서관大圖書館에 기증寄贈

이병기李秉岐 씨의 장서藏書 4,205권[77]

우리 국문학계의 선배의 한사람인 가람 이병기李秉岐(71) 씨는 평생 아끼고 쓰다듬으며 연구하든 고서적 사천이백오 권을 서울대학교 도서관에 기증하기로 결정했다고 29일 말했다. 이번에 기증하게 된 고서적은 세종대왕 때의 「금강반야바라밀경金剛般若波羅密經」을 비롯하여 송나라 시대의 시를 수록한 남명집南明集 등 한국 내에는 단 한 권밖에 없는 귀중한 희귀본 등이 수백 권卷 끼어 있다.

그런데 이병기 씨는 7년 전 한글날 행사에서 돌아오던 길에 뇌일혈로 쓰러져 자리에 누운 이래 현재까지 중풍으로 고생해오고 있는데 어려운 살림에도 이 귀중한 고본만은 영원히 보존해야겠다고 생각하고 교편을 잡던 서울대학교에 이 책을 기증키로 한 것인데 평생 애써 아끼며 사랑하든 책들이라고 자랑하면서 이씨는 이 책 중에는 왜정 때 나의 2년간의 월급이 송두리째 든 것도 있다고 지난날을 회상했다.

이병기 씨는 현재 종로구 계동桂洞 2二의 22二二 조그만 기와집에서 청빈한 살림에 중풍으로 시달리고 있는 중이다.

---

77 「서울大圖書館에 寄贈, 李秉岐씨의 藏書 4,205권」, 『조선일보』, 1963. 5. 30.

이 책을 구求하기까지

가람 이병기李秉岐 옹의 금강반야바라밀경金剛般若波羅蜜經

生命보다아낀것

이 책을 구求하기까지

가람 이병기李秉岐 옹의 금강반야바라밀경金剛般若若波羅蜜經[78]

계동桂洞 중앙고교中央高校 정문 앞에서 오른편 길로 접어들면 몇 집 안 가서 다시 오른쪽 골목이 나선다. 골목으로 들어서면서 왼편 첫 집 손질이 가지 않은 수수한 한식韓式 기와집이다. 마침 가람 이병기李秉岐(73) 옹翁은 깨끗이 다듬어 입은 모시 옷차림으로 보기에도 답답할 만큼 작은 거실居室(서재書齋겸)에 앉아있었다. 한 간이 못 되는 거실居室에는 드나드는 문장지께만 틔었을 뿐 세 벽으로는 한적漢籍이 가득히 쌓여있다.

거실居室과 붙은 반 간쯤 크기의 골방은 전부가 책이고, 가람 선생이 평생을 두고 수집한 진본珍本들이다. 4천 권이 넘는 이들 귀중본들은 멀지 않아 서울대도서관大圖書館으로 기증寄贈되어 갈 예정이다.

"잘 왔소. 다(그 숱한 한적漢籍들을 둘러보며) 내가 있던 서울대학大學에 기증하기로 했지!"

7년 전의 뇌일혈로 중풍을 얻은 가람 선생의 말은 똑똑치가 않다. 기억도 많이 상실한 듯했다.

『이 책을 구하기까지』의 뜻을 전했을 때 가람 선생은 금시 불편한 몸

78 『이 책을 구求하기까지/가람 이병기李秉岐 옹의 금강반야바라밀경金剛般若波羅蜜經」, 『경향신문』, 1963. 6. 6.

을 일으키며 뒤쪽으로 돌아서는 것이었다. 그리 큼직한 옛 책을 말없이 내려놓았다. 크기 약 40×25센티, 표지에는 「금강반야바라밀경金剛般若波羅密經」이라 적혀있다. 권卷1이 빠진 나머지 4권卷, 유명한 그리고 유일본唯一本인 단종端宗 3년의 을해자乙亥字(동활자銅活字) 원본原本이다. 표제 옆에는 그 옛날의 책임자를 밝혀주는 속리산관음사俗離山觀音寺라는 묵서墨書가 보이다.

가람 선생은 천천히 그리고 몹시 불편한 말로 그 책 구할 때의 기억을 더듬었다. 책을 펼쳐들면서-.

40년쯤 전이었다고 한다. 그때 가람 선생은 지금의 휘문중·고徽文中高校 교사였다. 그 무렵 가람 선생을 안타깝게 하는 소문이 고서가古書街에 나돌고 있었다. 세종世宗이 많은 불서佛書를 번역할 때에 시작되어 성종成宗 때에 와서 완성을 본 세칭 금강경삼가해金剛經三家解(금강반야바라밀경金剛般若波羅密經)의 원본原本이 낙원동樂園洞 골목 어느 전당포에 있다는 얘기였다. 그리고 돈 많이 내는 사람에게 판다는 소문이었다. 부르는 값은 너무나 엄청났다.

『굉장한 사람이었지. 돈만 높이려고, 몇 해씩 놓질 않고 있었단 말야. 그때 그 전당포 사람이 얼마 값을 불렀는지 글쎄 생각이 안 나는군. 그리고 내가 치른 값도. 그러나 난 책값을 한 번에 다 물어주고 넘겨받았지-. 아마 그때 내 봉급(당시 돈으로 80원 정도?)을 1년을 모아도 부족할 만큼 큰돈이었어. 아무렴』

특히 언해가 붙어있어 국문학國文學 연구에도 다시없이 귀중한 이 책이 언제부터 장사꾼 손에 나돌게 되었는지는 분명치 않다. 본시 소장처所藏處인 속리사俗離寺 관음사觀音寺에서 나오게 된 것도 돈을 탐낸 어느 중의 소행이었을 게라고 들려주는 가람 선생은 『그것이 아마 정조 때쯤부터가 아닐까』라고 말했다. 그러나 그 뒤로 이 금강반야바라밀경金剛般若波羅密經이 몇 사람의 수중을 거쳤던 것인지는 아무도 모르는 일이다.

가람 선생은 다른 여러 책과 함께 이 진본珍本을 고향인 전북全北 여산礪山으로 소개하기를 네댓 번(사변事變 그 밖의 불안不安) 등으로 생명生命보다도 아껴왔다. 그러다가 서울대학大學으로 기증寄贈을 하기에 이른 것이다. 결질부潔疾部인 권卷1은 지금 일본日本의 어느 대학大學에 있다는 말이 전해지고 있다.

『나 죽을 날도 멀지 않은 것 같고, 그래서 책들을 모두 믿을 만한 그리고 나처럼 아껴 줄 대학도서관大學圖書館에 맡기니 젊은 사람들이 많이들 읽어주었으면 좋겠소.』 빙긋이 웃음을 지으며 가람 선생을 말을 맺었다. 그리고 책들을 다시 한번 둘러보는 것이었다.

서지 목록

서목書目

가람 이병기李秉岐 소장본

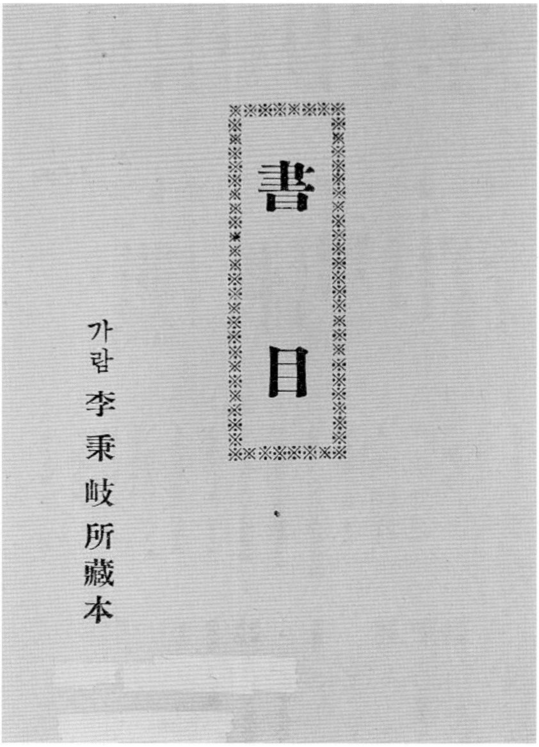

『서목』(발행자불명(최승범 외), 등사판, 1963) 표지 사진

일러두기

1. 이 책은 가람 이병기李秉岐 소장본所藏本 서목書目(1963, 서울, 발행자불명)을 원본으로 하였다.
2. 맞춤법은 원본 그대로 하고 띄어쓰기는 현대어 표기로 하였다.
3. 한자로 된 원문은 가독성을 높이기 위하여 한글(한문)으로 표기하였다.
4. 단 일련번호와 연대는 아라비아 숫자로 바꾸었고, 책의 권수는 한자로 표기하였다.

고서적서목古書籍書目

■ 귀중본서목貴重本書目

번호	서명	형식	내용
1	능엄경楞嚴經	고려 一	본서本書는 고려 중기판中期板이다
2	두초당시杜草堂詩	一	중종 시대의 복각본覆刻本이다. 외타外他 고려본 교엽부록本敎葉附錄
3	십초시十抄詩	목판木板 三	고려인 저서본高麗人著書本
4	역대세년가歷代世年歌	〃 一	태종시대판太宗時代板
5	동국기東國記	〃 一	권근權近 저著
6	포은선생문집圃隱先生文集	초간본初刊本 一	정몽주鄭夢周 저著
7	일선의열도一善義烈圖	목판木板 一	부의구도유문附義狗圖有文
8	법원주림法苑珠林 권54지6卷五十四之六	〃 一	고려 장경판藏經板으로 세종조 간본刊本
9	이문집람吏文輯覽	〃 一	
10	안진경고탑본일첩顏眞卿古榻本一帖	탑본榻本 一	원말 시대 탑본元末時代榻本이다
11	인목왕후필적仁穆王后筆蹟	필적筆蹟 一	본서本書는 선조 대왕 왕후계비王后繼妃 영창대군모永昌大君母이요 광해 인조 시대의 대비大妃이다.
12	추사간첩秋史簡帖	〃 一	김정희金正喜의 서書
13	원당간첩阮堂簡帖	〃 一	〃
14	원당선생간첩阮堂先生簡帖	〃 一	〃
15	송조표전총류宋朝表牋總類 권제7卷第七	동활자銅活字 一	태종 3년 계미자癸未字
16	자치통감資治通鑑	〃 一	세종 2년 경자庚子 5년
17	문장정종文章正宗 6지7六之七	〃 一	세종 2년 경자자庚子字
18	문장정종文章正宗 4지5四之五	〃 一	〃

19	전한서前漢書	갑인활자甲寅活字 一	〃
20	한문韓文 권13지4卷十三之四	동활자銅活字 二	〃
21	한문韓文 권35지8卷三十五之八, 권34지8卷三十四之八	갑인동활자甲寅銅活字 二	〃
22	묘법연화경妙法蓮花經 제2第二	〃 一	〃
23	신편음점성리군서구해新編音點性理群書句解	갑인자甲寅字 一	〃
24	분류보주이태백시分類補註李太白詩 권지3卷之三	〃 一	중종 시대 인행印行
25	상설고문진보대전후집詳說古文眞寶大全後集	임신활자壬申活字 一	문종 2년
26	회록당시고懷麓堂詩藁 권지11卷之十一	동활자銅活字 一	단종 3 을해乙亥
27	대광익회옥편大廣益會玉篇 권제5卷第五	활자活字 一	〃
28	역대표제주석십구십구사략통고歷代標題註釋十九史略通攷 권지5卷之五	〃 一	〃
29	부선賦選	동활자銅活字 一	〃
30	문한유선文翰類選	〃 一	세조 10 을유乙酉
31	맹자혹문孟子或問 제74第七十四	〃 一	성종 15년
32	사서장도四書章圖	동활자銅活字 一	성종 15년
33	동국여지승람東國輿地勝覽 권지11卷之十一	〃 一	성종 24년 계유癸酉
34	통감강목通鑑綱目	활자活字 一	세종 18 병진 활자丙辰活字를 중종 시대 용각用刻된 활자活字이다
35	금강반야바라밀경金剛般般若波羅蜜經 2, 3, 4, 5二, 三, 四, 五	동활자銅活字 三四	단종 3 을해乙亥
36	남명집南明集 건곤乾坤	〃 二	〃

37	대불정수능엄경大佛頂首楞嚴經 제5第五	〃 一	〃
38	분류두공부시分類杜工部詩 권지6, 15, 16卷之六 十五 十六	〃 一	〃 조위曹偉 역譯
39	원각경圓覺經	목판木板 二	
40	원각경언해십이능엄경언해圓覺經諺解十二楞嚴經諺解	〃 二	원각경圓覺經 세조 을유활자世祖乙酉活字 능엄경楞嚴經 목판본木板本
41	능엄경楞嚴經 4四	〃 一	
42	법화경法華經	〃 一五	
43	초사후어楚辭後語	〃 一	세종 시
44	구급방救急方	〃 一	
45	번역소학飜譯小學 권지9卷之九	〃 一	김전金銓 등 편等編
46	속삼강행실도선續三綱行實圖選	〃 一	책두冊頭 방점 유
47	용비어천가龍飛御天歌 제1, 2第一二	〃	
48	정속언해正俗諺解 단單	〃 一	
49	법어法語	목판木板 一	중종
50	지남문指南文	〃 一	
51	양금신보梁琴新譜	〃 一	양덕수梁德壽 저著
52	사성통해四聲通解	〃 一	최세진崔世珍 저著
53	관음경觀音經	〃 一	
54	발심수행장發心修行章 부附 자경문自警文	〃 一	
55	불설아미타경佛說阿彌陀經	〃 一	
56	첩해몽어捷解蒙語 제1, 2, 3, 4第一, 二, 三, 四	〃 四	
57	역어유해譯語類解 상하上下 보補	〃 三	

58	노걸대老乞大 전곤건全坤乾	〃 三	
59	박해朴解	〃 一	

■ 희귀본서목稀貴本書目

번호	서명	형식	내용
363[79]	두시언해杜詩諺解	목판木板 一八	조위曹偉 역譯
60	예기집설대전禮記集說大全 권지13卷之十三	목판木板 一	세조 시대
61	논어율곡선생언해論語栗谷先生諺解 삼주三鑄	갑인자甲寅字 四	현종 9년 무신戊申 이이李珥 찬撰
62	가례언해家禮諺解	목판木板 四	
63	벽온신방辟瘟新方	〃 一	
64	경민편청간광포제로警民編請刊廣布題路	목판木板 一	
65	이문대사吏文大師	〃 一	
66	이륜행실형제도二倫行實兄弟圖	〃 一	정조正祖 명命 정리활자整理活字
67	삼강행실도三綱行實圖	〃 三	권채權採 등等 역譯
68	여씨향약呂氏鄕約	〃 一	김안국金安國 역譯
69	어록해語錄解	〃 一	
70	〃	〃 一	
71	불설대보부모은중경佛說大報父母恩重經	〃 一	
72	내훈內訓	〃 一	인수왕대비仁粹王大妃 역譯
73	언해두창집요諺解痘瘡集要 권하卷下	〃 一	
74	여사서女四書	활자活字 一	
75	아미타불阿彌陀佛	목판木板 一	
76	규합총서閨閤叢書 단單	〃 一	
77	신전자초방新傳煮硝方	〃 一	

78	속명의록언해續明義錄諺解 전全	동활자銅活字 一	정종 정유丁酉
79	지장보살경地藏菩薩經		
80	구황촬요救荒撮要 전全	〃 一	
81	백련초해百聯抄解 단單	목판木板 一	김인후金麟厚 저著
82	정음통석正音通釋	〃 一	박성원朴性源 역譯
83	효원물거効苑勿去	〃 一	
84	이원기로회계첩梨園耆老會稧帖	〃 一	
85	자휘字彙 상하上下	〃 二	
86	일동장유가日東壯遊歌	필사筆寫 四	
87	청구야담青邱野談	〃 一九	
88	안릉일기安陵日記 천지인天地人	〃 三	
89	소악부小樂府 40수四十首	〃 一	
90	물명고物名考	〃 二	
91	속악가사俗樂歌詞 단單	〃 一	
92	죽란물명고竹欄物名考	〃 一	
93	윤시힝장	〃 一	서포 선생 지음
94	장편가집長編歌集	〃 一	
95	망로각수기忘老却愁記 전全	〃 一	
96	추재기이秋齋紀異 단單	〃 一	
97	악가사樂歌詞	필사筆寫	
98	해동가보海東歌譜 건乾	필사筆寫 一	
99	금옥총부金玉叢部	〃 一	주옹만영周翁漫詠
100	삼죽사류三竹詞流 단單	〃 一	
101	해동가곡海東歌曲	〃 一	
102	흥비부興比賦 단單	〃 一	
103	가곡원류歌曲源流 단單	〃 一	

104	청구영언靑丘詠言	〃 一	
105	청구영언靑丘永言	〃 一	
106	협률대성協律大成	〃 一	
107	광재물보廣才物譜	〃 四	
108	한중록恨中錄	〃 六	6책六冊 장헌세자莊獻世子의 비妃 홍씨洪氏 저著
109	음중팔선가飮中八僊歌	〃 一	
110	선세비지先世碑誌	〃 一	
111	규곤의측閨坤儀則	〃 一	
112	유취요람類聚要覽 단單	〃 一	
113	만언사萬言詞 단單	〃 一	
114	소원성취문所願成就文	〃 一	
115	인현성모덕행록仁顯聖母德行錄 전全	〃 一	숙종肅宗 재취再聚 왕후王后 민씨閔氏 저著
116	복선화음록福善禍淫錄 전全	필사筆寫 一	
117	이두훈해吏讀訓解	print 一	
118	정일당잡지貞一堂雜識	필사筆寫 一	강씨부인姜氏婦人 저著
119	이두편람吏讀便覽 전全	print 一	
120	동언고략東言考略 전全	필사筆寫 一	
121	속악가사俗樂歌詞	〃 一	
122	현금동문유기玄琴東文類記	〃 一	
123	국조악장國朝樂章 2二	동활자銅活字 二	정조 원년 정유丁酉
124	계면界面	필사筆寫 一	
125	원객유운園客遺韻	〃 一	
126	아악부 가집雅樂部歌集	〃 四	
127	신오위장본집申五衛將本集	〃 六	
128	진연의궤進宴儀軌	정리활자整理活字 四	고종 임인壬寅 정리활자整理活字
129	기축진찬도己丑進饌圖	〃 三	정조

130	진찬의궤총목進饌儀軌摠目 및 권지1, 2卷之一 二	〃 二	〃
131	무신진찬도戊申進饌圖 권지1, 2, 3卷之一 二 三	〃 三	〃
132	진찬의궤進饌儀軌 권지1, 2, 3卷之一 二 三	〃 三	〃
133	진찬의궤進饌儀軌 권지1, 2, 3, 4卷之一 二 三 四	정리 활자整理活字 四	〃 임진壬辰
134	박소촌화樸素村話	필사筆寫 三	
135	계압만록溪鴨漫錄 건乾, 곤坤	〃 二	
136	동야집사東野輯史	〃 八	
137	기문총화記聞叢話 건乾, 곤坤	〃 二	
138	계서잡록溪西雜錄 단單	〃 一	
139	청야담수青野談藪 6책六冊	〃 六	
140	아동기문我東奇聞	〃 一	
141	동경일기東京日記	〃 一	
142	청운잡총青韻襍藂	〃 一	
143	계서잡록溪西雜錄	〃 一	
144	통감언해通鑑諺解 하下	갑인활자甲寅活字 一	명종 시 인간印刊
145	남화南華 제3第三	〃 一	현종 9 무신戊申 3주三鑄
146	육도직해六韜直解 제1, 2, 3第一 二 三	동활자銅活字 一	단종 3년 을해乙亥
147	신편고금사문유취新篇古今事文類聚	〃 三	성종 갑진甲辰 축목祝穆 저著
148	문헌통고文獻通考	〃 一	성종 15 갑진甲辰
149	형계유고荊溪遺稿 단單	〃 一	박연朴堧 저著
150	근사록近思錄 원형이정元亨利貞	목판木板 四	주희朱憙 편編
151	고사촬요攷事撮要	활자活字 三	현종 9 무신戊申 3주三鑄갑인자甲寅字 어숙권魚叔權 저著
152	북한지北漢誌	목판木板 一	

153	속일지록續日知錄	필사筆寫 一	
154	관서악부關西樂府	〃 一	
155	규사葵史 건곤乾坤	인서체목활자印書体木活字 一	
156	연조귀감掾曺龜鑑 기1, 2其一二	〃 二	
157	연조귀감속掾曺龜鑑續 권지1, 2卷之一二	필사筆寫 二	
158	학산초담鶴山樵談	〃 一	
159	해동악부海東樂府 전全	목판木板 一	심광세沈光世 저著
160	해동이적海東異蹟	필사筆寫 一	
161	금석과안록金石過眼錄 단單	〃 一	김정희金正喜 저著
162	영남악부嶺南樂府	〃 一	
163	호남악부湖南樂府 전全	〃 一	
164	월여농가月餘農歌 단單	〃 一	소당嘯堂 김형수金逈洙
165	북학의北學議 상하上下	〃 二	박제가朴齊家 저著
166	청비록淸脾錄	〃 一	이덕무李德懋 저著
167	중주십일가시선中州十一家詩選	필사筆寫 一	
168	장유록壯遊錄	〃 一	
169	수주적록愁州謫錄	〃 一	
170	팔선와유도捌僊臥遊圖	〃 一	
171	낙국도정洛國都政	〃 一	
172	동관식록童觀識錄	〃 一	
173	목면보木綿譜 전全	〃 一	
174	국조시산國朝詩删 4책四冊	목판木板 四	허균許筠
175	태허정집太虛亭集 건곤乾坤	인서체印書体 활자木活字 二	목활자木活字 성현成俔 저著
176	낙하생고洛下生藁 전全	필사筆寫 一	이학규李學逵 저著
177	표훈선사유적標薰禪師遺蹟	목판木板 一	

178	불조원류佛祖源流 단單	〃 一	
179	허정집虛靜集 합책合冊	〃 一	
180	설담집雪潭集	一	
181	면앙집俛仰集 1, 2一 二	목활자木活字 二	인서체印書体
182	동국시화東國詩話	필사筆寫 一	허균許筠 저著
183	범우고梵宇攷	〃 一	
184	고려사高麗史 전질全秩	목판木板 八九	정인지鄭麟趾 저著

보통본서목普通本書目

■ 경부經部

번호	서명	형식	내용
185	주해周解	목판木板 一七	주희朱熹 편編
186	역학계몽易學啓蒙	〃 一	〃
187	역경易經	속판續板 二	〃
188	시전詩傳	목판木板 一七	〃
189	서해書解	〃 一七	〃
190	맹자孟子 및 맹자언해孟子諺解 4四	〃 一	〃
191	논어論語	〃 一一	〃
192	논어論語 중, 하中下	〃 二	〃
193	통감通鑑	〃 七	
194	예기禮記	〃 一五	
195	중용언해中庸諺解	〃 二	주희朱熹 편編
196	대학大學	〃 二	〃
197	효경孝經	〃 一〇	
198	춘추春秋	〃 一〇	좌구명左丘明 편編
199	좌전초左傳抄	〃 二	차천로車天路 저著
200	심경석의心經釋疑 전全	목판木板 一	

201	논어論語 4四	목활자木活字 一	박아지 목활자木活字 주희朱熹 편編
202	팔자백선八字百選 상하上下	목판木板 二	영조 명편命編
203	논시절구論詩絶句	필사筆寫 一	
204	소학제가집小學諸家集	목판木板 三	
205	역전총목易傳總目	〃 一	결본缺本

■사부史部

번호	서명	형식	내용
206	삼국사기三國史記 전질全秩	경인景印 九	김부식金富軾 저著
207	삼국유사三國遺事	〃	석일연釋一然 저著
208	시전詩傳	필사筆寫一	주희朱熹 편編
209	고려사절요高麗史節要 전질全秩	경인景印 二八	중추 원간原刊 김종서金宗瑞 저著
210	〃	〃	〃 〃
211	난후잡록亂後雜錄 2책二冊	〃 二	〃 유성룡柳成龍 저著
210	속무정보감續武定寶鑑 2책二冊	〃 二	〃
211	조선부朝鮮賦 〃	〃 一	동월董越 저著
212	보한재집保閑齋集 전全	〃 八	〃 신숙주申叔舟 저著
213	통문관지通文館志 건 곤乾坤	〃 二	〃 김경문金慶門 저著
214	양촌집陽村集 전全	경인景印 八	〃 중추원中樞院 간刊 권근權近 저著
215	진관관병편오책잔권鎭管官兵編伍冊殘卷 1,2一二	〃 二	중추원 간 유성룡柳成龍 저著
216	제승방략制勝方略	〃 一	〃 이달李達 저著
217	백운화상어록白雲和尙語錄	〃 一	〃
218	소수서원담록紹修書院膽錄	〃 一	〃 주세붕周世鵬 저著
219	조선부朝鮮賦	〃 一	〃 동월董越 저著
220	해동제국기海東諸國紀	〃 一	〃 신숙주申叔舟 저著

221	군문등록軍門謄錄	〃 一	〃 유성룡柳成龍 저著
222	초본草本 징비록懲毖錄	〃 一	〃 〃
223	사대문궤삼갑事大文軌三匣 상중하上,中,下	〃 二四	〃 선조 명편命編
224	조선사朝鮮史 전질全秩	석인石印 一七	김경중金暻中 편編
225	증보문헌비고增補文獻備考 전외3全外三	인쇄印刷 五四	이용구李容九 등 편等編
226	대동역사大東歷史 전사全史	금장석활자金丈錫活字 二	정교鄭喬 이경직李庚稙 등等편編
227	만국약사萬國略史 2二	목木 一	이경직李庚稙 편編
228	연암집燕巖集	목木 一	박지원朴趾源 저著
229	조야회통朝野會通 1, 2, 3一 二 三	필사筆寫 三	
230	민회실기民會實記	필사筆寫 一	독립협회일기獨立協會日記
231	계년사季年史 공8共八	필사筆寫 八	
232	동사보유東史補遺 공4共四	목판木板 四	
233	동국여지비고東國與地備攷 공2共二	필사筆寫 二	서거정徐居正 편編
234	고려사高麗史 결缺	목판木板 二一	정인지鄭麟趾 편編

■자부子部

번호	서명	형식	내용
235	희조일사熙朝軼事	활자活字 一	전천석활자全天錫活字
236	광한루악부廣漢樓樂府 단單	print 一	호산거사壷山居士 윤달선尹達善 저著
237	명엽지해蓂葉志諧 전全	필사筆寫 一	
238	고금소총古今笑叢	〃 一	
239	태평한화太平閑話 전全	print 一	서거정徐居正 저著
240	파수록罷睡錄	필사筆寫 一	
241	어우야담於于野談 단單	〃 一	유몽인柳夢寅 저著

242	죽계지竹溪志 천인天人	목판木板 二	
243	도암만록道巖漫錄	필사筆寫 一	야연野淵
244	야연만록野淵漫錄 형리亨利	〃 二	
245	표충사지表忠祠志 단單	목판木板 一	
246	열성수교列聖受敎	〃 一	
247	청구야담靑邱野談 1, 2, 3一二 三	필사筆寫 三	
248	세시풍요歲時風謠 전全	〃 一	
249	정수록正粹錄	목활자木活字 一	인서체印書本 목판자木板字
250	매복등단록枚卜登壇錄 전全	필사筆寫 一	
251	해동악부海東樂府	〃 一	민우수閔遇洙 저著
252	응제시應制詩	〃 一	권근權近 저著
253	해동악부海東樂府 전全	〃 一	심광세沈光世 저著
254	이광현일기李光鉉日記 전全	print 一	
255	한경지략漢京識略 1, 2一 二	필사筆寫 二	
256	송록질서록宋麓疾書錄	〃 一	
257	삼한시귀감三韓詩龜鑑	〃 一	
258	졸고천백拙藁千百	〃 一	최자崔滋 저著
259	삼한습유三韓拾遺	〃 一	
260	해동문헌총록海東文獻總錄	〃 一	
261	자경지함흥일기慈慶志咸興日記 단單		
262	동야휘집東野彙輯 공8共八	print 八	
263	공사견문公私見聞 전후前後	〃 二	정재륜鄭載崙 저著
264	규원사화揆園史話	print 一	
264	금계필담錦溪筆談 상하上下	〃 二	
264	양화소록養花小錄 단單	〃 一	강희안姜希顔 저著
265	예원지藝畹志 공3共三	필사筆寫 三	
265	해동악부海東樂府 천지天地	〃 二	1책一册 결缺

266	소화시평小華詩評	〃 二	상하上下 홍만종 저洪萬宗著
267	유원총보類苑叢寶 전全	목판木板 二〇	김육金堉 저著
268	사요史要	〃 五	
269	진보眞寶	〃 八	
270	토절土節 건곤乾坤	〃 二	이덕무李德懋 저著
271	남화경南華經	필사筆寫 五	
272	초사楚辭 상중하上中下	목판木板 三	
273	동국씨족고東國氏族攷 천지인天地人	〃 三	
274	잠영보簪纓譜	필사筆寫 三	
275	선원보략璿源譜略 공8共八	목판木板 八	
276	두시杜詩 6, 7, 8六七八	〃 三	
277	도덕경道德經	〃 一	
278	선부選賦	목판木板 三	
279	채가쇄설采家瑣屑	필사筆寫 一	
280	요도瑤圖	〃 一	
281	의례문해疑禮問解	목판木板 一	김장생金長生 저著
282	만성대동보萬姓大同譜	인쇄印刷 二	상하 합편上下合篇 및 속편續篇
283	향약집성방鄕藥集成方 전全	〃 三	세종世宗 명편命篇
284	조선인물호보朝鮮人物號譜 공2共二	〃 二	
285	조선명신록朝鮮名臣錄 공2共二	〃 二	
286	논어집주論語集註 전全	〃 一	융희隆熙 2 정운복鄭雲復
287	정본집주주전正本集註註傳	〃 一	대정大正 6 남궁준南宮濬
288	원본구해맹자집주原本具解孟子集註 상하上下	〃 二	대정大正 3 이종정李鐘楨
289	삼반예식三班禮式	목판木板 一	대원군大院君 명편命編
290	육해법陸海法 전全	〃 一	

291	중조약장합편中朝約章合編	〃 一	고종高宗 명편命編
292	은대조례銀臺條例 전全	석활자錫活字 一	전사석활자全史錫活字
293	공법회통公法會通 공3共三	목판木板 三	
294	대전회통大典會通 공5共五	〃 五	
295	상례절요喪禮節要	목판木板 一	
296	공신록功臣錄	도감都監 一	
297	만록漫綠	필사筆寫 一	숭양산인崇陽山人
298	군신언지록君臣言志錄	필사筆寫 一	
299	성화도설城華圖說	활자정리活字整理 一	정조正祖 활자정리活字整理
300	누판고鏤板考 공3共三	필사筆寫 三	
301	삼관기三官記 집곤執坤	목활자木活字 二	인서체 목활자印書体木活字 조극선趙克善 저著
302	창선감의록倡善感義錄	필사筆寫 一	
303	동래박의東來博議	목판木板 一	
304	묘법연화경妙法蓮華經	〃 一	종남산終南山 석도선釋道宣 술述
304	방사신서放事新書	목활자木活字 一	인서체 목활자印書体木活字 서명응徐命膺 저著
305	간독정요簡牘精要	목판木板 一	
306	유서필지儒胥必知 전全	〃 一	
307	아희원람兒戲原覧	〃 一	
308	화사花史	필사筆寫 二	
309	기년아람紀年児覽	〃 一	
310	추구推句	〃 一	
311	남정기南征記	필사筆寫 一	
312	한객건연韓客巾衍	〃 一	이덕무李德懋 외 3인
313	이십일도회고시二十一都懷古詩	목판木板 一	
314	구운몽九雲夢	필사筆寫 一	

315	사해史解	고판古板 一	
316	유서필지儒胥必知	목판木板 一	
317	삼관기三官記	필사筆寫 一	이재李縡 저著
318	요람要覽	〃 一	
319	신상촌申象村	〃 一	
320	이목은李牧隱 색穡, 점필재佔畢齋 종직宗直, 최간이崔簡易 립岦, 이월사李月沙 정구廷龜	〃 一	
321	동서東書	〃 一	
322	가장家藏	〃 一	
323	격몽요결擊蒙要訣	〃 一	이이李珥 저著
324	지희갱재축志喜賡載軸	동활자銅活字 一	정종 21 정리동활자整理銅活字
325	성시중효행록成侍中孝行錄	목판木板 一	
326	진람震覽	필사筆寫 一	
327	염락풍아濂洛風雅 건곤乾坤	목판木板 二	
328	대한광무구년명시삼력大韓光武九年明時三曆	목판木板 一	
329	판부규식判付規式	필사筆寫 一	
330	동사촬요東史撮要	목판木板 一	
331	증보만보增補萬寶		
332	대동여지도고大東輿地圖考	필사筆寫 一	
333	원교서결圓嶠書訣	〃 一	이광사李匡師 저著
334	주역참동계周易參同契	목판木板 一	
335	참동계參同契 전全	필사筆寫 一	
336	주수라晝水剌 건곤乾坤	〃 二	
337	완산지기문完山誌記文	〃 一	
338	방역한집方易閑輯[80]	〃 一	
339	동국명산기東國名山記 전全	인쇄印刷 一	성해응成海應 저著

340	산보散譜	필사筆寫 一	
341	노자도덕경老子道德經	목판木板 一	
342	설문해자익징說文解字翼徵	1갑一匣	경인문景印文 박선수朴瑄壽 저著
343	독단獨斷 1갑一匣	〃 一	채옹독단蔡邕獨斷
344	벽위편闢衛編 상·하上·下	인쇄印刷	완산完山 이만채李晩采 편찬編纂
345	역대고歷代攷	필사筆寫 一	
346	일사유사逸士遺事	인쇄印刷 一	대정大正 11 장지연張志淵 저작著作 겸兼 발행發行
347	어정오경백선御定五經百選	인쇄印刷 二	융희隆熙 2 최광옥 저崔光玉著
348	대한신지지大韓新地誌 건곤乾坤	〃 二	대정大正 11 장지연張志淵 저작著作
349	기보碁譜 전全	〃 一	대정원大正元 최남선崔南善 발행發行
350	다반갱작茶飯更嚼	〃 一	소화昭和 14 설원식薛元植 발행發行
351	위인원효偉人元曉	〃 一	대정大正 6 장도빈張道斌 발행發行
352	대한문전大韓文典	〃 一	융희隆熙 2 최광옥崔光玉 저술著術
353	목민심서牧民心書 공사共四	〃 四	광무光武 6년 정약용丁若鏞 저著
354	과거급과문科擧及科文	print 一	
355	악통樂通 전全	〃 一	
356	악보樂譜	〃 一	
357	가곡보歌曲譜	〃 一	
358	시율詩律	필사筆寫 一	
359	제왕운기帝王韻記	사寫 一	이승휴李承休 저著
360	조선해어화사朝鮮解語花史 전全	인쇄印刷 一	소화 20 이능화李能和 저작발행著作發行

361	조선여속고朝鮮女俗考 전全	〃	〃 〃
362	금강반야바라밀경金剛般若波羅密經 상·하上·下	목판木板 二	
363	균여전均如傳	목판木板 二	
364	대각국사문집大覺國師文集 전全	〃 一	
365	대각국사외집大覺國師外集 전全	〃 一	
366	선문촬요禪門撮要 상·하上·下	〃 二	
367	법보단경法寶壇經	필사筆寫 一	
368	한산자시집寒山子詩集	목판木板 一	
369	대혜보각선사서大慧普覺禪師書	〃 一	
370	능가경회역楞伽經會譯	인쇄印刷 四	
371	대승기신론소기회본大乘起信論疏記會本	목판木板 二	
372	금강삼매경론金剛三昧境經論 전全	인쇄印刷 一	
373	선요禪要 전全	목판木板 一	
374	정경頂經	〃 一	소화 이능화李能和 저작 발행著作發行
375	수능엄경首楞嚴經	print 一	
376	유마경維摩經	목판木板 三	
377	천지팔양경天地八陽經	〃 一	
378	대아미타경大阿彌陀經	〃 一	
379	대방광원각수다라의경大方廣圓覺修多羅義經	목판木板 一	
380	흠흠신서欽欽新書	인쇄印刷 一	융희隆熙 원元 현공렴玄公廉 발행發行
381	요장瞭掌	필사筆寫 一	
382	선학입문禪學入門 전全	인쇄印刷 一	

383	범해선사유고梵海禪師遺稿	〃 一	대정大正 10 임인월林印月 발행發行
384	시해詩解	무신활자戊申活字 一	
385	중용언해中庸諺解	목활자木活字 一	
386	오륜행실五倫行實	정리자整理字 四	
387	두시언해杜詩諺解	목판木板 一〇	
388	대동운부군옥大東韻府群玉	〃 二〇	
389	종왕화보鍾王畵譜	사본寫本 一	
390	악학궤범樂學軌範	경인景印 三	
391	세조악보世祖樂譜	p 二	
392	세종악보世宗樂譜	p 五	
393	사략언해史略諺解	목판木板 二	
394	무원록언해無冤錄諺解	〃 二	
395	화어류초華語類抄	목판木板 一	
396	삼운성휘三韻聲彙	〃 三	
397	자휼전칙字恤典則	〃 一	
398	어제상훈언해御製常訓諺解	활자活字 一	
399	금문사목禁紋事目	목판木板 一	
400	정음통석正音通釋	목판木板 一	
401	재물보才物譜	사본寫本 一	
402	명의록언해明義錄諺解	목판木板 一	
403	동몽선습童蒙先習	〃 一	
404	〃	〃 一	
405	삼략三略	〃 一	
406	유중외대소신서윤음諭中外大小臣庶綸音	활자活字 一	
407	척사윤음斥邪綸音	〃 一	
408	병학지남兵學指南	목판木板 一	
409	규장전운奎章全韻	고활자古活字 一	

410	옥편玉篇	목판木板 二	
411	〃	〃 一	
412	규장전운奎章全韻	목판木板 一	
413	〃	〃 一	
414	〃	〃 一	
415	어정시운御定詩韻	〃 一	
416	화음계몽언해華音啓蒙諺解	전사활자全史活字 一	
417	화어유초華語類抄	〃 一	
418	구해남화진경句解南華眞經	목판木板 五	
419	석봉천자문石峰千字文	〃 一	
420	농가집성農家集成	〃 一	
421	지도地圖	〃 一	
422	법당초창화주덕림法堂初創化主德林	사본寫本 一	
423	고어집古語集	〃 一	
424	이두吏讀	〃 一	
425	어휘語彙	〃 一	
426	구라철사금자보歐邏鐵絲琴字譜	〃 一	
427	속복수전서續福壽全書	〃 四	
428	무당내력巫堂來歷	양책兩冊 一	
429	성학십도聖學十圖	사본寫本 一	
430	응골방鷹鶻方	〃 一	
431	홍길동전洪吉童傳	인쇄印刷 一	
432	염불보권문念佛普勸文	〃 一	
433	왕랑반혼전王郞返魂傳	〃 一	
434	동상기찬東廂記纂	〃 一	
435	어보魚譜	사본寫本 一	
436	한석봉서천자문韓石峯書千字	〃 一	

	文		
437	정음正音	사본寫本 一	
438	시용향약보時用鄕藥譜	경인景印 一	
439	불설대보은중경佛說大報恩重經	인印 一	
440	〃	〃 一	
441	진여세계眞如世界	〃 一	
441	은중경恩重經	〃 一	
442	수구隨求	〃 一	
443	영험약초靈驗略抄	목판木板 一	
444	월인석보月印釋譜	〃 二	
445	월인석보月印釋譜	〃 二	
446	규장전운奎章全韻	〃 一	
447	경신록언석敬信錄諺釋	一	
448	석보상절釋譜詳節	四	
449	어록총람語錄總攬	二	
450	어우야담於于野談	一	
451	훈민정음訓民正音	一	
452	신편보권문新編普權文	一	
453	염불보권문念佛普勸文	一	
454	월인석보月印釋譜	二	
456	금강경金剛經	二	
457	영가집언해永嘉集諺解	목판木板 二	
458	남훈태평가南薰太平歌	一	
459	훈민정음訓民正音	一	
460	유합類合	一	
461	월인석보月印釋譜	二	
462	원각경圓覺經	一〇	

463	녀교	(국문國文) 사본寫本 一	
464	별토가鱉兎歌	〃 一	
465	국조고사國朝故事	〃 一	
466	의열비충효록義烈妣忠孝錄	〃 一	
467	김태자전金太子傳	〃 四	
468	왕인유사王寅遺事	〃 一	
469	현씨양웅록玄氏兩雄錄	〃 二	
470	우암계녀사尤庵誡女詞	〃 一	
471	장인걸전	〃 二	
472	지로가	〃 一	
473	심청록沈清錄	〃 一	
474	김학ᄉᆞᄌᆡ생녹	사본寫本 一	
475	장화홍련전	〃 一	
476	삼생록三生錄	〃 一	
477	창션감의록	〃 一	
478	금화사기金華寺記	〃 一	
479	박씨전朴氏傳	〃 一	
480	호봉공가장壺峯公家狀	사본寫本 一	
481	여와록女媧錄	〃 一	
482	심청전	〃 一	
483	육미당기六美堂記	〃 三	
484	언해태산집諺解胎産集	〃 一	
485	유충렬전劉忠烈傳	〃 二	
486	마경언해馬經諺解	〃 二	
487	역대제왕록	〃 一	
488	소당嘯堂 풍속시風俗詩	〃 一	
489	송강가사松江歌辭	〃 一	
490	성현공숭열기聖賢公崇烈記[81]	〃 一	

491	용담유사	〃 一	
492	고산가사孤山歌辭	〃 一	
493	구운몽九雲夢	〃 二	
494	고본춘향	인印 一	
495	몽산화상법어약언해蒙山和尙法語略諺解	영影 一	
496	한양가漢陽歌	사본寫本 一	
497	부담浮談	사본寫本 一	
498	최고운전崔孤雲傳	인印 一	
499	둑겁젼	〃 一	
500	장끼젼	〃 一	
501	춘향전春香傳	〃 一	
502	금방울전	〃 一	
503	금수전	〃 一	
504	양풍운	〃 一	
505	신찬속곡집新撰俗曲集	〃 一	
506	가곡歌曲	사본寫本 一	
507	관서별곡關西別曲	〃 一	
508	오륜가五倫歌	인印 一	
509	자전석요字典釋要	〃 二	
510	유충렬전劉忠烈傳	〃 一	
511	홍길동전洪吉童傳	인印 一	
512	숙향전淑香傳	〃 一	
513	박씨부인전	〃 一	
514	사씨남정기謝氏南征記	인쇄印刷 一	
515	경비젼	〃 一	
516	광한루기廣寒樓記	〃 一	
517	율곡선생론栗谷先生論	〃 一	이병도李丙燾

518	조선문예담론朝鮮文藝談論	〃 一	
519	문첩文牒	〃 一	
520	도부군리정명칭일람道府郡里町名稱一覽	〃 一	
521	경주군향토사慶州郡鄕土史	사본寫本 一	
522	금마고적金馬古蹟의 탐사재료探査材料	프린트 一	
523	농가요결農家要訣	인쇄印刷 一	
524	금마지金馬志	프린트 一	
525	됴웅전	인쇄印刷 一	
526	쌍수기연	〃 一	
527	숙영낭자전	〃 一	
528	춘향전	〃 一	
529	구운몽	〃 一	
530	심청젼	〃 一	
531	흥부젼	인본印本 一	
532	백학션젼	〃 一	
533	구운몽	〃 二	
534	국문정리	〃 一	
535	춘향전	〃 一	
536	진대방젼	〃 一	
537	홍길동전	〃 一	
538	심청전	〃 一	
539	천왕문	〃 一	
540	조웅전趙雄傳	〃 一	
541	됴웅전	〃 一	
542	춘향전	〃 二	
543	쇼듸성전	〃 一	
544	심청전	〃 一	

545	유충렬전	〃 一	
546	심청전	〃 一	
547	열녀춘향수절가烈女春香守節歌	〃 一	
548	뉴효공선행녹[82]	인본印本 六	
549	가범家範	〃 一	
550	뉼곡동호근담[83]	〃 一	
551	흑홍금보黑紅琴譜	사본寫本 一	
552	요로원야화지	〃 一	
553	연안김씨유훈延安金氏遺訓	〃 一	
554	언문지諺文志	〃 一	
555	토기젼	〃 一	
556	한조태고녀계	〃 一	
557	이춘풍전李春風傳	〃 一	
558	정경부인행록貞敬夫人行錄	〃 一	
559	연행일기	〃 一	
560	관서집부關西集府	〃 一	
561	도문대작屠門大嚼	〃 一	
562	언문고시諺文古詩	〃 一	
563	처세가處世歌	〃 一	
564	츄월가	〃 一	
565	해동만고가海東萬古歌	사본寫本 一	
566	감저종식법甘藷種植法	〃 一	
567	은ᄉᆞ가	〃 一	
568	사씨남정기謝氏南征記	〃 一	
569	화양노경기	〃 一	
570	유호남윤음諭湖南綸音	정유활자丁酉活字 一	
571	고금녀범	사본寫本 一	

572	열성조기략列聖朝記略	인본印本 一	
573	훈민정음도해訓民正音圖解	사본寫本 一	
574	향랑사香娘詞	〃 一	
575	혜빈궁일기惠嬪宮日記	〃 一	
576	남행록南行錄	〃 一	
577	요지회몽년	〃 一	
578	서간문	〃 一	
579	정을선전鄭乙善傳	〃 一	
580	창선감의록	〃 一	
581	박부인전朴夫人傳	〃 一	
582	행실록	사본寫本 一	
583	창선감의록倡善感義錄	〃 一	
584	자경편自警篇	〃 一	
585	정남록征南錄	사본寫本 一	
586	시편위충위국삼쟝	〃 一	
587	춘몽록春夢錄	인본印本 一	
588	고어재료사전古語材料辭典	프린트 一	
589	오백년기담五百年奇譚	인본印本 一	
590	어수록御睡錄[84]	〃 一	
591	도상옥중화圖像獄中花	〃 一	
592	조선사연구초朝鮮史研究草	〃 一	
593	주해서상기注解西廂記	〃 一	
594	훈몽자회訓蒙字會	〃 一	
595	조선어문경위朝鮮語文經緯	〃 一	권덕규權悳奎
596	열하일기熱河日記	광문光文 一	
597	해동속소학海東續小學	〃 一	
598	동국세시기東國歲時記	〃 一	
599	택리지擇里誌	광문光文 一	

600	동경잡기東京雜記	〃 一	
601	원론原論	사본寫本 一	
602	조선팔도朝鮮八道 익살과 재담才談	인쇄印刷 一	김동진金東縉
603	송강가사松江歌辭	경景 一	김태릉金台棱
605	대동문수大東文粹	〃 一	휘문의숙徽文義塾
606	말의 소리	〃 一	주시경周時經
607	조선문전朝鮮文典	〃 一	이규영李奎榮
608	훈민정음訓民正音	〃 一	사진판寫眞版
609	조선어문법朝鮮語文法	〃 一	주시경周時經
610	이담속찬耳談續纂	〃 一	정약용丁若鏞
611	경도잡지景都雜志	〃 一	유득공柳得恭
612	주방문酒方文	국문사國文寫 一	
613	난설헌집蘭雪軒集	인쇄印刷 一	
614	포은집圃隱集	〃 一	
615	유씨언문집柳氏諺文集	〃 一	
616	초학자훈初學字訓	인쇄印刷 一	
617	용비어천가龍飛御天歌	사본寫本 一	
618	훈민정음訓民正音	〃 一	
619	국문직해國文直解	인쇄印刷 一	
620	아아록我我錄	〃 一	
621	과시입격科詩入格	사본寫本 一	
622	매창집梅窓集	사본寫本 一	
623	정다산선생전丁茶山先生傳	인쇄印刷 一	이승규李昇圭
624	직성행년편람直星行年便覽	국문인國文印 一	
625	언간독	〃 一	
626	청학집靑鶴集	프린트 一	조여적趙汝籍
627	유합類合	인쇄印刷 一	
628	계몽편언해啓蒙篇諺解	〃 一	

629	탁지준절度支準折	정사精寫 一	
630	주해천자문註解千字文	인쇄印刷 一	

■ 집부集部

번호	서명	형식	내용
c587	익재집益齋集	고본판古本版 四	이제현李齊賢 저著
c588	뇌계집㵢谿集 第3卷存	고본판古本版 一	
589	근재집謹齋集	〃 二	안축安軸 저著
590	서계문집西溪文集	인서체목활자印書体木活字 二	이득봉李得鳳
591	하서집河西集	목판木版 八	김인후金麟厚 저著
592	하서속집河西續集	인쇄체신식연활자印刷体新式鉛活字 一	〃
593	매월당집梅月堂集 노로지	〃 六	김시습金時習 저著
594	타우유고打愚遺稿	목판木板 五	이상李翔 저著
595	현주집玄洲集	〃 五	이소한李昭漢 저著
596	여암유고旅庵遺稿	인쇄체목활자본印刷体木活字本 五	신경준申景濬 저著
597	촌은집村隱集	목판木板 一	제2책第二冊 중中 하下 결缺 유희경劉希慶 저著
598	구봉집龜峰集	인쇄체목활자본印刷体木活字本 五	송익필宋翼弼 저著
599	탁영집濯纓集	목판木板 一	권2책卷二冊 중中 1책一冊 결一冊缺 김일손金馹孫
600	사가집四佳集	인쇄체목활자본印刷体木活字本 八	서거정徐居正 저著
601	대방세고帶方世稿 오주집鰲洲集 간호집艮湖集 폄재집砭齋集 성만집星灣集 미능재집未能齋集 등等을 합合	〃 五	
602	임연당집臨淵堂集	사본寫本 一	

603	담정유고薄庭遺藁	인서체활자印書体活字 一	제6책第六冊 중中 1책一冊 존存 김려金鑢 저著
604	중봉집重峰集	인서체신식연활자印書体新式鉛活字 十	조헌趙憲 저著
c605	노계집蘆溪集	목판木板 二	박인로朴仁老 저著
606	추강집秋江集	사본寫本 一	남효온南孝溫 저著
607	양산세고楊山世稿	〃 一	조가석趙嘉錫 편編
608	서하유고棲霞遺稿	인서체목활자印書体木活字 一	김성원金成遠 저著
609	혼원집混元集	인서체목활자印書体木活字 一	두세환杜世煥 저著 진명대사眞明大師이다
610	돈헌유고遯軒遺稿	석인石印 一	송진병宋鎭柄[85] 저著
611	토정집土亭集	사본寫本 一	이함李菡[86] 저著
612	농운유고農雲遺稿	석판石板 四	인印 이진용李晋用 저著
613	지산유고遲山遺稿	목판木板 一	소진덕蘇鎭德 저著
614	지촌유고芝村遺稿	인판印板 一 인印 석판	권석년權錫年[87] 저著
615	완당전집阮堂全集	인서체신식연활자印書体新式鉛活字 一	김정희金正喜 저著
616	추재집秋齋集	신식연활자新式鉛活字 인서체印書体 一	조수삼趙秀三 저著
617	환재집瓛齋集	〃 五	박규수朴珪壽 저著
618	여암전서旅菴全書	〃 七	신경준申景濬 저著
619	담헌서湛軒書	〃 七	홍대용洪大容 저著
620	계원필경桂苑筆耕	목판木版 三	최치원崔致遠 저著 중간본中刊本
621	하정집荷亭集	인서체 신식연활자印書体新式鉛活字 一	여규형呂圭亨 저著
622	춘파유고春坡遺稿	석판인石版印 一	안호영安鎬瑩 등等 편編 양지洋紙
623	분류보주이태백시分類補註李太白詩	목판木版 七	이백李白 저著 공共 13책三冊 중 3책三冊 결缺

624	기아箕雅	사본寫本 七	남용익南龍翼 저著
625	청구풍아青丘風雅	목판木版 二	김종직金宗直 저著
626	소대풍요昭大風謠	인서체활자본印書体活字本 二	유재건劉在建 저著
627	풍요속선風謠續選	〃 三	천수경千壽慶 저著
628	풍요삼선風謠三選	〃 三	장지완張之琬 등편等編
629	시화총림詩話叢林	사본寫本 四	홍만종 저洪萬宗著
630	학록學錄	〃 九	왕양명王陽明을 두고 지은 원고본原稿本 작자作者는 미상未詳이나 내용容內이 충실忠實함
631	송목관집松穆館集	필서체 목활자체筆書体木活字体 一	이언진李彦瑱 저著
632	척독장거집尺牘藏弆集	사본寫本 一	내용은 산천山泉 관계關係가 유有해서 충실하나 저자는 미상未詳이다.
633	이조향렴시李朝香奩詩	〃 一	역시亦是 본서本書도 최고운崔孤雲 관계關係가 유有
634	난설헌집蘭雪軒集	〃 一	허균지매씨 저許筠之妹氏著
635	동절東絶	五	본서本書는 고시古詩 수집蒐輯해서 저著한 책冊. 필체筆体가 절묘絶妙하다
636	사극시집思極詩集[88]	정리사整理寫 二	정조대왕 명간命刊
637	하원시초夏園詩鈔	전사자全字 一	정지윤鄭之潤 저著
638	율곡연보栗谷年譜	사본寫本 一	정제두鄭齊斗 저著
639	효헌공행장기孝憲公行狀記	사본寫本 一	정문척鄭文斥 저著
640	충무공가승忠武公家乘	목판木版 二	이순신李舜臣의 분편芬編
641	당릉군유사징唐陵君遺事徵	인서체목활印書体木活 一	홍순언洪純彦 저著
642	청구시초青丘詩鈔	정유활자丁酉活字 一	지금으로부터 40년 전에 시험으로 인출印出한 서책書冊이다.

643	해동풍아海東風雅	인서체목활印書体木活 一	문정찬편文貞燦編
644	오언절구五言絶句	목판木版 一	경오庚午 중추仲秋 2월 동현銅峴 개간開刊
645	칠언장편七言長篇	목판木版 一	무교신판武橋新板
646	동소만록桐巢謾錄	〃 四	남하정南夏正著 저著
647	하성세고夏城世稿	인판인印版印 二	정병모鄭秉謨 편編[89]
648	연리필보延李筆譜	〃 一	이종우李宗雨 편編
649	다산시고多山詩稿	〃 一	박영철朴榮喆 저著
650	연파시초蓮坡詩鈔	〃 二	김완金琬 저著[90]
651	석전시초石顚詩抄	연활자鉛活字 一	박한영朴漢永 저著
652	문선文選	후기갑인자後期甲寅字 一	중종 시대 간본刊本 결본缺本이다. 소통蕭統 저著
653	동문선東文選	도감판목활자都監板木活字 一	서거정徐居正 저著
654	중국역대총목中國歷代總目	현종실록자顯宗實錄字 一	홍만종洪萬宗 저著
655	동국역대총목東國歷代總目	〃 一	홍만종洪萬宗 저著
656	배자예부운략排字禮部韻略	초기初期 을해자乙亥字 一	상평성일上平聲一
657	〃	〃 一	상권上卷
658	한사열전漢史列傳	〃 二	공2책共二冊 중中 2책二冊 결缺
659	사찬史纂	도감본활자都監本活字 一	
660	여문儷文	한구자韓構字 一	공2책共二冊 중中 1결一缺
661	육선공주의陸宣公奏議	〃 一	공3책共三冊 중中 2책二冊 결缺
662	왕찬王纂	도활복각陶活覆刻 一	공8책共八冊 중中 7책七冊 결缺
663	기효신서紀効新書	행서체목활자行書体	공8책共八冊 중中 7책七冊 결

		木活字 一	缺
664	황조명신언행록皇朝名臣言行錄	목판木版 一	고판古版 결본缺本이다
665	성리군서구해性理羣書句解	〃 一	〃
666	오조명신언행록五朝名臣言行錄	〃 一	〃
667	시詩	원판복각元板覆刻 一	〃
668	춘추좌전구독직해春秋左傳句讀直解	계미자복각본癸未字覆刻本 一	태종 3년 계미癸未 복각覆刻
669	풍소궤범風騷軌範	목판木版 一	성현成俔著 결본缺本
670	동국병감東國兵鑑	인쇄印刷 一	명치 44 최남선崔南善 발행發行
671	해동명장전海東名將傳	〃 一	〃
672	아언각비雅言覺非 전全	〃 一	명치明治 45 최남선崔南善 발행發行
673	당의통략黨議通略 전全	인쇄印刷 一	대정大正 원元 최남선崔南善 발행發行
674	임충민공실기林忠愍公實記	〃 一	대정大正 2 최남선崔南善 발행發行
675	열하일기熱河日記 전全	인쇄印刷 一	명치明治 44 최남선崔南善 발행發行
676	광예주쌍읍廣藝舟雙揖	〃 一	광지서국교인廣智書局校印
677	증보분부서법정전增補分部書法正傳	〃 一	
678	탐라기년耽羅紀年	〃 一	대정大正 7 김석익金錫翼 저작著作
679	탐라사실耽羅事實	〃 一	
680	대동기년大東紀年	〃 五	
681	고환당수초집古歡堂收草集	〃 三	
682	한사경韓史綮	〃 三	중화中華 7
683	중간여한십가문초重刊麗韓十家文鈔	〃 一	중화中華 10

684	신자하시집申紫霞詩集	〃 二	
685	매천집梅泉集	〃 三	
685	조선역대명가시초朝鮮歷代名家詩抄	〃 一	대정大正 15 김주병金湗炳 편집編輯
685	소한당문집韶漢堂文集	〃 八	중화中華 2
686	한사경변韓史綮辨	〃 一	대정大正 3 맹보순孟輔淳 저작著作
687	중편한대숭양기구전重編韓代崧陽耆舊傳	〃 一	
688	이순신전李舜臣傳	프린트 一	
689	을지문덕乙支文德 전全	〃 一	
690	훈몽문회訓蒙文會	인쇄印刷 一	1948 염인걸廉仁傑 발행發行
691	동사년표東史年表	〃 一	대정大正 4 어윤적魚允迪
691	계림유사여언고鷄林類事麗言攷	〃 一	대정大正 14 전간공작前間恭作 저著
692	해동죽기海東竹技	〃 一	대정大正 14 전간공작前間恭作 저著
693	이십일도회고시二十一都懷古詩	목판木版 一	대정大正 6 백두용白斗鏞 편집編集
694	가곡원류歌曲源流	프린트 一	
695	악장가시樂章歌詩 단單	〃 一	
696	가요집성歌謠集成	〃 一	이창배李昌培 편編 4292
697	가곡원류歌曲源流	〃 一	
698	대동풍아大東風雅 상·하上·下	필사筆寫 一	
699	영언유초永言類抄	〃 一	
700	가사歌詞 전全	〃 一	
701	청구영언靑丘永言	인쇄印刷 一	소화昭和 9 경성제대京城帝大 편집編輯 발행發行
702	가곡보감歌曲寶鑑 전全	프린트 一	4290 서울사대師大
703	해동가요海東歌謠	인쇄印刷 一	소화昭和 5 경성제대京城帝大

704	가곡선歌曲選 전全	〃 一	대정大正 2 최남선崔南善 편수編修
705	청구영언靑丘永言	인쇄印刷 一	4294 이한진李漢鎭 편저編著
706	신구잡가新舊雜歌	〃 一	대정大正 2 남궁설南宮楔 저작著作
707	가곡가사歌曲歌詞 단單	필사筆寫 一	
708	무쌍신구잡가無雙新舊雜歌	인쇄印刷 一	대정大正 4 박승엽朴承曄 편집編輯 발행發行
709	고금잡가古今雜歌 부附가사歌詞	〃 一	대정大正 5 현공렴玄公廉 저작著作
710	신찬속곡집新撰俗曲集	〃 一	이상준李尙俊著
711	청구영언靑丘永言	〃 一	1948 오한근吳漢根 편집編輯
712	시대잡가時代雜歌	〃 一	대정大正 15 김동진金東縉 저작著作
713	유행잡가流行雜歌	〃 一	홍도감칠소리 1945 강하형姜夏馨 저작著作
714	신구잡가新舊雜歌 전全	〃 一	대정大正 4 한인석韓仁錫 저작著作
715	조調 및 가歌	필사筆寫 一	
716	남훈태평가	인쇄印刷 一	대정大正 2 최창선崔昌善 저작著作
717	조선동요집朝鮮童謠集	〃 一	대정大正 3 최필진最弼鎭 著
718	시조유취時調類聚	〃 一	소화昭和 3 최남선崔南善 저작著作 발행發行
719	노들강변창가唱歌	〃 一	소화昭和 3 홍종기洪鐘起 저작著作 발행發行
720	신편잡가新編雜歌		
721	가요집歌謠集	프린트 一	소화昭和 13 임영균林英均

■ 잡서탑본류부雜書搨本類部

번호	서명	형식	내용
631	혜원양집蕙園兩輯	사진본寫眞本 30매	위창葦昌 제첨題簽

		枚	
632	서첩書帖	정서精書一	이삼만李三晩
633	귀거래사첩歸去來辭帖	〃 一	
634	최충정진적崔忠貞眞蹟	〃	24장張
635	칙목녹	국문 一	
636	미남궁법서米南宮法書	탑榻 一	
637	홍각비弘覺碑	〃 一	
638	증정사체서법增訂四體書法	인印 二	
639	구양순행서歐陽詢行書	탑榻 一	
640	구척호태왕비舊拓好太王碑	〃 一	
641	명척한예사종明拓漢隸四種	〃 一	
642	황보부군지비皇甫府君之碑	〃 一	정장동精粧東
643	우군초첩右軍草帖	〃 一	
644	김정희서첩金正喜書帖	〃 一	
645	지영초천자智永草千字	〃 一	
646	신라김생서첩新羅金生書帖	〃 一	
647	상고서첩尙古書帖	탑榻 一	
648	옥책문등제문玉冊文等祭文	〃 一	
649	아전관안衙前管案	寫사 一	
650	이충무공기공비李忠武公紀功碑	탑榻 一	
651	매화시梅花詩	목판木板 一	
652	대동김석서大東金石書	탑榻 一	
653	열성어필列聖御筆	〃 一	
654	간첩簡牒	생필生筆 一	
655	원교진본圓嶠眞本	〃 一	
656	화보画譜	인印 四	
657	구성궁 예천명九成宮醴泉銘	탑榻 一	

658	난규청완蘭閨淸玩	생필生筆　一	서간書簡
659	고탑본古榻本	탑榻 一	
660	미남궁법첩米南宮法帖	〃 一	이호서당梨湖書堂 진장珍藏
661	성교서聖敎書	〃 一	
662	석고가石鼓歌	생필生筆 四	한유韓愈
663	권공행주대첩비權公幸州大捷碑	탑榻 一	
664	행서춘여첩行書春餘帖	탑榻 一	미상未詳
665	한비범漢碑範	백탑白榻 一	
666	한월육조잔석漢月六朝殘石	백서白書 一	
667	석남산비石南山碑	탑榻 一	신라비新羅碑
668	원차산비元次山碑	〃 一	안진경
669	백하진묵白下眞墨	생필生筆 一	
670	사미인곡첩思美人曲帖	〃 一	김상숙金相肅 서書
671	선세유찰先世遺札	국문　생필國文生筆 一	
672	흥복사단비興福寺斷碑	탑榻 一	난정서蘭亭書
673	조공비명趙公碑名	〃 一	
674	정공비명鄭公碑銘	〃 一	
675	석봉서첩石峯書帖	〃 一	
676	대동서법大東書法	〃 一	김생서金生書
677	대동서법大東書法	〃 一	

■중화민국中華民國 고서적부古書籍部

번호	서명	형식	내용
678	패문운부佩文韻府	당본唐本　10갑十匣 一〇〇	
679	좌전左傳	〃　一五	
680	사기평림史記評林	당본唐本 一六	

681	동파집東坡集	〃　　一六	
682	결정전당시欽定全唐詩	〃　　三二	
683	세설보世說補	〃　　六	
684	개자원화보芥子園畵譜	당본唐本 4갑 四匣　　一六	
685	청사통속연의淸史通俗演義	〃 1갑一匣 一○	
686	속상전도오재자음서續像全圖五才子音書	〃　　一二	
687	증상전도삼국연의增像全圖三國演義	〃　　二○	
688	회도서상기繪圖西廂記	二　〃　四	
689	회도동주열국지繪圖東周列國志	〃　　八	
690	회도이십사사통속연의繪圖二十四史通俗演義	〃　　六	
691	불학대사전佛學大辭典	〃　　一六	
692	삼장법교三藏法敎	〃　　四	
693	한서漢書	〃　낙落二六	
694	제자품절諸子品節	一九	
695	이십자전서二十字全書	〃　　二三	
696	호적문존胡適文存	〃　　二三	
697	설문석례說文釋例	1갑一匣　六	
698	성탄선비당재자시聖歎選批唐才子詩	당唐　八	
699	본초강목本草綱目	〃　四八	8갑八匣
700	중정전자휘重訂篆字彙	〃　五 一	〃
701	전당시화全唐詩話	〃　四 一	〃
702	평주칠자공략評注七子共略	〃　四 一	〃
703	고시원古詩源	〃　四一	〃
704	시인옥설詩人玉屑	〃　五一	〃

706	묵림금화墨林今話	〃 六一	〃
707	신자전新字典	〃 六一	〃
708	강희자전康熙子典	〃 六	
709	장씨총서章氏叢書	〃 二五四	〃
710	창경당집唱經堂集	〃 六一	〃
711	관화당제오재자서貫華堂第五才子書	〃 二〇二	〃
712	평주재자고문評註才子古文	〃 六一	〃
713	〃	〃 一二二	〃
714	구북시초甌北詩鈔	〃 八	1갑一匣
715	남화진경南華眞經	〃 五	〃
716	초사집주楚辭集註	〃 四	〃
717	왕선림제발전서王扇林題跋全書	六	〃
718	왕양명선생전서王陽明先生全書	〃 一二二	〃
719	육상산선생전집陸象山先生全集	〃 八一	〃
720	백화사전白話詞典	〃 一	〃
721	금병매金瓶梅 2갑二匣	당唐 二〇	2갑二匣
722	청이십사가문초淸二十四家文鈔	〃 六	1갑一匣
723	사서집주四書集註	〃 六	一 〃
724	당송팔가문독본唐宋八家文讀本	〃 六	一 〃
725	강남해문집康南海文集	〃 八	一 〃
726	신집예자휘新輯隸字彙	〃 四	一 〃
727	쾌설당법서快雪堂法書	〃 五	一 〃
728	사기청화록史記菁華錄	〃 三	一 〃
729	양임공문집梁任公文集	〃 八	一 〃

730	수상영웅루국사비전집繡像英雄淚國事悲全集	〃 八	一 〃
731	팔종화보八種畵譜	당唐 三	一 〃
732	태평광기太平廣記	〃 六四	八 〃
733	송육십명가사宋六十名家詞	〃 三二四	四 〃
734	서법률조書法律条	〃 四	一 〃
735	원각초자휘법첩原刻草字彙法帖	〃 六	一 〃
736	대반열반경소大般涅槃經疏	〃 一	一 〃
737	이아주소爾雅註疏	〃 六	一 〃
738	연감류함淵鑑類函	四八	四 〃
739	남화진경해南華眞經解	〃 六	一 〃
740	한계서법통해漢溪書法通解	〃 四	一 〃
741	진수삼국지陳壽三國志	〃 八	一 〃
742	증비력대통감집람增批歷代通鑑輯覽	〃 二四	四 〃
743	동판사류통편銅版事類統編	〃 一二	一 〃
744	고문석의신편古文釋義新編	〃 八	一 〃
745	당시합해唐詩合解	〃 八	一 〃
746	온비경시집전주溫飛卿詩集箋注	〃 二	一 〃
747	야매화보冶梅畵譜	〃 二	一 〃
748	고문신범古文新範	당唐 二	一갑匣
749	왕양명전습록王陽明傳習錄	일판日版 三	
750	노장강의老莊講義	〃 一	〃
751	여조주강금강심경呂祖註講金剛心經	당본唐本 一	
752	일본사략日本史略	일본판日本版 三一	〃
753	문장궤범찬평文章軌範纂評	〃 三	
754	사부총간서록四部叢刊書錄	중국본中國本 一	

755	신약전서新約全書	국한문 一	
756	신각구소수간新刻歐蘇手簡	일본판日本版 二	
757	대장경大藏經	〃 一	
758	해동금석원海東金石苑	당본唐本 四	1갑一匣
759	석주시화石洲詩話	〃 二	〃
760	사학詞學	〃 二	〃
761	고문성계古文聲系	〃 四	〃
762	이십사삭윤표二十史朔閏表	〃 一	
763	풍우관음경風右觀音經	〃 一	
764	등자鄧子	〃 一	
765	윤문자尹文字	당唐 一	
766	허노재집許魯齋集	〃 一	
767	발해국지장편渤海國志長編	〃 一	
768	도서전집道書全集	〃 二	
769	검남시선劍南詩選	〃 二	
770	난양록灤陽錄	〃 一	
771	허노음집許魯音集	〃 一	
772	당인만수절구선唐人萬首絶句選	〃 一	
773	건주기정도기建州紀程圖記	경인景印 一	1갑一匣
774	봉상捧上	사寫 一	
775	형문행첩荊門行帖	탑榻 一	황기창黃其昌
776	동파서법東坡書法	〃 一	
777	황태자야연홀기皇太子夜讌笏記	등사等寫 一二	
778	개조문고본改造文庫本	인印 三	
779	암파문고본岩波文庫本	〃 一三	
779	해강난죽보海岡蘭竹譜	탑榻 一	

■ 양장책부洋裝冊部

번호	서명	형식	내용
A1.	세계문학전집世界文學全集	五六	一 二 기전일본판期全日本版
2	シエワスピヤ全集	四〇	〃
3	조선사朝鮮史	三六	조선총독부朝鮮總督府 〃
4	세계단편소설대계世界短篇小說大系	八	일본판日本版
5	이십오사二十五史	九	개명서점주판開明書店鑄版
6	조선왕조실록朝鮮王朝實錄	四八	국사편찬위원회國史編纂委員會
7	신증동국여지승람新增東國輿地勝覽	五	조선사학회朝鮮史學會
8	신라사연구新羅史硏究	一	금서룡今西龍 유서遺書
9	백제사연구百濟史硏究	一	〃
10	朝鮮國史の硏究	一	〃
11	대동야승大東野乘	一三	
12	연려실기술燃藜室記述	四	별집別集 조선고서朝鮮古書 간刊
13	연려실기술燃藜室記述	二	
14	해행총재海行摠載	四	
15	조선사과총간朝鮮史科叢刊	五	
16	해동역사海東繹史	二	
A17	음빙실문집飮氷室文集	二	
18	성호사설星湖僿說	二	
19	호암전집湖岩全集	三	
20	삼은집三隱集	一	
21	현대일본문학전집現代日本文學全集	九	소화 2년 개조사改造社
22	동문선東文選	七	조선고서朝鮮古書 간刊

23	지봉유설芝峯類說	二	〃
24	발해고渤海考 기타其他	一	〃
25	동환록東寰錄	一	〃
26	동사강목東史綱目	四	〃
27	파한집破閑集 기타其他	一	〃
28	중경지中京誌	一	〃
29	노걸대언해老乞大諺解	一	
30	조선도자명고朝鮮陶磁名考	一	
31	조선문학급어학사朝鮮文學及語學史	一	조선기념국서출판朝鮮紀念國書出版 제1회第一回
32	조선급조선민족朝鮮及朝鮮民族	一	
33	대승기신론강화大乘起信論講話	一	
A34	박통사언해朴通事諺解	一	규장각총서奎章閣叢書
35	풍속관계자료촬요風俗關係資料撮要	一	고려이전高麗以前の이조실록李朝實錄 조선총독부중추원朝鮮總督府中樞院
36	〃	一	〃
37	대명률직해大明律直解		
38	연려실기술례집燃藜實室記述例集	一	최남선崔南善
39	용비어천가龍飛御天歌	二	규장각총서奎章閣叢書
40	세종실록지리지世宗實錄地理志	一	조선총독부중추원朝鮮總督府中樞院
41	경국대전經國大典	一	중추원中樞院
42	대전속록大典續錄	一	〃
43	조선미술사朝鮮美術史	一	관야정關夜貞 저著
44	조선무속의 연구朝鮮巫俗の研究	二	적송지성赤松智城·추엽융秋葉隆 공저共著
45	동국이상국집東國李相國集	二	조선고서朝鮮古書 간刊

46	풍속관계자료촬요風俗關係資料撮要	一	이조 각종 문헌李朝各種文獻 조선총독부朝鮮總督府
47	조선금속총람朝鮮金屬總覽	二	
48	이문吏文훈독訓讀	一	말송보화末松保和 편찬編纂
49	삼국유사三國遺事	一	최남선崔南善著
50	동사절요東史節要	一	
A51	개자원화전芥子園畵傳	一三	東京アトリエ社刊
52	서도전집書道全集	五	평범사平凡社
53	가육찬행家育撰行	一	조선고서간朝鮮古書刊
54	청조사통론清朝史通論	一	내등호차랑內藤虎次郞 저著
55	시율작곡법施律作曲法	一	기미순幾尾純 저著
56	국어사國語史	一	김형규金亨奎 저著
57	조선식물명집朝鮮植物名集	一	조선총독부朝鮮總督府
58	조선기독교급외교사朝鮮基督教及外交史	一	창문사彰文社 간刊
59	한국조류명집韓國鳥類名集	一	남태도南泰都 저著
60	조선식물향명집朝鮮植物鄕名集	一	정태현鄭台鉉 외 3인 저著
61	이두집성吏讀集成	一	총독부중추원總督府中樞院
62	신라고와의 연구新羅古瓦の研究	一	경도제대문학부京都帝大文學部 간刊
63	경성부사京城府史	一	총독부總督府
64	해제총서解題叢書	一	
65	노송당일본행록老松堂日本行錄	一	
66	증정교린지增正交隣志	一	규장각奎章閣
67	장릉지莊陵誌 기타其他	一	조선연구회朝鮮研究會
A68	반구실총서反求室叢書	一	
69	화엄경華嚴經	一	현대의역現代意譯
70	능가경楞伽經	一	

71	영연총활楹聯叢活	一	양장거梁章鉅 집輯
72	명시유선평석名詩類選評釋	一	간야도명簡野道明 강술講述
73	조선사찰사료朝鮮寺刹史料	二	조선총독부중추원朝鮮總督府中樞院
74	경상도지리지慶尙道地理志	二	〃
75	조선사료총간朝鮮史料叢刊	一	〃
76	삼국사기三國史記	一	〃
77	동안거사문집動安居士文集	一	제왕운기帝王韻紀 고전古典간刊
78	이충무전서李忠武全書	二	
79	몽고어첩경蒙古語捷徑	一	하영헌차下永憲次 저著
80	용비어천가해제대교표龍飛御天歌解題對校表	一	
81	만주국안동성집안현고구려유적滿洲國安東省輯安縣高句麗遺蹟	一	지내굉池內宏 저著
82	삼국유사三國遺事	一	최남선崔南善 저著
83	〃	一	조선사학회朝鮮史學會
84	〃	一	조선연구회朝鮮硏究會
A85	삼국유사三國遺事	一	고려문화사판高麗文化史版
86	고사통故事通	一	최남선崔南善
87	고사촬요攷事撮要	一	규장각奎章閣
88	덕수궁사德壽宮史	一	소전성오小田省吾 술술述
89	속경성사화續京城史話	一	강전공岡田貢 선생先生 술술述
90	사천년간조선이어해석四千年間朝鮮俚語解釋	一	김동진金東縉 저著
91	조선사료집진朝鮮史料集眞 상·중·하上·中·下	三	조선총독부朝鮮總督府
92	문예강좌文藝講座	四	
93	조선사강좌朝鮮史講座	四	조선사학회朝鮮史學會

94	동국통감東國通鑑	二	
95	동양사강좌東洋史講座	五	일본국사강습회日本國史講習會
96	사해辭海	二	중화서국인中華書局印
97	사원辭源	三	〃
98	조선어사전朝鮮語辭典	一	조선총독부朝鮮總督府
99	중국인명대사전中國人名大辭典	一	고무인서관高務印書館
100	조선인명사찬朝鮮人名辭纂	二	조선총독부중추원朝鮮總督府中樞院
101	최신지나대사전最新支那大辭典	一	석산복치石山福治 저著
102	몽화사전蒙和辭典	一	구송원일構松源一 외 2인
103	한영자전韓英字典	一	J. S. GALE
104	우리말본	一	최현배
105	한글갈	一	〃
106	십삼경주소十三經注疏 상·하上·下	二	세계서국世界書局 영인影印
107	자치통감資治通鑑	三	〃
108	명기明紀	一	〃
109	향가 급 이두 연구鄕歌及吏讀の研究	一	소창진평小倉進平 저著
110	광해군시대지만주관계光海君時代之滿州關係	一	도엽암길稻葉岩吉 저著
111	조선불교통사朝鮮佛敎通史	二	이능화李能和 저著
112	서양사강좌西洋史講座	七	
113	조선역사여류문집朝鮮歷史女流文集	一	
114	세계명인전世界名人傳	三	
115	わが生涯から	二	ゲーテ괴테 저著
116	현대조선문학전집現代朝鮮文	五	

	學全集		
117	고려사高麗史 상·중·하上·中·下	三	연대延大 동방학연구東方學研究
118	대동여지도大東輿地圖	二	규장각총서奎章閣叢書
A119	본조육국사本朝六國史	一	동경쇄문회東京刷文會 간刊
120	이십오사인명색인二十五史人名索引	一	개명서점판開明書店版
121	사림辭林	一	금택장삼랑金澤庄三郎 편編 (잡지 해방 전)

■ 고대잡지부古代雜紙部

번호	서명	형식	내용
122	문장文章	二三	금택장삼랑金澤庄三郎 편編 (잡지 해방 전)
123	한글	八五	〃
124	농업조선農業朝鮮	一九	〃
125	조선朝鮮	二	〃
126	학등學燈	一五	〃
127	카토릭청년青年	一四	〃
128	조선문단朝鮮文壇	一六	〃
129	동아東亞	五	〃
130	휘문徽文	一二	〃
131	학생學生	五	〃
132	시학詩學	五	〃
133	문학文學	三	〃
134	정음正音	四	〃
A135	조선어朝鮮語	A一七	금택장삼랑金澤庄三郎 편編 (잡지 해방 전)
136	조선교육연구회잡지朝鮮教育研究會雜誌	六	〃

137	예술藝術	四	〃
138	춘추春秋	六	〃
139	청춘靑春	六	〃
140	박문博文	二三	〃
141	신소년新少年	三五	〃
142	신민新民	一三	〃
143	삼천리三千里	九	〃
144	신생新生	五〇	〃
145	신동아新東亞	一九	〃
146	가정의우家庭の友	八	〃
147	중앙中央	一〇	〃
148	반도의광半島の光	一一	〃
149	기타 잡지其他雜誌	二四	〃
150	흥아서보興亜書報	一七	〃
151	저수량맹법사비楮遂良孟法師碑	一	〃
A152	연해로이정교沿海路里程敎	一	
153	서원書苑	一	
154	正倉院樂器の調査報告	一	제실박물관帝室博物館
155	월인석보진본고月印釋譜眞本考	一	이동수李東洙
156	세계역사담世界歷史譚	三四	
157	시조문학時調文學	三	잡지(6.25 후)
158	수필隨筆	三	〃
159	한글	一三	〃
160	국어국문학	四	〃
161	한글	二	〃
162	한양漢陽	一二	〃
163	현대문학現代文學	一七	〃
164	청구문학靑丘文學	一	〃

165	지성知性	一	〃
166	신생공론新生公論	一	〃
167	신태양新太陽	二	〃
168	사상계思想界	二	〃
169	사조思朝	四	잡지(6.25 후)
170	자유문학自由文學	四	〃
171	논문집論文集	三	중대中大
172	〃	五	서울대
173	〃	七	학술원學術院
174	〃	四	예술원藝術院
175	〃	二	경북대慶北大
176	〃	二	청구대靑丘大
177	우리말에 쓰인 글자의 잦기 조사	一	문교부
178	우리말 말수 사용의 잦기 조사	一	〃
179	새교육	二	
180	국립도서관보	二	
181	약대학보藥大學報	一	중대中大
182	예술학원보藝術學院報	四	예술원藝術院
183	소설자료집성小說資料集成	一	동대東大 김근수金根洙 편編
184	훈몽자회訓蒙字會	一	국어국문학자료총서國語國文學資料叢書
185	고화잡록古畵襍錄	一	동대東大 김근수金根洙 편編
A186	협률대성協律大成	二	동대東大 김근수金根洙 편編
187	퇴계가훈退溪家訓	一	
188	어원자료집성語源資料集成	一	동대東大 소한학인小漢學人 편編
189	교본훈몽자회校本訓蒙字會	一	동대東大 김근수金根洙 편編
190	이두자료집성吏讀資料集成	一	동대東大 금봉학인錦峯學人

191	시조자료집성時調資料集成	一	동대東大 성학인誠學人 편編
192	어원자료집성語源資料集成	一	동대東大 소한학인小漢學人 편編
193	동방학지東方學志	四	연대延大
194	기념논문집記念論文集	三	경성제대문학회京城帝大文學會
195	조선의 향토오락朝鮮の鄕土娛樂	一	조선총독부朝鮮總督府
196	조선의 무격朝鮮の巫覡	一	〃
197	석존釋尊, 기우祈雨, 안택安宅	一	〃
198	조선문화사연구논문朝鮮文化史研究論文	一	이상백李相佰 저著
199	조선민족사개론朝鮮民族史槪論	一	손진태孫晋泰 〃
200	고려시대의 연구高麗時代の研究	一	이병도李丙燾 〃
201	조선어음운론연구朝鮮語音韻論研究	一	이숭녕李崇寧 〃
202	논문집	一	최현배 회갑기념
A203	일석이희승선생송수기념논총一石李熙昇先生頌壽記念論叢	一	
204	이병도박사화갑기념논총李丙燾博士華甲記念論叢	一	
205	진단학보震檀學報	一六	
206	잡지雜誌	一三	
207	잡지雜誌 학보學報	二七	각各 대학大學 급及 학교學校
208	예술원보藝術院報	二	을유문화사乙酉文化社
209	미술고고학용어집美術考古學用語集	一	
210	역해종경사부합편譯解宗經四部合編	一	정열모鄭烈模 저著
211	여백餘白을 위한 서정抒情	一	(시집) 정한모鄭漢模
212	해몽海夢	一	〃 김해성金海星

213	풍토風土	一	〃 동인시집同人詩集
214	최학규시집崔鶴奎詩集	一	
215	향토문학독본	一	최승렵
216	철없는 사람	一	최희관 수필집
217	여사시집麗史詩集	一	홍윤숙洪允淑
218	근고조선가요찬주近古朝鮮歌謠撰註	一	윤곤강尹崑崗 편주編註
219	미근彌勤	一	(시집) 이설주李雪舟 저著
A220	청사青史	一	(시집) 김대현金大炫 저著
221	시詩와 산문散文	一	〃 호남인湖南人
222	고독孤獨한 반항자反抗者	一	〃 박거영朴巨影
223	호심湖心	一	
224	경주慶州의 고적古蹟과 전설傳說	一	전설傳說 최상수崔常壽 저著
225	인간人間이 그립다	一	(시집) 박거영朴巨影 저著
226	석상石像의 노래	一	〃 이두철李杜徹
227	한국가요韓國歌謠의 연구硏究	一	김동구金東九
228	보리피리	一	(시집) 한하운韓何雲
229	소정시초素汀詩鈔	一	〃 서정봉徐定鳳
230	박용철전집朴龍喆全集 시집詩集	一	
231	김채적金彩赤	一	(시집) 최상수崔常壽 저著
232	밀원密苑	一	〃 동인회同人會
233	고금소총古今笑叢	一	민속학자료民俗學資料 간刊
234	매창梅窓	一	(시집) 신석정辛夕汀
235	백팔번뇌百八煩惱	一	〃 최남선崔南善 저著
236	노산시조집鷺山時調集	一	〃
A237	청집青集	一	(시집) 이영도
238	출범出帆	一	〃 양상경梁相卿

239	봉선화鳳仙花	一	〃 주요한朱耀翰
240	춘원시가집春園詩歌集	一	
241	시가집詩歌集	一	이광수李光洙 주요한朱耀翰 김동환金東煥
242	조운시조집曺雲時調集	一	
243	박꽃	一	이희승李熙昇 시집詩集
244	이호우 시조집爾豪愚時調集	一	
245	은어銀魚	一	소안시조집素眼時調集
246	파적破笛	一	정훈丁薰
247	내일의 길가에서	一	이명길李命吉 저著
248	생명生命	一	〃
249	소나기와 종鐘	一	상병창시조집喪秉昌時調集
250	낙수첩落穗帖	一	박병순朴炳淳
251	망양정望洋亭	一	오신혜吳信惠
252	비취단장翡翠斷章	一	최재호崔載浩
253	벽오동碧梧桐	一	정훈丁薰
A254	노산시조선집鷺山時調選集	一	이운주李雲舟
255	유수곡流水曲	一	
256	지용시선詩選	一	
257	슬픈목가牧歌	一	신석정辛夕汀
258	정지용시집鄭芝溶詩集	一	
259	폐허廢墟	一	김용팔金溶八
260	시문詩門		시문동인詩門同人
261	시정신詩精神	三	
262	시문독본詩文讀本	一	최남선崔南善 찬撰
263	십육국궁사十六國宮詞	一	
264	家庭のための物語	一	목촌곡木村穀 역譯
265	조선어표준말모음	一	조선어학어
266	우리말본	一	최현배

267	조선어학논고朝鮮語學論攷	一	이희승李熙昇
268	국학개론강화國學概論講話	一	담정벽譚正壁 편編
269	한국통사韓國痛史	一	김영세金榮世
270	조선구비전설지朝鮮口碑傳說誌	一	최상수崔常壽
A271	조선어철자법강좌朝鮮語綴字法講座	一	장지영張志暎
272	일본국어법강의日本國語法講義	一	산전효웅山田孝雄
273	지나화인연구支那畵人研究	一	입번관대랑入幡關大郎 저著
274	국어의 연구國語の研究	一	금택장삼랑金澤庄三郎
275	조선어학사朝鮮語學史	一	소창진평小倉進平
276	중국대문학사中國大文學史	一	중화서국인中華書局印
277	국사대관國史大觀	一	이병도李丙燾
278	통문관지通文館志	一	도연상길度聯常吉
279	조선음악통론朝鮮音樂通論	一	조선문화총서朝鮮文化叢書
280	역대문통歷代文通	二	마건충馬建忠 편編
281	신미사학新美辭學	一	도촌용태랑島村龍太郎
282	신문장강화新文章講話	一	오십남력五十嵐力
283	실습신작문實習新作文	一	〃
284	제이독본第二讀本	二	제등청위齊藤淸衛
285	현대문학신선現代文學新選	五	입파칙길入波則吉
286	일어유해日語類解	一	금택장삼랑金澤庄三郎
287	현대작문現代作文	三	길차의칙吉次義則
A288	아학론兒學論	一	
289	안서시집岸曙詩集	一	안서岸曙
290	민요시民謠詩	一	〃
291	아름다운 새벽	一	요한
292	詩の作り方	一	생전춘월生田春月 저著
293	근대명시선近代名詩選	一	

294	황석우시집黃錫禹詩集	一	
295	옥비녀	一	모윤숙毛允淑
296	옥잠화玉簪花	一	안서岸曙
297	땀과 장미와 시詩	一	김태홍金泰洪
298	흐름	一	김동인金東仁
299	노림老林	一	이가종李家鐘
300	축제祝祭	一	
301	충하초充夏草	一	
302	이단異端의 시詩	一	김상옥金相沃
303	앵무새	一	성윤수成允洙
304	영랑시집永朗詩集	一	
A305	꽃다발	一	김안서金岸曙
306	머들령	一	정훈丁薰
307	조선시집朝鮮詩集	一	1946년판年版
308	촛불	一	
309	명시선집名詩選集	一	신석정辛夕汀
310	무화과無花果	一	윤영춘尹永春
311	시집살이	一	윤곤강
312	어느 지역地域	一	장영창張永暢
313	초롱봉	一	박동수朴東秀
314	가곡원류歌曲源流	一	함화진咸和鎭
315	헌사獻詞	一	
316	시집詩集	一	박승걸朴勝杰
317	해방기념시집解放記念詩集	一	
318	詩の作リ方研究	一	근대문예사近代文藝社
319	귀촉도歸蜀途	一	서정주徐廷柱
320	방기환方基煥 시집詩集	一	
321	시집詩集	一	

A322	석주시집石州詩集	一	
323	근대문학십강近代文學十講	一	주천백촌厨川白村 저著
324	박용철전집朴龍喆全集	一	(평론집)
325	현대단가집現代短歌集	一	
326	소설연구십강小說研究十講	一	목촌곡木村毅
327	색마잡기色馬襍記	一	실생서성室生犀星
328	청태집靑苔集	一	박종화朴鍾和
329	역군은亦君恩	一	마해송馬海松
330	북원백추집北原白秋集(시가詩歌)	一	
331	무상無常	一	이은상李殷相
332	망향望鄉	一	김상용金尙鎔
333	자규전집子規全集	一	사가 급 논가辭歌及論歌
334	시학개론詩學概論	一	외산인삼랑外山印三郎 저著
335	중국고대사강요中國古代史綱要	一	김상기金庠基
336	중국성운학개요中國聲韻學概要	一	장세록張世祿
337	중국고음학中國古音學	一	
338	십현담주해十玄談註解	一	
A339	장자집해莊子集解	一	
340	동학東學과 동학란東學亂	一	김상기金庠基
341	조선미술사연구朝鮮美術史研究	一	윤희순尹喜淳
342	하목수석집夏目漱石集	一	
343	역사관歷史觀	一	김환수金煥洙 역譯
344	한국시대의 노서아활약사韓國時代の露西亞活躍史	一	광강택차랑廣江澤次郎
345	음양양력대조표陰陽兩歷對照表	一	총독부總督府
346	논문작법論文作法	一	도촌포월島村抱月 강작講作
347	조선유기략朝鮮留記略	一	권덕규權悳奎
348	동양음악사東洋音樂史	一	전과상웅田過尙雄

349	조선사개설朝鮮史概說	一	삼품창영三品彰英
350	조산의 성의 유래朝鮮の性の由來	一	도엽군산稻葉君山 저著
351	조선음악독본朝鮮音樂讀本	一	성경린成慶麟
352	일본의 역사日本の歷史	一	추산겸장秋山謙藏
353	조선朝鮮의 궁술弓術	一	김태석金台錫
354	소크라테스인물양성담ソクラテス人物養成譚	一	
355	현대단가집現代短歌集	一	
A356	동양음악연구東洋音樂硏究	一	일본동양음악회日本東洋音樂會
357	몽고어독습서蒙古語獨習書	一	청송원일靑松源一
358	고사기古事記	一	암파문고岩波文庫
359	자연미와 그 경이自然美と其敬異	二	〃
360	미래ミレ	一	〃
361	일본서기日本書記	一	
362	톨스토이서간집トルストイ書簡集	一	
363	톨스토이일기トルストイ日記	一	
364	구성궁체천명九成宮體泉銘	一	등원초수藤原楚水 선석選釋
365	지영진초천자문智永眞草千字文	一	〃
366	왕우군성교서王右軍聖教序	一	〃
367	채근담菜根譚	一	한용운韓龍雲
368	플라톤이상국プラトソ理想國	一	목촌응태랑木村應太郎
B1	삼국연의三國演義 其四	인쇄印刷 四	상해아동도서관上海亞東圖書館 간행刊行
2	수호水滸 其四	〃 四	〃
3	홍루몽紅樓夢 其六	〃 六	〃
4	금병매사화金瓶梅詞話 상·하上·下	〃 二	중화中華 44. 소소생笑笑生

B5	한국도교사韓國道教史	인쇄印刷	단기 4292 이능화李能和 저著 백성욱白性郁 발행發行
6	기려수필騎驢隨筆 전全	〃 一	단기 4288 국사편찬위원회國史編纂委員會
7	해학유서海鶴遺書 전全	〃 一	단기 4288 〃
8	매천야록梅泉野錄 전全	〃 一	단기 4288 〃
9	한국음악연구韓國音樂研究	〃 一	이혜구李惠求 저著 단기 4290
10	이조악제원류李朝樂制源流	〃 一	단기 4287 대건고교大建高校 간刊
11	조선음악통론朝鮮音樂通論	〃 一	단기 4280 함화진咸和鎭 저著
12	개정국문학개설改訂國文學概說	〃 一	단기 4290 김기동金起東 저著
13	대학국문선大學國文選	인쇄印刷 一	단기 4287 대표代表 이숭녕李崇寧
14	윤고산연구尹孤山研究	〃 一	서기西紀 1955 이재수李在秀 저著
15	국문학고전독본國文學古典讀本	〃 一	서기西紀 1955 양주동梁柱東 저著
16	조선학보朝鮮學報	〃 一	소화昭和 31 조선학회朝鮮學會 발행發行
17	대학국어大學國語	〃 一	단기 4288 양주동梁柱東 김민수金敏洙 저著
18	국문학통론國文學通論	〃 一	단기 4293 장덕순張德順 저著
19	국어학습편람國語學習便覽	〃 一	단기 4290 김근수金根洙 저著
20	두계잡필斗溪雜筆	〃 一	단기 4289 이병도李丙燾 저著
21	국조인물지國朝人物志 상·중·하上·中·下	〃 一	융희隆熙 3

B22	소아론小兒論 동문류해同文類解 팔세아八歲兒	一	
23	방드리에스언어학개론ヴアンドリエス言語學概論 クリンィチーリアリン	〃 一	소화昭和 13 등강승이藤岡勝二 역譯
24	한한청문감韓漢淸文鑑	〃 一	
25	만물초萬物草	〃 一	4289 대표代表 이종세李種世
26	용가고어전龍歌故語箋	〃 一	4293 동대東大 동악연구회東岳硏究會
27	가사보歌詞譜	〃 一	4293 이주환李珠煥 저著
28	고금시조선古今時調選	〃 一	4291 이주환李珠煥 저著
29	훈몽자회訓蒙字會	〃 一	홍익대국문학연구회弘益大國文學硏究會
30	군도목郡都目	〃 二	동대東大, 김근수金根洙 편編
31	증보가요집성增補歌謠集成	〃 一	벽파碧波, 이창배李昌培 편編 4289
32	금강경삼가해金剛經三家解 二, 三, 四, 五	〃 四	국어국문학자료총서國語國文學資料叢書 전북대全北大
33	죽순竹筍 제2집第二輯	잡지雜誌 一	4279 대표代表 이한수李瀾洙
34	코스모스를 위한 서정抒情	시집詩集 一	1960 박순호朴順浩 간看
35	사월이후四月以後	〃 一	4293 박치원朴致遠 저著
36	두 날개	〃 一	4290 조재섭曺在燮 이기반李基班
37	월난시선月難詩選	〃 一	1961 박종화朴鍾和 저著
38	잃어버린 체온体溫	〃 一	4292 이민영李珉永 저著
B39	카오스의 사족蛇足	시집詩集 一	4291 정한모鄭漢模 저著
40	물새와 해녀	〃 一	4291 김영삼金永三 저著
41	갈매기 소묘素描	〃 一	4291 박남수朴南秀 저著
42	North Korea	〃 一	1960 김영삼金永三 저著
43	중국시집中國詩集	〃 一	1954 장만영張萬英 편저編著
44	한국시인전집韓國詩人全集 一	〃 一	4292 이종익李鍾翊 발행發行

	卷		
45	〃 七卷	〃 一	4292 이종익李鍾翊 발행發行
46	한국문학전집시집韓國文學全集詩集 상上 三四	〃 一	4292 이병준李炳俊 발행發行
47	조선이언朝鮮俚諺	인쇄印刷 一	대정大正 2 최원식崔瑗植 저작발행著作發行
48	역대조선문학정화歷代朝鮮文學精華 권상卷上	〃 一	소화昭和 13 이희승李熙昇 저著
49	앙천대소仰天大笑	인쇄印刷 一	대정大正 6 정우일鄭于日 저작발행著作發行
50	정감록鄭鑑錄	〃 一	
51	을지문덕乙支文德	〃 一	권덕규權悳奎 저著
52	조선朝鮮의 잡기雜記	〃 一	1947 성경린成慶麟 저著
53	금강산유기金剛山遊記	〃 一	대정大正 13 이광수李光洙 저著
54	민요民謠와 향토악기鄕土樂器	〃 一	1948 장사훈張師勛 저著
55	고산시가孤山詩歌	〃 一	1958 박성의朴晟義 주해註解
B56	한국혼韓國魂	인쇄印刷 一	1955 민석린閔石麟 편저編著
57	백제구도남한비사百濟舊都南漢秘史	〃 一	4289 광주문화사업회廣州文化事業會
58	임학林學 4집四輯	〃 一	4288 사상계사思想界社
59	몽계필담夢溪筆談	〃 一	중화中華 45 심괄沈括 저著
60	중경지中京誌 2책二冊		대정大正 3 최남선崔南善 편발행編發行
61	아언각비雅言覺非	〃 一	명치明治 45 〃 〃
62	당의통략黨議通略 전全	〃 一	대정大正 원元 〃 〃
63	언문현토전등신화諺文懸吐前燈新話	〃 一	대정大正 8 남궁준南宮濬 발행發行
64	균여전均如傳	〃 一	소화昭和 3 시산성웅市山盛雄 편編
65	호남절의사임진편湖南節義史	〃 一	4286 김정상金正祥 왕재일王

	壬辰篇		在一 편저編著
66	해동시화海東詩話	필자筆字 一	
67	전주사가시箋註四家詩 전全	인쇄印刷 一	대정大正 10 백두용白斗鏞 편編 발행發行
B68	봉선본미사지奉先本未寺誌	인쇄印刷 一	소화昭和 2 홍월초洪月初 저작著作 발행發行
69	국악보國樂譜	〃 一	4288 정경태鄭坰兌 저著
70	문장강화文章講話	〃 一	소화昭和 5 이태준李泰俊 저著
71	고어사전古語辭典	〃 一	4293 남광우南廣祐 편編
72	국문학참고도감國文學參考圖鑑	〃 一	4282 김삼불金三不 편저編著
73	조선창극사朝鮮唱劇史	〃 一	소화昭和 5 정노식鄭魯湜 저著
74	배비장전옹고집전裵裨將傳壅固執傳	〃 一	1950 김삼불金三不 교주校註
75	춘향가春香歌	필사筆寫 一	
76	공작동남비회진기孔雀東南飛會眞記	프린트 一	1952 문선규文璇奎 술述
77	이충무공李忠武公	인쇄印刷 一	4283 진단학회震檀學會 간刊
78	석보상절釋譜詳節 제11第十一	〃 一	4292 어문학회語文學會
79	주해월인천강지곡註解月印千江之曲 상上	〃 一	1962 허웅許雄·이강로李江魯 공저共著
80	청춘靑春 오책 합본五冊合本	잡지雜誌 一	
81	청춘靑春 제1호第一號	〃 一	대정大正 3
81	이호장서각고도서목록李壕藏書閣古圖書目錄	인쇄印刷 一	소화昭和 10
82	조선고서목록朝鮮古書目錄	〃 一	조선고서간행회朝鮮古書刊行會 명치明治 44
B83	국문학개론國文學槪論	인쇄印刷 一	4294
84	한국고활자개요韓國古活字槪要	〃 一	1954 김원용金元龍 저著
85	새벽	잡지 一	4290

86	외래어外來語의 한글화化	프린트 一	다니엘 존슨 W.E. 스킬런드
87	현대現代	잡지 一	4290
88	호적언론집胡適言論集	인쇄印刷 二	중화中華 42 자유중국사自由中國社
89	역사학보歷史學報 2집二輯	〃 一	1952 역사학회歷史學會
90	한국소설발달사韓國小說發達史	〃 一	4293 신기형申基亨 저著
100	이조시대李朝時代의 가요연구歌謠研究	〃 一	4289 김사엽金思燁 저著
101	주해석보상절註解釋譜詳節	〃 一	4292 이동림李東林 저著
102	두시언해비주杜詩諺解批注	〃 一	4291 이병주李丙疇 저著
103	한국고대소설사韓國古代小說史	〃 一	4291 박성의朴晟義 저著
104	언문지주해諺文誌註解	〃 一	4291 유창돈劉昌惇 저著
105	서재여적書齋餘滴	〃 一	4291 경문사간耕文社刊
106	서포만필西浦漫筆	〃 一	4292 문림사文林社
107	중국고대사회연구中國古代社會研究	〃 一	1932 곽말약郭沫若 저著
B108	순오지旬五志 전全	인쇄印刷 一	4292 문림사文林社
109	모범세계지도模範世界地圖	〃 一	대정大正 10 동경개성관東京開成館
110	대학개론大學概論	〃 一	소화昭和 11 본간구웅本間久雄 저著
111	언문조선민요집諺文朝鮮民謠集	〃 一	소화昭和 8 김소운金素雲 편저編著
112	누판고鏤板考	〃 一	소화昭和 16 이종만李鍾萬 편저編著
113	중국문학사中國文學史	〃 一	1937 호운익胡雲翼 저著
114	국사國史와 지도이념指導理念	〃 一	4286 이병수李丙壽 저著
115	지소천소地笑天笑	〃 一	대정大正 7 최창선崔昌善 저작발행著作發行
116	언문풍월諺文風月		대정大正 6 이종린李鍾麟 편

			編 발행發行
117	조선의 미朝鮮の謎	〃 一	대정大正 8 조선총독부朝鮮總督府
118	시조개론時調概論	〃 一	4292 이태극李泰極 저著
119	이순신李舜臣과 그들	〃 一	4294 최석남崔碩南 저著
120	국문학개론國文學概論	〃 一	4287 이능우李能雨저著
121	흑산도黑山島	〃 一	4292 전광용全光鏞
122	한국한문학사韓國漢文學史	〃 一	1961 문선규文璇奎 저著
123	시조時調의 개설概說과 창작創作	〃 一	4296 이병기李秉岐 저著
B124	문학역사비평원리文學歷史批評原理	一집 〃 一	1960 전북대全北大
125	이조시조사李朝時調史	〃 一	4289 이능우李能雨 저著
126	현대시조선총現代時調選叢	〃 一	4291 이병기李秉岐 이태극李泰極 공저共著
127	국어학논고國語學論攷	〃 一	1958 이탁李鐸 저著
128	한국문학십강韓國文學十講	〃 一	4290 양염규梁廉奎 저著
129	국문학산고國文學散藁	〃 一	4292 정병욱鄭炳昱 저著
130	국어학개설國語學概說	〃 一	4288 이희승李熙昇 저著
131	서법정전書法正傳	인쇄印刷 一	중화中華 27 풍무馮武 편編
132	어문학語文學	〃 一	1962 한국어문학회韓國語文學會
133	인문과학人文科學	〃 一	1959 연대문리대延大文理大
134	창작삼십이인집創作三十二人集	〃 一	문장사文章社 간刊
135	쌍서촉음론雙書蜀音論	〃 一	정경해鄭暻海 저著
136	사상思想과 현실現實	〃 一	1946 박치우朴致祐 저著
137	예술藝術과 인생人生	〃 一	4290 이주홍李周洪 저著
138	현대평론수필선現代評論隨筆選	〃 一	4288 백철白鐵 편編
139	화사花史 주생전周生傳 서대주전鼠大州傳	〃 一	4294 문선규文璇奎 역譯

140	판소리사설 춘향가春香歌	〃 一	292 강한영姜漢永 교주校注
141	논문집論文集	〃 一	1961 청구대학青丘大學
B142	건축建築	잡지 二	4292 대한건축학회지大韓建築學會誌
143	백조白潮	〃 二	대정大正 11 홍은용洪恩容 편집編輯
144	새별	〃 一	대정大正 3 최창선崔昌善著 발행發行
145	이담속찬耳談續纂	인쇄印刷 一	융희隆熙 2 양재건梁在謇 역술譯述
146	고등경찰보高等警察報 4집四輯	〃 一	조선총독부朝鮮總督府
147	불온간행물기사집록不穩刊行物記事輯錄	〃 一	소화昭和 9 〃
148	국어학개설國語學槪說	〃 一	소화昭和 4 안등정차安藤正次 저著
149	계명啓明	〃 一	소화昭和 2 심우섭沈友燮 편집발행編輯發行
150	삼국유사三國遺事	〃 一	〃 〃
151	청구영언青丘永言	〃 一	1946 통문관通文館
152	조선연극사朝鮮演劇史	〃 一	소화昭和 14 김재철金在喆 저著
153	연비동인시집燕飛同人詩集	〃 一	4285
154	화사집落花集 시집詩集	〃 一	4285 김관식金冠植 저著
155	국어국문학지國語國文學誌	〃 一	4292 부산대국문학회釜山大國文學會
156	손과정서보孫過庭書譜	〃 一	소화昭和 15 등원희藤原喜 녹천해로麓泉海老
B157	성탄제聖誕祭	인쇄印刷 一	1948 박태원 저朴泰遠著
158	일본서기日本書紀	〃 一	소화昭和 12 흑판승미黑板勝美 편저編著
159	홍루몽紅樓夢	〃 一	소화昭和 15 송기무부松技茂

			夫　〃
160	소승의 신양小僧の神樣	〃　一	소화昭和 14 지하직재志賀直哉 작저作著
161	일본서기日本書紀	〃　一	소화昭和 11 흑판승미黑板勝美 편저編著
162	오의 세도奧の細道;파초옹문집芭蕉翁文集	〃　一	소화昭和 4 추원라월萩原羅月 교정校訂
163	송강가사松江歌辭	〃　一	1948 방종현方鍾鉉 역譯
164	문학론文學論	〃　一	대정大正 7 하목수석夏目漱石 저著
165	문학평론文學評論	〃　一	〃　하목금지조夏目金之助
167	일본개조문고日本改造文庫	〃　六	6책六冊 소화昭和 5 국지관菊地寬 석천돈목石川豚目 정강자규正岡子規

79 번호가 맞지 않은 듯하나 원본대로 표기함.
80 '주역집문周易輯聞'의 오기일 듯.
81 '성현공숙열기聖賢公淑烈記'의 오기.
82 유효공선행록劉孝公善行錄.
83 미상. 혹 '율곡 동호문답'의 오기가 아닐까 추정된다.
84 본문에는 '御'로 표기되어 있으나, 이는 '禦'의 오기다.
85 '임병찬林炳瓚'의 오기인 듯함.
86 '이지함李之菡'의 오기.
87 '권봉수權鳳洙'의 오기, '권석년權錫年'은 그의 아버지임.
88 '은배시집恩杯詩集'의 오기.
89 '조병모曺秉謀'의 오기인 듯.
90 김진수金進洙 저著.

후기後記

얼마 전에 가람 스승님의 부르심을 받고 급急히 계동桂洞으로 달려갔더니 스승님이 일생一生을 두고 간직하신 약 오천여 권의 서목書目을 작성해 보라는 말씀이였다. 목록 작성目錄作成이 처음인 우리로서는 큰 실수失手나 없을까 하고 주저躊躇되는 바 없지도 안했으나 스승님의 말씀이요, 또한 분별分別하기 힘든 점點은 각各 분야分野의 구성자構成者에게 문의問議하면서 작성作成한다면 되리라는 생각生覺으로 시작始作하기로 했다.

막상 착수着手해 놓고 보니 고려高麗 이조시대李朝時代의 귀중貴重한 고문헌古文獻을 일일이 식별識別하기란 문외한門外漢이나 다름없는 우리에게 보통普通 일이 아니였다. 그럴 때마다 학계學界의 제諸 선배先輩님이나 고서적 취급古書籍取扱에 경험經驗이 많으신 분들에게 도움을 받아 가며 작성作成했지만 어찌 원만圓滿이 되었다 자부自負할 수 있으랴.

구지 서목 편집자書目編輯者들에게 변명辨明의 기회機會를 주신다면 장소場所가 협착狹窄했고 시일時日이 촉박促迫함과 더불어 4, 5四五인의 혼란混亂한 필기筆記로 서목 작성書目作成에 큰 애로隘路가 있었다고 말할 수 있으리라.

양해諒解하여 주시기를 바라면서 난필亂筆을 거두는 바이다.

서기西紀 1963년 4월 일

서목書目 편집자編輯者 일동一同 근서謹書

일사·가람文庫
古書著者目錄

『일사가람문고 고서저자목록』(서울대부속도서관, 1966) 표지 사진

서울大學校附屬圖書館
1966

일러두기

1. 이 책은 『일사·가람文庫 古書著者目錄』를 원본으로 하고 그 중 '가람文庫' 목록 부분만 발췌하여 실었다.
2. 「서문」과 「범례」는 그대로 실었으며, 목차와 색인 부분은 생략하였다.
3. 원문은 이단식으로 기입하였으나 이 책에는 일단식으로 하였다.
4. 한자로 된 원문은 가독성을 높이기 위하여 한글漢文으로 표기하였으며 불필요한 한자어는 한글로 바꾸었다.

서문序文

전 서울대학교문리과대학장 고故 방종현方鍾鉉(일사一簑) 선생先生과, 전 전북대학문리과대학장 이병기李秉岐(가람) 선생先生께서 필생畢生의 노력努力으로서 수집蒐集 보존保存하여 온 귀중貴重한 장서藏書를 본 도서관에서 이를 맡아 보존保存하여 오던 중 이번에 그 정리整理를 완료完了하고, 학계學界에 끼친 공로功勞를 길이 빛내기 위하여 이를「일사문고文庫」및「가람문고文庫」라 명칭하고, 별치別置 보존保存하는 한편, 귀중貴重한 국사國史 및 국어국문학國語國文學 관계關係의 고서(일사文庫 1,033부 2,554책, 가람文庫 707부 1,606책)의 목록目錄을 유인물油印物로서 간행刊行하여 학계學界에 내놓아 공개公開 이용利用하게 된 것을 기뻐하여 마지않는 바이다.

1966. 5. 30

서울대학교 부속도서관장 김 계 숙

범례凡例

이 목록은 저자명의 가, 나, 다 순에 의하여 찾을 수 있도록 편성하였다.

1. 도서의 분류는 DDC(16판)을 사용하였으며 저자 기호는 카타 저자 기호표를 사용하였다.

2. 저자의 본명을 확인할 수 없을 때는 저자명 대신 호號 또는 자字를 표목標目으로 하고 저자를 전혀 알 수 없는 것은 그 서명書名을 표목으로 하였다.

3. 표목에 기재하는 사항은 서명書名, 권차卷次, 저자명著者名, 간행지刊行地, 간행처刊行處, 간행연도刊行年度, 권책수卷冊数, 판종版種, 크기를 기술記述의 중요내용으로 하였고, 판종版種과 간행년도刊行年度를 감정하는 데 도움을 주기 위하여 판식版式의 형태形態, 서序, 발跋의 연기年紀, 장서기藏書記, 장서인기藏書印記 등과 함께 서지상 중요시되는 사항을 주기註記하였다.

4. 목차기입目錄記入의 형식은 이단식기입二段式記入을 택하였고, 대조사항과 판식板式 이하의 주기사항註記事項과의 명확한 구획을 위하여 그 사이에 일행一行을 공백空白을 두었다.

5. 간행년도刊行年度의 표시表示는 서序, 발跋의 연기年紀 중中에서 가장 적당하다고 인정되는 연기年紀를 택하여 간행년도刊行年度로 하였으며, 그것을 전혀 알 수 없는 것은 <간년미상刊年未詳>이라고 표시하였다.

6. 고활자본古活字本의 구별區別은 확인된 활자명活字名에 한하여 대조사항 다음에 「古活字本(甲辰字)」 등으로 표시하였으며, 자명字名이 밝혀있지 않은 것은 「古活字本(後期木活字)」 등으로 표시하였다.

7. 같은 도서圖書의 이판異版을 식별하는 데 도움을 주기 위하여 판확版廓의 변邊, 매반엽每半葉의 광곽匡廓의 크기, 행수行數, 각행의 자수字數 및 판심版心에 있는 어미魚尾의 형태形態 등도 기술記述에 포함시키었다.

8. 사본寫本인 경우에도 그것이 판版에 올리기 위하여 만들어진 판하본版下本인 것은 판광版匡의 형식을 표시하였다.

9. 권책卷冊 수數는 동일同一 도서圖書 중 가장 완전한 것에 따라 표시하였으며, 결본缺本, 낙장落張이 있는 것은 「소장사항所藏事項」에 결본缺本, 낙장落張 및 부식腐蝕된 부분을 주기註記하였다.

10. 같은 도서圖書라 할지라도 이판본異版本, 완질본完佚本, 영본零本, 장정裝幀이 다른 것은 각각 그 기입記入을 달리하였다.

11. 표목標目의 번자飜字는 원칙적原則的으로 『동아한한대사전東亜漢韓大辭典』에 의하여 한글로 표기였으며, 두문자頭文字의 음音은 소리나는 대로 따

르고, 관습상慣習上 이미 속음화俗音化한 것은 그 음音에 따라 표기表記하였다.

12. 외국 저자 중 중국인 성명은 한국 발음으로 표기하였고, 기타 외국인명은 본음本音으로 표기表記하였다.

13. 고서古書의 구분區分은 다음 기준基準에 따랐다.
   1. 한국본韓國本 : 융희隆熙 3년(1909) 이전의 고사본古寫本, 고탁본古拓本 및 고간본古刊本으로서 저지楮紙 한장본漢裝本.
   2. 중국본中國本 : 선통宣統 3년(1911) 이전의 고사본古寫本, 고탁본古拓本 및 고간본古刊本으로서 당지唐紙 한장본漢裝本.
   3. 일본본日本本 : 경응慶應 3년(1867) 이전의 고사본古寫本, 고탁본古拓本 및 고간본古刊本으로서 왜지倭紙 화장본和裝本.
   4. 고활자본活字本 및 목판본木版本
   5. 재래식在來式 한장본漢裝本

14. 청구기호請求記號는 목록기입目錄記入의 하단下端에 옆으로 풀어 댓쉬를 사용하여 괄호括弧로 묶어 표시하였다.

   <例>

   가람古

   6392 →<가람古-639.2-J466j>

   J466j

15. 누락본漏落本은 뒤에 따로 기재記載하였다.

目錄

가범

家範, 권2, [저자미상著者未詳·연기미상年紀未詳]

1책(영본零本 사본寫本), 29.4×17cm.

(숙영낭자전淑英娘子傳 1장, 권말에 수록)

<가람古-813.5-G112-v.2>

가사

歌詞, [편자미상編者未詳·연기미상年紀未詳]

1책(39장) 사본寫本, 26×16cm.

인印 : [미상]

내용목차 : 낙대가, 늪곡 선생-관동별곡, 녕숑강-어부ᄉᆞ, 니농암헌보-쇽ᄉᆞ미인곡, 반숑-무인납춘축성가, 원교-챵곡, 연녀실-낙빈가.

<가람古-811.05-G2i>

가장

家藏, [편자미상編者未詳·연기미상年紀未詳]

1책(26장 사본寫本), 17.3×21.6cm.

<가람古-041-G129>

가장

家藏, [편자미상編者未詳·연기미상年紀未詳]

1책(24장) 사본寫本. 22.4×14,8cm.

<가람古-041-G129a>

가체신금사목

加髢申禁事目, [편자미상編者未詳. 정조 12년(1788)]

1책(18장) 목판본. 35.4×23cm.

사주쌍변四周雙邊, 반엽광곽半葉匡郭 : 30×17.2cm. 유계有界, 10행, 1행 18자. 판심版心 : 상화문 어미上花紋魚尾.

표지서명 : 금체사목禁髢事目. 권말 : 건융53년建戎五十三年(1788) 시월일十月日

내사기內賜記 : 무신(1788) 시월일十月日…이료시耳療時 가군왕은표현배수훈민家君任般票縣拜受訓民

<가람古-349.1-G115>

간독정요

簡牘精要, [편자미상編者未詳] 유동신판由洞新版 [간년미상刊年未詳]

1책(70장) 목판본 24.4×16.2cm.

사주단변四周單邊, 반엽광곽半葉匡郭 : 18×13cm, 유계有界, 12행, 1행 20자. 판심版心 : 상화문어미上花紋魚尾.

<가람古 371.32-G152>

간첩

簡牒, [편자미상編者未詳·연기미상年紀未詳]

1첩帖(11절折 20면面) 사본寫本. 39.5×29.2cm.

<가람古-816-G15>

강 위

고환당수초古歡堂收艸, 권1-5, 권12-17. 강위姜瑋(조선) 저著, 이건창李建昌(조선) 교校, 정만조鄭萬朝(조선) 편編. 광인사廣印社 [서序, 고종 22년(1885)]

2책(영본零本) 초상肖像, 신식활자본. 25.2×15cm.

표지서명 : 고환당집古歡堂集.

서序 : 신사辛巳(1881)…정첩조鄭倢朝. 을유乙酉(1885)…김윤식金允植.

<가람古-819.55-G155g-v.1-2>

강 위

고환당수초古歡堂收草, 권4, 강위姜瑋(조선) 저著, 이건창李建昌(조선) 교校, 정만조鄭萬朝(조선) 편編, 광인사廣印社, [고종 시時]

1책(영본零本) 신식활자본 25.6×15.3cm.

<가람古-819.55-G155c>

강 필리

감저종식법甘藷種植法, 강필리姜必履(조선) 저著. [연기미상年紀未詳]

1책(42장) 사본寫本. 24.2×18cm.

인印 : [미상未詳]

책지 내면冊紙內面 : 장화홍년젼.

국문 사본寫本.

<가람古-633.491-G155g>

강 희안

양화소록養花小錄, 강희안姜希顔(조선) 찬撰 [19-]

1책(36장) 사본寫本(후사後寫) 32.4×20.5cm.

서序 : 갑오甲午(1474)…강희맹姜希孟.

권말卷末 : 세임진歲壬辰(1472)…김수녕金壽寧, 장狀, 세계사歲癸巳(1473)…김종식金宗直. 지識.

간기刊記 : 시강원춘방장侍講院春坊藏 진산세고晉山世稿 건권중초출乾卷中

鈔出 계유십이월중순癸酉十二月中旬.

<가람古-635.9-G154y>

강암선생어록

剛菴先生語錄, [편자미상編者未詳·연기미상年紀未詳]

1책(91장) 사본寫本. 24.8×15cm.

표지서명 : 송록질서록宋麓疾書錄.

<가람古-041-G155>

강틔공젼

강틔공젼, [저자미상著者未詳·연기미상年紀未詳]

1책(63장) 사본寫本. 23.2×22cm.

<가람古-813.5-G155>

경신록언해

敬信錄諺釋, [역자미상譯者未詳·간년미상刊年未詳]

1책(84장) 목판본 32×22.4cm.

사주쌍변四周雙邊, 반엽광곽半葉匡郭 : 24.3×18.3cm, 유계有界, 11행, 1행 21자. 판심版心 : 상하 백어미上下白魚尾.

<가람古-299.514-G998>

경운당야진찬홀기

慶運堂夜進饌笏記, [190-]

1첩帖(20절折 42면面) 사본寫本, 호접장蝴蝶裝 27×7.5cm.

<가람古-915.1-G998p>

경운당익일야연홀기

慶運堂翌日夜讌笏記, [190-]

1첩帖(10절折 21면面) 사본寫本. 호접장蝴蝶裝 27×7.5cm.

<가람古-915.1-G998c>

경운당익일회작홀기

慶運堂翌日會酌笏記, [190-]

1첩帖(15절折 31면面) 사본寫本. 호접장蝴蝶裝 26.8×7.4cm.

<가람古-915.1-G998a>

경운당재익일황태자야연홀기

慶運堂再翌日皇太子夜讌笏記, [190-]

1첩帖(10절折 22면面) 사본寫本. 호접장蝴蝶裝 27×7.4cm.

<가람古-915.1-G998a>

경운당재익일황태자회작홀기

慶運堂再翌日皇太子會酌笏記, [190-]

1첩帖(14절折 30면面) 사본寫本. 호접장蝴蝶裝 27×7.1cm.

<가람古-915.1-G998e>

경운당진찬홀기

慶運堂進饌笏記, [190-1]

1첩帖(58절折 118면面) 사본寫本. 호접장蝴蝶裝 27×7.6cm.

<가람古-915.1-G998b>

고 시언

소대풍요昭代風謠, 고시언高時彦(조선) 편찬. [발跋, 영조 14년(1738)]

9권 2책. 고활자본(경진인서자庚辰印書字) 31.1×19.1cm.

사주단변四周單邊, 반엽광곽半葉匡郭 : 21.7×14.2cm. 10행, 1행 20자 주쌍행注雙行. 판심版心 : 상백어미上白魚尾.

권수卷首 : 세정사歲丁巳(1737)…오광휘서吳光運序. 서소대풍요권수書昭代風謠卷首…고시언高時彦.

발跋 : 무오戊午(1738)…최경흠崔景欽 중인발重印跋

인印 : [박형선인朴瀅善印 등等]

부附 : 소대풍요습유昭代風謠拾遺-소대풍요별집昭代風謠別集-소대풍요별집보유昭代風謠別集補遺.

<가람古-811.05-G533s-v.1-2>

고간

姑看, [편자미상編者未詳·연기미상年紀未詳]

1책(107장) 사본寫本. 18.6×12cm.

<가람古-895.108-G557>

고금녀범

고금녀범, [작자미상作者未詳·연기미상年紀未詳]

1책(45장) 사본寫本. 25.6×15.2cm.

<가람古-396-G557>

고금소총

古今笑叢, [편자미상編者未詳. 19-]

1책(47장) 사본寫本(후사後寫) 29.6×20.7cm.

인印 : [매화옥진완梅華屋珍玩]

내용목차 : 촌담해이村談解頤, 강희맹姜希孟-어면순禦眠楯, 송세림宋世琳-속어면순續禦眠楯, 성여학成汝學

<가람古-817.08-G557>

공손 굉

풍후악기경風后握奇經, 공손굉公孫宏(漢) 해解. 호북湖北, 숭문서국崇文書局,

광서기원光緖紀元(1875)

1책(46장) 중국목판본. 26.8×12.2cm.

합각合刻 : 대도大韜 3권, 태공망太公望(周) 찬撰.

<가람古-355.43-G588p>

과수지

한계서법통해漢溪書法通解, 과수지戈守智(淸) 찬자纂者, 육배陸培(淸) 동참同參, [건융建戎 15년(1750)]

8권 4책. 도圖. 목판본. 23.4×14.6cm.

권수卷首 : 건융경오建戎庚午(1750)…김지장서金志章敍. 수려효樹厲鴞 찬撰.

<가람古 954.2-G993h-v. 1-4>

과거급과문

科擧及科文, [저자미상著者未詳. 19-]

1책(16장) 등사본寫本. 26×19cm.

<가람古-351.3-G994>

곽 상

남화진경방주南華眞經旁註, 곽상郭象(晋) 주注, 방허명方虛名 집주輯注, 손평중孫平仲 음교音校. [연기미상年紀未詳]

5권 5책. 사본寫本. 43×21.8cm.

표지서명 : 남화경南華經.

서序 : ......곽상郭象 찬撰.

권말卷末 : 신유계하서우내각지주자소방취지서지편제辛酉季夏書于內閣之鑄字所房聚之書之篇題 박료사집필야朴僚士執筆也.

<가람古-181.1-G994n-v. 1-5>

관상소 편

대한광무구년세차을사내용삼력大韓光武九年歲次乙巳內用三曆, 관상소觀象所(조선) 편編, [1905]

1책(57장) 고활자본(관상감활자觀象監活字) 42×25.4cm.

사주단변四周單邊, 반엽광곽半葉匡郭 : 30.9×19.7cm. 7행, 1행 35자 주쌍행注雙行. 판심版心 : 대흑구상하화문어미大黑口上下花紋魚尾

<가람古-529.3-G994d>

관서악부

關西樂府, [저자미상著者未詳·19-]

1책(31장) 사본寫本. 30×20.4cm.

서序 : 신광수申光洙. 인印 : [매화옥진완梅花屋珍玩]

부록附錄 : 호남광한루악부湖南廣寒樓樂府 : 윤달선尹達善 찬撰.

<가람古-811.05-G994g>

광재물보

廣才物譜, 권지 1~4, [저자미상著者未詳·19-]

4권 4책. 사본寫本. 33.7×21.4cm. 인印 : [매화옥진완梅華屋珍玩]

<가람古-031-G994-v.1-4>

구 양수

구소수간歐蘇手簡, 구양수歐陽修(宋), 소식蘇軾(宋) 저著. 대전선사열大典禪師閱, 경사서서식촌왕지헌장판京師書書植村王枝軒藏板 [천명 원년天明元年(1781)]

4권 2책, 목판본. 26×18cm.

표지서명 : 신각新刻 구소수간歐蘇手簡.

권수卷首 : 안영경자安永庚子(1780)…명해축상溟海竺常 찬撰. 두인걸杜仁傑 서序.

권말卷末 : 저각著刻 정보正保 2년二年(1645) 을유 구월乙酉九月. 신각新刻 천명天明 원년元年(1781) 신축 사월辛丑四月.

<가람古-895.16-G93g-v. 1-2>

구 양순

구양순행서歐陽詢行書, [작자미상作者未詳·연기미상年紀未詳]

1첩帖(8절折 16면面) 탁본拓本. 26.9×15.5cm.

목판표지木板表紙

<가람古-754.1-G93g>

구 양순

황보부군지비皇甫府君之碑, 구양순歐陽詢(唐) 서書 [연기미상年紀未詳]

1첩帖(25절折 50면面) 탁본拓本. 34.6×19.6cm.

권두서명 : 수주국좌광록대부홍의명공隨柱國左光祿大夫弘義明公…

<가람古-754.3-G83h>

구 우

전등신화구해剪燈新話句解, 권상하, 구우瞿佑(明) 저著, 호자앙胡子昻(明)… 집석集釋. [19-]

2책. 목판본. 25.4×18.8cm.

사주단변四周單邊, 반엽광곽半葉匡郭 : 23.1×16cm, 유계有界, 11행, 1행 20자. 판심版心 : 상하화문어미上下花紋魚尾.

<가람古-895.130G93jd-v.1-2>

구급방

救急方, 권상, 세종(조선) 명찬命撰. [간년미상刊年未詳]

1책(영본零本) 목판본. 30.4×19cm.

사주단변四周單邊, 반엽광곽半葉匡郭 : 20.8×14.5cm, 유계有界, 8행, 1행 17자. 판심版心 : 상하흑어미上下黑魚尾.

인印 : [매화옥진완梅華屋珍玩]

소장본 중 : 제1~4장(4장) 낙장落張. 제5장 보사補寫.

(언해본諺解本임)

<가람貴-615.135-G939-v.1>

구황촬요언해

救荒撮要諺解, 명종(조선) 명편命編, [발跋, 숙종 12년(1686)]

1책(34장) 목판본. 24.2×18cm.

사주쌍변四周雙邊, 반엽광곽半葉匡郭 : 18.4×14.5cm, 유계有界, 10행, 1행 17자. 판심版心 : 상하화문어미上下花紋魚尾.

서序 : 경자庚子(1660)…송시열宋時烈.

발跋 : 경자庚子(1660)…신속申洬.

간기刊記 : 숭정기원후병인崇禎紀元後丙寅(1686) 하사월夏四月하한무下澣武 전이채田以采 박치유朴致維 근재謹梓

(구황보유방救荒補遺方)

<가람古-361.5-G939>

국조고사

國朝故事, [저자미상著者未詳·연기미상年紀未詳]

1책(112장) 사본寫本. 21.5×20.4cm. (국문본)

<가람古-951-G939>

군신언지록

君臣言志錄, [편자미상編者未詳·연기미상年紀未詳]

1책(낙질본落帙本) 사본寫本. 27.8×16.8cm.

<가람古-811.5308-G957>

권 근

동국기東國記, 권근權近(조선) 제진制進, 권람權擥(조선) 증주增註. [발跋. 세조 6년(1460)]

1책(영본零本) 목판본. 26.4×17.6cm.

사주쌍변四周雙邊, 반엽광곽半葉匡郭 : 23.1×15.2cm, 유계有界, 9행, 1행 20자. 판심版心 : 대흑구상하내향흑어미大黑口上下內向黑魚尾.

권수卷首 : 천순사년天順四年(1460)…권람지權擥誌.

권말卷末 : 건문사년建文四年(1402)…김릉단金陵端 지識.
정통삼년正統三年(1438)…권채權採 발跋, 어제시배응御製詩拜應…천순사년天順四年(1460)…장녕張寧 서書.

<가람貴-951-G995d>

권 근

응제시應制詩, 권근權近(조선) 제진制進. [19-]

1책(76장) 사본寫本(후사後寫) 33×20.9cm.

권수卷首 : 건문사년建文四年(1402)…이첨李詹 서序.

천순사년天順四年(1460)…장녕張寧 발跋. 태조고황제어제시삼수太祖高皇帝御製詩三首.

권말卷末 : 교정…최항崔恒 [등 제신함명等諸臣銜名]

<가람古-811.51-G995e>

권 문해

대동운부군옥大東韻府羣玉, 권문해權文海(조선) 저著. 철종 3년(1852)

20권 20책. 목판본. 31.3×21.8cm.

사주쌍변四周雙邊, 반엽광곽半葉匡郭 : 22.8×17.5cm, 유계有界, 10행, 1행 20자. 판심版心 : 상하화문어미上下花紋魚尾.

권수卷首 : 성상이십이년聖上二十二年(1798)…정범조丁範祖 서序, 김응조金應祖 발跋.

상장엄무上章閹茂(1670)…홍여하洪汝河, 부附 해동잡록海東雜錄 발跋.

내사기內賜記 : 철종임자유월사송수이물실哲宗壬子六月賜送守而勿失.

<가람古-031-G995d-v.1-20>

권 봉수

지촌유고芝村遺稿, 권봉수權鳳洙 저著. 정기선鄭琦選. [19-]

2권 1책. 26cm.

<가람古-811.55-G995j>

권 이생, 편

사요취선史要聚選, 권이생權以生(조선) 편編. [서序. 인조 26년(1648)]

5권 3책(영본零本) 목판본 27×18cm.

사주단변四周單邊, 반엽광곽半葉匡郭 : 21×14.3cm. 무계無界, 16행 1행 27자. 판심版心 : 상하흑어미上下黑魚尾.

서序 : 숭정기원후무자년崇禎紀元後戊子年(1648)…서계西溪.

소장본 : 제 1~5권(3책) 외外 결缺 일명一名 : 증보역대회령增補歷代會靈.

<가람古-952-01-G995c-v.1-3>

권 제

역대세년가歷代世年歌 권제權踶(조선) 저著. 경주부慶州府. [발跋, 성종 19년(1488)]

1책(56장) 목판본. 34×22.6cm.

사주단변四周單邊, 반엽광곽半葉匡郭 : 25.6×19.6cm, 유계有界, 10행, 1행 19자. 판심版心 : 상하하향흑어미上下下向黑魚尾.

서序 : 정통 원년正統元年(1436)…이계전李季甸.

발跋 : 홍치 원년弘治元年(1448)…홍귀달洪貴達.

권말卷末 : ...경상도관찰사…성숙成俶 등等 제신諸臣 함명銜名

소장본 중 : 일부분一部分 보사補寫.

합각合刻 : 만국역대시萬國歷代詩, 동국역대시東國歷代詩

<가람貴-952-G995y>

권 필

국조시산國朝詩刪, 권지 1~6. 권필權韠(조선) 선選. [서序. 숙종 21년(1695)]

6권 4책. 목판본. 27.1×18cm.

사주쌍변四周雙邊, 반엽광곽半葉匡郭 : 20×13.7cm, 유계有界, 10행, 1행 20자. 판심版心 : 상하화문어미上下花紋魚尾.

서序 : 을해(1695)…박태순朴泰淳

<가람古-819.53-G995g-v.1-4>

권왕가

권왕가. [저자미상著者未詳] 동래東萊, 범어사凡魚寺. 융희隆熙 2년(1908)

1책(43장) 목판본. 25.5×78cm.

사주단변四周單邊, 반엽광곽半葉匡郭 : 16.9×12.6cm, 유계有界, 10행, 1행 17자. 판심版心 : 상하흑어미上下黑魚尾.

간기刊記 : 융희이년칠월일경상남도동래부금정산범어사개간隆熙二年七月日慶尙南道東萊府金井山梵魚寺改刊.

인印 : [김익환장金益煥藏]

부附 : ᄌᆞ칙가.

<가람古-294.37-G995>

규곤의측

閨坤儀則, [저자미상著者未詳·연기미상年紀未詳]

1책(74장) 사본寫本. 32.6×20cm.

표지서명 : 규곤의측閨閫儀則. 초抄.

(국문본임)

<가람古-173-G999>

규장전운

어정규장전운御定奎章全韻, 상, 하. 정조(조선) 명찬命撰. [고종 17년(1880)]

1책(90장) 목판본. 31.8×21cm.

사주쌍변四周雙邊, 반엽광곽半葉匡郭 : 21.8×15.6cm, 유계有界, 10행, 1행 18자. 판심版心 : 상백어미上白魚尾.

표지서명 : 규장전운奎章全韻.

인印 : [규장지보奎章之寶]

내사기內賜記 : 광서육년유월일光緖六年六月日…송순탁宋淳鐸.

<가람古-416-G999a>

규장전운

어정규장전운御定奎章全韻, 상, 하. 정조(조선) 명찬命撰. [정조 시時]

1책(90장) 목판본. 24.4×15.7cm.

사주쌍변四周雙邊, 반엽광곽半葉匡郭 : 15.7×10.3cm, 유계有界, 1행, 1행 18자. 판심版心 : 상백어미上白魚尾.

판심서명版心書名 : 규장전운奎章全韻.

<가람古-416-G999b>

규장전운

어정규장전운御定奎章全韻, 상. 하. 정조(조선) 편編. [간년미상刊年未詳]

1책(90장) 목판본. 25×15.4cm.

사주쌍변四周雙邊, 반엽광곽半葉匡郭 : 15.8×10.5cm, 유계有界, 10행, 1행 18자. 판심版心 : 상백어미上白魚尾.

표지서명 : 규장전운奎章全韻.

인印 : [박영후인朴泳厚印, 금성후인錦成后人. 천저川宁?]

<가람古-416-G999d>

규장전운

어정규장전운御定奎章全韻, 상, 하. 정조(조선) 명편命編. [정조 24년(1800)]

1책(90장) 목판본. 31.7×21cm.

사주쌍변四周雙邊, 반엽광곽半葉匡郭 : 21.3×15.5cm, 유계有界, 10행, 1행 18자. 판심版心 : 상백어미上白魚尾.

표지서명 : 규장전운奎章全韻.

인印 : [박씨종?희안朴氏宗?希顔. 화선재도서인畵扇齋圖書印]

<가람古-416-G999e>

규합총셔

규합총셔, [저자미상著者未詳] 친화실장관. [고종 18년(1881)]

1책(29장) 목판본. 25×17cm.

사주단변四周單邊, 반엽광곽半葉匡郭 : 25×17cm. 유계有界, 12행, 1행 24자. 판심版心 : 상흑어미上黑魚尾.

<가람古-396-G999>

금가

琴歌, [편자미상編者未詳·연기미상年紀未詳]

1첩帖(17절折 64면面) 선풍엽도旋風葉圖 사본寫本. 27.3×24.2cm.

<가람古-781-751-G337>

금수전

금수전, [저자미상著者未詳·간기미상刊記未詳]

[20매] 목판본?. 25cm.

<가람古-813.5-G337>

금화사기

金華寺記, [저자미상著者未詳·연기미상年紀未詳]

1책(18장) 사본寫本. 24×20.2cm.

<가람古-294.352-G336>

기문총화

記聞叢話, 건乾, 곤坤 [편자미상編者未詳·연기미상年紀未詳]

2권 2책, 사본寫本. 30.6×22.8cm.

인印 : [미상未詳](권지2 제1~2장과 막장 반파半破임)

<가람古-808.88-G429-v. 1-2>

기자통기

箕子通紀, 상, 중, 하 [저자미상著者未詳·간년미상刊年未詳]

1책(28장) 고활자본(목활자) 26.4×17.2cm.

사주단변四周單邊, 반엽광곽半葉匡郭 : 19×14.1cm. 10행, 1행 20자 판심版心 : 상흑어미上黑魚尾.

서序 : 도유군벌屠維軍閥(기묘己卯)…김점金漸.

표제지標題紙 : 법원창희法援蒼姬…화급적자化及赤子.

<가람古-920.051-ㅎ369>

김 경준

역어유해譯語類解 [언해諺解], 상. 하. 김경준金敬俊(조선) 등等 편찬編纂. 사역원司譯院. [숙종 16년(1690)]

2책. 목판본. 32.4×21cm.

사주쌍변四周雙邊, 반엽광곽半葉匡郭 : 23.6×17.7cm, 유계有界, 10행, 1행 23자. 판심版心 : 상하화문어미上下花紋魚尾.

<가람古-413.1-G418y-v.1-2>

김 광수

상고서첩尙古書帖, 김광수金光遂(조선) 서書. [연기미상年紀未詳]

1첩帖(7절折 13면面) 도圖. 탁본拓本. 30×22cm.

내용목차 : 김광우묘갈명金光遇墓碣銘, 이광사李匡師-상고자尙古子 김광수생광金光遂生壙, 김광수金光遂.

<가람古-754.3-G418s>

김 담정

담정유고藫庭遺藁, 권7-8, 김담정金藫庭(조선) 저著. [고종 시時]

1책(영본零本) 고활자본(후기목활자後期木活字) 31.7×20.4cm.

사주단변四周單邊, 반엽광곽半葉匡郭 : 22.5×15.4cm. 10행, 1행 20자 주쌍행注雙行. 판심版心 : 상백어미上白魚尾.

내용목차 : 감담일기坎窞日記-우해흑어보牛海黑魚譜.

<가람古-819.55-G429d-v. 7-8>

김 만중

구운몽 하九雲夢 下. 김만중金萬重(조선) 저著. [연기미상年紀未詳]

1책(영본零本) 사본寫本. 24.7×22cm.

부府 : 어록해語錄解.

<가람古-313.53-G422g-v.2>

김 만중

구운몽, 상, 하. 김만중金萬重(조선) 저著. 전주全州, 다가서포多佳書舖. 1916.

2책. 목판본. 25×18.5cm.

간기刊記 : 상上, 임술壬戌(1862) 맹추완산개판孟秋山改版
하下, 정미丁未(1907) 중화일완남개간仲花日完南開刊.

<가람古-813.53-G422ga-v.1-2>

김 만중

구운몽, 金萬重(조선) 저著. [간년미상刊年未詳]

1책(93장) 사본寫本. 34.6×22.4cm.

<가람古-813.53-G422gb>

김 만중

남정기南征記 상, 하. 김만중金萬重(조선) 저著 : 김춘택金春澤(조선) 한역漢譯. [연기미상年紀未詳]

1책(77장) 사본寫本. 26×16.4cm.

부附 : 사씨답사부인서謝氏答社夫人書, 유한임지엄강서시劉翰林識嚴崗書詩, 사부인제방문謝夫人祭芳文, 두부인여유한림서杜夫人與劉翰林書, 유한림영환

사부인고선묘문劉翰林迎還謝夫人告先廟文.

<가람古-813.53-G422n>

김 만중

ᄉᆞ씨남졍긔, 천天. 김만중金萬重(조선) 저著. [연기미상年紀未詳]

1책(영본零本) 사본寫本. 36.6×21.6cm.

권말卷末 : 졍미 유월…

<가람古-813.53-G422s-v.1>

김 만중

윤시힝장, 김만중金萬重(조선) 저著. [연기미상年紀未詳]

1책(50장) 국문사본寫本. 26×20.8cm.

인印 : [金?]

내용 : 윤씨행장-산디칠가-관동별곡-태자는법-태묻는법-제갈무후전-영안궁탁고조-낭서쳐사전-남정거하.

<가람古-920.7-G422y>

김 상현

신독재선생년보愼獨齊先生年譜, 상, 하. 김상현金尙鉉(조선) 편編. [고종 시時]

1책(75장) 고활자본(후기목활자後記木活字) 31.2×20cm.

사주쌍변四周雙邊, 반엽광곽半葉匡郭 : 21.7×14.8cm. 10행, 1행 20자 주쌍행注雙行. 판심版心 : 상백어미上白魚尾.

발跋 : 8대손 상현尙鉉.

<가람古-923.251-G421g>

김 석준

藕船精華錄, 김석준金奭準(조선) 찬撰. [서序. 고종 6년(1869)]

1책(58장) 초상肖像, 고활자본(무영전취진자武英殿聚珍字) 26.2×16cm. (사송당적집思誦堂績集)

사주쌍변四周雙邊, 반엽광곽半葉匡郭 : 19.7×15.5cm. 9행, 1행 19자 주쌍행注雙行. 판심版心 : 상흑어미上黑魚尾.

권수卷首 : 상지정미上之丁未(1847)…이상적李尙迪 지識. 허종형許宗衡 서序. 동치팔년同治八年(1869)…최성학崔性學 서書.

발跋 : 이용숙李容肅.

인印 : [상우尙愚, 복산複山, 금당錦堂]

<가람古-819.56-G425u>

김 성원

서하당유고棲霞堂遺稿, 상, 하. 김성원金成遠(조선) 저著. [간년미상刊年未詳]

1책(81장) 도판圖版. 목판본. 30.5×20.4cm.

사주단변四周單邊, 반엽광곽半葉匡郭 : 22.3×16cm, 유계有界, 1행, 1행 20

자. 판심版心 : 상하화문어미上下花紋魚尾.

<가람古-819,52-G425c>

김 성탄

관화당선비당재자시貫華堂選批唐才子詩, 갑집甲集, 김성탄金聖歎(淸) 선비選批, 고조송顧祖頌(淸) 교과校過, 상해上海, 유정서국有正書局. [19-]

7권, 부록附錄, 합8책. 19.8cm.

표지서명 : 성탄선비당재자시聖嘆選批唐才子詩.

(김성탄金聖歎은 김인서金人瑞의 법명法名임)

<가람古-895.1108-G425s-v.1-8>

김 성탄

창경당재자서휘고唱經堂才子書彙稿, 김성탄金聖歎(淸) 해解. 전만당傳萬堂, [서序 순치順治 십육년十六年(1659)]

6책. 중국목판본. 25.8×17cm.

권수卷首 : 김창金昌 순치順治 을해己亥(1659)…김창金昌.

인印 : [육씨운최진삽도서陸氏雲崔珍牐圖書 등等]

<가람古-895.11-G425c-v. 1-6>

김 소행

삼한습유三韓拾遺, 김소행金紹行(조선) 저著. [1933]

1책(74장) 사본寫本. 35.8×23.4cm.

권수卷首 : 의열녀전義烈女傳.

권말卷末 : 서의렬여전후書義烈女傳後…연천淵泉…항해자방沆瀣子房…대산자방臺山子房, 의열여전후발義烈女傳後跋…무태거사제無怠居士題…홍관식서洪觀植序. 1933(계유癸酉)이하하완李夏下浣…김병업金炳業 초抄.

인印 : [매화옥진완梅華屋珍玩]

<가람古-920.7-G425s>

김 안국

이륜행실도二倫行實圖, 김안국金安國(조선) 저著. [간년미상刊年未詳]

1책(50장) 목판본. 36.4×23cm.

사주쌍변四周雙邊, 반엽광곽半葉匡郭 : 23.8×16.5cm, 유계有界, 13행, 1행 22자. 판심版心 : 상하화문어미上下花紋魚尾.

판심서명版心書名 : 이륜도二倫圖.

표지서명 : 이륜행실형제도二倫行實兄弟圖.

소장본중 : 제1장 및 전면全面 몇 장 낙장落張.

<가람古-170.951-G413i>

김 안국

정속편언해正俗篇諺解 김안국金安國(조선) 찬撰. [간년미상刊年未詳]

1책(28장) 목판본 29.4×20.4cm.

사주단변四周單邊, 반엽광곽半葉匡郭 : 22.5×16.3cm, 유계有界, 10행, 1행

23자. 판심版心 : 상하화문어미上下花紋魚尾.

서序 : 왕지화王至和.

<가람古-170-G413j>

김 안국

주자증손여씨향약朱子增損呂氏鄉約 [언해諺解], 김안국金安國(조선) 언해諺解. [서序, 명종 11년(1556)]

1책(50장) 도圖. 목판본. 30×19.6cm.

사주단변四周單邊, 반엽광곽半葉匡郭 : 22.4×16.6cm, 유계有界, 10행, 1행 18자. 판심版心 : 대흑구상하화문어미大黑口上下花紋魚尾.

판심서명版心書名 : 여씨향약呂氏鄉約.

권수卷首 : 퇴계선생동중족계립의서退溪先生洞中族契立議敍…가정을축嘉靖乙丑(1565)…금란수서琴蘭秀書
가정병진嘉靖丙辰(1556)…이황李滉 서序.

<가람貴-352-G413j>

김 용혁

조선인물호보人物號譜, 상, 하. 김용혁金龍赫(조선) 집集. [19-]

2책. 23.6×17cm.

<가람古-920.051-G429j-v. 1-2>

김 원

홍각선사비명弘覺禪師碑銘, 김원金遠(신라) 찬撰. 승僧 운철雲徹(신라) 전篆. [연기미상年紀未詳]

1첩帖(17절折 33면面) 탁본拓本. 28.8×16.5cm.

표지서명表紙書名 : 홍학비弘學碑.

권말卷末 : 대당광계이년大唐光啓二年(886) 병오丙午…건建…보덕사報德寺…

<가람古-922.943-H759g>

김 유옥

정사원종공신록靖社原從功臣錄, 김유옥金流王(조선) 등等 편編. [인조 3년]

1책(42장) 고활자본(훈련도감자訓練都監字) 32.8×20.8cm.

사주쌍변四周雙邊, 반엽광곽半葉匡郭 : 24.6×17.2cm. 10행, 1행 17자 주쌍행注雙行. 판심版心 : 상하화문어미上下花紋魚尾.

권말卷末 : [정사록靖社錄 도감都監…김류金瑬 [등等 제신함명諸臣銜名]

인印 : [시명지보施命之寶] "천계오년구월초天啓五年九月初-일좌부승지신이식경봉日左副承旨臣李植敬奉"

<가람古-951.052-G427j>

김 육

유원총보類苑叢寶, 김육金堉(조선) 저著. [서序. 인조 21년(1643)]

47권 20책. 목판본 30×19cm.

사주쌍변四周雙邊, 반엽광곽半葉匡郭 : 19.3×14.2cm, 유계有界, 10행, 1행 24자. 판심版心 : 상하화문어미上下花紋魚尾.

권수卷首 : 이식李植 서敍. 소양협흡昭陽協洽(계미癸未…1963)…김육金堉 서序.

내용목차 : 천도문天道門-천시문天時門-지도문地道門-제왕문帝王門-관직문官職門-인륜문人倫門-인도문人道門-인사문人事門-문학문文學門-필묵문筆墨門-새인문璽印門-진보문珍寶門-포백문布帛門-음식문飮食門-관복문冠服門-미곡문米穀門-초목문草木門-조수문鳥獸門-충어문蟲魚門-부록附錄.

<가람古-031-G429y-v.1-20>

김 이상

증산염락풍아增刪濂洛風雅, 김이상金履祥(조선) 찬撰. 당양서唐良瑞(원) 편류編類. [영조 12년(1736)]

5권 2책. 목판본. 29.4×17.8cm.

사주단변四周單邊, 반엽광곽半葉匡郭 : 18.3×13.6cm. 유계有界, 10행, 1행 20자. 판심版心 : 상흑어미上黑魚尾.

표지서명表紙書名 : 염락풍아濂洛風雅.

권수卷首 : 세병신원정이년歲丙申元貞二年(1296)…당랑서서唐良瑞書. 홍치경신弘治庚申(1500)…남반부서南潘府書. 숭정기원후오십유일년崇禎紀元後五十有一年(1679)…박세채朴世采 서書

간기刊記 : 세재병진歲在丙辰(1736) 개간開刊.

인印 : [이희李僖 연안세가延安世家]

<가람古-811.4-G42g-v. 1-2>

김 인겸

일동장유가, 권지1~4, 김인겸金仁謙(조선) 저著. [19-]

4권 4책. 사본寫本. 31.4×22cm.

표지서명表紙書名 : 일동장유가日東壯遊歌.

인印 : [매화옥진완梅華屋珍玩]

(제1~2장 인명人名에 적한서赤漢書. 국문본임)

<가람古-811.05-G42i-v. 1-4>

김 인후

백련초해百聯抄解, 김인후金麟厚(조선) 찬撰. [19-]

1책(26장) 목판본. 28×17.7cm.

인印 : [용화산방장龍華山芳藏. 김노수장金魯洙章. 경암敬庵]

<가람古-811.03-G42b>

김 인후

하서선생전집河西先生全集, 김인후金麟厚(조선) 저著. [발跋, 정조 22년(1798)]

12권, 부록附錄 4권 합책, 목판본. 33.8×21.8cm.

사주단변四周單邊, 반엽광곽半葉匡郭 : 23.6×15.9cm. 유계有界, 10행, 1행 20자. 판심版心 : 상화문어미上花紋魚尾.

표지서명 : 하서집河西集.

권수卷首 : 숭정유북촬제격崇禎渘北攝提格(병인丙寅, 1686)…송시열宋時烈 서序. 융경무진隆慶戊辰(1568)…조희문趙希文 서序. 숭정삼년무오崇禎三年戊午(1798)…이직보李直輔 발跋 세전몽적분저歲旃蒙赤奮著(을축乙丑, 1685)…박세채朴世采.

<가람古-819.52-G42h-v. 1-8>

김 인후

하서전집속편河西全集續編, 金麟厚(조선) 저著. [1916]

1책(68장) 활인活印. 30.8×19.6cm.

발跋 : 유북집서柔北執徐(병진丙辰. 1916)…손경중孫暻中 지識.

<가람古-819.52-G42h2>

김 장생

의례문해疑禮問解. 김장생金長生(조선) 편찬. [간년미상刊年未詳]

4권 4책. 목판본 31×19.6cm.

사주쌍변四周雙邊, 반엽광곽半葉匡郭 : 20.2×13.9cm, 유계有界, 10행, 1행 19자. 판심版心 : 상하화문어미上下花紋魚尾.

서序 : 세사병술歲舍丙戌(1646)…김상헌金尙憲.

발跋 : 계미癸未(1643)…이식李植, 신익성申翊聖.

<가람古-395-G421e-v. 1-4>

김 정국

경민편警民編 [언해諺解], 김정국金正國(조선) 저著 [효종 9년(1658)]

1책(42장) 목판본. 25.6×18.2cm.

사주단변四周單邊, 반엽광곽半葉匡郭 : 15.9×14.5cm, 유계有界, 10행 1행 17자. 판심版心 : 상하화문어미上下花紋魚尾.

권수卷首 : 경민편광포제노차警民編廣布諸路箚…무술(戊戌 1658), 정덕기묘正德己卯(1519)…김정국金正國 서書.

<가람古-340.0951-G421g>

김 정호

동여도지東輿圖志. 권5-7. 김정호金正浩(조선) 편編. [연기미상年紀未詳]

1책(영본零本) 사본寫本. 15.7×11.3cm.

표지서명 : 대동여지통고大東輿地通考.

<가람古-951.01-G421d>

김 정희

완당간첩院堂簡帖, 김정호金正浩(조선) 서書. [연기미상年紀未詳]

1책(8장) 사본寫本. 37×29cm.

<가람古-754.3-G421wa>

김 정희

완당선생간첩阮堂先生簡帖, 김정희金正喜(조선) 서書. [연기미상年紀未詳]
1첩帖(4절折, 6면面) 사본寫本. 34×24cm.
<가람古-754.3-G421we>

김 정희

추사간첩秋史簡帖, 김정희金正喜(조선) 서書. [연기미상年紀未詳]
1첩帖(1절折, 4면面) 사본寫本. 34.4×24cm.
<가람古-754.3-G421ca>

김 종직

청구풍아靑丘風雅, 김종직金宗直(조선) 선選. [연기미상年紀未詳]
7권 1책(114장) 사본寫本 26.7×20cm.
권두서명卷頭書名 : 점필재정선佔畢齊精選….
권수卷首 : 제현성씨諸賢姓氏, 사략事略.
인印 : [유柳, 화해華海]
<가람古-811.082-G421c>

김 지남

신전자초방新傳煑硝方[언해諺解], 김지남金指南(조선) 저著. [순조 원년

(1809)]

1책(25장) 목판본 30×20.4cm.

사주단변四周單邊, 반엽광곽半葉匡郭 : 20.6×16cm, 유계有界, 9행, 1행 17자. 판심版心 : 상화문어미上花紋魚尾.

부附 : 애초법시말碍硝法始末.

<가람古-662.2-G421s>

김 창업

노가재연록老稼齋燕錄, 김창업金昌業(조선) 저著. [연기미상年紀未詳]

1책(92장) 사본寫本. 32×19.2cm.

권수卷首 : 연힝일긔

권말卷末 : 임ᄌ초하….

인印 : [김익환金益煥 장藏]

<가람古-915.2-G415g>

김 창업

노가재집老稼齋集, 김창업金昌業(조선) 저著. [서序. 순조 20년(1820)]

2책(영본零本) 목판본 26.4×16.6cm.

사주쌍변四周雙邊, 반엽광곽半葉匡郭 : 19.6×12.6cm, 유계有界, 10행, 1행 20자. 판심版心 : 상화문어미上花紋魚尾.

서序 : 상지이십년경진上之二十年庚辰(1820)…김조순金祖淳.

소장본 중 : 제3-4권(1책) 결缺.

<가람古-819.53-G415n-v.1,3>

김 천택

청구영언靑丘永言, 김천택金天澤(조선) 편編. [연기미상年紀未詳]

1책(55장) 사본寫本. 34×23.6cm.

권말卷末 : 을축시월초팔일수문동필서乙丑十月初八日水門洞畢書.

<가람古-811.05-G415ca>

김 치인

명의록언히, 권하. 김치인金致仁(조선) 등等 수명受命 편編. [간년미상刊年未詳]

1책(영본零本) 목판본. 33.4×21.2cm.

사주쌍변四周雙邊, 반엽광곽半葉匡郭 : 24.3×16.7cm, 유계有界, 10행, 1행 18자. 판심版心 : 상화문어미上花紋魚尾.

인印 : [미상未詳]

<가람古-951.053-G415m-v.2>

김 치인

쇽명의록, 김치인金致仁(조선) 등等 수명受命 편編. [정조 2년(1778)]

2권 1책(78장) 고활자본(국문자) 34.4×22cm.

사주단변四周單邊, 반엽광곽半葉匡郭 : 24.7×16.8cm. 10행, 1행 18자 주

쌍행注雙行. 판심版心 : 상화문어미上花紋魚尾.

판심서명版心書名 : 속명의록언해續明義錄諺解.

권수卷首 : 진쇽명의록차ᄌᆞ.

내사기內賜記 : 건융사십삼년建戎四十三年(1778) 오월십이일내사행부사직五月十二日內賜行副司直 이양정李養鼎.

인印 : [선사지기宣賜之記]

<가람古-951.53-G415s>

김 택영

소호당문집韶濩堂文集, 김택영金澤榮(조선) 저著. [19-]

7책. 25.5cm.

<가람古-819.6-G426s-v.1-9>

김 해강

해강난죽보海岡蘭竹譜. 김해강金海岡(조선) 저著. [19-]

1첩帖(32절折, 62면面) 목판본. 29.4×18.4cm.

서序 : ...지운영池雲英.

<가람古-75.9-951-G419h>

김 형수

소당풍속시嘯堂風俗詩, 김형수金迥洙(조선) 저著. [19-]

1책(12장) 사본寫本. 33.7×22.8cm.

인印 : [매화옥진완梅華屋珍玩]

<가람古-811.03-G419s>

김 형수

월여농가月餘農歌, 전全, 김형수金迥洙(조선) 역저譯著, 한응하韓應河(조선) 참정參訂 [발跋. 철종 12년(1861)]

1책(31장) 사본寫本. 24×18.5cm.

서序 : 상지십이년上之十二年(1861) 신유辛酉…연파노인蓮坡老人

세재신유歲在辛酉(1861)…소당嘯堂(김형수金迥洙)

발跋 : 신유…장남 [김동철金東徹]

인印 : [매화옥진완梅華屋珍玩]

부附 : 종저種藷. 전답잡록田畓雜錄, 속언자해俗言字解, 전가악이수田家樂二首, 양잠일수養蠶一首, 종면일수種綿一首, 의귀농이수擬歸農二首.

<가람古-811.05-G419w>

김 홍철

역어유해譯語類解[언해諺解] 보補, 김홍철金弘喆(조선) 저著. 사역원司譯院. [간년미상刊年未詳]

1책(64장) 목판본(후쇄後刷) 32.4×21.2cm.

사주쌍변四周雙邊, 반엽광곽半葉匡郭 : 22.4×17.8cm, 유계有界, 10행 1행 24자.

판심版心 : 상하화문어미上下花紋魚尾.

발跋 : 을미乙未(1715)...김홍철金弘喆

<가람古-413.1-G419y>

김태자전

金太子傳, [저자미상著者未詳·연기미상年紀未詳]

4권 4책. 사본寫本. 29.8×21.2cm.

<가람古-813.5-G429t-v.1-4>

김학사재생록

김학ᄉᆞᄌᆡ생녹, [저자미상著者未詳·연기미상年紀未詳]

1책(17장) 사본寫本. 29.4×20.8cm.

권말卷末 : 무인뉴월리일남젼씨절셔ᄒᆞ다.

<가람古-813.5-G419)

낙포도정

洛圃都政, 내안內案, 외안外案, [편자미상編者未詳·간년미상刊年未詳]

1책(91장) 사본寫本. 29.7×18.6cm.

<가람古-351.1-N138>

남 용익

기아箕雅, 남용익南龍翼(조선) 선選. [연기미상年紀未詳]

14권 7책. 사본寫本. 29.2×18.4cm.

서序 : 세사무진歲舍戊辰(1688)…남용익南龍翼.

인印 : [우정雨亭. 고영희인高永喜印, 제주인濟川人. 김경도인金景道印]

부록附錄 : 부성씨이인不姓氏二人

<가람古-819.08-N15g-v.1-7>

남 이성

어록해語錄解, 남이성南二星(조선) 등편等編. [발跋, 현종 10년(1669)]

1책(4장) 목판본. 26×19.4cm.

사주쌍변四周雙邊, 반엽광곽半葉匡郭 : 19.2×15.2cm, 유계有界, 8행. 판심版心 : 상하화문어미上下花紋魚尾.

발跋 : 기유己酉(1669)…송준길宋浚吉

<가람古-413.1-N15e>

남 하정

해동야사海東野史, 남하정南夏正(조선) 저著. [19-]

8권 4책. 목판본. 27.2×19.8cm.

사주쌍변四周雙邊, 반엽광곽半葉匡郭 : 19.4×15.6cm, 유계有界, 10행, 1행 18자. 판심版心 : 상하화문어미上下花紋魚尾.

표지서명表紙書名 : 동소만록桐巢謾錄.

발跋 : 유대연維大淵 헌獻(기해己亥)…박사정朴思正.

<가람古-951-N15h-v.1-4>

남 효온

추강집秋江集, 南孝溫(조선) 저著 [연기미상年紀未詳]

1책(89장) 사본寫本 후사後寫 28×18cm.

발跋 : 정덕 경오正德庚午(1510)…조신曺伸

만력 오년萬曆五年(1577) 정축丁丑…유홍兪泓.

부附 : 생육신 사적生六臣事蹟.

<가람古-819.51-N15c>

남당선생연보

南塘先生年譜, 부록附錄. [고종 시時]

3권 2책. 고활자본(후기목활자後期木活字) 20×30cm.

사주단변四周單邊, 반엽광곽半葉匡郭 : 20.5×15.4cm. 10행, 1행 20자 주쌍행註雙行. 판심版心 : 상하화문어미上下花紋魚尾. 인印 : [한익영 수학인韓益永受學印]

남당南塘은 한원진韓元震임.

<가람古-921.951-N15-v.1-2>

남행록

南行錄, [저자미상著者未詳·연기미상年紀未詳]

1책(33장) 사본寫本. 28.5×19.7cm.

권두서명 : 남뎡일긔.

<가람古-915.1-N15>

내진연익일황태자야연홀기

內進宴翌日皇太子夜讌笏記, [190-]

1첩帖 10절折, 22면面 사본寫本.

호접장蝴蝶裝 2.6×6.6cm.

<가람古-915.1-N129b>

내진연익일황태자회작홀기

內進宴翌日皇太子會酌笏記, [190-]

1첩帖(15절折, 31면面) 사본寫本.

호접장蝴蝶裝 27×7cm.

<가람古-915.1-N129c>

내진연홀기

內進宴笏記, [190-]

1첩帖(95절折, 111면面) 사본寫本

호접장蝴蝶裝 26.4×7cm.

<가람古-915.1-N129a>

녁대제왕녹

녁ᄃᆡ졔왕녹, [편자미상編者未詳·연기미상年紀未詳]

1책(80장) 사본寫本. 29×23.4cm.

<가람古-952-Y41>

노 사신

동국여지승람東國輿地勝覽, 권11~13 노사신盧思愼(조선) 등等 수명편受命編, [성종 시時]

1책(영본零本) 고활자본古活字本 계축자癸丑字 37×22cm.

사주쌍변四周雙邊, 반엽광곽半葉匡郭 : 27×16.7cm. 8행, 1행 자 주쌍행注雙行. 판심版心 : 대흑구상하내향흑어미大黑口上下內向黑魚尾.

인印 : [미재觥齋]

<가람貴-915.1-N659d>

노 산

두초당시杜草堂詩, 노은魯訔(宋) 편차編次. 채몽필蔡夢弼(宋), [간년미상刊年未詳]

1책(영본零本) 목판본 송진복각宋振復刻 26.2×17.3cm.

사주단변四周單邊, 반엽광곽半葉匡郭 : 18×13cm. (대소부동大小不同) 유계有界, 12행, 1행 19자. 판심版心 : 흑구상하하향흑어미黑口上下下向黑魚尾.

권수卷首 : 황우임진皇祐壬辰(1052)…왕안석王安石 서序.
원우경오元祐庚午(1090)…호종유胡宗愈 서序.
소흥계유紹興癸酉(1153)…노은魯訔 서序.
대송가태천개갑자大宋嘉泰天開甲子(1204)…채몽필蔡夢弼 지識.

소장본 : 초당시전전서비명草堂時箋傳序碑銘. 제1~5권(1책) 외外 결缺

<가람貴-895.11-N659d>

노 상직

동국씨족고東國氏族攷, 노상직盧相稷(조선) 편編. 노산장판盧山藏板. [간년미상刊年未詳]

6권 3책. 목판본. 27.6×18.6cm.

사주쌍변四周雙邊, 반엽광곽半葉匡郭 : 19.8×15.3cm, 유계有界, 10행, 1행 24자. 판심版心 : 상하화문어미上下花紋魚尾.

권말卷末 : 강원협흡疆園協洽(정미丁未)…노상직盧相稷 서書.

<가람古-929.1-N659d-v.1-3>

노자도덕경

老子道德經, 하상공河上公 장구章句. 상해上海. [연기미상年紀未詳]

1책(45장) 송판영인본宋板影印本. 20×13.4cm.

권두서명卷頭書名 : 노자덕경老子德經.

서序 : 갈현葛玄.

간기刊記 : 상해함과루차상숙구씨철금동검루장송간본경인원서판上海涵夸樓借常熟瞿氏鐵琴銅劍樓藏宋刊本景印原書版…하상공장구河上公章句

<가람古-181.1-N699>

논어언해

論語諺解, 선조(조선) 명찬命撰. 영영嶺營 중간重刊 [간년미상刊年未詳]

4권 4책 목판본. 34.2×21.6cm.

사주쌍변四周雙邊, 반엽광곽半葉匡郭 : 23.6×16.6cm, 유계有界, 12행, 1행 23자. 판심版心 : 상흑어미上黑魚尾.

표지서명 : 논해論解

간기刊記 : 임술계춘壬戌季春

<가람古-181.1-N731e-v.1-4>

농가요결

農家要訣, [저자미상著者未詳·연기미상年紀未詳]

1책(34장) 사본寫本. 25.4×17.5cm.

<가람古-630.2-N731y>

달서정사

규사葵史, 범範, 곤坤, 달서정사達西精舍(조선) 편編. 철종 10년(1859)

2권 2책. 고활자본(후기목활자) 32.6×20.7cm.

사주단변四周單邊, 반엽광곽半葉匡郭 : 24×15.5cm. 10행 1행 22자 주쌍행注雙行. 판심版心 : 상하화문어미上下花紋魚尾.

간기刊記 : 기미계동달서개간己未季冬達西開刊.

<가람古-951-D169g-v. 1-2>

담촌거사

해동악부海東樂府, 권3, 담촌거사澹村居士(조선) 저著. [연기미상年紀未詳]

1책(영본零本) 사본寫本. 30×29.4cm.

인印 : [매화옥진완梅華屋珍玩]

<가람古-811.05-D181h>

당 인

화보畫譜, 당인唐寅(明) 등等 편編 [간년미상刊年未詳]

4책. 중국목판본中國木版本. 28.3×21.4cm.

서序 : 경인庚寅.

인印 : [심환사인沈煥士印, 김완옥인金完玉印, 휘원輝遠, 등等]

내용목차 : 제1책 당시화보唐詩畫譜 당인편唐寅編-제2책 고금화보古今畫譜 당인편唐寅編-제3책 목본화조보木本花鳥譜 한신 편翰臣編-제4책 선각선

보選刻扇譜 진계유 편陳繼儒編.

<가람古-759.952-D212h-v.1-4>

당시장편

唐詩長篇, 권상. [편자미상編者未詳] 무고신판武橋新板. [19-]

1책 영본零本 목판본. 28.6×19cm.

사주단변四周單邊, 반엽광곽半葉匡郭 : 21.7×15.7cm. 행行 자수부동字數不同. 판심版心 : 상화문어미上花紋魚尾.

표지서명 : 칠언장편상七言長篇上.

<가람古-895.11-D218>

대동법서

大東法書, [편자미상編者未詳·간년미상刊年未詳]

1책(42장) 목판본. 42×27.6cm.

<가람古-754-D13>

대전회통

大典會通, 조두순趙斗淳(조선) 등等 수명受命 보집補輯 고종 2년(1865)

6권 5책. 목판본. 34.3×22cm.

사주쌍변四周雙邊, 반엽광곽半葉匡郭 : 24×17.2cm, 유계有界, 10행, 1행 20자. 판심版心 : 상하화문어미上下花紋魚尾.

표제지標題紙 : 당저어필을축보집當宁御筆乙丑補輯…중외인반中外印頒.

권수卷首 : 상지이년上之二年(1865)…김병학金炳學 서序.

동치사년同治四年(1865)…조두순趙斗淳, 진대전회통전進大典會通箋.

성화오년成化五年 을축乙丑…서거정徐居正. 경국대전서經國大典序.

봉교총재奉敎總裁…조두순趙斗淳 [등等 제신함명諸臣銜名]

<가람古-349.102-J567d-v.1-5>

대학언해

大學諺解, 선조(조선) 명석命釋 영영장판嶺營藏板. [순조 28년(1828)]

1책(32장) 목판본. 33.2×22cm.

사주단변四周單邊, 반엽광곽半葉匡郭 : 23×16.8cm, 유계有界, 10행, 1행 17자. 판심版心 : 상화문어미上花紋魚尾.

표지서명 : 학해學解.

간기刊記 : 무자戊子(1828) 신간新刊…

<가람古-181.1-D13e>

도 잠

귀거래사歸去來辭, (도잠陶潛)(東晉) 저著. [연기미상年紀未詳]

1첩帖(9절折 19면面) 사본寫本(은지묵서銀紙墨書). 24.9×16.3cm.

부附 : 시2수詩二首.

<가람古-895.11-D65g>

도덕경

신주도덕경新註道德經, 상, 하. [서계西溪(조선) 주註. 간년미상刊年未詳]

1책(59장) 목판본. 32×21.2cm.

사주쌍변四周雙邊, 반엽광곽半葉匡郭 : 22×15.4cm, 유계有界, 10행, 1행 20자. 판심版心 : 상하화문어미上下花紋魚尾.

서序 : 서계초수西溪樵叟.

<가람古-299.514-D662g>

도세

법원주림法苑珠林, 권54-56. 석도세釋道世(唐) 찬撰. [간년미상刊年未詳]

1책(영본零本) 목판본, 40×30.4cm.

권말卷末 : 갑진세甲辰歲고려국분사대장도감봉칙조조高麗國分司大藏都監奉勅彫造.

<가람古-294.34-Se62b>

동관식록

童觀識錄, [저자미상著者未詳·간년미상刊年未詳]

1책(40장) 사본寫本. 22.2×14.6cm.

내용목차 : 상제예초喪祭禮抄-간식유편簡式類編-한훤차록寒暄箚錄-간독정요簡牘精要-후사유집候謝類輯-중국동국금역대도中國東國今歷代圖, 동관별록중童觀別錄中-동국몽구東國蒙求-해동악부海東樂府-병란유적丙難史蹟.

<가람古-080-D717>

동국시화

東國詩話, [편자미상編者未詳·연기미상年紀未詳]

1책(58장) 사본寫本. 28.3×20cm.

인印 : [김찬희인金贊熙印]

<가람古-813.5-D717>

동국여지비고

東國輿地備攷, 건乾, 곤坤. [저자미상著者未詳. 19-]

2권 2책. 사본寫本. 28.6×20cm.

<가람古-915.1-D717-v.1-2>

동래좌씨박의구해

정선동래선생좌씨박의구해精選東萊先生左氏傳議句解, 권4-8, [편자미상編者未詳·간년미상刊年未詳]

2책(영본零本) 목판본. 31×21.2cm. 사주쌍변四周雙邊, 반엽광곽半葉匡郭 : 21.2×17.8cm, 유계有界, 10행, 1행 19자. 판심版心 : 상하화문어미上下花紋魚尾.

표지서명 : 동래박의東萊傳議.

<가람古-181.1-D718j-v.1-2>

동률

東律, [편자미상編者未詳·연기미상年紀未詳]

5책, 사본寫本, 26.9×15.4cm.

제1권 표지서명 : 동절東絶.

인印 : [원명元明. 등等]

<가람古-811.03-D717-v.1-5>

동사촬요

東史撮要, [저자미상著者未詳·간년미상刊年未詳]

1책(26장) 목판본. 15×10.1cm.

사주쌍변四周雙邊, 반엽광곽半葉匡郭 : 11.9×8.1cm, 유계有界, 8행, 1행 18자. 판심版心 : 상하화문어미上下花紋魚尾.

<가람古-951-D717>

동서

東西, [저자미상著者未詳·연기미상年紀未詳]

1책(20장) 사본寫本. 23.2×15.2cm.

내용목차 : 사기事紀-여서麗書-국서國書.

<가람古-031-D717-v.4>

동언고략

東言考略, 상, 하. [저자미상著者未詳·연기미상年紀未詳]

1책(64장) 사본寫本. 24.4×17.6cm.

<가람古-410-D717>

두 보

분류두공부시分類杜工部詩, 유윤겸柳允謙(조선) 등等 수명受命 석해釋解. [간년미상刊年未詳]

2책(영본零本) 목판본. 29.4×19.4cm.

사주쌍변四周雙邊, 반엽광곽半葉匡郭 : 20.2×14.2cm, 유계有界, 8행, 1행 17자. 판심版心 : 상하화문어미上下花紋魚尾.

표지서명 : 두시언해杜詩諺解.

인印 : [은진 송춘부恩津 宋春芙]

소장본 : 제16~17권. 제22~23권(2책) 외外 결缺.

<가람古-895.11-D85bKyg-v.10,13>

두 보

분류두공부시分類杜工部詩 [언해諺解] 권1-19, 22-23, 두보杜甫(唐) 저著. 유윤겸柳允謙(조선) 등等 역譯. [서序, 인조 10년(1632)]

10책(영본零本) 목판본. 27.8×19cm.

사주쌍변四周雙邊, 반엽광곽半葉匡郭 : 20.2×14.3cm, 유계有界, 8행, 1행

17자. 판심版心 : 상하화문어미上下花紋魚尾.

판심서명版心書名 : 두시杜詩.

권수卷首 : 성화십칠년成化十七年(1481)…조위曹偉, 서序.

숭정임신崇禎壬申(1632)…장유張維. 중각서重刻序.

(권2-4는 보사본補寫本임)

<가람古-895.11-D85b-v1-10>

두 보

分類杜工部詩 [언해諺解], 권25. 유윤겸柳允謙(조선) 등等 수명受命 석해釋解, [간년미상刊年未詳]

1책(영본零本) 목판본, 30.4×18.8cm.

사주단변四周單邊, 반엽광곽半葉匡郭 : 21×14.5cm, 유계有界, 8행, 1행 17자. 판심版心 : 상하화문어미上下花紋魚尾.

표지서명 : 두시언해杜詩諺解.

소장본중所藏本中 : 제32장, 52장, 57장(3장) 보사補寫.

<가람古-895.11-D85bky-v.17>

두 보

分類杜工部詩 [언해諺解], 권18. 유윤겸柳允謙(조선) 등等 수명受命 석해釋解. [간년미상刊年未詳]

1책(영본零本) 목판본. 30×19.4cm.

사주쌍변四周雙邊, 반엽광곽半葉匡郭 : 20×14.2cm, 유계有界, 8행 1행 17

자. 판심版心 : 상하화문어미上下花紋魚尾.

판심서명版心書名 : 두시杜詩.

<가람古-895.11-D85bkyc.v.16>

두 보

分類杜工部詩 [언해諺解], 권24. 유윤겸柳允謙(조선) 등等 수명受命 석해釋解. [간년미상刊年未詳]

1책(영본零本) 목판본. 31×19.8cm.

상하단변上下單邊, 좌우쌍변左右雙邊, 반엽광곽半葉匡郭 : 20.6×15.5cm. 8행, 1행 17자. 판심版心 : 상하화문어미上下花紋魚尾.

판심서명版心書名 : 두시杜詩. 일부 부식一部 腐蝕

<가람古-895.11-D85bkyd-v.24>

두 보

分類杜工部詩 [언해諺解], 유윤겸柳允謙(조선) 등等 수명受命 석해釋解. [서序. 인조 10年(1632)]

12책(영본零本) 목판본. 32×27.2cm.

사주쌍변四周雙邊, 반엽광곽半葉匡郭 : 20.7×14.6cm, 유계有界, 8행, 1행 17자. 판심版心 : 상하화문어미上下花紋魚尾.

표지서명 : 두해杜解.

권수卷首 : 함화십칠년咸化十七年(1481)…청위靑偉 서序.
숭정임신崇禎壬申(1632)…장유張維 서序.

인印 : [화산정지化山定止]

소장본 : 제1-15권. 제9-22권(12책) 외外 결缺.

<가람古-895.11-D85bkyu-v.1-14>

두 보

分類杜工部詩 [언해諺解], 유윤겸柳允謙(조선) 등等 수명受命 석해釋解. [성종 시時]

3책(영본零本) 고활자본(을해자乙亥字) 32.8×20.2cm. 대소부동大小不同

사주단변四周單邊, 반엽광곽半葉匡郭 : 21.8×14.6cm. 8행, 1행 17자 주쌍행注雙行. 판심版心 : 상하내향흑어미上下來向黑魚尾.

판심서명版心書名 : 두시杜詩.

인印 : [매화옥진완梅華屋珍玩, 등]

소장본 : 제6권. 제15-16권(3책) 외外 결缺.

<가람貴-895.11-D85yky-v.6,15 -16.>

두 보

分類杜工部詩 [언해諺解] 권25. 유윤겸柳允謙(조선) 등等 수명受命 석해釋解 [간년미상刊年未詳]

1책(영본零本) 목판본. 30×19.6cm.

상하단변上下單邊, 좌우쌍변左右雙邊, 반엽광곽半葉匡郭 : 20.9×14.4.cm, 유계有界, 8행, 1행 17자. 판심版心 : 상하화문어미上下花紋魚尾.

판심서명版心書名 : 두시杜詩

<가람古-895.11-Y93bj-v.25>

두 세환

혼원집混元集, 두세환杜世煥(조선) 저著 [1912]

2권 1책. 고활자본(후기목활자) 28.3×19.7cm.

사주단변四周單邊, 반엽광곽半葉匡郭 : 20.2×15.9cm, 유계有界, 10행, 1행 20자. 판심版心 : 상하화문어미上下花紋魚尾.

서序 : 현묵곤돈玄默困敦(1912)…홍희흠洪羲欽.

발跋 : 세신해歲辛亥(1911)…응석주應錫柱.

<가람古-819.56-D85h>

두 예

춘추좌전두임합주春秋左傳杜林合註, 두예杜預(晉) 임요수林堯叟(宋) 주석註釋. 육원랑陸元郎(唐) 음의音義. 민몽득閔夢得(明) 등等 편집編輯. [병례幷例, 만력萬曆 22년(1594)]

권수卷首, 47권. 합15책. 중국목판본. 25.4×16.5cm.

상하단변上下單邊, 좌우쌍변左右雙邊, 반엽광곽半葉匡郭 : 21×13.3cm, 유계有界, 10행, 1행 20자. 판심版心 : 상흑어미上黑魚尾.

표지서명 : 좌전左傳.

권수卷首 : 서序 : 강목綱目, 임요수林堯叟, 춘추제요春秋提要, 이명고異名考, 민광덕閔光德.

인印 : [이광정 인李光正印]

<가람古-181.1-D85c-v.1-15>

등 석

鄧析子, 상, 하. 등석鄧析(周) 찬撰. 악궁서처鄂宮書處. 중화민국 원년 [1912]

1책(43장) 중국목판본.

합각合刻 : 시자尸子 상, 하. 손성연孫星衍 교집校集

<가람古-181.1-D487d>

마 단림

문헌통고文獻通考, 권143-144. 마단림馬端臨(宋) 저著. [성종 시時]?]

1책(영본零本) 고활자본(갑진자甲辰字) 28.3×19cm.

사주쌍변四周雙邊, 반엽광곽半葉匡郭 : 20.6×15.2cm. 12행, 1행 19자 주쌍행注雙行. 판심版心 : 대흑구상하화문어미大黑口上下花紋魚尾.

인印 : [三入]

<가람貴-340.0952-M11m-V.143-4>

만보

증보만보增補萬宝, [편자미상編者未詳·연기미상年紀未詳]

1책 [낙질본落帙本 목판본. 17.2×10cm. 사주쌍변四周雙邊, 반엽광곽半葉匡郭 : 13.9×7.6cm, 유계有界, 12행, 1행 21자. 판심版心 : 상백어미上白魚尾.

<가람古-039.51-J527a>

만언사

만언ᄉᆞ, 단, [저자미상著者未詳·연기미상年紀未詳]

1책(51장) 사본寫本. 34.6×21.8cm.

권말卷末 : 임진오월이십이일. (국문본임)

내용목차 : 계민ᄉᆞ-권학가-향산별곡-농가-샹져가-숑양별곡-만언ᄉᆞ-사부모-ᄉᆞ쳐가-사자-만언답셔-옥셜화답.

<가람古-811.05-M312>

매복등단록

枚卜登壇錄, 全, [편자미상編者未詳. 철종 시時]

1책(70장) 사본寫本. 32×19.2cm.

내용목차 : 국조상신고國朝相臣考-국조등단록國朝登壇錄

부附 : 단겸문형제명안單兼文衡題名案-독서당선생안讀書堂先生案-각신록閣臣錄.

<가람古-920.051-M267>

맹자언해

孟子諺解, 선조(조선) 명찬命撰. [간년미상刊年未詳]

14권 7책. 목판본. 34.7×23.4cm.

사주단변四周單邊, 반엽광곽半葉匡郭 : 22.4×17cm, 유계有界, 10행, 1행 17자. 판심版心 : 상하화문어미上下花紋魚尾.

판심서명版心書名 : 맹해孟解.

인印 : [용인세가龍仁世家, 이원진인李源進印, 경여독본景與讀本, 담선聃先 등]

<가람古-181.1-M268-v.1-7>

맹자집주

원본구해맹자집주原本具解孟子集註, [편자미상編者未詳] 경성京城. 광동성국光東成局. 1914.

14권 2책. 신식활자본新式活字本. 22.4×14.9cm.

표제지標題紙 : 고등한문과高等漢文科, 구서림 발행舊書林発行.

(국문해석)

<가람古-181.1-M268b-v.1-2>

맹자혹문

孟子或問, 권7-14, [성종 시時]?]

1책(영본零本) 고활자본(갑진자甲辰字) 31.4×19.6cm.

사주쌍변四周雙邊, 반엽광곽半葉匡郭 : 24×16.2cm. 13행, 1행 22자. 판심版心 : 대흑구상하화문어미大黑口上下花紋魚尾.

저지楮紙

<가람古-181.1-M268h-v.7-14>

명연

염불보권문念佛普勸文, 명연明衍(조선) 집언해集諺解. 무장선령사茂長禪雩寺. [발跋. 정조 11년(1787)]

1책(64장) 목판본. 31×21cm.

사주단변四周單邊, 반엽광곽半葉匡郭 : 19.6×16.6cm, 유계有界, 11행, 1행 18자. 판심版心 : 상하화문어미上下花紋魚尾.

서序 : 강희갑신康熙甲申(1704)…명연明衍 집集.

간기刊記 : 건융오십이년建戎五十二年(1787) 정미칠월일丁未七月日…

부附 : 왕랑반혼전王郎返魂傳.

<가람古-294.37-M992y>

무당내력

巫黨來歷, [편자미상編者未詳·연기미상年紀未詳]

1첩帖(6절折 13면面) 채색도彩色圖. 사본寫本(호접장蝴蝶裝) 28.1×19.5cm.

인印 : [미상未詳]

<가람古-398.3-M883>

문선

文選, 권28. [편자미상編者未詳. 성종 시時?]

1책(영본零本) 고활자본(갑인자甲寅字) 33×21.5cm.

사주쌍변四周雙邊, 반엽광곽半葉匡郭 : 25.5×16.7cm. 10행, 1행 17자 주쌍

행注雙行. 판심版心 : 상하대흑구화문어미上下大黑口花紋魚尾.

<가람古-895.11-M92-v.28>

문첩초

文牒抄, [편자미상編者未詳. 19-]

1책(52장) 사본寫本. 21.4×14cm.

<가람古-340.0951-M92>

물명고

物名考, [저자미상著者未詳. 19-]

1책(31장) 사본寫本. 35.4×23.2cm.

인印 : [매화옥진완梅華屋珍玩]

<가람古-031-M918a>

물명고

物名考, [저자미상著者未詳·연기미상年紀未詳]

1책(14장) 사본寫本. 28.4×17.5cm.

표지서명 : 죽란물명고竹欄物名考.

인印 : [하제荷齊, 매화옥진완梅華屋珍玩 등]

<가람古-031-M918h>

미 불

계금당장첩繼錦堂藏帖, 미불米芾(宋) 서書. [연기미상年紀未詳]

1첩帖(15절折 28면面) 탁본拓本. 26.6×20.8cm.

표지서명 : 미남궁법첩米南宮法帖.

인印 : [형백차초衡伯此艸, 송홍양인宋弘錫印, 단주지인丹州之人 등]

<가람古-754.3-M58g>

미 불

미불서첩米芾書帖, [미불米芾(宋) 서書. 간년미상刊年未詳]

1첩帖(6절折 14면面) 탁본拓本. 52×27cm.

<가람古-754.3-M58>

미 불

행서춘여첩行書春餘帖, 미불米芾(宋) 서書, [연기미상年紀未詳]

1첩帖(11절折 20면面) 탁본拓本. 27.2×12cm.

권말卷末 : 원풍삼년元豊三年(1080)…미불米芾 (목판표지木版表紙)

<가람古-754.3-M58ha>

미 불

호고당법첩好古堂法帖, 미불米芾(宋) 서書, [연기미상年紀未詳]

1첩帖(11절折 21면面) 탁본拓本 23×11.8cm.

표지서명 : 미남궁법서米南宮法書.

부府 : 정양묘가貞孃墓歌…원부경진元符庚辰(1100) 미불제米芾題. 지원사년至元四年(1267)…원감서院鑒書.

<가람古-754.3-M58h>

박 두세

요로원야화기, 박두세朴斗世(조선) 저著. [연기미상年紀未詳]

1책(32장) 사본寫本. 28.2×15.2cm.

<가람古-041-B147y>

박 성원

화동정음통석운고華東正音通釋韻考, 박성원朴性源(조선) 저著. [서序. 정조11년(1787)]

2권 1책. 목판본. 31×20.4cm.

사주단변四周單邊, 반엽광곽半葉匡郭 : 22×15.8cm, 유계有界, 9행, 1행 19자. 판심版心 : 상하화문어미上下花紋魚尾.

판심서명版心書名 : 정음통석正音通釋.

서序 : 세정묘歲丁卯(1787)…박성원朴性源.

<가람古-416-B149hd>

박 성원

화동정음통석운고華東正音通釋韻考 [언해諺解] 상. 하. 박성원朴性源(조선) 찬撰. 내각장판內閣藏板. 정조 11년(1787)]

2권 1책(108장) 목판본. 27.8×17.2cm.

사주단변四周單邊, 반엽광곽半葉匡郭 : 16×10.9cm, 유계有界, 9행. 판심版心 : 상하화문어미上下花紋魚尾.

표제지標題紙 : 신축辛丑(1781) 신간정음통석내각장판新刊正音通釋內閣藏板.

권수서卷首序 : 어제정음통석御製正音通釋…조지십일년조지십일년정미祖之十一年祚之十一年丁未(1787)년계춘年季春.

세정묘歲丁卯(1747)…박성원朴性源.

<가람古-416-B149h>

박 세무

동몽선습童蒙先習, 박세무朴世茂(조선) 저著. 춘방장판春坊藏板. 숙종 8년(1682)]

1책(23장) 목판본 34×22cm. 사주쌍변四周雙邊, 반엽광곽半葉匡郭 : 25×17.8cm, 유계有界, 7행, 1행 15자. 판심版心 : 상하화문어미上下花紋魚尾.

표제지標題紙 : 기묘 신간己卯新刊…춘방장판春坊藏板.

서序 : 어제御製…서序…현묵엄무임술玄黙閹茂壬戌(1682)…명예관命藝館…

발跋 : 숭정기원지상횡엄무崇禎紀元之商橫閹茂(1682)…송시열宋時烈.

<가람古-170-B149d>

박 연

난계선생유고蘭溪先生遺藁, 박연朴堧(조선) 저著. 학부學部. 광무칠년光武七年(1903)

1책(65장) 고활자본 전사자全史字 32.2×21cm.

사주단변四周單邊, 반엽광곽半葉匡郭 : 24.4×17cm. 10행, 1행 20자 주쌍행注雙行. 판심版心 : 상흑어미上黑魚尾.

권수卷首 : 광무칠년光武七年(1903)…김학진金鶴鎭 서序.
광무칠년光武七年(1903)…송태헌宋台憲 서序.

권말卷末 : 김노경金魯敬 등等 발跋.

간기刊記 : 광무칠년光武七年(1903) 계묘중하학부활인癸卯仲夏學部活印.

인印 : [연안延安, 김사준인金思濬印]

<가람古-819.51-B149n>

박 영진

언해도상동문선습諺解圖像童文先習, 박영진朴永鎭(조선) 편수編修. 경성천보당장판京城天寶堂藏板 [1913]

1책(19장) 목판본. 27×19.2cm.

표지서명 : 동몽선습童蒙先習.

<가람古-170.951-B149e>

박 인로

노계선생문집蘆溪先生文集, 박인로朴仁老(조선) 저著. [19-]

3권 2책. 목판본. 28×19.3cm.

사주쌍변四周雙邊, 반엽광곽半葉匡郭 : 20×15.7cm, 유계有界, 10행, 1행 20자. 판심版心 : 상하화문어미上下花紋魚尾.

서序 : 김유헌金裕憲.

발跋 : 정하원鄭夏源. 최옥崔沃.

부附 : 사본寫本. 도산가陶山歌.

<가람古-819.53-B148m>

박 인로

노계선생문집蘆溪先生文集, 권3 : 가歌, 박인로朴仁老(조선) 저著. [간년미상刊年未詳]

1책(영본零本) 목판본. 28×19.3cm.

사주쌍변四周雙邊, 반엽광곽半葉匡郭 : 20.3×15.7cm, 유계有界, 10행, 1행 20자. 판심版心 : 상하화문어미上下花紋魚尾.

부附 : 사본寫本 도산가陶山歌

<가람古-819.53-B148n-v.3>

박 제가

북학의北學議, 상, 하. 박제가朴齊家(조선) 저著. [19-]

2책. 사본寫本(후사後寫) 24.3×15.4cm.

서序 : 임인壬寅(1782)…서명응徐命膺. 신축辛丑(1781)…박지원朴趾源 문文 [박필균朴弼均]

<가람古-819.54-B147b-v.1-2>

박 주종

척독장거집尺牘藏弆集, 박주종朴周鍾(조선) 집輯. [연기미상年紀未詳]

1책(21장) 사본寫本(후사後寫) 24.4×18cm.

<가람古-816.08-B148c>

박 지원

연암집燕巖集, 권1-3. 박지원朴趾源(조선) 저著. 김택영金澤榮(조선) 편編. [광무 4년(1900)]

1책(영본零本) 고활자본全史字 29×18.8cm.

사주단변四周單邊, 반엽광곽半葉匡郭 : 22.1×16.4cm. 11행, 1행 21자 주쌍행注雙行. 판심版心 : 상백어미上白魚尾.

서序 : 광무 4년(1900)…민병석閔丙奭.

인印 : [?堂. ?章. 김교인인金敎寅印]

<가람古-819.6-B148y>

박 태보

정재후집定齋後集, 권5-6, 박태보朴泰輔(조선) 저著. [발跋. 고종 29년(1892)]

1책(영본零本) 1부 후기질활자1部後期鉄活字. 31.4×21cm.

사주쌍변四周雙邊, 반엽광곽半葉匡郭 : 20.4×15.1cm, 유계有界, 10행, 1행 20자. 판심版心 : 상하화문어미上下花紋魚尾.

<가람古-819.53-B149j-v.5-6>

박 효관

가곡원류歌曲源流, 단單, 박효관朴孝寬(조선) 편編. [고종 시時]

1책(41장) 사본寫本. 35.4×23.6cm.

인印 : [매화옥진완梅華屋珍玩]

<가람古-811.05-B148g>

박부인전

朴夫人傳, [저자미상著者未詳·연기미상年紀未詳]

1책(36장) 사본寫本. 25×20.2cm.

표지 : 책주망상기곡상冊主望祥基谷上.

<가람古-813.53-B15d>

박씨전

朴氏傳, [저자미상著者未詳·연기미상年紀未詳]

1책(62장) 사본寫本. 30.4×19.8cm.

권말卷末 : 임신 시월 십칠일…

<가람古-813.53-B15>

반 고

전한서前漢書, 권34. 하. 반고班固(漢) 반소(班昭)(漢) 공저(세종 시時)

1책(35장) 고활자본 경자자更子字 29.8×18.4cm.

사주쌍변四周雙邊, 반엽광곽半葉匡郭 : 22.8×13.9cm. 11행, 1행 21자 주쌍행注雙行. 판심版心 : 대흑구내향상하흑어미大黑口內向上下黑魚尾.

소장본중 : 제34 상권 제1~3장(3장) 낙장落張.

<가람貴-952.01-B22j-v.34>

반 고

한서漢書, 반고班固(漢) 찬撰, 종인걸鐘人傑(明) 교校. [서序. 만력萬曆 47년(1619)]

26책(영본零本) 중국목판본. 25.8×16.5cm.

권수卷首 : 만력기미萬曆己未(1619)…초횡焦竑. 제신각양한서題新刻兩漢書. 만력계미萬曆癸未(1583)…진문촉서陳文燭序, 한서총평漢書總評.

인印 : [용지당장用址堂藏, 사상士尙 등等]

난상주欄上註

<가람古-952.0109-B224h-v.1-8 10-27>

방 효언

첩해몽어捷解蒙語, 방효언方孝彦(조선) 교정校正. [정조 시時]

4권 4책. 목판본. 33.8×23.6cm.

사주단변四周單邊, 반엽광곽半葉匡郭 : 23.4×18.9cm, 유계有界, 6행. 판심版心 : 상하화문어미上下花紋魚尾.

인印 : [학부도서學部圖書, 편집국보관編輯局保管, 매화옥진완梅花屋珍玩]

<가람古-494.28-B224c-v.1-4>

방시간집

方是閒輯, 왕태王太 정訂, 지덕귀池悳龜 교校 [연기미상年紀未詳]

1책(42장) 사본寫本. 25.5×16cm.

서序 : 임자壬子…왕태王太

발跋 : 경진庚辰…왕태王太

<가람古-895.11-B225>

배자예부운략

排字禮部韻略, 상평성上平聲. 권1-3 [편자미상編者未詳. 중종 시時?]

1책(영본零本) 고활자본(乙亥字) 31.4×21cm.

사주쌍변四周雙邊, 반엽광곽半葉匡郭 : 23.3×16.6cm. 10행, 1행 18자 주쌍행注雙行. 판심版心 : 상하화문어미上下花紋魚尾.

판심서명版心書名 : 예부운禮部韻.

인印 : [금성박씨회무서진보錦城朴氏檜茂書盡寶]

<가람古-495.13-B146>

배자예부운략

排字禮部韻略, 평성平聲, 권1-3. [편자미상編者未詳. 숙종肅宗 시時?]

1책(영본零本) 고활자본(개주갑인자改鑄甲寅字) 34.1×22.3cm.

사주쌍변四周雙邊, 반엽광곽半葉匡郭 : 26×17.2cm. 10행, 1행 20자 주쌍행注雙行. 판심版心 : 상하화문어미上下花紋魚尾.

판심서명版心書名 : 예부운禮部韻.

<가람古-495.13-B146y>

백 두용

주해어록총람註解語錄總覽, 白斗鏞(조선) 편編. 윤창현尹昌鉉(조선) 증정增訂. 경성京城, 한남서림翰南書林. [191-]

2책 목판본. 30.4×20cm.

사주단변四周單邊, 반엽광곽半葉匡郭 : 20.7×14.9cm, 유계有界, 12행, 1행 28자. 판심版心 : 상흑어미上黑魚尾.

<가람古-417.09-B146j-v.1-2>

번역 소학

飜譯小學, 권9 [역자미상譯者未詳·선조 시時]

1책(영본零本) 목판본. 32.6×21.6cm.

사주쌍변四周雙邊, 반엽광곽半葉匡郭 : 24.2×16.3cm, 유계有界, 9행 1행 19자. 판심版心 : 대흑구상하내향흑어미大黑口上下內向黑魚尾.

인印 : [용학정장龜鶴亭藏, 의성김씨宜城金氏. 매화옥진완梅華屋珍玩]

<가람貴-170-B45s-v.9>

범우고

梵宇攷, [편자미상編者未詳·연기미상年紀未詳]

1책(103장) 사본寫本. 25.8×18.7cm.

<가람古-294.3551-B45>

법종

허정집虛靜集, 상, 하. 승僧, 법종法宗(조선) 저著. 향산보현사香山普賢寺, 영조 8년(1732)

1책(101장) 목판본. 32.4×21.4cm.

사주단변四周單邊, 반엽광곽半葉匡郭 : 24.4×18.2cm. 10행, 1행 20자. 판심版心 : 상하화문어미上下花紋魚尾.

서序 : 김정대金鼎大.

간기刊記 : 옹정십년세사임자雍正十年歲舍壬子 오월일五月日 향산보현사개간香山普賢寺開刊, 간공통정대부전승장별훈刊工通政大夫前僧將別訓.

<가람古-819.54-B45h>

법해

육조대사법보단경六祖大師法寶壇經, 석釋 법해法解 당唐 집集 [연기미상年紀未詳]

1책(48장) 사본寫本. 30.6×20.8cm.

표지서명 : 법헌단경法憲壇經.

서序 : 지원이십칠년경인至元二十七年庚寅(1290)…덕이德異 찬撰.

인印 : [자일도원字日道圓, 김택金澤, 식창복혜쌍수지관息窓福慧雙修之館, 월성후인月城后人]

<가람古-294.34-B45y>

별토가

鱉兎歌, [작자미상作者未詳·연기미상年紀未詳]

1책(44장) 사본寫本. 21.8×21cm.

<가람古-813-B45>

병학지남

兵學指南, 정조(조선) 명찬命纂 장영장판壯營藏板. 정조 11년(1787) 5권 1책(109장) 목판본. 37.4×24.3cm.

사주쌍변四周雙邊, 반엽광곽半葉匡郭 : 22.7×17.9cm. 11행, 1행 24자. 판심版心 : 상하화문어미上下花紋魚尾.

서序 : 즉조십일년即阼十一年(1787) [정조]

간기刊記 : 정미신간장궁장판丁未新刊壯宮藏板

(난상주欄上註)

(국한문대역)

<가람古-355.5-B45>

보륜

공법회통公法會通, 보륜步倫(獨)…저著. 정위량丁韙良(美) 역譯. [서序. 건양建陽 1년(1896)]

10권 3책. 고활자본(정리자整理字) 29.6×19.2cm.

사주쌍변四周雙邊, 반엽광곽半葉匡郭 : 23.3×15cm. 10행, 1행 21자 주쌍행注雙行. 판심版心 : 상흑어미上黑魚尾.

서序 : 건양원년建陽元年(1896)…이경식李庚植. 광서육년光緖六年(1880) 경진庚辰…왕문소王文韶…정위량丁韙良.

<가람古-349.2-B63g-v.1-3>

복선화음록

복션화음록, 단 [저자미상著者未詳·연기미상年紀未詳]

1책(12장) 사본寫本. 31.6×21.2cm.

표지서명 : 복선화음록福喜禍淫錄. 전全

(국문본임)
<가람古-811.05-B635>

봉상상하

捧上上下, [연기미상年紀未詳]

1첩帖(15절折, 32면面) 사본寫本 16.8×6.8cm.

부府 : 잡식雜式

<가람古-351.1-B641>

부 대용

신편고금사문유취新編古今事文類聚, 권217~220. 부대용富大用(元) 찬撰. [성종 24년(1493)]

1책(영본零本) 고활자본(갑진자甲辰字) 27.6×18.6cm.

사주쌍변四周雙邊, 반엽광곽半葉匡郭 : 20.7×14.5cm. 12행, 1행 19자 주쌍행注雙行. 판심版心 : 대흑구상하내향흑어미大黑口上下內向黑魚尾.

<가람古-039.51-B85S-v.217-20>

부선

賦選, [편자미상編者未詳. 명종 시時]

1책(영본零本) 고활자본(을해소자乙亥小字) 26×17.8cm. 사주단변四周單邊, 반엽광곽半葉匡郭 : 20.3×13.2cm. 8행, 1행 16자. 판심版心 : 상하화문어

미上下花紋魚尾.

소장본중 : 제1장. 후부後部 일부분 낙장落張.

고정지藁精紙

<가람貴-811.03-B962>

불전, 관음경

觀音經, [언해諺解] 황덕수黃德水(조선) 간행, 봉불암奉佛庵, [인조 8년(1630)]

1책(46장) 변상도變相圖, 목판본, 24.8×18cm.

사주단변四周單邊, 반엽광곽半葉匡郭 : 18.2×14.6cm, 유계有界, 8행, 1행 16자. 판심版心 : 상하화문어미上下花紋魚尾.

간기刊記 : 숭정사년崇禎四年(1630) 신미사월일간辛未四月日刊…

<가람古一-294.333-B872g.>

불전 금강경

금강반야바라밀경金剛般若波羅密經, 상, 하. 쌍림전雙林傳 대사찬大士贊 : 육조대감선사六朝大鑒禪師, 구결口訣, 묘향산서현사妙香山書賢守. [발跋, 숙종 6년(1680)]

2책 변상도變相圖, 목판본, 31.6×24cm.

사주단변四周單邊, 반엽광곽半葉匡郭 : 25.9×18.5cm, 유계有界, 9행, 1행 19자. 판심版心 : 상하사어미上下思魚尾. (언수諺手)

판심서명版心書名 : 금강경金剛經.

권수卷首 : 영락을미永樂乙未(1415)…함허당납수이涵虛堂衲守伊 조계대조선사서曹溪大祖禪師序…예장사문종경제송망요서豫章沙門宗鏡提頌綱要序…

권말卷末 : 강희십구년康熙十九年(1680) 경신육월일庚申六月日 묘향산보현사개판화주지운妙香山普賢寺開板化主智雲

인印 : [자일도원字日道圓, 김택金澤, 식창복혜쌍수육관息窓福慧雙修六館, 월성후인月城后人]

<가람古一-294,332-B872g-v.1-2>

불전 금강경

금강반야바라밀경金剛般若波羅密經, 한계희韓繼禧(조선) 등 언해諺解, [성종 시時]

4책(영본零本) 고활자본(교경문자을해자交經文字乙亥字) 38.6×25.2cm.

사주쌍변四周雙邊, 반엽광곽半葉匡郭 : 26.8×19.6cm. 10행, 1행 자수부동字數不同, 주쌍행注雙行. 판심版心 : 상하내미향흑어미上下內尾向黑魚尾

판심서명版心書名 : 금강경삼가해金剛經三家解.

인印 : [매화옥진완梅華屋珍玩, 등]

소장본 : 제2-5책(4책) 외外 결缺

<가람貴-294,332-B872g-v.2-5>

불전 금강경

금강반야바라밀경金剛般若波羅密經, 상, 하. 석구마라습釋鳩摩羅什 비태斐泰

한역漢譯, 한계희韓繼禧(조선) 노사신盧思愼(조선) 언해諺解, [19-]

2책, 목판본, 29.6×19cm.

사주쌍변四周雙邊, 반엽광곽半葉匡郭 : 20×14.8cm, 유계有界, 8행, 1행 19자. 판심版心 : 상하흑어미上下黑魚尾.

판심서명版心書名 : 금강경金剛經

권수卷首 : ...육조해서六祖解序 원풍칠년元豐七年(1084)…나적서羅適序

권말卷末 : 천순팔년天順八年(1464)…효녕대군 발孝寧大君跋 천순팔년天順八年(1464)…해초 발海超跋

언해본諺解本임

<가람古-294,332-B872gg-v.1-2>

불전 금강경

반야바라밀다심경般若波羅密多心經, 김정희金正喜(조선) 저著, [연기미상年紀未詳]

1첩帖(28절折 58면面) 탁본拓本 31.6×17.2cm.

권말卷末 : 수선화부水仙花賦

<가람古-294,332-B872gu>

불전 금강경

여조주강금강심경呂祖註講金剛心經, 교경校經 산방장판山房藏版, 광서光緖 9년(1883)

1책(59장) 중국목판본, 25.8×14.7cm.

서序 : 건융建戎 원년(1736)……순양자純陽子

<가람古-294,332-B872y>

불전 금강정경

불설금강항유가최승비밀성불수구佛說金剛項瑜伽最勝秘密成佛隨求, 은진恩津, 쌍계사雙溪寺, [19-]

1책(25장) 목판본 후쇄後刷 29.2×20.9cm.

표지서명 : 수구隨求

간기刊記 : 융경삼년隆慶三年(1569) 을사맹동일乙巳孟冬日 충청도은진지불忠淸道恩津地佛

국문음역國文音釋

<가람古-294,332-B872a>

불전 능가경

능가아발다라보경회역楞伽阿跋多羅寶經會譯, 원가員珂(明), 회역會譯. [청판본淸版本]

4권 4책. 중국목판본. 25×17cm. 판심서명版心書名 : 능가경회역楞伽經會譯

서序 : 명만력팔년경진明萬歷八年庚辰(1580)…화남和南

부附 : 대승팔능가경大乘八楞伽經

<가람古-294,336-B872n-v.1-4>

불전 법화경

묘법연화경妙法蓮華經, 권1-2. 석구마라십釋鳩摩羅什(요진姚秦) 봉조역奉詔譯. [간년미상刊年未詳]

1책(영본零本) 목판본 34.8×22.2cm.

사주쌍변四周雙邊, 반엽광곽半葉匡郭 : 23.2×15.8cm, 유계有界, 9행, 1행 13자. 판심版心 : 대흑구상하흑어미大黑口上下黑魚尾.

서序 : 석도선술釋道宣述

<가람貴-294,333-B872f>

불전 법화경

묘법연화경妙法蓮華經, 석 구마라집釋鳩摩羅什 요진姚素 봉조역계환奉詔譯戒環(宋) 해解, 속리산俗離山 대법주사개판大法住寺開板, [효종孝宗 6年(1655)]

1권 1책(59장) 변상도變相圖, 목판본, 30.4×20.6cm.

사주쌍변四周雙邊, 반엽광곽半葉匡郭 : 20.4×16.4cm. 유계有界, 8행, 1행 13자. 판심版心 : 대흑구상하흑어미大黑口上下黑魚尾.

권말卷末 : 순치십이년順治十二年(1655) 십이월十二月 충청도보은지忠淸道報恩地…

인印 : [미상]

<가람貴-294,333-B872f>

불전 법화경

묘법연화경妙法蓮華經, [언해諺解], 계환戒環 송宋 해解, 일여一如(宋) 집주集註, 윤사로尹師路(조선), 등 수명언해等 受命諺解, 가야사伽倻寺, [영조 40年(1764)]

초편 7권 7책, 후편 7권 7책, 합14책, 도圖, 목판본, 31.6×23cm.

사주단변四周單邊, 반엽광곽半葉匡郭 : 21.5×17.8cm. 유계有界, 9행, 1행 17자. 판심版心 : 대흑구상하흑어미大黑口上下黑魚尾.

표지서명 : 법화경法華經

권수卷首 : 천순칠년天順七年(1463)…윤사로상전尹師路上箋

봉교조조奉教雕造…윤사로尹師路 [등 제신함명等諸臣銜名]

간기刊記 : 건융이십구년갑신乾隆二十九年甲申(1764) 지월일충청우도덕산가야산개간至月日忠清右道德山伽倻山開刊

인印 : [장손세장章孫世藏, 기서수원득奇書隨願得, 청풍후인김규흥清風后人金奎興, 등]

천순판天順板이 복각본復刻本임.

<가람古-294,333-B872ma-v.1-14>

불전 법화경

묘법연화경妙法蓮華經, 권2, 계환戒環(宋) 해解, [세종 시時]

1책(52장), 고활자본(갑인자甲寅字) 35.6×21.8cm.

사주단변四周單邊, 반엽광곽半葉匡郭 : 24.8×16.8cm. 10행, 1행 17자 주쌍행注雙行. 판심版心 : 상하내향흑어미上下內向黑魚尾.

저지楮紙

<가람貴-294.333-B45m.v.2>

불전 법화경

법화경法華經 [언해諺解] 권7. 황수신黃守身(조선) 등 수명언해受命諺解 간경도감刊經都監, [세종 시時]?]

1책(영본零本) 목판본 32×23.6cm. 사주쌍변四周雙邊, 반엽광곽半葉匡郭 : 21.7×18cm. 유계有界, 9행, 1행 17자. 판심版心 : 대흑구상하내향흑어미大黑口上下內向黑魚尾.

소장본중 : 제1~39장(39장) 낙장.

<가람貴-294.333-B45e-v.7>

불전 부모은중경

佛說大報父母恩重經, [언해諺解], 은진恩津. 쌍계사雙溪寺. 명종 22년(1567) [19-]

1책(23장) 목판본, 27.2×19.5cm.

사주단변四周單邊, 반엽광곽半葉匡郭 : 19.8×14.6cm. 유계有界, 10행, 1행 18자. 판심版心 : 상하대흑구화문어미上下大黑口花紋魚尾.

표지서명 : 은중경恩重經

권말卷末 : 융경원년삼월일隆慶元年三月日 청홍도은진지淸洪道恩津地 불각산쌍계사유판佛各山雙溪寺留板 대시주박순문大施主朴順文 [등等]

<가람古-294.34-B872e>

불전 부모은중경

佛說大報父母恩重經, [역자미상譯者未詳]. 금산사개판金山寺開板. [숙종 46년(1720)]

1책(26장) 목판본, 29.4×21.6cm.

사주단변四周單邊, 반엽광곽半葉匡郭 : 21.4×17.2cm. 유계有界, 10행, 1행 18자. 판심版心 : 상하화문어미上下花紋魚尾.

간기刊記 : 강희오십구년康熙五十九年(1720) 경자이월일庚子二月日 특사담인승록각선特寺潭印僧錄覺禪 전라도금구금산사개판全羅道金溝金山寺開板

(언해본임) (일부 충식一部腐蝕)

<가람古-294.34-B872a>

불전 부모은중경

佛說大報父母恩重經, [언해諺解]. [19-]

1책(26장) 목판본, 29.5×19.1cm.

사주단변四周單邊, 반엽광곽半葉匡郭 : 18×14.4cm. 유계有界, 10행, 1행 18자. 판심版心 : 상하대흑구화문어미上下大黑口花紋魚尾.

권말卷末 : 공양대시주供養大施主 김억수金億壽 [등等]

간기刊記 : 만력이십년임진십이월일萬歷卄年壬辰十二月日 경상좌도소백산기방개판慶尙左道小栢山其方開板

<가람古-294.34-B872b>

불전 부모은중경

佛說大報父母恩重經, [언해諺解]. 선조 25년(1592)]

1책(21장) 목판본, 8.7×18.6cm. 사주단변四周單邊, 반엽광곽半葉匡郭 : 19.2×14.4cm. 유계有界, 10행, 1행 18자. 판심版心 : 상하대흑구上下大黑口.

표지서명 : 은중경恩重經

<가람古-294.34-B872be>

불전 수능엄경

대불정여래밀인수증요의제보살만행수능엄경大佛頂如來密因修證了義諸菩薩萬行首楞嚴經, 권1-3. 반자밀제般刺密帝(唐) 역譯, 조선불교회, 역譯. [19-]

1책(영본零本), 등사본謄寫本, 26×19.7cm.

표지서명 : 수능엄경首楞嚴經

<가람古-294.337-B872d>

불전 수능엄경

수능엄경首楞嚴經, 석계환釋戒環(宋) 해解, [고려 중기?]

10권 1책(263장), 목판본, 26.4×16cm.

사주쌍변四周雙邊, 반엽광곽半葉匡郭 : 18.1×13cm. 무계無界, 13행, 1행 22자. 판심版心 : 상흑어미上黑魚尾.

서序 : 건염개원建炎改元(1127)…급남찬及南撰

권말卷末 : 시을미時乙未(1175)

소장본 중 : 말장보자末張補字

(묵세墨世)

<가람貴-294.336-Su72b>

불전 수능엄경

수능엄경首楞嚴經, [언해諺解] 권2-4. 계환戒環(宋) 해解, 세조(조선) 언해諺解 간경도감판刊經都監板 [세조 시時]

2책(영본零本), 목판본, 23×23.4cm.

사주쌍변四周雙邊, 반엽광곽半葉匡郭 : 21.6×17.8cm. 유계有界, 9행, 1행 17자. 판심版心 : 대흑구상하내향흑어미大黑口上下內向黑魚尾.

판심서명版心書名 : 능엄경楞嚴經

인印 : [이증?감李澄?鑑, 수도암장修道庵章 교정인校正印]

<가람貴-294.337-Su72n-v.2-4>

불전 수능엄경

수능엄경首楞嚴經, [언해諺解] 권5. 계환戒環(宋) 해解, 세조(조선) 언해諺解 [세조 시時]

1책(78장), 고활자본(을해자) 32.5×24.4cm. 사주쌍변四周雙邊, 반엽광곽半葉匡郭 : 27.2×19.2cm. 9행, 1행 21자 주쌍행注雙行 판심版心 : 상하내향흑어미上下內向黑魚尾.

판심서명版心書名 : 능엄경楞嚴經 표지서명 : 대불수능엄경大佛首楞嚴經.

인印 : [용문사龍門寺 인印, 등]

고정지藁精紙

<가람貴-294.337-Su72s-v.5>

불전 아미타경

佛說大阿彌陀經, 상하上下, 왕일휴王日休 (南宋) 교정 [간년미상刊年未詳]

1책(26장), 목판본 27.9×17.9cm. 사주단변四周單邊, 반엽광곽半葉匡郭 : 19.5×13.7cm, 유계有界, 10행, 1행 20자. 판심版心 : 상화문어미上花紋魚尾.

표지서명 : 대아미타경大阿彌陀經

서序 : 소흥임오紹興壬午(1162)……왕일휴王日休

인印 : 자일도원字日道圓, 복혜쌍수지관福慧雙修之館 월성후인月城后人, 등]

<가람古-294.3355-B872b>

불전 아미타경

佛說阿彌陀經, [언해諺解] 세조(조선) 언해諺解, 운흥사雲興寺 [숙종 28년(1702)]

1책(30장), 목판본 28.3×19.6cm.

사주단변四周單邊, 반엽광곽半葉匡郭 : 19.8×14.6cm, 유계有界, 8행, 1행 19자. 판심版心 : 상하내향흑어미上下內向黑魚尾.

간기刊記 : 강희사십일년임오康熙四十一年壬午(1702) 하夏 경상도고성와룡산운흥사개간慶尙道固城臥龍山雲興寺開刊

<가람古-294.3355-Am576>

불전 원각경

대방광원각수다라요의경大方廣圓覺修多羅了義經, 상, 중, 하, 승僧, 함허당涵虛堂 해解, 고종 19년(1882)

1책(123장), 목판본 29.7×19.6cm.

사주쌍변四周雙邊, 반엽광곽半葉匡郭 : 21.4×14.2cm, 유계有界, 10행, 1행 20자. 판심版心 : 어미무魚尾無.

권말卷末 : 시자각차施資刻此…광서팔년임오光緖八年壬午…감로사甘露社, 지識

인印 : [자일도원字日道圓, 복혜쌍수지관福慧雙修之館 월성후인月城后人, 등]

<가람古-294.334-B872d>

불전 원각경

대방광원각수다라요의경大方廣圓覺修多羅了義經, 권상一 종밀宗密(唐) 소초疎鈔 [간년미상刊年未詳]

1책(영본零本), 목판본 29.4×18.5cm. 사주단변四周單邊, 반엽광곽半葉匡郭 : 18.7×13.6cm. 무계無界. 자수행수부동字數行數不同. 판심版心 : 상하내향흑어미上下內向黑魚尾.

표지서명 : 원각경圓覺經

권수卷首 : 송강정이년신사宋康定二年辛巳(1041)…명의대사은제술明義大師恩齊述 규봉서圭峰序

(언토본諺吐本)

<가람古-294.334-W49d-v.1>

불전 원각경

대방광원각수다라요의경大方廣圓覺修多羅了義經, 권상 일지이卷上一之二 종밀宗密 (唐) 소초疏鈔 신희信眉(조선) 등 수명편等 受命編 [세조 시時]

1책(영본零本), 고활자본 을유자乙酉字 28.4×18.6cm.

사주단변四周單邊, 반엽광곽半葉匡郭 : 19.5×13.2cm. 6행, 자수字數 부동不同 주쌍행注雙行. 판심版心 : 상하내향흑어미上下內向黑魚尾.

표지서명 : 원각경圓覺經

고정지藁精紙

<가람貴-294.334-W49f>

불전 원각경

대방광원각수다라요의경大方廣圓覺修多羅了義經, [언해諺解] 상 하, 황수신黃守身(조선) 등 봉교찬奉敎撰, 세조 11年(1465) [19-]

10책, 목판본 31.2×22.2cm.

사주단변四周單邊, 반엽광곽半葉匡郭 : 21.2×18.2cm. 유계有界, 9행, 1행 17자. 판심版心 : 상하흑어미上下黑魚尾.

판심서명版心書名 : 원각경圓覺經

서序 : 황송강정이년皇宋康定二年(1441)…명의대사사제明義大師思齊 배휴裵休, 찬撰, 如山, 주서註序.

권말卷末 : 성화원년成化元年(1465)…황수신黃守身 등等 진원각경전進圓覺經箋, 봉교조조奉敎雕造…황수신黃守身 [등等 제신諸臣 함명銜名]

<가람古-294.334-B872w-1465-v.1-10>

불전 유마경

維摩詰所說經, 상, 중, 하. 삼장법사三藏法師 요진姚秦 역譯, 통윤通潤(囧月) 직소直疏, 철원鐵原, 성주암聖住庵, 고종 5년(1854)

3책, 도판圖板, 목판본 28×18.6cm.

사주단변四周單邊, 반엽광곽半葉匡郭 : 20.7×14.9cm. 유계有界, 10행, 1행 20자. 판심版心 : 상백흑미上白黑尾.

판심서명版心書名 : 유마힐경직소維摩詰經直疏

표지서명 : 유마경維摩經

서序 : 숭정기원崇禎紀元 후後 갑인甲寅(1674)…혜초慧昭,

발跋 : 화은華隱

간기刊記 : 상지사년上之四年 함풍갑인중하신간咸豊甲寅仲夏新刊 강원도철원보개산성주암장판江原道鐵原寶盖山聖住庵藏板

<가람古-294.336-B872y-v.1-3>

불전 지장경

지장보살본원경언히, 학조대사學祖大師 조선, 언해諺解, 남산南山, 무학당無學堂. [영조 41년(1765)]

1책(95장), 변상도變相圖, 목판본, 31.6×21.2cm.

사주쌍변四周雙邊, 반엽광곽半葉匡郭 : 21.4×16.1cm, 유계有界, 10행, 1행 16자. 판심版心 : 상하화문어미上下花紋魚尾.

서序 : 건융삼십년乾隆三十年(1765) 을유윤이월乙酉閏二月, 경기도경성京畿道京城 외外…

<가람古-294,33-B872J>

사 방득 편

문장궤범찬평文章軌範纂評, 사방득謝榜得 (宋). 편차編次, 안등태랑安藤太郎 (일본) 찬평纂評, 합서방장재合書房藏梓. [명치明治 11년(1874)]

7권 3책, 목판본, 17.8×12cm.

표제지標題紙.…문장궤범찬평文章軌範纂評…

<가람古-895.14-Sa11m-v.1-3>

능 치륭

사기평림史記評林, 능치륭凌稚隆 (明) 찬撰. [청판본清板本]

16책(영본零本). 중국목판본. 25.6×16.4cm.

소장본 중 : 제2~3. 8. 13. 17. 22~24책<합본책> 결缺

<가람古-952--N397s-v.1-21>

사략언해

史略諺解, [편자미상編者未詳] 영영신간嶺營新刊. 영조 48년(1772)

2권 2책, 목판본. 34.3×22.3cm.

사주단변四周單邊, 반엽광곽半葉匡郭 : 21.4×1.6cm. 유계有界, 10행, 1행 18자. 판심版心 : 상화문어미上花紋魚尾.

권두서명卷頭書名 : 십구사략언해十九史略諺解

간기刊記 : 세좌임진영영신간歲左壬辰嶺營新刊.

<가람古-952-Sa77-v.1-2>

사찬

史纂, 권7 [저자미상著者未詳·간년미상刊年未詳]

1책(영본零本), 고활자본(훈련도감자訓練都監字) 33.4×20.5cm.

사주쌍변四周雙邊, 반엽광곽半葉匡郭 : 23.5×15.7cm. 9행, 1행 16자 주쌍행注雙行. 판심版心 : 상하화문어미上下花紋魚尾.

<가람古-952-Sa14-v.7>

사훈

柶訓, [저자미상著者未詳·연기미상年紀未詳]

1책(51장) 사본寫本. 36×23cm.

권말卷末 : 을ᄉᆞ구월일 창녕 아듕 절셔

표지이면表紙裏面 : 오대조비필적五代祖妣筆蹟, 오ᄃᆡ죠비반남박시필적

<가람古-396-Sa19>

삼반예식

三班禮式, 상 하. [편자미상編者未詳] 무진戊辰 개간改刊, 고종 5년(1868)

1책(23장), 목판본. 30.2×20cm.

사주쌍변四周雙邊, 반엽광곽半葉匡郭 : 20.8×14.8cm. 10행, 1행 18자. 판심版心 : 상화문어미上花紋魚尾.

서序 : 상지오년上之五年(1868)…흥선대원군興宣大院君.

내사기內賜記 : 동치칠년칠월일同治七年七月日…은과현감홍순형殷果縣監

洪淳逈

인印 : [선사지기宣賜之記]

<가람古-395-Sa44>

삼생록

三生錄, [저자미상著者未詳·연기미상年紀未詳]

1책(47장) 사본寫本. 29.6×19.4cm.

표지서명 : 삼생록三生錄 인印 : [安 ? 參]

<가람古-813.5-Sa49>

서 개

설문해자통석說文解字通釋, 서개徐鍇(唐) 전석傳釋. 주고朱翺(唐), 반절半切. [서序, 도광십구년道光十九年(1839)]

35권 6책. 중국목판본. 24.7×15.4cm.

표제지標題紙 : 설문계전說文繫傳

서序 : 도광십유구년道光十有九年(1839)…

<가람古-495.11-Se61s-v.1-6>

서 거정, 편

동문선東文選, 권40-42, 서거정徐居正(조선) 수명受命 찬撰. [간년미상刊年未詳]

1책(영본零本), 고활자본(훈련도감자訓鍊都監字) 35.6×21.7cm.

사주쌍변四周雙邊, 반엽광곽半葉匡郭 : 24.7×16.5cm. 10행, 1행 19자 주쌍행注雙行. 판심版心 : 상하화문어미上下花紋魚尾.

<가람古-811.08-Se61d-v.40-42>

서 거정

사가집四佳集, [서거정徐居正 저著] 경기도 고양군京畿道高揚郡, 정관제正觀齊. 소화昭和4년[1929]

1질帙(15권 7책), 활자본(후기 목활자後期木活字) 33cm.

<가람古-819.51-Se61s-v.1-7>

서 명응, 편

고사신서攷事新書, 서명응徐命膺(조선) 편編 [서序. 영조 47년(1771)]

15권 7책. 도圖. 고활자본(후기예각인서체자後騎藝閣印書体字) 28.6×17.8cm.

사주쌍변四周雙邊, 반엽광곽半葉匡郭 : 21.5×13.5cm. 10행, 1행 20자 주쌍행注雙行. 판심版心 : 화문어미花紋魚尾.

서序 : 상지사십년上之四十七年(1771) 신묘辛卯…서명응徐命膺

권말卷末 : 사준어매장군司準御梅將軍…장문욱張文郁 [등等 제신諸臣 함명銜名

인印 : [정석상인鄭錫祥印]

<가람古-031-Se61g-v.1-7>

서 유구, 편

누판고鏤板考, 상, 중, 하. 서유구徐有渠(조선) 편編. [19-]

7권 3책. 사본寫本. 33×22.8cm.

인印 : [매화옥진완梅華屋珍玩]

<가람古-015-Se61n-v.1-3>

서 유구

예원지藝畹志, 서유구徐有榘(조선) 찬纂. [연기미상年紀未詳]

5권 3책. 사본寫本 후사後寫. 26.7×18.8cm.

인印 : [매화옥진완梅華屋珍玩]

<가람古-635.9-Se61w-v.1-3>

서 유린, 역

증수무원록언해增修無寃錄諺解, [서유린徐有隣(조선) 譯] [正祖16年(1792)]

3권2책. 고활자본庚辰印書字. 30.8×19.3cm.

사주쌍변四周雙邊, 반엽광곽半葉匡郭 : 22×13.9cm. 10행, 1행 20자 주쌍행注雙行 판심版心 : 상백어미上白魚尾.

<가람古-340.092-Se61j-v.1-2>

서간문

서간문, [저자미상著者未詳·연기미상年紀未詳]

1책(26장) 사본寫本. 32.4×20cm.

표지表紙 : "갑술甲戌 오월五月 이십육일二十六日 연성蓮成"

<가람古-816-Se62>

서전언해

書傳諺解, 권지1-5, 선조(조선) 명편命編. [간년미상刊年未詳]

5권5 책, 목판본. 34.3×22cm.

사주쌍변四周雙邊, 반엽광곽半葉匡郭 : 23.9×16.8cm, 유계有界, 10행, 1행 18자. 판심版心 : 상하화문어미上下花紋魚尾.

표지서명 : 서해書解. 금金, 목木, 수水, 화火, 토土.

<가람古-181.1-Se62e-v.1-5>

서첩

書帖, [편자미상編者未詳·연기미상年紀未詳]

1첩帖(12절折 25면面) 탁본拓本, 27.4×16.6cm.

내용목차 : 전유암산가서田遊巖山家序, 김생金生-기응세묘갈명奇應世墓喝銘, 한호韓護.

<가람古-754.3-Se61>

서행록

西行錄, [저자미상著者未詳. 19-]

2책. 사본寫本. 31×20cm.

서序 : 파산윤정정坡山尹程井

<가람古-327.51-Se62-v.1-2>

선세비지

先世碑誌, [편자미상編者未詳·연기미상年紀未詳]

1책(72장) 사본寫本 25.2×15.3cm.

(국문본)

<가람古-920.051-Se65>

선세유찰

先世遺札, [편자미상編者未詳·연기미상年紀未詳] 1첩帖(16절折 32면面) 사본寫本 43.7×27cm.

국문본

<가람古-816-Se64>

선원계보기략

璿源系譜紀略, [광무光武 5年(1901)]

26권 8책, 목판본. 34.2×23.4cm.

사주쌍변四周雙邊, 반엽광곽半葉匡郭 : 21.3×18.3cm, 유계有界, 11행, 1행 22자. 판심版心 : 상하화문어미上下花紋魚尾.

표지서명 : 선원보략璿源譜略

서序 : 어제御製…서序…칠년계묘七年癸卯(1783)…

권말卷末 : 김학진발金鶴鎭跋 [외 발문다수外跋文多數]

인印 : [흠문지보欽文之寶]

내사기內賜記 : 광무오년光武五年(1901) 유월일양지아문六月日量地衙門 부총재고영희내사副摠裁高永喜內賜…비서원승신이秘書院丞臣李

<가람古-929.7999-Se66-v.1-8>

설순

삼강행실도三綱行實圖, 설순偰循(조선) 등等 수명受命 찬撰. [간년미상刊年未詳]

3권1 책(104장), 도圖. 목판본(후쇄後刷). 36.2×23.2cm.

사주쌍변四周雙邊, 반엽광곽半葉匡郭 : 23.2×16.6cm, 유계有界, 10행, 1행 22자. 판심版心 : 상하화문어미上下花紋魚尾.

서序 : 선덕칠년宣德七年(1432)…권채權採.

난상언해欄上諺解

<가람古-170.951-Se63h>

설순

삼강행실도三綱行實圖, 설순偰循(조선) 수명受命 찬撰. [간년미상刊年未詳]

2책. 도圖. 목판본. 36.8×24cm.

사주쌍변四周雙邊, 반엽광곽半葉匡郭 : 25×18.5cm, 유계有界, 13행, 1행 22자. 판심版心 : 상하화문어미上下花紋魚尾.

서序 : 선덕칠년宣德七年(1432)…권채權採.

<가람古-170.951-Se63s-v.1-2>

성 해응

동국명산기東國名山記. 성해응成海應(조선) 찬撰. 일한서방日韓書房, 1909

1책(51장) 신식연활자新式鉛活字. 26.8×17.8m

<가람古-915.1-Se65d>

성현

풍소궤범風騷軌範, 후집後集. 권1-3. 성현成俔(조선) 저著[간년미상刊年未詳]

1책(영본零本) 목판본. 24.2×19.7cm.

사주쌍변四周雙邊, 반엽광곽半葉匡郭 : 20×15cm, 유계有界, 11행, 1행 18자. 판심版心 : 상하대흑구흑어미上下大黑口黑魚尾.

<가람古-895.1108-Se65p-v.1-3>

성 환

성시중효행록成侍中孝行錄, 성환成瑍(조선) 저著. [서序. 영조 8年(1732)] 2권1책(35장). 도圖. 목판본. 30.4×19.6cm.

사주쌍변四周雙邊, 반엽광곽半葉匡郭 : 21.3×13.7cm, 유계有界, 10행, 1행 21자. 판심版心 : 상백어미上白魚尾.

판심서명版心書名 : 효행록孝行錄

서序 : 숭정기원후崇禎紀元後 일백육년임자一百六年壬子(1732)…조문명趙文命.

소장본 중 : 권말卷末 1장 보사補寫.

<가람古-173-Se65s>

성 능

북한지北漢誌, 승僧 성능聖能(조선) 저著. [숙종肅宗 37년(1711)]

1책(24장). 도판圖版. 목판본. 28.4×18.2cm.

사주쌍변四周雙邊, 반엽광곽半葉匡郭 : 21.6×15.4cm, 유계有界, 12행, 1행 23자. 판심版心 : 상화문어미上花紋魚尾.

<가람古-951.2-Se65b>

성현공숙렬기

聖賢公淑烈記, [저자미상著者未詳·연기미상年紀未詳]

1책(51장) 사본寫本. 36×25cm.

(국문사본國文寫本임)

<가람古-923.251-Se65>

세조 조선 제7대왕

월인석보月印釋譜, 제7-8. 세조(조선) 편찬編纂. [19-]

2책(영본零本). 청사진본靑寫眞本. 31.3×21.8cm.

인印 : [매화옥완梅華屋玩]

"석남장서石南藏書의 청사진본靑寫眞本임"

<가람古-811.05-Se65s-v.7-8>

세조 조선 제7대왕

월인석보月印釋譜, 권1-2. 세조(조선) 편찬. 풍기豊基, 질방사叱方寺. 선조 1년(1568) [193-]

2책(영본零本). 목판본(후쇄後刷) 32.7×23.6cm.

사주쌍변四周雙邊, 반엽광곽半葉匡郭 : 20.7×17.5cm, 유계有界, 7행, 1행 16자. 판심版心 : 상하대흑구上下大黑口. 흑어미黑魚尾.

권수卷首 : 훈민정음訓民正音

정통십이년政統十二年(1447)… [세종世宗] 석보상절서釋譜詳節序

천순삼년天順三年(1459)… [세조世祖] 어제월인석보서御製月印釋譜序

간기刊記 : 융경이년무진십월일隆慶二年戊辰十月日 경상도풍기지소백산짓방사개판慶尙道豊基地小柏山池叱方寺開板

<가람古-181.05-Se46w-v.1-2>

세조 조선 제7대왕

월인석보月印釋譜, 권21. 세조(조선)편찬. 선조 2년(1569) [19-]

2책(영본零本). 목판본. 28.8×21.1cm. 사주단변四周單邊, 반엽광곽半葉匡郭 : 20.8×17.2cm, 유계有界, 7행, 1행 16자. 판심版心 : 상하대흑구上下大黑口. 화문어미花紋魚尾.

권말卷末 : 융경삼년기사이월일隆慶三年己巳二月日 충청도한산지죽산리忠淸道寒山地竹山里…대시주백개만大施主白介万 [등等]

<가람古-811.05-Se46we-v.2(1-2)>

세조 조선 제7대왕

월인석보月印釋譜, 권21. 상, 하. 세조(조선)편編. [19-]

2책(영본零本). 목판본(後刷). 31.8×21.8cm.

사주단변四周單邊, 반엽광곽半葉匡郭 : 19.8×17.4cm, 유계有界, 7행, 1행 16자. 판심版心 : 대흑구상하흑어미大黑口上下黑魚尾.

권말卷末 : 가정이십일년임인嘉靖二十一年壬寅(1542) 삼월일三月日 경상도안동하가산광흥사개판慶尙道安東下柯山廣興寺開板

<가람古-811.05-Se64wi-v.21(1-2)>

세종 조선 제4대왕

영가대사증도가남명천선계송永嘉大師證道歌南明泉禪繼頌 [언해諺解], 상, 하. 세종(조선) 수양대군(조선) 공역共譯. [발跋. 성종 13년(1482)]

2책. 고활자본(을해자乙亥字). 34.4×21.6cm.

사주단변四周單邊, 반엽광곽半葉匡郭 : 24.4×16.7cm. 9행, 1행 19자 주쌍행注雙行. 판심版心 : 상하내향흑어미上下內向黑魚尾.

판심서명版心書名 : 남명집南明集

서序 : 희녕십년熙寧十年(1077)…오용吳庸

후서後序 : 희녕9년熙寧九年(1076)…축황祝況.

권말卷末 : 성화18년成化十八年(1482)…한계희韓繼禧 발跋.
세임인歲壬寅(1482)…강희맹姜希孟 발跋.

인印 : [매화옥진완梅華屋珍玩]

소장본중 : 하권 보사下卷補寫

<가람貴-294.315-Se46y-v.1-2>

소대성전

쇼딗성전, [저자미상著者未詳·간년미상刊年未詳]

1책(81장). 목판본. 27.6×19cm.

사주단변四周單邊, 반엽광곽半葉匡郭 : 21.6×16.2cm, 유계有界, 14행, 1행 25자. 판심版心 : 상하화문어미上下花紋魚尾.

합철合綴 : 용문젼

<가람古-813.5-So15a>

소 식

동파선생시집주東坡先生詩集註, 소식蘇軾(宋) 저著, 왕십명王十明(宋) 찬纂,

왕영적王永積(明) 열閱. [청판본淸版本]

권수卷首 : 32권 합16책. 중국목판본. 25.5×16.2cm.

서序 : 왕십명王十明

인印 : [심공유沈公猷 인印, 정인보鄭寅普 인印 등等]

<가람古-895.1108-So1d-v.1-16>

소 식

여문초儷文抄, 권 상. 소식蘇軾(宋) 등 저著, [숙종 시時?] 1책(영본零本) 고활자본(한구자韓構字) 30.2×18.7cm.

사주쌍변四周雙邊, 반엽광곽半葉匡郭 : 21.7×13cm. 10행, 1행 20자. 판심版心 : 상하화문어미上下花紋魚尾.

인印 : [계림세가雞林世家, 김림金林]

<가람古-895.1082-So1y>

소 식

양생론養生論, 소식蘇軾(宋) 서書. [간년미상刊年未詳]

1첩帖(20절折 39면面) 탁본拓本. 27×9cm.

권말卷末 : 소성2년紹聖二年(1095)…서書.
신해辛亥(1611)…동기창董基昌 지識.
계유시월위생癸酉十月渭生…발跋. 법첩法帖임.

<가람古-754.3-So1y>

소 진덕

지산유고遲山遺稿, 소진덕蘇鎭德(조선) 저著. [발跋. 고종 24년(1887)]

3권 1책(78장) 목판본 27.4×18.1cm.

사주쌍변四周雙邊, 반엽광곽半葉匡郭 : 19.3×13.7cm, 유계有界, 10행, 1행 20자. 판심版心 : 상화문어미上花紋魚尾.

서序 : 세을유歲乙酉(1885)…소설재蘇說齋.

발跋 : 을해丁亥(1887)…소화영蘇華永.

<가람古-819.56-So1j>

소 통

선부초평주해산보選賦抄評註解刪補, 권3-9 소통蕭統(梁) 선집選集 [간년미상刊年未詳]

3책(영본零本) 목판본 32.5×21.4cm.

사주쌍변四周雙邊, 반엽광곽半葉匡郭 : 20.3×16.1cm, 유계有界, 10행, 1행 20자. 판심版心 : 상하화문어미上下花紋魚尾.

인印 : [응지應止, 송문응宋文應, 일봉壹峯 등等]

<가람古-895.18-So1s-v.1-3>

소미가숙점교부음통감절요

小微家塾點校附音通鑑節要, 권지29~50. [왕봉王逢(宋) 집의輯義. 유염劉剡(明) 증교增校. 사소史炤 송宋 음석音釋. 득得 전서全書 신간新刊. [간년미상

刊年未詳]

7책(영본零本) 목판본 32.5×22cm.

사주쌍변四周雙邊, 반엽광곽半葉匡郭 : 22.6×17.2cm, 유계有界, 10행, 1행 17자. 판심版心 : 상하화문어미上下花紋魚尾.

판심서명版心書名 : 통감通鑑

표지서명 : 통감通鑑. 권9~15.

간기刊記 : 세재을축특전서신간歲在乙丑得全書新刊.

<가람古-952.01-So54p-v.1-7>

소미통감집석

小微通鑑輯釋, 권하. [저자미상著者未詳. 선조 시時]

1책(영본零本) 고활자본(계유癸酉 개주갑인자改鑄甲寅字) 34.4×22.8cm.

사주쌍변四周雙邊, 반엽광곽半葉匡郭 : 24.9×16.9cm. 10행, 1행 17자 주쌍행注雙行. 판심版心 : 상하화문어미上下花紋魚尾. 판심서명版心書名 : 집석輯釋.

표지서명 : 통감집석하通鑑輯釋下.

인印 : [미상未詳]

<가람貴-952.01-So54-v.2>

소악부사십수

小樂府四十首, [편자미상編者未詳·간년미상刊年未詳]

1책(8장) 사본寫本. 21.7×14.4cm.

표지表紙 : 양연산방養硏山房…양취고장養翠庫藏.

인印 : [용화산방장龍華山房藏]

<가람古-811.04-So11>

소원셩취문

소원셩취문, [저자미상著者未詳·연기미상年紀未詳]

1책(23장) 사본寫本. 38.6×23.2cm.

(국문본임)

<가람古-818-So92>

소학언해

小學諺解, 권6. 영조(조선) 명찬命撰. [간년미상刊年未詳]

1책(영본零本) 목판본 35×22.4cm.

사주쌍변四周雙邊, 반엽광곽半葉匡郭 : 24×15.7cm, 유계有界, 10행, 1행 17자. 판심版心 : 상하화문어미上下花紋魚尾.

표지서명 : 소학해小學解.

인印 : [미상未詳]

<가람古-181.1-So25e-v.6>

소학언해

小學諺解, 권3-4. 영조(조선) 명편命篇. [간년미상刊年未詳]

1책(영본零本) 목판본 30.8×20.5cm.

사주단변四周單邊, 반엽광곽半葉匡郭 : 21.4×16.9cm, 유계有界, 10행, 1행 17자. 판심版心 : 상하화문어미上下花紋魚尾.

<가람古-181.1-So25o-v.3-4>

소혜왕후

내훈內訓, 권3. 소혜왕후昭惠王后(조선) 찬撰. [간년미상刊年未詳]

1책(영본零本) 목판본. 32.2×20.2cm.

사주쌍변四周雙邊, 반엽광곽半葉匡郭 : 21.6×14.3cm. 9행, 1행 17자. 판심版心 : 상하화문어미上下花紋魚尾.

<가람古-396-So25n-v.3>

속복수전서

續福壽全書, [저자미상著者未詳·연기미상年紀未詳]

4책 사본寫本. 25×9.7cm.

인印 : [금와錦窩 등等]

<가람古-920.051-So24s-v,1-4>

속악가사

俗樂歌詞, [편자미상編者未詳. 19-]

1책(49장) 사본寫本 35.7×23cm. (국한문혼용)

표지 : 가남촉매헌등초본柯南囑梅軒騰鈔本

인印 : [매화옥진완梅華屋珍玩]

내용목차 : 종묘영녕전宗廟永寧殿-궐궁속악闕宮俗樂-아악가사雅樂歌詞-속악俗樂-가사歌詞.

부附 : 악학궤범樂學軌範 권지오券之五.

<가람古-811.05-So24>

속악가사

俗樂歌詞, 단單. [편자미상編者未詳. 19-]

1책(39장) 사본寫本. 31.6×21cm.

별 서명別書名 : 악장가사樂章歌詞.

인印 : [용화옹장龍華翁藏]

내용목차 : 종묘영녕전宗廟永寧殿-궐궁속악闕宮俗樂-아악가사雅樂歌詞-속악俗樂-가사歌詞.

<가람古-811.05-So24g>

속일지록

續日知錄, [편자미상編者未詳·연기미상年紀未詳]

1책(29장) 사본寫本. 22.1×16.2cm.

<가람古-818-So24>

속청구풍아

續靑丘風雅, [편자미상編者未詳] 공산公山. [간년미상刊年未詳]

7권 1책(106장) 목판본. 31.2×20cm.

사주단변四周單邊, 반엽광곽半葉匡郭 : 23.3×16cm, 유계有界, 11행, 1행 20자. 판심版心 : 상하화문어미上下花紋魚尾.

<가람古-811-So24>

송 순

면앙집俛仰集, 권1~4. 송순宋純(조선) 저著. [발跋. 순조33년(1833)]

4권 2책. 고활자본(후기목활자後期木活字) 29.6×18.6cm.

사주단변四周單邊, 반엽광곽半葉匡郭 : 23.9×15.3cm. 10행, 1행 20자 주쌍행注雙行. 판심版心 : 상하화문어미上下花紋魚尾.

권수卷首 : 숭정사경인崇禎四庚寅(1830)…조인영趙寅永 서序.
숭정사계사崇禎四癸巳(1883)…이회연李晦淵 발跋.

권말卷末 : 우삼찬기촌송공익장右參贊企村宋公謚狀.

부附 : 면앙정가俛仰亭歌 및 식영정기息影亭記

<가람古-819.52-So58m-v.1-2>

송 시렬

우암선생계녀사尤庵先生誡女詞, 송시열宋時烈(조선) 저著. [19-]

1책(19장) 사본寫本. 23×15.4cm.

<가람古-173-So58a>

송 익필

구봉선생집龜峯先生集, 宋翼弼(조선) 저著. [고종 시時]

11권 5책. 고활자본(후기목활자後期木活字) 27.8×18.8cm.

사주단변四周單邊, 반엽광곽半葉匡郭 : 21.5×15.7cm. 10행, 1행 20자 주쌍행注雙行. 판심版心 : 상화문어미上花紋魚尾.

서序 : 기유己酉…송병화宋炳華 중간서重刊序

발跋 : 기유己酉…전우경田愚敬.

경술庚戌…송종필宋鍾弼

<가람古-819.52-So58g-v.1-5>

송 주헌, 편

대동명가호보大東名家號譜, 상, 하. 송주헌宋柱憲(조선) 편찬. [19-]

2책. 석판본石版本. 24.4cm.

<가람古-929.4-So58d-v.1-2>

송 준길

서주법완書厨法玩, 송준길宋浚吉(조선) 저著. [숙종 시時]

1첩帖(12절折 23면面) 사본寫本. 29.4×22.7cm.

<가람古-754.3-So58s>

송광사법당초창상층화주덕림

松廣寺法堂初創上層化主德林, [연기미상年記未詳]

1첩帖(7절折 16면面) 사본寫本 23×14.8cm.

권말卷末 : 세재을사歲在乙巳…일왕一王.

인印 : [승僧 원인圓印]

<가람古-294.3351-So58>

송조표전총류

宋朝表牋總類, 권7. [저자미상著者未詳. 태종 시時]

1책(12장). 고활자본(계미자癸未字) 29×19cm.

상하단변上下單邊, 좌우쌍변左右雙邊, 반엽광곽半葉匡郭 : 23×14.2cm. 8행, 1행 21자 주쌍행注雙行. 판심版心 : 상하하향흑어미上下下向黑魚尾.

판심서명版心書名 : 종표宗表.

소장본 중 : 제12장. 반엽半葉 낙장落張.

<가람貴-952.02-So58-v.7>

수양대군

석보상절釋譜詳節, 제6.9. 수양대군(조선) 수명受命 찬撰. [19-]

2책(영본零本). 사본寫本(후사後寫)30.4×20.8cm.

권말卷末 : 정통십사년이월초사일正統拾肆年貳月初肆日.

가선대부황해도도관찰출척사嘉善大夫黃海道都觀察黜陟使…신申.

<가람古-811.05-Su97s-v.6.9>

수양대군

석보상절釋譜詳節, 제第13.19. 수양대군首陽大君(조선). 편編 저著 [연기미상年紀未詳]

2책(영본零本). 사본寫本(후사後寫). 30.4×20.6cm.

<가람古-811.05-Su97s-v.13.19>

수주적록

愁州謫錄, [편자미상編者未詳·연기미상年紀未詳], 1책(67장) 사본寫本. 29×22.8cm.

<가람古-910.4-Su44>

수호전

水滸傳, [저자미상著者未詳. 순치順治 14년(1657)]

20권 20책. 도圖. 중국목판본. 24.2×16.3cm.

표제지標題紙 : 성탄외서聖歎外書. 시내암선생원본施耐庵先生原本. 관화당제오재자서貫華堂第五才子書.

권수서명卷首書名 : 평론출상수호전評論出像水滸傳.

판심서명版心書名 : 오재자기서五才子奇書.

권수卷首 : 순치정유順治丁酉(1657)…동암노인桐菴老人, 오재자수호서五

才子水滸序, 왕망여선생王望如先生 평론評論 출상出像 수호전총론水滸傳總論.

<가람古-895.13-Su36-v.1-20>

순백

석남산비石南山碑, 승僧 순백純白(신라) 술述. 광종 4년(953) 입立 [연기미상年紀未詳]

1첩帖(10절折 18면面) 탁본拓本. 39×25cm.

권두서명卷頭書名 : 신라국新羅國 석남산石南山?…국사비명후기國師碑銘後記.

<가람古-922.943-So71s>

승 명주, 편

정수록正粹錄, 승명주承明周(조선) 편編 [발跋. 고종 11년(1874)]

2권 1책(50장). 고활자본(후기목활자방정리목활자後期木活字倣整理木活字) 32.4×21.2cm.

사주단변四周單邊, 반엽광곽半葉匡郭 : 23.7×17.1cm. 10행, 1행 20자 주쌍행注雙行. 판심版心 : 상하화문어미上下花紋魚尾.

서序 : 숭정기원후오갑술崇禎紀元後五甲戌(1874)…이수봉李秀鳳. 상지십일년갑술上之十一年甲戌…승명주承明周

발跋 : 상지십일년갑술上之十一年甲戌…윤자명尹滋命. 숭정후오갑술崇禎後五甲戌…안광묵安光默.

<가람古-819.055-Se81j>

시

詩, [편자미상編者未詳·간년미상刊年未詳]

1책落張本. 목판본. 23.8×16.5cm.

사주쌍변四周雙邊, 반엽광곽半葉匡郭 : 18.8×12.8cm, 유계有界, 12행, 1행 23자. 판심版心 : 상하흑어미上下黑魚尾.

"원판元板의 복각본復刻本임"

<가람古-895.1108-Si1>

시경언해

詩經諺解, 선조(조선) 명찬命撰. 영영嶺營 중간重刊 [간년미상刊年未詳]

20권 7책. 목판본. 33.8×21.5cm.

사주쌍변四周雙邊, 반엽광곽半葉匡郭 : 22.4×16.6cm, 유계有界, 12행, 1행 23자. 판심版心 : 상흑어미上黑魚尾.

표지서명 : 시해詩解.

간기刊記 : 임술계춘영영중간壬戌季春嶺營重刊.

<가람古-181.1-Si27-v.1-7>

시경언해

詩經諺解, 권1-3. 선조(조선) 명찬命撰. [광해군 5년](1613)]

1책(영본零本). 고활자본(개주갑인자교목활자改鑄甲寅字校木活字). 34.4×21.1cm.

사주쌍변四周雙邊, 반엽광곽半葉匡郭 : 24.6×15.8cm. 10행, 1행 19자 주

쌍행注雙行. 판심版心 : 상하화문어미上下花紋魚尾.

부전내사기附箋內賜記 : 만력사십일년구월일萬曆四十一年九月日…강화상江華上.

<가람古-181.1-Si27ee-v.1->

시뎐위풍위국삼장

시뎐위풍위국삼장, [저자미상著者未詳·연기미상年紀未詳]

1책(59장) 사본寫本. 32.3×23.7cm.

<가람古-895.11-Si28>

시운

어정시운御定詩韻, 상, 하. 헌종(조선) 명찬命撰. 연경제장판研經濟藏板. [헌종 12년(1846)]

1책(91장), 목판본. 20.8×13.2cm.

사주쌍변四周雙邊, 반엽광곽半葉匡郭 : 14.3×9.2cm, 유계有界, 10행, 1행 18자. 판심版心 : 상백어미上白魚尾.

권수卷首 : 상지십이년上之十二年 병오丙午…윤정현尹定鉉 봉교근지奉敎謹識.

인印 : [현제승인玄濟昇印. 광초光初. 천녕현씨제승인川寧玄氏濟昇印.

<가람古-816-Si91>

신경준

여암유고旅菴遺稿, 부록附錄. 신경준申景濬(조선) 저著. [고종 시時]

13권 5책. 고활자본(후기목활자後期木活字). 31.9×20.7cm.

사주쌍변四周雙邊, 반엽광곽半葉匡郭 : 23.1×16.1cm. 10행, 1행 21자 주쌍행注雙行. 판심版心 : 상하화문어미上下花紋魚尾.

서序 : 홍양호洪良浩

발拔 : 경술庚戌(?)…신익구申益求. 신기체申冀体.

<가람古-819.54-Si61y-v.1-5>

신 광수

관서악부關西樂府. 신광수申光洙(조선) 저著 [연기미상年紀未詳]

1책(12장) 사본寫本(후사後寫) 18.5×15.4cm.

<가람古-811.05-Si61g>

신 대우

조선고우찬성문강공정선생신도표朝鮮故右贊成文康公鄭先生神道表. 신대우申大羽(조선) 찬撰. 서영보徐榮輔(조선) 서書. [연기미상年紀未詳]

1첩帖(9절折 19면面) 탁본拓本 호접장蝴蝶裝 39.2×24cm.

권말卷末 : 금상삼년今上三年(1779) 팔월일립八月日立.

<가람古-754.3-Si61j>

신 순민

훈민정음도해訓民正音圖解, 신순민申舜民(조선) 찬撰. [19-]

1책(54장) 사본寫本(후사後寫) 36.5×22.9cm.

인印 : [매화옥진완梅華屋珍玩]

<가람古-411.1-Si61h>

신 숙

농가집성農家集成, 신숙申洬(조선) 편찬. [발跋, 효종 7년(1656)]

1책(낙장落張) 목판본(보사補瀉) 28.7×19.4cm.

사주쌍변四周雙邊, 반엽광곽半葉匡郭 : 18.2×15cm, 유계有界, 10행, 1행 20자. 판심版心 : 상하화문어미上下花紋魚尾.

발跋 : 을미乙未(1655)…신숙을미申洬乙未.

홍왕세洪枉世 : 병신丙申(1656)…조계원趙啓遠.

<가람古-630.88-Si61n>

신 식

가례언해家禮諺解, 신식申湜(조선) 찬撰 원성原城. [간년미상刊年未詳]

10권 1책. 도圖. 목판본(後刷) 32.4×21.6cm.

사주쌍변四周雙邊, 반엽광곽半葉匡郭 : 23.2×16.6cm, 유계有界, 10행, 1행 23자. 판심版心 : 상하화문어미上下花紋魚尾.

발跋 : 숭정기원지오년崇禎紀元之五年(1632)…득연得淵.

간기刊記 : 숭정임신崇禎壬申(1632) 원성개간原城開刊.

<가람古-181.1-Si62gy-v.1-4>

신 용개

속삼강행실도續三綱行實圖, 신용개申用漑(조선) 봉교찬奉敎撰. [서序 中宗 9年(1514)]

1책(72장) 도圖. 목판본 35.4×20.6cm.

사주쌍변四周雙邊, 반엽광곽半葉匡郭 : 23×16cm, 유계有界, 13행, 1행 22자. 판심版心 : 대흑구상하내향흑어미大黑口上下內向黑魚尾.

권수卷首 : 정덕원년正德元年(1514)…남재서南裁序.
정덕원년正德元年(1514)…신용개 상전申用漑上箋

소장본 중 : 제9-10장(2장) 보자補字

상난언해上欄諺解

일부一部 부식본腐蝕本임

표제지標題紙, 간기刊記 보사補寫

<가람貴-170.951-Si62s>

신 위

신자하시집申紫霞詩集, 신위申緯(조선) 저著. 김택영金澤榮(조선) 교편校編. 중국강소통주中國江蘇通州. 한외림대인翰畏林代印

6권 2책, 26cm.

부附 : 보유補遺.

<가람古-811.54-Si62s-ㅍ.1-2>

신 의경, 편

상례비요喪禮備要, 신의경申義慶(조선) 편編. 충남논산忠南論山. 둔암서원중간遯巖書院重刊. 1925.

1책(103장) 도圖. 목판본. 34.7×23.6cm.

사주쌍변四周雙邊, 반엽광곽半葉匡郭 : 22.4×19.3cm, 유계有界, 10행, 1행 23자. 판심版心 : 상하화문어미上下花紋魚尾.

서序 : 만력경진萬曆庚辰(1580)…김장생金長生.

발跋 : 천계원년天啓元年(1620) 신유辛酉…신흠申欽

<가람古-393-Si62s>

신 의경

상례비요喪禮備要, 신의경申義慶(조선) 저著 [발跋. 광해군 13년(1621)]

1책(107장) 도圖. 목판본. 33.4×23.6cm.

사주쌍변四周雙邊, 반엽광곽半葉匡郭 : 22.2×19.2cm, 유계有界, 10행, 1행 23자. 판심版心 : 상하화문어미上下花紋魚尾.

서序 : 만력경진萬曆庚辰(1620)…김장생金長生.

발跋 : 천계원년天啓元年(1620)…신흠申欽

인印 : [이동한李東漢 인印]

<가람古-393-Si62sa>

신 재효

신오위장본집申五衛將本集, 신재효申在孝(조선) 저著. [고종 시時]

6책. 사본寫本. 24×16cm.

권말卷末 : 세임오歲壬午…손孫 [신申] 찬영燦詠 지識.

내용목차 : [1]춘향가春香歌 [2]심청가沈淸歌, 적벽가赤壁歌 [3]횡부가橫負歌, 치산가治産歌, 오섬가烏蟾歌 [4]허두가虛頭歌, 성조가成造歌, 호남가湖南歌, 갈처사십보가葛處士十步歌, 추풍 감갑별곡秋風 感別曲, 도리화가桃李花歌, 어부가漁父歌, 광대가廣大歌, 단잡가短雜歌, 방ᄋᆡ타령打令, 권유가勸遊歌, 명당축원明堂祝願 [5]토별가兎鼈歌 [6]박타령

<가람古-781.751-Si62s-ㅍ.1-6>

신 흠

낙민루기樂民樓記, 신흠申欽(조선) 저著 [연기미상年紀未詳]

1책(24장) 사본寫本. 31.8×21.6cm.

합철合綴 : 신상촌申象村 저著의 낙민루기樂民樓記 외外 5편編과 장계곡張溪谷 저著의 우언寓言 외外 6편六編.

<가람古-818.52-Si61a>

신 미

선종영가집禪宗永嘉集. 상. 하. 석신미釋信眉(조선) 수명언해受命諺解. [19-?]

2책. 목판본(後刷). 35×23.6cm.

사주쌍변四周雙邊, 반엽광곽半葉匡郭 : 19.3×15.3cm, 유계有界, 8행, 1행 19자. 판심版心 : 대흑구상하흑어미大黑口上下黑魚尾.

표지서명 : 영가집언해永嘉集諺解.

발跋 : 천순 칠년天順七年(1463)…효령대군孝寧大君.

권말 : 정덕 십오년正德十五年(1520) 경진육월일庚辰六月日. 경상도안음현지지우산장수사개간慶尙道安陰縣地智牛山長水寺開刊.

<가람古-294.388-Si62s-v.1-2>

신 미

원각경언해圓覺經諺解, 상. 신미信眉(조선) 등等 수명受命 찬撰. 간경도감刊經都監. [세조 시時?]

1책(영본零本) 목판본. 32.4×23.8cm.

사주쌍변四周雙邊, 반엽광곽半葉匡郭 : 21.6×18.4cm, 유계有界, 9행, 1행 17자. 판심版心 : 대흑구상하내향흑어미大黑口上下內向黑魚尾.

판심서명版心書名 : 원각상圓覺上

인印 : [매화옥진완梅華屋珍玩]

소장본 중 : 제1~3장(3장) 결缺.

고정지藁精紙

<가람貴-294.334-Si62w-v.1>

심 광세

해동악부海東樂府, 심광세沈光世(조선) 저著. [서序. 광해군 9년(1617)]

1책(48장) 목판본. 27.2×19.2cm.

사주쌍변四周雙邊, 반엽광곽半葉匡郭 : 18.5×15.2cm, 유계有界, 10행, 1행 16자. 판심版心 : 상하화문어미上下花紋魚尾.

서序 : 황명기원만력정사皇明紀元萬曆丁巳(1617)…휴옹休翁. 심광세沈光世

소장본 중 : 1. 2. 48장 보사補寫.

<가람古-811.05-Si41h>

심청록

沈淸錄, [저자미상著者未詳·연기미상年紀未詳]

1책(29장) 사본寫本. 25.4×17cm.

권말卷末 : 셰지 무술 계춘…

<가람古-813.5-Si41g>

심청전

심청전, [저자미상著者未詳] 전주全州, 다가서포多佳書舖. 대정大正 5 [1916]

30+40매. 목판본 26cm.

<가람古-813.5-Si41a>

심청전

심청전, 상. 하. [저자미상著者未詳·간년미상刊年未詳]

1책(71장) 목판본. 26×19cm.

사주단변四周單邊, 반엽광곽半葉匡郭 : 20.2×16.8cm, 유계有界, 13행, 1행 20자. 판심版心 : 상하흑어미上下黑魚尾.

<가람古-813.5-Si41d>

심청전

심청전, [저자미상著者未詳·연기미상年紀未詳].

1책(46장) 사본寫本. 24.3×21.6cm.

권말卷末 : 신해오월이십삼일辛亥五月二十三日

<가람古-813.5-Si41e>

심청전

심청전, 상. 하. [저자미상著者未詳]. 전주全州. 서계서포西溪書舖.(1911) 1책(71장) 목판본. 27.4×19.4cm.

<가람古-813.5-Si41f>

십구사략언해

十九史略諺解, 권券1~2. [편자미상編者未詳] 대구감영大邱監營. [영조 시

時?]

1책(영본零本) 목판본. 26×20cm.

사주단변四周單邊, 반엽광곽半葉匡郭 : 22.4×16.6cm, 유계有界, 14행, 1행 33자. 판심版心 : 상하화문어미上下花紋魚尾.

표지서명 : 사해史解.

<가람古-952.01-Si11>

아동기문

我東奇聞, 단單, [편자미상編者未詳] 융희隆熙 1년(1907) 1책(80장) 사본寫本. 32.3×17.4cm.

권말卷末 : 융희 원년 음칠월념일일등종隆熙元年陰七月念一日謄終

<가람古-808.88-Ad73>

아전관안

衙前官案, [편자미상編者未詳·연기미상年紀未詳]

1첩帖(20절折 52면面) 사본寫本. 31.8×15.8cm.

이면裏面 : 영남책판嶺南冊板.

<가람古-351.2-Aj35>

안 경창

벽온신방壁瘟新房 [언해諺解], 안경창安景昌(조선) 등等 찬撰. 교서관校書館.

[효종 4년(1653)]

1책(22장) 고활자본(개주갑인자改鑄甲寅字). 33×21.4cm.

사주단변四周單邊, 반엽광곽半葉匡郭 : 24×16.6cm. 10행, 1행 17자. 판심版心 : 상하화문어미上下花紋魚尾.

서序 : 세추칠월歲秋七月…채유후蔡裕後.

<가람古-615.135-An1b>

안 광수, 편

속수청구호보續修靑邱號譜, 권1. 안광수安光守(조선) 편編. [고종 1년(1864)]

1책(영본零本) 고활자본(후기목활자後期木活字). 29.6×19.6cm.

사주단변四周單邊, 반엽광곽半葉匡郭 : 24.7×15.8cm. 10행, 1행 26자 주쌍행注雙行. 판심版心 : 상하화문어미上下花紋魚尾.

권수卷首 : 세 갑자歲甲子(1864)…이원李源

서序 : 세재경술歲在庚戌(1850)…안광수安光守 서序.

<가람古-920.051-An1s>

안 민영, 편

금옥총부金玉叢部, 안민영安玟英(조선) 편編. [서序. 고종 17年(1880)]

1책(42장) 사본寫本. 29.2×18.6cm.

서序 : 상지십팔년上之十八年 경진庚辰…안민영安玟英.

인印 : [매화옥진완梅花屋珍玩]

(국한문혼용)
<가람古-811.05-An1g>

안 진경

안진경고탑본일첩顔眞卿古塌本一帖, 안진경顔眞卿 당唐 [연기미상年紀未詳]
1책(24절折 48면面) 탁본拓本. 34×22cm.
권말卷末 : 천보십일재天寶十一載(752)…
<가람古-754.3-An1a>

안 진경

원차산비元次山碑, 안진경顔眞卿 당唐 찬撰 병서幷書, [연기미상年紀未詳]
1첩帖(24절折 48면面) 탁본拓本. 34.4×26cm.
권두서명卷頭書名 : 원군표묘비명元君表墓碑銘
권말卷末 : 권응선묵서權膺善墨書.
인印 : [안동安東, 권응선權膺善 인印]
<가람古-754.3-An1w>

안 축

근재선생집謹齋先生集, 안축安軸(고려) 저著. 함주咸州 중간重刊. [융희隆熙 4년(1910)]
4권 2책. 목판본. 31×20.4cm.

사주쌍변四周雙邊, 반엽광곽半葉匡郭 : 20.2×15.6cm, 유계有界, 10행, 1행 18자. 판심版心 : 상하화문어미上下花紋魚尾.

권말卷末 : 상장엄무上章閹茂, 경술庚戌…정재규鄭載圭 서書, 조정규서趙貞奎書, 경술庚戌(?)…손유상孫有商.

간기刊記 : 경술庚戌(1910) 중하仲夏…

<가람古-819.4-An1g-v.1-2>

야진연홀기

夜進宴笏記, [190-]

1첩帖(16절折 33면面) 사본寫本(호접장蝴蝶裝) 26×6.6cm.

<가람古-915.1-Y11a>

양 덕수

양금신보梁金新譜, 양덕수梁德壽(조선) 저著 [서序. 광해군 2년(1610)]

1책(29장) 목판본. 26.8×20.4cm.

사주단변四周單邊, 반엽광곽半葉匡郭 : 21.8×17.8cm, 유계有界, 행수자수부동行數字數不同. 판심版心 : 상하하향흑어미上下下向黑魚尾.

표지서명 : 금보琴譜.

권말卷末 : 만력경술萬曆庚戌(1610)…김두남金斗南 서序.

소장본중 : 제26-29권(3장) 보사補寫.

<가람貴-780.951-Y17y>

양 제현

분류보주이태백시分類補註李太白詩, 양제현楊齊賢(宋) 집주集註 : 소사윤蕭士贇(宋) 보주. [간년미상刊年未詳]

10책(영본零本) 30×20.2cm.

사주쌍변四周雙邊, 반엽광곽半葉匡郭 : 23.8×16.2cm, 유계有界, 9행, 1행 17자. 판심版心 : 상하화문어미上下花紋魚尾.

판심서명版心書名 : 이백시李白詩

소장본 중 : 권2-4. 6-7. 10-11(4책) 결缺

<가람古-895.11-Y17b-v.1-10>

양 훤

청주세고淸州世稿, 권5-6. 양훤楊暄(조선) 저著. [연기미상年紀未詳]

1책(영본零本) 목판본. 30×20cm.

사주단변四周單邊, 반엽광곽半葉匡郭 : 19.4×15.6cm, 유계有界, 10행, 1행 20자. 판심版心 : 상하화문어미上下花紋魚尾.

표지서명 : 어촌집漁村集

<가람古-819.53-Y17c>

어숙권

고사촬요攷事撮要, 권 상. 중. 하 어숙권魚淑權(조선) 저著. [현종 조]

3권. 부록 합 3책. 고활자본(개주갑인자改鑄甲寅字). 30.6×21cm.

사주쌍변四周雙邊, 반엽광곽半葉匡郭 : 24.3×16.8cm. 10행 1행 17자 주쌍행注雙行. 판심版心 : 상하화문어미上下花紋魚尾. (판식부동版式不同)

서序 : 가정갑인嘉靖甲寅(1554)…어숙권魚淑權.

발跋 : 숭정병자崇禎丙子(1636)…이식李植.

인印 : [미상未詳]

<가람古-327.51-Eo1g-v.1-3>

어휘

語彙, [편자미상編者未詳·연기미상年紀未詳]

1책(22장) 사본寫本. 17.3×10.4cm.

인印 : [?]

<가람古-413.1-Eo35>

언문고시

諺文古詩, [무명씨 십구슈. 연기미상年紀未詳]

1책(58장) 사본寫本. 31.6×20.6cm.

내용목차 : 고시-ᄇᆡᆨ두음-화츙가-탄우가-탄노가-삼국가-화음옥즁긔록-쳔ᄌᆞ푸리-ᄉᆞᆫ즁풍경-규즁감음편-ᄇᆡ틀가-물드리는법-의복의무든것ᄲᆡ는ᄎᆡᆨ제목

<가람古-811.061-Eo57>

여 구윤, 편

한산시寒山詩, 여구윤閭丘胤(唐) 편編. [19-]

1책(102장) 목판본. 29.9×19.3cm.

사주단변四周單邊, 반엽광곽半葉匡郭 : 16×12.7cm, 유계有界, 10행, 1행 16자. 판심版心 : 상흑어미上黑魚尾.

표지서명 : 한산자시집寒山子詩集.

서序 : 여구윤閭丘胤.

권말卷末 : 중간시주질重刊施主秩.

<가람古-811.03-Y4h>

여 망

육도직해六韜直解, 권1-3. 여망呂望(周) 찬撰. 육덕명陸德明(唐) 석해釋解. [선조 시時?]

1책(영본零本) 고활자본(을해자乙亥字) 33.2×20.8cm.

사주쌍변四周雙邊, 반엽광곽半葉匡郭 : 22×15cm. 9행 1행 17자. 판심版心 : 상하화문어미上下花紋魚尾.

판심서명版心書名 : 육도六韜.

인印 : [선사지기宣賜之記]

<가람貴-355-Y4y>

여 진

역대표주석십구사략통고歷代標註釋十九史略通攷. 권5. 여진余進(明) 저著. [선조 시時?]

1책(영본零本) 고활자본(을해자乙亥字. 교목자交木字) 31.4×20.4cm.

사주단변四周單邊, 반엽광곽半葉匡郭 : 22×14.9cm. 9행, 1행 17자 주쌍행注雙行. 판심版心 : 상하세화문어미上下細花紋魚尾.

판심서명版心書名 : 사략史略

<가람貴-952-Y4y>

여교

女教, [저자미상著者未詳·연기미상年紀未詳]

1책(72장) 사본寫本. 17.3×13.1cm.

<가람古-170.951-Y4>

여사서 언해

女四書, [언해諺解], [편자미상編者未詳. 서序. 영조 12年(1736)]

2권 1책(영본零本) 고활자본(개주갑인자改鑄甲寅字) 33.6×21.4cm.

사주단변四周單邊, 반엽광곽半葉匡郭 : 24.6×16.6cm. 10행, 1행 17자 주쌍행注雙行. 판심版心 : 상하화문어미上下花紋魚尾.

권수卷首 : 신종황제어제여계서神宗皇帝御製女誡序…만력8년萬曆八年(1580) 세재경신歲在庚辰…

어제御製…서序…병진중추丙辰仲秋(1736)…

여계원서女誡原序…

인印 : [선사지기宣賜之記]

내사기內賜記 : 내사지돈녕부사이기익內賜知敦寧府使李箕翊…명제사命除謝…

소장본 : 제 1-2권(1책) 외外 결缺.

“목록目錄 제 1-2장 이면裏面 동방삭의 비긔 기재記載”

<가람古-396-Y43c>

여와록

女媧錄, [저자미상著者未詳·연기미상年紀未詳]

1책(53장) 사본寫本. 26.8×17.4cm.

<가람古-813.5-Y4>

역거삼장문선대책

신간류편역거삼장문선대책新刊類編歷擧三場文選對策, [편자미상編者未詳]

1책(영본零本) 고활자본(목활자木活字). 30.6×18.2cm.

사주쌍변四周雙邊, 반엽광곽半葉匡郭 : 22.2×14.8cm. 11행, 1행 21자. 판심版心 : 대흑구상하흑어미大黑口上下黑魚尾.

권수卷首. 권말卷末. 낙장落張

<가람古-351.3-Si64>

역대총목

증보역대총목增補歷代總目, [저자미상著者未詳. 발跋, 숙종 32년(1706)]

1책(90장) 지도地圖 고활자본(현종실록자顯宗實錄字) 34×22.3cm.

사주쌍변四周雙邊, 반엽광곽半葉匡郭 : 24.7×17.3cm. 11행, 1행 20자 주쌍행注雙行. 판심版心 : 상하화문어미上下花紋魚尾.

발跋 : 상지삼십이년上之三十二年(1706)…홍만종洪萬宗.

부附 : 지리지地理誌.

<가람古-952-J527>

역대고

歷代攷, 자반고自盤古-지도광至道光. [편자미상編者未詳]

1책(45장) 사본寫本. 17×13.8cm. 부附 : 잡기雜紀.

<가람古-952.901-Y41>

연조귀감속편

椽曹龜鑑續篇, [편자미상編者未詳·연기미상年紀未詳]

2권 2책. 사본寫本. 30.6×20cm.

<가람古-351.9-Y43s-v.1-2>

연해로정리수

沿海路程里數, [작자미상作者未詳·연기미상年紀未詳]

지도地圖 1첩帖(18절折 36면面) 채색지도彩色地圖 사본寫本. 30×19.2cm.

<가람古-915.19-Y43>

열성수교

列聖受敎, [간년미상刊年未詳]

1책(18장) 목판본. 31.2×19.2cm.

사주쌍변四周雙邊, 반엽광곽半葉匡郭 : 22×13.7cm, 유계有界, 9행, 1행 20자. 판심版心 : 상백어미上白魚尾.

부附 : 수교후록受敎後錄.

<가람古-349.1-Y41>

열성어필

列聖御筆, [문종-현종] 편자미상編者未詳·연기미상年紀未詳]

1첩帖(24절折 48면面) 탁본拓本. 37.6×27cm.

<가람古-754.3-Y41p>

열성조기략

列聖朝記略, [연기미상年紀未詳]

1책(24장)

사본寫本. 24.7×18.5cm. 목판괘지木板罫紙에 국문필사본임.

<가람古-923.151-Y42>

영언유초

永言類初, [편자미상編者未詳·연기미상年紀未詳]

1책(47장) 사본寫本. 22.2×15.5cm.

<가람古-811.04-Y43>

영조 조선제21대왕

어제상훈언해御製常訓諺解, 영조(조선) 찬撰. [발跋. 영조 21年(1745)]

1책(46장) 고활자본改鑄甲寅字 34.6×22cm.

사주단변四周單邊, 반엽광곽半葉匡郭 : 25.7×16.7cm. 10행, 1행 18자 주쌍행注雙行. 판심版心 : 상하화문어미上下花紋魚尾.

발跋 : 세을축歲乙丑(1745). 계하팔일季夏八日…

인印 : [여중與仲, 김상주金祥柱 인印]

<가람古-177-Y43e>

영험약초

靈驗略抄, 명종 5년(1550) [19-]

1책(21장) 목판본(後刷) 26.5×18cm.

사주단변四周單邊, 반엽광곽半葉匡郭 : 17.3×12.4cm, 유계有界, 12행, 1행 14자. 판심版心 : 상하대흑구上下大黑口 흑어미黑魚尾.

권말卷末 : 가정이십구년嘉靖二十九年 경술사월일庚戌四月日 경상도 풍기 지소백산철암개판慶尙道豊基地小伯山哲菴開板. [시주자施主者]
성화이십일년을사成化二十一年乙巳(1485)…학조경學祖敬 발跋.

<가람古-294.3-Y43y>

예 사의

중용혹문중정집석소의대성中庸或問重訂輯釋疏義大成, 예사의倪士毅(원元) 집석輯釋. [성종 시時]

1책(93장) 고활자본甲寅字 32.8×20.8cm.

사주쌍변四周雙邊, 반엽광곽半葉匡郭 : 22.1×15.3cm. 12행, 1행 20자 주쌍행注雙行. 판심版心 : 상하화문어미上下花紋魚尾.

판심서명版心書名 : 중용혹문中庸或問.

표지서명 : 사서장도이십이종四書章圖二十二終.

<가람古-181.1-Y3j>

오 면학

이십자전서二十子全書, 오면학吳勉學(명明) 교간校刊. [명말판본明末版本]

23책 중국목판본. 26.8×16.8cm.

인印 : [경유景孺, 윤급尹汲, 해평海平, 양정兩亭, 고희高喜 인印]

<가람古-181.1-06j-v.1-23>

오경백선

어정오경백선御定五經百選, 순종(조선) 명편命編. 징문관徵文館. 융희隆熙 2년(1908)

5권 2책. 22.4×15.6cm.

<가람古-181.108-Dg9a-v.1-2>

오언절구

五言絶句, [편자미상編者未詳. 1930]

1책(36장) 목판본. 29×19cm.

사주단변四周單邊, 반엽광곽半葉匡郭 : 21.4×14.3cm, 유계有界, 행수자수부동行數字數不動. 판심版心 : 상흑어미上黑魚尾.

판심서명版心書名 : 오언당음五言唐音.

간기刊記 : 경오庚午(1930) 중추仲秋 이일二日 동현銅峴 개간開刊

<가람古-811.03-o6>

옥찬

玉纂, 권1. [편자미상編者未詳·간년미상刊年未詳] 1책(영본零本) 고활자본(도활자陶活字?) 25×19.3cm.

사주단변四周單邊, 반엽광곽半葉匡郭 : 20.9×15.4cm. 17행, 1행 22자. 판심版心 : 상하화문어미上下花紋魚尾.

<가람古-039.51-og1-v.1>

온 정균

온비경시집전주溫飛卿詩集箋註, 온정균溫庭筠(唐) 저著. 회익會益(명) 원주原注. 수야주당秀野州堂. [강희康熙 36년(1697)]

9권 2책. 목판본. 28.6×17cm.

권수卷首 : 강희삼십육년康熙三十六年(1697)세재정축歲在丁丑…고사입서顧嗣立書.

인印 : [형당안정김석서화시문蘅堂案正金石書畵詩文, 유주묘목십인儒州卯目十印, 청사우자구부모인영靑士右子求夫某人映, 장춘기가일하모학부시壯春己暇日何某學夫詩, 김석벽金石癖, 가지춘도可知春道, 우중범굴옥雨中凡詘屋]

<가람古-895.11-On1o-v.1-2>

옹 방강

석주시화石洲詩話, 상. 하. 옹방강翁方綱(淸) 저著 [발跋. 가경이십년嘉慶二十年(1815)]

8권 2책. 목판본. 28×17.4cm.

서序 : 건융삼십삼년乾隆三十三年(1768)…담계覃谿.

발跋 : 가경이십년嘉慶二十年(1815)…장유張維 병屛. (석천장본石泉藏本)

<가람古-895.11-On3s-v.1-2>

완산지기문

完山誌記文, [편자미상編者未詳·연기미상年紀未詳]

1책(28장) 사본寫本. 37×20.3cm.

<가람古-915.14-W188>

왕 광모

구해공자가어句解孔子家語. 상. 중. 하. 왕광모王廣謀(?) 구해句解. [연기미상年紀未詳]

1책(46장) 사본寫本. 28.6×19.8cm.

권말卷末 : 병인칠월십칠일丙寅七月十七日 종석사終蔦史.

인印 : [최상우崔尙愚, 금당錦堂, 백유伯猷]

<가람古-181.1-w1842g>

왕 성순

여한십가문초麗韓十家文鈔, 왕성순王性淳(조선) 집輯. 이기소李箕紹(조선)·공성학孔聖學(조선) 참정중간參訂重刊. 중화남통현中華南通顯. 한흑서국翰黑書局. 1921.

11권 3책. 25.4cm.

<가람古-041-W1847y-v.1-3>

왕 수인

양명선생학록陽明先生學錄. 상, 중. 왕수인王守仁(명) 저著. [연기미상年紀未詳]

1책(영본零本) 사본寫本. 28.3×18.8cm.

표지서명 : 학록學錄 상, 중, 상우정본上又正本.

<가람古-281.952-W1847h>

왕 수인

양명선생학록陽明先生學錄, 상, 하편. 왕수인王守仁(명) 저著. [연기미상年紀未詳]

1책(22장) 사본寫本. 26.4×18.5cm.

표지表紙 : 북정본北正本.

<가람古-281.952-W1847hd>

왕 수인

양명선생학록陽明先生學錄. 왕수인王守仁(명) 저著. [연기미상年紀未詳]

1책(31장) 사본寫本. 26.4×18.6cm.

표지서명表紙書名 : 양명학록陽明學錄 천天. 동정본東正本.

<가람古-281.952-W1847ya>

왕 수인

양명학용설陽明學庸說, 상, 하. 후편後篇 왕수인王守仁(明) 저著. [연기미상年紀未詳]

2책. 사본寫本. 29.4×18.4cm.

표지서명表紙書名 : 양명서초陽明書抄. 예악초본禮樂初本.
<가람古-281.952-W1847ya-v.1-2>

왕 수인

양명학록陽明學錄, 상, 하. 왕수인王守仁(明) 저著. [연기미상年紀未詳]
1책(68장) 사본寫本. 30.7×18.6cm.
표지서명 : 양명초록인陽明抄錄人. 수초본數初本.
<가람古-281.952-W1847c>

왕 수인

양명학록陽明學錄, 하. 왕수인王守仁(明) 저著. [연기미상年紀未詳]
1책(영본零本) 사본寫本. 29.4×18.5cm.
표지表紙 : 건중차본乾中次本.
<가람古-281.952-W1847ha>

왕 수인

양명학록陽明學錄, 상. 하. 왕수인王守仁(명) 저著. [연기미상年紀未詳]
1책(68장) 사본寫本. 29.5×18.4cm.
표지서명 : 양명초록인陽明抄錄人, 서초본書初本.
인印 : [鄭氏○○○○]
<가람古-281.952-W1847y>

왕 수인

양명학록陽明學錄, 상. 왕수인王守仁(明) 저著. [연기미상年紀未詳]

1책(零本) 사본寫本. 29.2×18.4cm.

인印 : [鄭氏○○○○] 표지表紙 : 천天. 사초본射初本.

<가람古-281.952-W1847yb-v.1>

왕 요구

당시합해전주唐詩合解箋註, 왕요구王堯衢(淸) 주註. 이모李模(淸) 이환李桓(淸) 동교同校. 교경산방장판校經山房藏板 : 광서光緖 17年(1891) 중교重校.

12권. 고古 4권 합 8책. 중국 목판본. 23.3×15.6cm.

권두서명卷頭書名 : 고당시합해古唐詩合解.

서序 : 옹정임자雍正壬子(1732)…왕요구王堯衢.

<가람古-895.1108-W1843w-v.1-8>

왕 이

문시진경언외경지文始眞經言外經旨, 상. 하. 왕이王夷(宋) 찬撰. [간년미상刊年未詳]

2책. 목판본. 24.8×16cm.

판심서명版心書名 : 도청전집道靑全集.

권두卷頭 : 보우이진寶祐二禛(1254)…왕이王夷 서序.

지원십팔진至元十八禛(1275)…주상선朱象先 서書.

후서後書 : 함화이년咸和二年(?)…갈치천葛稚川
인印 : [김金·인印]
<가람古-299.514-W1843m-v.1-2>

왕 희지

대당삼장성교서大唐三藏聖教序, 태종唐 제製. 회인懷仁(唐) 집集. 왕희지王羲之(晉) 서書 [연기미상年紀未詳]
1첩帖(25절折 52면面) 탁본拓本. 30.6×17.8cm.
표지서명表紙書名 : 교서教序.
권말卷末 : 함정삼년咸亭三年(672)…경성법려京城法侶
이면서첩裏面書帖
<가람古-754.3-W1843d>

왕 희지

법첩法帖 제6, 왕희지王羲之(晉) [연기미상年紀未詳]
1첩帖(13절折 28면面) 탁본拓本. 26×17.4cm.
표지서명表紙書名 : 우단초첩右單艸帖.
<가람古-754.3-W1843>

외진연홀기

外進宴笏記, [190-]

1첩帖(52절折, 105면面) 사본寫本 호접장蝴蝶裝 26.4×6.6cm.

<가람古-915.1-Oe5a>

요도

瑤圖, [작자미상作者未詳·연기미상年紀未詳]

1첩帖(12절折 26면面) 채색彩色 사본寫本. 32.4×20.7cm.

<가람古-912.51-Y73>

요람

要覽, [편자미상編者未詳·연기미상年紀未詳]

1책(56장) 사본寫本. 27.4×16.5cm.

인印 : [매은당장梅隱堂藏. 등等]

내용목차 : 역대제왕연대편歷代帝王年代編-대명연기사실大明年記事實-동방세대東方世代-본조협계이씨출우전주本朝脅系李氏出于全州-역대민호성상歷代民戶盛喪-고인출처古人出處-만물기치萬物起置.

<가람古-952.026-Y82>

요지회몽년

요지회몽년. [저자미상著者未詳·연기미상年紀未詳]

1책(10장) 사본寫本. 24.6×22.1cm.

<가람古-811.05-Y76>

용비어천가

龍飛御天歌, 권1~2. 권제權踶(조선) 등等 수명受命 찬撰. [서序. 세종 27년(1445)]

1책(영본零本) 목판본. 36×22.4cm.

사주쌍변四周雙邊, 반엽광곽半葉匡郭 : 25.6×17.4cm, 유계有界, 9행, 1행 20자. 판심版心 : 대흑구상하내향흑어미大黑口上下內向黑魚尾.

권수卷首 : 정통십년正統十年(1445)…권제權踶 [등等 제신諸臣 함명銜名] 상전上箋.

인印 : [선사지기宣賜之記]

소장본중 : 서序 제3장 반면半面, 본문本文 1장 반면半面 낙질落帙.

(세종시본世宗時本으로 추정推定됨)

우 송

장유록壯遊錄, 우송友松(號) 저著. [연기미상年紀未詳]

1책(27장) 사본寫本. 30×21.6cm.

자서自序 : 갑신시월甲申十月…우송友松.

원객유운

園客遺韻, [저자미상著者未詳·연기미상年紀未詳]

1책(45장) 사본寫本. 22.6×21cm.

내용목차 : 본영산초장本靈山初章-계면가악원팔界面加樂遠八-본영팔本靈八 세원입초장細遠入初章-서금타령西琴打領-민악이장民樂二章-우조초수대엽羽調初數大葉.

<가람古-781.751-W49>

원효

대승기신론소기회본大乘起信論疏記會本, 원효元曉(신라) 소疏. [간년미상刊年未詳]

6권 2책. 목판본. 26.5×16.1cm.

상하단변上下單邊, 좌우쌍변左右雙邊, 반엽광곽半葉匡郭 : 17.3×12.1cm, 유계有界, 10행, 1행 20자. 판심版心 : 무어미無魚尾

판심서명版心書名 : 기신론해동소起信論海東疏.

인印 : [매화옥진완梅華屋珍玩]

<가람古-294.311-W49d>

원효

발심수행장發心修行章, 원효元曉(신라) 술述. 송광사松廣寺. [선조 10년(1577)]

1책(81장) 목판본. 24×17.8cm.

사주쌍변四周雙邊, 반엽광곽半葉匡郭 : 19×13.2cm, 유계有界, 7행, 1행 15자. 판심版心 : 상하화문어미上下花紋魚尾. 하어미유자下魚尾有字.

간기刊記 : 만력5년萬曆五年(1577)정축하丁丑夏전라도순천지조계산송광사全羅道順天地曺溪山松廣寺.

부록附錄 : 야운자경서野雲自警序(언해본임)(일부 충식腐蝕)

<가람貴-294.302-W49b>

웅 절, 편

신편음점성리군서구해新編音點性理群書句解, 송웅절宋熊節(조선) 편編. [간년미상刊年未詳]

1책(영본零本) 고활자본(갑인자甲寅字) 31.4×21cm.

사주단변四周單邊, 반엽광곽半葉匡郭 : 26×16.8m. 10행, 1행 18자 주쌍행注雙行. 판심版心 : 상하하향흑어미上下下向黑魚尾.

소장본 : 제1. 4~5권(一책) 일부 외外 결缺.

소장본중 : 제1권 중 1~2장. 4~5장(4장) 5권 일부 낙장落張

<가람貴-181.1-sL67>

웅 절, 편

신편음점성리군서구해新編音點性理群書句解. 전편前編. 권13~17. 웅절熊節(宋) 편編. 웅강대熊剛大(宋) 주註. [세종 시時?]

1책(영본零本) 목판본 35.7×22.3cm.

사주쌍변四周雙邊, 반엽광곽半葉匡郭 : 25.4×16.7m, 유계有界, 10행 1행 18자. 판심版心 : 상하하향흑어미上下下向黑魚尾. 표지서명 : 성리군서구해性理群書句解.

<가람貴-181.1-un3s>

위 백양

참동계參同契, 위백양魏伯陽(漢) 저著. 나이풍교羅以豊校. [19-]

1책(25장) 사본寫本(후사後寫) 29.2×20.2cm.

서序 : 주장춘朱長春.

<가람古-299.514-W424c>

위 백양

주역참동계周易參同契, 위백양魏伯陽(漢) 저著. 주희朱熹(宋) 해解. 황서절黃瑞節(?) 부록附錄. [간년미상刊年未詳]

1책(52장) 목판본. 26.4×17cm.

사주단변四周單邊, 반엽광곽半葉匡郭 : 20.1×13cm, 유계有界, 9행, 1행 18자.

판심版心 : 상하화문어미上下花紋魚尾.

권말卷末 : 발문跋文, 참동계토주參同契吐註.

인印 : [지권芝权(?)]

<가람古-299.514-W424i>

위 징

구성궁례천명九成宮禮泉銘, 위징魏徵(唐) 봉칙 찬奉勅 撰. 구양순歐陽詢(唐)

봉칙서奉勅書. [연기미상年紀未詳]

1첩帖(21절折 40면面) 탁본拓本. 30.7×17.4cm.

<가람古-754.3-W424g>

유 경의

세설신어보世說新語補, 유경의劉慶義(宋) 찬撰. 유효표劉孝標(梁) 주注, 하량준注何良俊(明) 증增. 이집李贄(明) 비점批點 [청판본淸板本]

20권 6책. 중국목판본. 26.9×16.7cm.

표제지標題紙 : 이탁오 비묵李卓吾批默…

판심서명版心書名 : 비점 세설보批點世說補

표지서명表紙書名 : 세설보世說補

권수卷首 : 가정을미嘉靖乙未(1535)…오군吳群. 구자舊字.
순희무신淳熙戊申(1188)…육유陸游. 구발舊跋.

<가람古-920.052-Y91s-v.1-6>

유 금

한객건연집韓客巾衍集, 상, 하. 유금柳琴(조선) 초抄. [서序. 정조 1년(1777)]

4권 1책(67장) 사본寫本. 21.8×17.8cm.

권수卷首 : 갑오甲午…이조원서李調元書.
건융사십이년세차정유乾隆四十二年歲次丁酉(1777)…반정홀서潘庭笏書.

인印 : [준가峻可. 이상?인李尙?印.]

내용목차 : 이덕무李德懋-유득공柳得恭-박제가朴齊家-이서구李書九-

<가람古-811.03-y55h>

유 금, 편

한객건연집韓客巾衍集, 유금柳琴(조선)편編. [연기미상年紀未詳]

4권 1책(38장) 사본寫本. 23.8×22.4cm.

내용목차 : 이덕무李德懋-유득공柳得恭-박제가朴齊家-이서구李書九-

<가람古-811.03-Y55he>

유 득공

경도잡지京都雜誌, 권1. 유득공柳得恭 저著. [간년미상刊年未詳] 1책 사본寫本. 23cm.

<가람古-951.053-Y9g>

유 득공

이십일도회고시二十一都懷古詩, 유득공柳得恭(조선) 찬撰. 이덕무李德懋(조선) 정訂. [고종 14년(1877)]

1책(30장) 목판본. 26×17.8cm.

사주쌍변四周雙邊, 반엽광곽半葉匡郭 : 19×13.6cm, 유계有界, 10행, 1행 21자. 판심版心 : 상화문어미上花紋魚尾.

표제지標題紙 : 광서정축光緖丁丑(1877)보호補鎬…

서序 : 을사중추고운거사乙巳仲秋古芸居士. 임자중춘문원壬子仲春文願.
<가람古-951.1-Y9i>

유 득공

중주십일가시선中州十一家詩選, 유득공柳得恭(조선) 찬撰. [서序. 정조 1년(1777)]
1책(36장) 사본寫本. 24.4×15.2cm.
서序 : 정유丁酉(1777)…유득공서柳得恭書.
인印 : [유득공인柳得恭印. 차진문봉此眞文鳳. 등等]
<가람古-895.1108-Y9i>

유 만공

세시풍요歲時風謠, 유만공柳晩恭(조선) 초草. [19-]
1책(30장) 사본寫本(후사後寫). 31.6×20.6cm.
서序 : 을미乙未…장완張琬.
인印 : [매화옥진완梅華屋珍玩]
<가람古-394.2-Y29s>

유 몽인

어우야담於于野譚, 유몽인柳夢寅(조선) 저著. [연기미상年紀未詳]
1책(48장) 사본寫本(후사後寫). 23.6×15.3cm.

<가람古-813.53-Y92c>

유 본예

한성지략漢城識略, 유본예柳本藝(조선) 저著. [19-]

2권 2책. 사본寫本(후사後寫). 36×20.5cm.

서序 : 경인庚寅(1830)…수헌거사樹軒居士(유본예柳本藝)

인印 : [매화옥진완梅華屋珍玩]

부附 : 궁전지宮殿誌.

<가람古-915.11-Y9b-v.1-2>

유 성룡

징비록懲毖錄, 상, 하. 유성룡柳成龍(조선) 저著. [연기미상年紀未詳]

2권 1책(71장) 사본寫本. 24.6×22.2cm.

<가람古-951.053-Y93j>

유 연정

해동금석원海東金石苑, 유연정劉燕庭(淸) 저著. 이명초당교간二銘艸堂校刊. [서序. 도광道光 11년(1831)]

4권 4책. 석판본石版本. 30.2×18.2cm.

서序 : 도광십일년道光十一年(1831)…이혜길李惠吉.

발跋 : 신사辛巳…장덕객張德客.

<가람古-401.7-Y93h-v.1-4>

유 인

신간증보삼략新刊增補三略 [언해諺解], 상, 중, 하. 유인劉寅(明) 저著. [순조 5년(1805)]

1책(70장). 목판본. 32.2×20.8cm.

사주단변四周單邊, 반엽광곽半葉匡郭 : 22.6×16.6cm, 유계有界, 11행, 1행 21자. 판심版心 : 상화문어미上花紋魚尾.

<가람古-355-Y92s>

유 재건, 편

풍요삼선風謠三選, 권3-7. 유재건劉在建(조선) 최경흠崔景欽(조선) 등等 편編. [철종 8년(1857)]

2책(영본零本). 고활자본(경진관인서체목활자庚辰館印書体木活字). 31×19cm.

사주단변四周單邊, 반엽광곽半葉匡郭 : 21.8×13.9cm. 10행, 1행 20자 주쌍행注雙行. 판심版心 : 상백어미上白魚尾.

발跋 : 장지완張之琬

<가람古-811.06-Y92p-v.2-3>

유 희

물명고物名考, 권1~2. 유희柳僖(조선) 저著. [19-]

1책(영본零本) 사본寫本. 33.6×21.2cm.

인印 : [매화옥진완梅華屋珍玩. 용화옹장龍華翁藏]

<가람古-031-y91g>

유 희

언문지諺文誌, 유희柳僖(조선) 저著. [연기미상年紀未詳]

1책(18장) 사본寫本. 23.6×17cm.

인印 : [용화산방장龍華山房藏]

<가람古-411.1-Y91e>

유 희경

촌은집村隱集, 권1~2. 유희경劉希慶(조선) 저著. [서序. 숙종 33년(1707)]

1책(영본零本). 목판본. 27.5×17.5cm.

사주쌍변四周雙邊, 반엽광곽半葉匡郭 : 20.1×13.6cm, 유계有界, 10행, 1행 20자. 판심版心 : 상하화문어미上下花紋魚尾.

서序 : 숭정기원후팔십년崇禎紀元後八十年(1708)…김창협金昌協.

<가람古-819-Y91c>

유서필지

儒胥必知, [편자미상編者未詳·간년미상刊年未詳]

1책(52장). 목판본. 28.4×18cm.

사주단변四周單邊, 반엽광곽半葉匡郭 : 22×14.4cm, 유계有界, 12행, 1행 22자. 판심版心 : 상하화문어미上下花紋魚尾.

부록附錄 : 이두휘편吏頭彙編.

<가람古-351.1-Y98>

유서필지

儒胥必知, 全. [편자미상編者未詳·간년미상刊年未詳]

1책(56장). 목판본. 26.3×16.6cm.

사주단변四周單邊, 반엽광곽半葉匡郭 : 22.3×14.5cm. 12행, 1행 22자. 판심版心 : 상하화문어미上下花紋魚尾.

장서기藏書記 : 연농실장蓮儂室藏.

<가람古-351.1-Y98a>

유충렬전

劉忠烈傳, 상. 하. [저자미상著者未詳·연기미상年紀未詳]

2책. 사본寫本. 23×25.8cm.

표지서명 : 경술사원이십일…박쇼궤 등서.

<가람古-813-Y9-v.1-2>

유충렬전

劉忠烈傳, 상. 하. [저자미상著者未詳·연기미상年紀未詳]

12책(86장) 목판본. 27.2×19.3cm.

사주단변四周單邊, 반엽광곽半葉匡郭 : 20.7×16.6cm, 유계有界, 14행, 1행 24. 판심版心 : 상하흑어미上下黑魚尾.

유취요람

유취요람, 단. [저자미상著者未詳·연기미상年紀未詳]

1책(72장) 사본寫本. 27×18cm.

권말卷末 : 셰지신히 ᄉᆞ월념구일금산옹은측필셔

(국문본임)

유합

類合, [편자미상編者未詳. 19-]

1책(22장) 목판본. 31.3×21.9cm.

사주단변四周單邊, 반엽광곽半葉匡郭 : 22.2×18.8cm, 유계有界, 5행, 1행 6자. 판심版心 : 상하흑어미上下黑魚尾.

유합

類合, [저자미상著者未詳·간년미상刊年未詳]

1책(장) 목판본. 28.4×18.7cm.

사주단변四周單邊, 반엽광곽半葉匡郭 : 21.8×17.2cm, 유계有界, 6행, 1행 6자. 판심版心 : 상화문어미上花紋魚尾.

<가람古-418.3-Y95c>

유효공선행록

劉孝公善行錄, [저자미상著者未詳·연기미상年紀未詳]

5권 6책. 사본寫本. 36.8×23.8cm.

국문본임.

<가람古-923.251-Y95-v.1-6>

육 방옹

육방옹검남시선陸放翁劍南詩選, 육방옹陸放翁(宋) 저著. 주능朱陵(淸) 편編. 문성당장판文盛堂藏板. [서序. 강희康熙 25년(1686)]

4권 2책. 중국목판본. 24.7×15.8m.

표제지標題紙…검남시선劍南詩選…

서序 : 강희병인康熙丙寅(1686)…미총米惣 저著.

인印 : [매화옥진완梅華屋珍玩. 상화觴詠. 견용라見容懶. 의최衣最. 등等]

<가람古-895.11-Y95g-v.1-2>

육 지

당육선공집唐陸宣公集, 육지陸贄(唐) 찬撰. [간년미상刊年未詳]

22권 6책. 초상肖像. 목판본. 30.2×20.2cm.

사주쌍변四周雙邊, 반엽광곽半葉匡郭 : 20×15.5cm, 유계有界, 10행, 1행 17자. 판심版心 : 대흑구상하흑어미大黑口上下黑魚尾.

판심서명版心書名 : 육선공집陸宣公集.

권수卷首 : 대명영락십사년병신大明永樂十四年丙申(1416)…양재정陽齋政 서書. 대명선덕삼년무신大明宣德三年戊申(1427)…김식金寔 서書.

만력萬歷 이전以前 본本임

<가람古-895.19-Y95d-v.1-6>

육 지

육선공주의초陸宣公奏議抄, 권1. 육지陸贄(唐) 찬撰. [숙종 시時?]

1책(영본零本) 고활자본(한구자韓構字). 28.8×17.4cm.

사주쌍변四周雙邊, 반엽광곽半葉匡郭 : 20.8×12.4cm. 10행, 1행 20자. 판심版心 : 상하화문어미上下花紋魚尾.

인印 : 화국華國…이광조장李光朝章, 등等]

<가람古-895.19-Y95y>

육의당기

六義堂記, 상. 중. 하. [저자미상著者未詳·연기미상年紀未詳]

3권 3책. 사본寫本. 25×17.6cm.

권말卷末 : 세재정축유월념일일낙거필사歲在丁丑流月念一日駱居畢寫.

<가람古-813.5-Y95-v.1-3>

육전조례

六典條例, 권6. 고종(조선) 명편命編. [고종 시時]

1책(영본零本). 고활자본(전사자全史字). 28.8×18.8cm.

사주단변四周單邊, 반엽광곽半葉匡郭 : 21.2×14.7cm. 10행,

1행 20자 주쌍행注雙行. 판심版心 : 상백어미上白魚尾.

인印 : [최상우인崔尙愚印]

<가람古-340.091-Y95-v.6>

윤 달선

광한루악부廣寒樓樂府, 윤달선尹達善(조선) 저著. [19-]

1책(26장). 사본寫本(후사後寫). 25.5×15.3cm.

표지서명 : 호남악부湖南樂府. 전全.

서序 : 임자壬子(1852) 옥전산인玉田山人 [윤원尹瑗]

<가람古-811.05-Y97g>

윤 달선

광한루악부廣寒樓樂府, 108첩. 윤달선尹達善(조선) 저著. [연기미상年紀未

詳]

1책(22장) 사본寫本. 20.7×18.4cm.

표지서명 : 춘랑사春娘詞.

<가람古-811.05-Y97g>

윤 두수, 편

기자지箕子志, 윤두수尹斗壽(조선) 편編. [간년미상刊年未詳]

5권 1책(102장). 도圖. 목판본. 30.4×19cm.

사주쌍변四周雙邊, 반엽광곽半葉匡郭 : 20×15.4cm, 유계有界, 10행, 1행 17자. 판심版心 : 상하화문어미上下花紋魚尾.

인印 : [조씨가장趙氏家藏. 상물헌常勿軒. 김승혁金承爀 인印]

소장본 : 권말卷末 3장 보사補瀉.

<가람古-923.151-Y97g>

윤 문

윤문자尹文子, 윤문尹文 찬撰. 악관鄂官 서무書雰. 중화민국 원년 [1912]

1책(46장). 중국목판본.

합각合刻 : 신자愼子(신도愼到) 찬撰-공손용자公孫龍子(공손룡公孫龍) 찬撰-귀곡자鬼谷子.

<가람古-181.1-Y97ym>

윤 선도

고산유고孤山遺稿, 권6 하. 별집別集 윤선도尹善道(조선) 저著 [19-]
1책(영본零本) 사본寫本. 30×20.6cm.
표지서명 : 고산가사孤山歌辭.
부록附錄 : 시상諡狀
<가람古-819.53-Y97g-v.6>

윤순

백하진묵白下眞墨, 윤순尹淳(조선) 서書. [숙종 44년(1718)?]
1첩(12절折 22면面) 도圖 사본寫本. 34.6×25.9cm
<가람古-754.3-Y98b>

윤 의선

익종묘비명翼宗墓碑銘, 윤의선尹宜善(조선) 저著 [연기미상年紀未詳]
1첩帖(12절折 20면面) 탁본拓本. 29.4×19.5cm.
인印 : [효명대왕지보孝明大王之寶…협천대왕대비지보協天大王大妣之寶]
부附 : 익종인묘비명翼宗姻墓碑銘, 조영하趙寧夏 서書.
<가람古-923.151-Y67y>

윤 증, 편

우계연보보유牛溪年譜補遺, 권 1-3 : 윤증尹拯(조선) 편編. [서序. 고종 31년(1894)]

1책(영본零本) 목판본 30.4×20.2cm.

사주쌍변四周雙邊, 반엽광곽半葉匡郭 : 20.6×15cm, 유계有界, 10행, 1행 20자. 판심版心 : 상백어미上白魚尾.

서序 : 갑오甲午(1894)…윤광소尹光紹.

인印 : [석奭·장章]

<가람古-921.951-Y97u>

윤 창후

야연만록野淵漫錄, 원元, 형亨, 이利. 윤창후尹昌垕(조선) 저著. [연기미상年紀未詳]

3책. 사본寫本. 29.7×18.3cm.

인印 : [야연野淵, 윤창후尹昌垕 인印. 이원인윤창후자후인李原人尹昌垕子厚印]

<가람古-819.54-Y97y-v.1-3>

은대조례

銀臺條例, 고종(조선) 명편命編. [서序. 고종 7年(1870)]

1책(78장) 고활자본(전사자全史字) 29.6×19.4cm.

사주단변四周單邊, 반엽광곽半葉匡郭 : 21.2×14.6cm. 10행, 1행 20자 주쌍행注雙行. 판심版心 : 상백어미上白魚尾.

서序 : 성상聖上 즉조卽祚 칠년七年(1870)…

부록附錄 : …

<가람古-351.1-E61>

은사가

은ᄉᆞ가, [편자미상編者未詳. 19-]

1책(31장) 사본寫本. 28.6×17.6cm.

내용목차 : 은ᄉᆞ가-자지곡-소상팔경-상ᄉᆞ곡-상사별곡-어부사-ᄃᆡ등별곡-심쟝부가.

<가람古-811.05-Eu63>

음중팔선가

飮中八僊歌, [저자미상著者未詳·연기미상年紀未詳]

1책(35장) 사본寫本. 30.4×20cm.

국한문혼용國漢文混用 석의釋義

<가람古-895.11-Eu57>

의순

진묵조사유적고震默祖師遺蹟攷, 상, 하. 승僧 의순意恂(조선) 찬撰. 운천雲泉

(조선) 교교.

1책(30장) 목판본. 33.2×22cm.

사주단변四周單邊, 반엽광곽半葉匡郭 : 23.7×17.2cm. 10행, 1행 20자. 판심 : 상화문어미上花紋魚尾.

서序 : 세재상장각무歲在上章閣茂 [경술庚戌]…김기종金箕鍾. 초의의순草衣意恂.

<가람古-922.943-Eu47j>

의열비충효록

義烈妣忠孝錄, [작자미상作者未詳·연기미상年紀未詳]

1책(69장) 사본寫本. 30.6×17cm.

권두서명 : 의열비충효록.

국문본

<가람古-819.5-Eu47c>

의열비충효록

의열비퉁효록, [저자미상著者未詳. 고종 30년(1893)]

1책(73장) 사본寫本. 28.4×18cm.

표지서명 : 일봉공가상壹峰公家狀.

권말卷末 : 계사癸巳(1893)이월二月…

<가람古-819.4-Eu47>

의천

대각국사문집大覺國師文集, 석釋 의천儀天
20권. 외집外執 13권 합2책. 목판본(後刷) 31.8×20.8cm.
사주단변四周單邊, 반엽광곽半葉匡郭 : 21.2×13.7cm. 묵계(무계無界). 8행, 1행 16자. 판심版心 : 상흑어미上黑魚尾.
인印 : [군산君山]
<가람古-819.4-Eu47d-v.1-2>

이 경민, 편

희조일사熙朝軼事, 상 하. 이경민李敬民(조선) 편編. [발跋. 고종 3년(1866)]
1책(87장) 고활자본(全史字) 29.2×19.2cm.
사주단변四周單邊, 반엽광곽半葉匡郭 : 21.5×14.8cm, 유계有界, 10행, 1행 20자. 판심版心 : 상백어미上白魚尾.
표제지標題紙 : 운강서옥雲崗書屋.
서序 : 병인(1886)…남병길南秉吉.
발跋 : 상지삼년병인上之三年丙寅(1866)…윤정현尹定鉉.
<가람古-920.051-Y55h>

이 광사

원교서결圓嶠書訣, 전후편前後編. 이광사李匡師(조선) 저著. [연기미상年紀

未詳]

1책(46장) 사본寫本. 28.9×17.6cm.

<가람古-754-Y55w>

이 광사

원교진본員嶠眞本, 이광사李匡師(조선) 저著. [영조 시時]

1첩帖(12절折 22면面) 사본寫本. 25.2×16.1cm.

인印 : [조선국이광사가장본朝鮮國李匡師家藏本]

<가람古-754.3-Y55w>

이 광현

…日記, [영조 36년-정조 18년] 이광현李光鉉(조선) 저著. [19-]

1책(98장) 등사본寫本. 27.2×18.7cm.

표지서명 : 이광현李光鉉…권말卷末 : 각단各單.

<가람古-923.251-Y55i>

이 규경

구라철사금자보歐邏鐵絲琴字譜, 이규경李圭景(조선) 번역. 이규달李圭達(조선) 참교參校. [연기미상年紀未詳]

1책(21장) 채색도彩色圖 사본寫本. 17.2×22.1cm.

<가람古-787-Y55g>

이 덕무

사소절士小節, 권지 1~8. 이덕무李德懋(조선) 저著. 최성환崔瑆煥(조선) 보편甫編. [간년미상刊年未詳]

8권 2책. 고활자본(전사자全史字) 31×18.8cm.

사주단변四周單邊, 반엽광곽半葉匡郭 : 21.3×14.8cm. 10행, 1행 20자 주쌍행注雙行. 판심版心 : 상하흑어미上下黑魚尾.

표지서명 : 사절士節 건乾, 곤坤.

서序 : 상지오십일년上之五十一年(1775) 을미乙未…이덕무李德懋.

<가람古-170-Y53s-v.1-2>

이 덕무

청비록淸脾錄, [이덕무李德懋(조선) 편찬. 연기미상年紀未詳]

1책(133장) 사본寫本(후사後寫)24.5×15cm.

인印 : [군자불기君子不器. 김득련金得鍊. 상견루주인想見樓主人 호號 춘성春城 등等]

<가람古-808.1-Y53c>

이 득윤

서계선생문집西溪先生文集. 이득윤李得胤(조선) 저著. [발跋. 순조 33年(1883)]

4권 2책. 고활자본(후기목활자後期木活字) 31×20.2cm.

사주쌍변四周雙邊, 반엽광곽半葉匡郭 : 21×15cm. 10행, 1행 20자 주쌍행注雙行. 판심版心 : 상하화문어미上下花紋魚尾.

서序 : 洪奭周.

발跋 : 숭정崇禎 사四 계사癸巳.(1833)…육세손六世孫 정연靜淵.

<가람古-819.55-Y53s-v.1-2>

이 만수

만수재집晩守齊集, 권 3-4. 이만수李晩守(조선) 저著. [간년미상刊年未詳]

1책(영본零本) 고활자본(후기목활자後期木活字) 30.6×20cm.

사주쌍변四周雙邊, 반엽광곽半葉匡郭 : 22.8×15.4cm. 10행, 1행 21자 주쌍행注雙行. 판심版心 : 상하화문어미上下花紋魚尾.

<가람古-819.55-Y59m-v.3-4>

이 만운, 편

기년아람紀年兒覽 권7~8, 이만운李萬運(조선) 편編. [발跋. 고종 14년(1877)]

1책(영본零本) 사본寫本 28.4×17.7cm.

발跋 : 상지십사년정축上之十四年丁丑(1877)…김세균金世均

인印 : [이규상인李圭常印, 김포은사金圃隱士, 계림후인鷄林后人, 성서일민聖書逸民, 삼한三韓,…이씨李氏. 서조계지장棲鳥癸之壯]

<가람古-951-Y59g-v.7-8>

이 명구, 편

연조구감掾曹龜鑑, 권지 1~2. 이병구李明九(조선) 편編. [발跋. 헌종 14年(1848)]

3권 2책. 고활자본(후기목활자後期木活字) 30.4×20.3cm.

사주단변四周單邊, 반엽광곽半葉匡郭 : 20.2×15.7cm. 10행, 1행 20자 주쌍행注雙行. 판심版心 : 상하화문어미上下花紋魚尾.

권수卷首 : 숭정기원후사계유崇禎紀元後四癸酉(1843)…이민행李敏行 서序. 연조구감掾曹龜鑑 상지구년上之九年 계묘癸卯(1843)…홍직필洪直弼 발跋. 헌종조갑진憲宗朝甲辰(1844)…이휘재李彙載 발跋.

무신戊申(1848)…강필효姜必孝 제題.

내용목차 : 권지1 : 이전명목해吏典名目解, 이경번李慶蕃 찬집纂輯. 권지2 : 관감록觀感錄. 이진흥李震興 찬집纂輯.

<가람古-929.2-Y50y-v.1-2>

이 백여

문한류선대성文翰類選大成, 권53~54. 이백여李伯與(중국)편집編輯. 빙후憑厚(중국) 교정校正. [세조 시時?]

1책(영본零本) 고활자본(을유자乙酉字) 30.4×20cm.

사주단변四周單邊, 반엽광곽半葉匡郭 : 21.6×15cm. 13행, 1행 21자 주쌍행注雙行. 판심版心 : 상하내향흑어미上下內向黑魚尾.

판심서명版心書名 : 문한유선文翰類選.

인印 : [경안景安. 등]

<가람貴-895.1108-Y59m-ㅍ.53-54>

이 병모, 편

오륜행실도五倫行實圖, 이병모李秉模(조선) 등等 수명受命 편編. [서序. 정조 21년(1797)]

5권 4책. 도圖. 고활자본(정리자整理字) 33.4×20.6cm.

사주쌍변(사주쌍변四周雙邊), 반엽광곽(반엽광곽半葉匡郭) : 21.7×14cm. 10행, 1행 20자 주쌍행注雙行. 판심版心 : 상흑어미上黑魚尾.

권수卷首 : 어제御制…향약윤음鄕約綸音. 이만수李晩秀 서序. 봉교교열奉教校閱…이병모李秉模 [등等 제신함명諸臣銜名]

인印 : [규장지보奎章之寶]

(국한문대역國漢文對譯)

<가람古-170-Y51o-v.1-4>

이 복휴

해동악부海東樂府, 천天, 지地. 이복휴李福休(조선) 저著. [19-]

2책(영본零本) 사본寫本(후사後寫) 30.4×21.4cm.

인印 : [매화옥진완梅華屋珍玩]

<가람古-811.05-Y51h-v.1-2>

이 봉운

국문정리, 이봉운李鳳雲. 경성京城. 대조선경성묘등국문국, 건양 2 [1897]
2+12매. 목판본. 24cm.
<가람古-415-Y51g>

이 북해

형문행첩荊門行帖, 이북해李北海(조선) 저著, [19-]
1첩帖(11절折 22면面) 탁본拓本. 18.8×13.6cm. (목판장지木版壯紙)
<가람古-754.1-Y51h>

이 삼만

서첩書帖, 이삼만李三晩(조선) 등等 서書. [연기미상年紀未詳]
1첩帖(17절折 62면面) 사본寫本. 26.7×19.1cm.
인印 : [이삼만李三晩] 낙관落款.
<가람古-754.3-Y63s>

이 상

타우선생유고打愚先生遺稿, 속편續編. 이상李翔(조선) 저著. [19-]
6권. 속續 4권 합合 5책. 석판본石版本. 29.8×19.4cm.
사주쌍변四周雙邊, 반엽광곽半葉匡郭 : 21.3×14.6cm, 유계有界, 10행, 1행

20자. 판심版心 : 상화문어미上花紋魚尾.

<가람古-819.53-Y63t-v.1-5>

이 상적

은송당집초恩誦堂集抄, 이상적李尙迪(조선) 저著. [연기미상年紀未詳]

1책(73장) 사본寫本. 31×19cm.

표지서명. 은송당恩誦堂

인印 : [미상未詳]

<가람古-819.55-Y63so>

이 색

곡주공관신루기谷州公館新樓記, 이색李穡(고려) 저著. [연기미상年紀未詳]

1책(53장) 사본寫本. 31.5×21cm.

합집合集 : 이색李穡-김종직金宗直-최립崔岦-이정구李廷龜.

<가람古-810.82-Y63g>

이 수

중간노걸대重刊老乞大, 이수李洙(조선) 등等 수명受命 편編. [정조 19년(1795)?]

1책(46장). 목판본. 32.4×21.6cm.

사주쌍변四周雙邊, 반엽광곽半葉匡郭 : 22.5×16.4cm, 유계有界, 10행, 1행

20자. 판심版心 : 상화문어미上花紋魚尾.

표지서명 : 老乞大.

권말卷末 : 교검관校檢官…이수李洙 [등等 제신함명諸臣銜名]

<가람古-495.1824-Y63j>

이 수

중간노걸대언해重刊老乞大諺解, 상. 하. 이수李洙(조선) 저著. [간년미상刊年未詳]

2책. 목판본. 32×21.4cm.

사주쌍변四周雙邊, 반엽광곽半葉匡郭 : 22.4×16.4cm, 유계有界, 10행, 1행 20자. 판심版心 : 상화문어미上花紋魚尾.

표지서명 : 노걸대언해老乞大諺解.

<가람古-495.1824-Y63ja-v.1-2>

이 승휴

제왕운기帝王韻紀, 상. 하. 이승휴李承休(고려) 저著. [간년미상刊年未詳]

1책(30장). 영인본影印本. 26.8×18.4cm.

<가람古-952-Y63i>

이 식

초학자훈증집初學字訓增輯, 상, 중, 하. 이식李植(조선) 편찬. [간년미상刊

年未詳]

1책(30장). 목판본. 26.8×18.4cm.

사주쌍변四周雙邊, 반엽광곽半葉匡郭 : 19.3×13.5cm, 유계有界, 10행, 1행 20자. 판심版心 : 상하화문어미上下花紋魚尾.

판심서명版心書名 : 자훈증집字訓增輯.

표지서명 : 초학자훈初學字訓.

권수卷首 : 서序.

발跋 : 숭정기묘崇禎己卯(1639)…이식李植.

<가람古-181.103-Y63o>

이 식

찬주두시택풍당비해纂註杜詩澤風堂批解, 권11-16. 이식李植(조선) 편編. [간년미상刊年未詳]

3책(영본零本). 목판본. 33.2×22cm.

사주쌍변四周雙邊, 반엽광곽半葉匡郭 : 22.8×17.9cm, 유계有界, 10행, 1행 20자. 판심版心 : 상하흑어미上下黑魚尾.

표지서명 : 두시杜詩.

<가람古-895.11-Y63c-v.6-8>

이 양연

임연당집臨淵堂集, 이양연李亮淵(조선) 저著. [연기미상年紀未詳]

1책(90장) 사본寫本. 21.8×14.6cm.

인印 : [이규연인李圭淵印]
<가람古-819.53-Y63i>

이 언진

송목관신고松穆館燼稿, 이언진李彦瑱(조선) 저著. [간년미상刊年未詳]
1책(51장). 고활자본後期鐵活字 28.2×17.6cm.
사주단변四周單邊, 반엽광곽半葉匡郭 : 20×14cm. 9행, 1행 20자 주쌍행注雙行. 판심版心 : 상흑어미上黑魚尾.
권수卷首 : 이용휴李用休 서序. 본전本傳一. 二.
판심서명版心書名 : 송목관집松穆舘集.
인印 : [오관외五官外? ?百? 중원전장中元錢藏]
<가람古-819.54-Y54o>

이 원명

동야휘집東野彙集, 이원명李原命(조선) 저著. [19-]
16권 8책. 등사본寫本. 30.2×20cm.
서序 : 도유대황락屠維大荒落(기사己巳. 1869)…이원명李原命.
<가람古-813.08-Y54d-v.1-8>

이 유원

해동악부海東樂府. 이유원李裕元(조선) 집輯. [19-]

1책(33장) 사본寫本(후사後寫) 33.8×23cm.

(임하필기林下筆記 권지삼십팔劵之三十八)

<가람古-811.05-Y67ha>

이 응헌

화음계몽언해華音啓蒙諺解, 상, 하. 이응현李應憲(조선) 저著. [고종 시時]

1책(75장) 고활자본(전사자교목활자全史字校木活字) 29.1×20cm.

사주단변四周單邊, 반엽광곽半葉匡郭 : 22.7×15.6cm. 10행, 1행 20자 주쌍행注雙行. 판심版心 : 상백어미上白魚尾.

<가람古-495.183-Y54h>

이 의준, 편

존주록尊周錄, 이의준李義駿(조선) 수명受命 편編. [연기미상年紀未詳]

4책(영본零本) 사본寫本. 33.2×22cm.

인印 : [안동김병문충씨인安東金炳文忠汶氏印]

소장본 : 제3~5권. 제8-11권. 제14권(4책) 외外 결缺.

<가람古-920.051-Y54j-v.3-14>

이이, 편

격몽요결擊蒙要訣, 이이李珥(조선) 편編 [서序 선조 10년(1577)]

2권 1책(42장) 도圖 목판본. 21.4×20.2cm.

사주단변四周單邊, 반엽광곽半葉匡郭：20×15.9cm. 유계有界, 9행, 1행 18자. 판심版心：상하화문어미上下花紋魚尾.

판심서명版心書名：요결要訣 서序：정축丁丑(1577)…이이李珥 저著

<가람古-181.11-Y57g>

이 이

논어율곡선생언해論語栗谷先生諺解, 이이李珥(조선) 언해諺解. [발跋. 영조25年(1749)]

4권 4책 고활자본(개주갑인자改鑄甲寅字) 34×21.8cm.

사주단변四周單邊, 반엽광곽半葉匡郭：26×17.2cm.10행, 1행 17자. 판심版心：상하화문어미上下花紋魚尾.

발跋：숭정삼기사崇禎三己巳(1749)…홍계희洪啓禧.

인印：[춘제장春齊莊]

<가람古-181.1-M268mki-v.1-4>

이 이

율곡동호문답, 이이李珥(조선) 저著. 연기미상年紀未詳]

1책(52장) 사본寫本. 30×20cm.

권말卷末：셰지병ᄌᆞ…

<가람古-819.52-Y57n>

이 익영, 편

나부가懶婦歌, 이익영李翊永(조선) 편編. [19-]

1책(13장) 사본寫本. 31×17.3cm.

내용목차 : 나부가懶婦歌-계한가鷄恨歌-연안김씨유훈延安金氏遺訓.

권수卷首 : 증조비용인이씨필적필위전가지보고심장우책궤계묘정월이십일증손익영서曾祖妣龍仁李氏筆蹟必爲傳家之寶故深藏于冊几癸卯正月二十日曾孫翊永書.

<가람古-811.75-Y57n>

이장훈

조선명신록朝鮮名臣錄, 이장훈李章薰(조선)편찬. 경성망대성경급기독교서회京城望臺聖經及基督教書會. 1925.

2권 2책. 23.4×16.4cm.

<가람古-920.051-Y58j-v.1-2>

이 재

삼관기三官紀, 이재李縡(조선) 저著. [연기미상年紀未詳]

1책(112장) 사본寫本. 29.4×19.8cm.

표지서명 : 졸암비급拙庵秘笈.

<가람古-320.4-Y58s>

이 제현

익재난고益齊乱藁, 이제현李齊賢(고려) 저著. 계림부雞林府 [숙종 : 19년](1693)]

10권. 부록附錄. 합 4책. 초상肖像. 목판본. 33.4×21cm.

사주단변四周單邊, 반엽광곽半葉匡郭 : 19.6×15.6cm, 유계有界, 10행, 1행 18자. 판심版心 : 상하화문어미上下花紋魚尾.

표지서명 : 익제집益齊集.

서序 : 지정이십삼년至正二十三年(1363)…이색李穡,

권말卷末 : 만력경자萬曆更子(1600)…윤시발지세선덕임자尹時発識歲宣德壬子(1432)…김빈발金璸跋.

간기刊記 : 숭정병자후오십칠년계유崇禎丙子後伍拾柒年癸酉(1593)

인印 : [權?]

<가람古-819.4-Y58i-v.1-4>

이 조년

응골방鷹鶻方, 이조년李兆年(고려) 찬撰. [193-]

1책(21장). 사본寫本(후사後寫). 29.8×18.6cm.

발跋 : 세경오歲庚午(?)…이병소李秉韶.

인印 : [매화옥진완梅花屋珍玩]

<가람古-615.135-Y58m>

이 진원

종왕서보鍾王書譜, 이진원李鎭宛(조선) 저著. [서序. 철종 9년(1858)]

1책(21장). 도圖 사본寫本. 35.1×22.7cm.

서序 : 함풍무오咸豊戊午(1858)…이진원李鎭宛.

인印 : [홍익인간弘益人間. 최유장서崔溜藏書]

부附 : 작문법作文法-작시법作詩法-독서법讀書法-등법等法-양전법量田法.

<가람古-754.2-Y58j>

이 태백

분류보주이태백시分類補註李太白詩, 권3. 이태백李太白(唐) 저著. [선조 13년(1580)]

1책(영본零本) 고활자본[庚辰改鑄甲寅字]. 34.8×22cm.

사주쌍변四周雙邊, 반엽광곽半葉匡郭 : 26.3×16.8cm. 10행, 1행 18자 주쌍행注雙行. 판심版心 : 상하화문어미上下花紋魚尾.

인印 : [김기지장金圻之章. 광성후학光城後學. 송석松石]

<가람貴-895.11-B885i-v.3>

이 학규

낙하생고洛下生稿, 전全. 이학규李學逵(조선) 저著. [19--]

1책(87장) 사본寫本(후사後寫). 32.4×20.4cm.

인印 : [매화옥진완梅花屋珍玩]

<가람古-819.55-Y56n>

이 학규

영남악부嶺南樂府, 이학규李學逵(조선) 저著 [19--]

1책(50장) 사본寫本(후사後寫). 31.5×21.5cm.

권수卷首 : 서序

인印 : [매화옥진완梅花屋珍玩]

<가람古-811.05-Y56y>

이 함

토정선생유고土亭先生遺稿, 상, 하. 이함李菡(조선) 저著. [연기미상年紀未詳]

1책(56장) 사본寫本. 25.3×18.9cm.

발跋 : 세경자歲庚子……이정익李楨翊.

<가람古-819.52-Y419t>

이 혁, 편

사례찬설四禮纂說, 이혁李爀(조선) 편編 [서序. 고종 4년(1867)]

3책(영본零本) 고활자본(전사자全史字). 31×20.4cm.

사주단변四周單邊, 반엽광곽半葉匡郭 : 21.3×14.8cm. 10행, 1행 20자 주쌍행注雙行. 판심版心 : 상백어미上白魚尾.

서序 : 성상즉조사년정묘聖上卽阼四年丁卯(1867)…욱응昱應.

권말卷末 : 성상사년정묘聖上四年丁卯(1867)…조두순 판
성상사년정묘趙斗淳版聖上四年丁卯(1867)…김병학판金炳學版.

인印 : [미상未詳]

소장본 중 : 제5-7권(1책) 결缺.

<가람古-390.951-Y56s-v.1-2,4>

이 홍의, 편

충무공가승忠武公家乘, 이홍의李弘毅(조선) 편編. [서序. 숙종 35年(1709)]

6권 2책. 목판본. 28×19.2cm.

사주쌍변四周雙邊, 반엽광곽半葉匡郭 : 20.2×15cm, 유계有界, 10행, 1행 20자. 판심版心 : 상하화문어미上下花紋魚尾.

서序 : 숭정기원후팔십이년기축崇禎紀元後八十二年己丑(1709)…이여李畬.

발跋 : 세만력임진후재임진歲萬曆壬辰後再壬辰(1652)…이순명李順命.

권말卷末 : 세병신歲丙申…이여옥李汝玉.

인印 : [미상未詳]

<가람古-923.551-Y63y-v.1-2>

이 황

매화시梅花詩, 이황李滉(조선) 저著. [19-?].

1책(29장). 목판본(후별後刷. 유계(무계無界)) 38×26.5cm.

발跋 : 가정사십사년嘉靖四十四年(1565)을축乙丑…산로山老.

부附 : 도산육곡陶山六曲.

<가람古-811.081-Y56m>

이 황

성학십도聖學十圖, 이황李滉(조선) 저著. 고종 31년(1894).

1책(28장) 사본寫本. 30.6×20.5cm.

간기刊記 : 숭정이백육십칠년갑오소춘하순서우상산崇禎二百六十七年甲午小春下旬書于常山.

부附 : 지로사指路辭.

<가람古-181.11-Y56sa>

이 황

심경부주석의心經附註釋疑, 이황李滉(조선) 강술講述. 이덕홍李德弘(조선) 이성순李成淳(조선) 기記. 송시열宋時烈(조선) 등 수명교정간행等受命校正刊行, [간년미상刊年未詳].

4권 1책(58장). 목판본. 33.6×21cm.

사주쌍변四周雙邊, 반엽광곽半葉匡郭 : 24×16.7cm, 유계有界, 8행, 1행 20자. 판심版心 : 상하화문어미上下花紋魚尾.

판심서명版心書名 : 심경석의心経釋疑.

권수卷首 : 송시열宋時烈 서序. 송시열宋時烈 차자箚子.

인印 : [은진송병원恩津宋炳遠 휘장徽章]

<가람古-181.11-Y56s>

이 희준

계서잡록溪西雜錄, 이희준李羲準(조선) 저著. [연기미상年紀未詳]
1책(34장) 사본寫本. 32.4×21.8cm.
<가람古-818.55-Y56g-v.1>

이 희준

계서잡록속溪西雜錄續, 이희준李羲準(조선) 저著. [연기미상年紀未詳]
1책(51장) 사본寫本. 24.6×20.8cm.
표지서명 : 계서잡록단溪西雜錄單.
<가람古-818.55-Y56g-v.2>

이대원류

二大源流, 권4. [저자미상著者未詳·연기미상年紀未詳]
1책(영본零本) 사본寫本 24.6×18cm.
인印 : [첨의헌瞻椅軒] "이조당쟁李朝黨爭에 관關한 기록記錄"
<가람古-951.05-Id1-v.4>

이문대사

吏文大師, [저자미상著者未詳·간년미상刊年未詳]
1책(8장) 목판본 21.6×16cm.

사주단변四周單邊, 반엽광곽半葉匡郭 : 15.6×12.2cm, 유계有界, 8행, 1행 18자. 판심版心 : 상하흑어미上下黑魚尾.

인印 : [매화옥진완梅花屋珍玩]

<가람古-411.1-Im9>.

이원기로회계첩좌목

梨園耆老會稧帖座目, [편자미상編者未詳·연기미상年紀未詳]

1첩帖(19장) 채색도彩色圖 사본寫本. 37×25.4cm.

표지서명 : 이원기로계첩梨園耆老稧帖.

<가람古-361.4-Iw9>

이조향렴시

李朝香奩詩, [편자미상編者未詳·연기미상年紀未詳]

1책(65장) 사본寫本. 23.7×13.1cm.

인印 : [송운松雲]

부附 : 송구봉시엽宋龜峯詩葉. 동래기비봉근백배상서東萊妓飛鳳謹百拜上書.

<가람古-811.03-ij7>

이춘풍전

李春風傳, [저자미상著者未詳·연기미상年紀未詳]

1책(28장) 사본寫本. 26×17cm.

권말卷末 : 임자십이월壬子十二月…사형순史瑩淳.

<가람古-813.56-Y67>

이충무공 기공비

李忠武公紀功碑, [찬자미상撰者未詳·연기미상年紀未詳]

1첩帖(5절折 12면面) 탁본拓本. 35.4×23.5cm.

<가람古-923.551-y63i>

인목왕후

인목왕후필적仁穆王后筆蹟, 인목왕후仁穆王后(조선) 서書. [선조 36년(1603)]

1첩帖(7절折 14면面) 사본寫本. 41.4×19.6cm.

인印 : [대재조원大哉朝元]

<가람古-754.3-In6i>

인현셩모민시덕행록

인현셩모민시덕힝녹. [저자미상著者未詳·연기미상年紀未詳]

1책(63장) 사본寫本. 31×20.6cm.

표지서명 : 인현성모덕행록仁顯聖母德行錄. 전全.

인印 : [매화옥진완梅花屋珍玩] (국문본임)

<가람古-920.7-In4>

일선의열도

一善義烈圖, [저자미상著者未詳. 발跋. 숙종 29년(1703)]……

1책(13장) 도圖. 목판본. 38×28cm.

서序 : 숭정경오崇禎庚午(1630)…조찬한趙纘韓.

숭정경오崇禎庚午(1630)…조귀상趙龜祥.

발跋 : 소양협치昭陽協治(계미癸未, 1703)…권상하權尙夏

<가람古-398.05-Iℓ9>

임 요수, 편

음주전문춘추괄례시말좌전구두직해音註全文春秋括例始末左傳句讀直解, 권 1~3. 임요수林堯叟(唐) 편編. [간년미상刊年未詳]

1책(영본零本) 목판본 30.4×13.6cm.

상하단변上下單邊, 좌우쌍변左右雙邊, 반엽광곽半葉匡郭 : 21.8×14.4cm, 유계有界, 8행, 1행 17자. 판심版心 : 상하하향흑어미上下下向黑魚尾.

<가람古-181.1-Im2e-v.1>

임 요수

음주전문춘추괄례시말좌전구두직해音註全文春秋括例始末左傳句讀直解, 권 36~38. 임요수林堯叟(唐) 주註. [간년미상刊年未詳]

1책(영본零本) 목판본 28.2×19.4cm.

사주단변四周單邊, 반엽광곽半葉匡郭 : 20.6×14.3cm, 유계有界, 8행, 1행

17자. 판심版心 : 상하흑어미上下黑魚尾.

표지서명 : 좌전左傳.

인印 : [미상未詳]

<가람古-181.1-Im2eb-v.10>

임 의성, 편

사류통편事類統編, 임의성林意誠(淸) 편編. 임경소林敬昭(淸) 중교重校. 복사산방광판腹笥山房鑛版. [광서光緖 10년(1884)]

93권 12책. 동판본銅版本. 12.9×8.4cm.

권말卷末 : 광서갑신光緖甲申(1884)……진윤두陳允頭.

도광신축道光辛丑(1841)……무겸懋謙 찬撰.

인印 : [고의성高義誠 인印. 정의正義]

<가람古-039.51-Im1s-v.1-12>

임 제

화사花史, 全. 임제林悌(조선) 저著 [연기미상年紀未詳]

1책(21장) 사본寫本 26.8×17.7cm.

서序 : ...

발跋 : 세흑계歲黑鷄(계유癸酉) 유월流月……김양보서金良輔書.

인印 : [한종엽장韓宗曄章]

<가람古-813.53-Im1h>

임 제

화사花史, 임제林悌(조선) 저著 [19-]

1책(16장) 사본寫本(후사後寫) 33.8×23cm.

부附 : 화월령花月令 병서幷序……조종현趙宗鉉 저著.

<가람古-813.53-Im1s>

임 희일

구해남화진경句解南華眞経, 권3. 임희일林希逸(宋) 구해句解. [선조 시時]

1책. 고활자본改鑄甲寅字 31.8×20.6cm.

사주쌍변四周雙邊, 반엽광곽半葉匡郭 : 25×17cm. 10행, 1행 17자 주쌍행注雙行. 판심版心 : 상하세화문어미上下細花紋魚尾.

판심서명版心書名 : 장자莊子.

표지서명 : 남화南華.

<가람貴-181.1-Im1gm-v.3>

임 희일

구해남화진경句解南華眞経, 임희일林希逸(宋) 찬撰. [간년미상刊年未詳]

10권 5책. 목판본. 33.6×21.3cm.

사주단변四周單邊, 반엽광곽半葉匡郭 : 21.1×17cm, 유계有界, 9행, 1행 17자. 판심版心 : 상화문어미上花紋魚尾.

판심서명版心書名 : 장자莊子.

권수卷首 : 임경덕林経德, 장자후서莊子後序. 임희일林希逸, 구해남화진경제句解南華眞經題, 경정신유景定辛酉(1261)…서림徐霖, 발跋.

<가람古-181.1-Im1gu-v.1-5>

임신평란록

임신평란록, 제 1~3. [저자미상著者未詳·19-]

3권 3책. 사본寫本. 31.6×20.9cm.

표지서명表紙書名 : 안릉일기安陵日記 천天, 지地, 인人.

<가람古-951.053-Im7-v.1-3>

자 우

설담집雪潭集, 상, 하. 승僧. 자우自優(조선) 저著. [서序. 정조 8년(1784)]

1책(48장) 고활자본(목활자木活字) 30.5×19.5cm.

사주쌍변四周雙邊, 반엽광곽半葉匡郭 : 20.9×14.6cm. 10행, 1행 20자 주쌍행注雙行. 판심版心 : 상하화문어미上下花紋魚尾.

서序 : 성상팔년聖上八年(1784)갑진甲辰…여와도인餘窩道人.

상지사구년上之四九年(1773)계사癸巳…송음노인松陰老人.

인印 : [해호楷皥 등等]

부附 : 송음제문松陰祭文.

<가람古-819.54-J32s>

자집

字集, 상. 하. [편자미상編者未詳·연기미상年紀未詳]

2책. 사본寫本. 37.7×26cm.

<가람古-413.1-J199-v.1-2>

자치통감강목

資治通鑑綱目, 권43. 사정전思政殿(조선) 훈의訓義. [세종 시時]

1책(103장) 고활자본(경진자庚辰字) 30.6×19.4cm.

사주쌍변四周雙邊, 반엽광곽半葉匡郭 : 22.8×19.4cm. 11행, 1행 21자 주쌍행注雙行. 판심版心 : 대흑구상하내향흑어미大黑口上下內向黑魚尾.

소장본 : 제102~103장(2장) 각各 반엽半葉 낙장落張.

<가람貴-952-J118>

자치통감강목

資治通鑑綱目, 권45. 思政殿(조선) 훈의訓義. [명종 시時?]

1책(영본零本) 고활자본(丙辰字, 甲寅字) 36.8×22.4cm. 사주쌍변四周雙邊, 반엽광곽半葉匡郭 : 26.3×17.2cm. 소자小字,

10행, 1행 18자. 대자大字 5행, 1행 12자 주쌍행注雙行. 판심版心 : 상하하향화문어미上下下向花紋魚尾.

판심서명版心書名 : 강목綱目.

표지서명 : 통감강목通鑑綱目.

<가람貴-952-J118g-v.45>

자휼전칙

字恤典則, 정조(조선) 명찬命撰. 중외장판中外藏板. 정조 7년(1783)

1책(15장) 목판본. 30.2×20.2cm.

사주단변四周單邊, 반엽광곽半葉匡郭 : 24.9×17cm, 유계有界, 10행, 1행 18자. 판심版心 : 상화문어미上花紋魚尾.

간기刊記 : 계묘활인癸卯活印 중외장판中外藏板.

부附 : 국역國譯.

<가람古-340.09-J198>

잠영보

簪纓譜, 권지2, 4, 12 [편자미상編者未詳·연기미상年紀未詳]

3책. 사본寫本. 29.8×19.4cm.

<가람古-929.4-J249-v.2,4,12>

장 백행, 편

허노재선생집許魯齋先生集, 장백행張伯行(淸) 편編. 정의당正誼堂. [서序. 강희康熙 47년(1708)]

6권 1책(105장) 중국목판본. 26.4×16.8cm.

권수卷首 : 강희무자康熙戊子(1708)…장백행張伯行 제題. 진정삭陳正朔

서書.

<가람古-895.19-J255h>

장 백행, 편

허노재선생집許魯齋先生集, 장백행張伯行(淸) 편編. 복주福州. 정의서원장판正誼書院藏板. [서序. 강희康熙 47년(1708)]

6권 1책(85장) 중국목판본. 24.8×16cm.

권수卷首 : 강희무자康熙戊子(1708)…장백행張伯行 제題. 진정삭陳正朔서書.

<가람古-895.19-J255ha>

장 상영

황석공소서黃石公素書, 장상영張商英(宋) 주註. [연기미상年紀未詳]

1책(26장) 사본寫本. 31.2×20.4cm.

표지서명 : 호경皓経.

부록附錄 : 주자음부경고이朱子陰符経考異.

서序 : 장상영張商英

<가람古-181.1-J257h>

장 영, 편

연감유함淵鑑類函, 장영張英(淸) 등等 수명受命 편編. 해동문서국석인海東文

書局石印. [광서光緖 18년(1892)]

450권 48책. 석판본石版本. 22.4×14.1cm.

표제지標題紙 : 어정연감유함御定淵鑑類函.

서序 : 어제御製…서序…강희사십구년康熙四十九年(1710) 십월이십오일十月二十五日

<가람古-039.51-J257y-v.1-48>

장 옥서, 편

강희자전康熙字典, 장옥서張玉書(淸) 등等 수명受命 찬撰. 상해上海. [19=]

6책 중국석판본中國石版本 20cm.

<가람古-495.13-J256g-v.1-6>

장 혼

아희원람兒戱原覽, 장혼張混(조선) 찬撰. [간년미상刊年未詳]

1책(63장) 목판본. 28.4×18.2cm.

사주단변四周單邊, 반엽광곽半葉匡郭 : 22×14.2cm, 유계有界, 10행, 1행 21자. 판심版心 : 상흑어미上黑魚尾.

<가람古-372-J256a>

장인걸전

장인걸젼. 상, 하. [저자미상著者未詳·연기미상年紀未詳]

2책. 사본寫本. 35.4×24cm.

권말卷末 : 신축구월십삼일辛丑九月十三日 금산금천자양동金山金泉紫陽洞. 심장연댁沈長淵宅.

<가람古-813.5-J256-v.1-2>

장편가집

長篇歌集, [편자미상編者未詳·연기미상年紀未詳]

1책(84장) 사본寫本. 30.2×20.2cm.

인印 : [매화옥진완梅華屋珍玩] (국문본임)

내용목차 : 만고명장가萬古名將歌-어부사漁夫詞-역대가歷代歌-오륜가五倫歌-금강산가金剛山歌-검부가-운림처사가-은군ᄌᆞ가-낙빈가樂貧歌-어부사漁夫詞-계우사-녹의ᄌᆞ탄가-사인곡-사미인곡思美人曲-상사가想思歌-상사별곡想思別曲-춘면곡春眠曲-월봉산최일경은셔상ᄉᆞ가-추풍감별곡秋風感別曲.

<가람古-811.05-J257>

장화홍년전

장화홍연젼, [저자미상著者未詳·연기미상年紀未詳]

1책(33장) 사본寫本. 21×18.8cm.

<가람古-813.5-J257>

재물보

才物譜, [편자미상編者未詳·연기미상年紀未詳]

1책(89장) 사본寫本. 30.4×22cm.

<가람古-839.51-J178>

전운옥편

교정전운옥편校訂全韻玉篇, 상. 하. [저자미상著者未詳·간년미상刊年未詳]

2책 목판본. 29.6×19.6cm.

사주쌍변四周雙邊, 반엽광곽半葉匡郭 : 21.7×16.2cm, 유계有界, 11행, 1행 16자. 판심版心 : 상흑어미上黑魚尾.

표지서명 : 옥편玉篇 판심서명版心書名 : 교정옥편校訂玉篇

<가람古-413.1-J461-v.1-2>

전운옥편

全韻玉篇, [저자미상著者未詳] 춘방장판春坊藏板. [순조 19년(1819)]

1책(152장) 목판본. 30.5×19.6cm.

사주쌍변四周雙邊, 반엽광곽半葉匡郭 : 21.2×15.2cm, 유계有界, 10행, 1행 15자. 판심版心 : 상흑어미上黑魚尾.

표제지標題紙 : 기묘己卯(1819) 신간新刊…춘방장판春坊藏板.

인印 : [황기黃耆…예소인芮笑印]

<가람古-413.1-J461a>

정 교

한국계년사韓國季年史(1864~1910) 정교鄭喬(조선) 저著. [19-]

7권 8책 사본寫本. 29.6×19.8cm.

표지서명 : 계년사季年史.

<가람古-951.054-J463b-v.1-8>

정 동유

주영편晝永編, 정동유鄭東愈(조선) 저著. [서序. 순조 5년(1805)]

2권 2책. 사본寫本. 25.8×15.7cm.

서序. 을축乙丑(1805)… [정동유鄭東愈]

인印 : [노옥魯玉. 등等]

<가람古-041-J463h-v.1-2>

정 몽주

포은선생문집圃隱先生文集, 상. 하. 정몽주鄭夢周(조선) 저著. [서序. 세종 19년(1437)]

1책(99장) 목판본. 29.8×19.4cm.

사주쌍변四周雙邊, 반엽광곽半葉匡郭 : 20.4×14.8cm, 유계有界, 10행, 1행 18자. 판심版心 : 대흑구상하내향흑어미大黑口上下內向黑魚尾.

서序 : 정통이년정사正統二年丁巳(1437)…박신朴信.

권말卷末 : 하륜 서河崙序. 영악을축榮楽乙丑(1409)……변계량 서卞季良序.

소장본 중 : 제6장 반엽낙장半葉落張

정 약용

흠흠신서欽欽新書, 정약용丁若鏞(조선) 저著. 탑인사塔印社. 융희隆熙 1년(1907)

4권 4책. 신식활자본新式活字本. 23.1×16.2cm.

서序 : 임오순조조이십이년壬午純祖朝二十二年(1822)…정약용丁若鏞 광무5년光武五年(1901)…정대무丁大懋.

발跋 : 광무5년光武五年(1901)…민치헌閔致憲

정 약전

자산어보玆山魚譜, 정약전丁若銓(조선) 저著 [19-]

3권 1책(91장) 사본寫本(후사後寫) 24.3×16.2cm.

표지서명 : 어보魚譜.

인印 : 매화옥진완梅華屋珍玩. 용화?장龍華?章

부附 : 오용午溶.

정 양

어록해語錄解 [언해諺解], 정양鄭瀁(조선) 등等 석해釋解. [발跋. 효종 8年(1657)]

1책(29장) 목판본. 27.8×20cm.

사주쌍변四周雙邊, 반엽광곽半葉匡郭 : 21×16.5cm. 무계無界,

발跋 : 황명기원지정유皇命紀元之丁酉(1657)…지우병산지현재志于屛山之縣齋.

<가람古-495.1909-J464e>

정 인보

당릉군유사징唐陵君遺事徵, 정인보鄭寅普(조선) 저著. [1928]

1책(41장) 목판본. 32.4×21.6cm.

<가람古-920.051-J464d>

정 인지

고려사高麗史, 정인지鄭麟趾(조선) 등等 봉교奉敎 수修. [간년미상刊年未詳]

19책(영본零本) 목판본. 29.8×18cm. 대소부동大小不同

사주단변四周單邊, 반엽광곽半葉匡郭 : 20.2×14.1cm, 유계有界, 9행, 1행 17자. 판심版心 : 상하흑어미上下黑魚尾.

인印 : [⋯윤지인尹之印]

소장본 : 세가世家 7~12, 17, 21~22, 26, 29~32, 37~38, 44~46권.

지志 22, 26~27, 36~37권. 표表 1권. 열전列傳 5, 16, 17, 27~28권(19책) 외外 결缺.

<가람古-951.04-J464g-v.1-19>

정 인지

고려사高麗史, 정인지鄭麟趾(조선) 등等 봉교奉敎 수修. [간년미상刊年未詳]

89책(영본零本) 목판본. 29.6×19cm. 대소부동大小不同

사주단변四周單邊, 반엽광곽半葉匡郭 : 19.8×14.3cm, 유계有界, 9행, 1행 17자. 판심版心 : 상하화문어미上下花紋魚尾. 판식부동版式不同

권수卷首 : 경태景泰 2년(1454)…정인지鄭麟趾 등 상전等上箋. 수사관修史官…공조판서工曹判書…정인지鄭麟趾 [등等 제신함명諸臣銜名]

인印 : [화산후인花山后人, 권적權迪, 계경啓卿, 임오사마壬午司馬…등용登龍]

소장본중 : 표表 2권 결缺.

<가람古-951.04-J464ga-v.1-89>

정 인지

고려사高麗史, 제 104. 정인지鄭麟趾(조선) 등等 봉교奉敎 수修. [19-]

1책(영본零本) 사본寫本. 28.6×20cm.

<가람古-951.04-J464gc>

정 인지

고려사高麗史, 권21. 정인지鄭麟趾(조선) 등等 봉교奉敎 수修. [간년미상刊年未詳]

1책(영본零本) 목판본. 29.4×18.4cm, 유계有界, 9행, 1행 17자. 판심版心 : 상하흑어미上下黑魚尾.

인印 : [···윤지인尹之印]

<가람古-951.04-J464ge-v.21>

정 준동

창선감의록彰善感義錄, 정준동鄭浚東(조선) 저著. or 김도수金道洙(조선) 저著. [연기미상年紀未詳]

1책(86장) 사본寫本. 32.2×20.8cm.

<가람古-813.5-J464c>

정 지윤

하원시초夏園詩鈔. 정지윤鄭芝潤(조선) 저著. [서序. 철종 5년(1854)]

1책(39장) 고활자본(全史字) 31.8×20.4cm.

사주단변四周單邊, 반엽광곽半葉匡郭 : 21.3×14.6cm. 10행, 1행 20자 주쌍행注雙行. 판심版心 : 상하흑어미上下黑魚尾.

권수卷首 : 함풍갑인咸豊甲寅(1854)···최성환崔瑆煥 서書.

인印 : 최진? 인崔璡? 印

<가람古-811.03-J464s>

정 철

사미인곡첩思美人曲帖, 정철鄭澈(조선) 저著. 김상숙金相肅(조선)

1책(8장) 채색도彩色圖. 사본寫本40.7×27.5cm.

권말卷末 : 갑신甲申(1764) 계하배와산인季夏坯窩散人. 지識 ᄉᆞ미인곡 (국문원본).

후기後記.

<가람古-811.05-J462sm>

정 철

송강가사松江歌辭, 상. 하. 정철鄭澈(조선) 저著. [19-]

1책(44장) 사본寫本. 31×19cm.

권말卷末 : 무인戊寅(1698)…손존서孫洊書.

정유丁卯(1747)…손관하기孫觀河記.

<가람古-811.05-J462s>

정 충신

만운집晩雲集, 정충신鄭忠信(조선) 저著. [서序. 고종 31년(1894)]

3권, 부록附錄 3권 합 2책. 고활자본(후기목활자後期木活字) 30.6×29.6cm.

사주단변四周單邊, 반엽광곽半葉匡郭 : 22.2×15.6cm. 10행, 1행 21자 주쌍

행注雙行. 판심版心 : 상하화문어미上下花紋魚尾.

권수卷首 : 세갑오歲甲午(1894)…기우만奇宇萬 서書.

숭정기원후임자崇禎紀元後壬子(1672)…원경하元景夏 서序.

<가람古-819.53-J462m-v.1-2>

정경부인이씨행록

貞敬夫人李氏行錄, [저자미상著者未詳·연기미상年紀未詳]

1책(62장) 사본寫本. 36×22.7cm.

권말卷末 : "경ᄌᆞ 이월이십사일셕교동셔"

<가람古-920.7-J466>

정남록

征南錄, 하. [저자미상著者未詳·연기미상年紀未詳]

1책(영본零本) 사본寫本. 29.2×25cm.

국문본임.

<가람古-951.053-J466>

정을선전

鄭乙善傳, [작자미상作者未詳] 융희隆熙 4년(1910)

1책(장) 사본寫本. 31.5×20cm.

<가람古-813.6-J463e>

정일당잡식

貞一堂雜識, [저자미상著者未詳·연기미상年紀未詳]

1책(31책) 사본寫本. 21.6×17.7cm.

권말卷末 : 병진 구월 십칠일…

<가람古-641.5951-J466>

정조, 조선 제22대왕

유중외대소신서윤음諭中外大小臣庶綸音, [정조 7년(1783)]

1책(29장) 고활자본(정유자丁酉字). 35.4×22.8cm.

사주단변四周單邊, 반엽광곽半葉匡郭 : 24.7×17.2cm. 10행, 1행 18자 주쌍행注雙行. 판심版心 : 상화문어미上花紋魚尾.

판심서명版心書名 : 윤음綸音. 국한문대역國漢文對譯

인印 : [규장지보奎章之]

내사기內賜記 : 건융사십팔년정월일乾隆四十八年正月日(1783)…의정부우의정議政府右議政 김욱金煜…

<가람古-349.1-J466y>

정조, 조선 제22 대왕

유호남민인등윤음諭湖南民人等綸音, 정조(조선) 저著 [정조 7년(1783)]

1책(22장) 고활자본(정유자丁酉字). 30.4×20.7cm.

사주단변四周單邊, 반엽광곽半葉匡郭 : 24.7×16.9cm. 10행, 1행 18자 주

쌍행注雙行. 판심版心 : 상화문어미上花紋魚尾.
인印 : [규장지보奎章之寶]
권말卷末 : 건융사십팔년정월일乾隆四十八年正月日…
<가람古-349.1-J466yh>

조 극선

야곡선생집冶谷先生集, 조극선趙克善(조선) 저著. [간년미상刊年未詳]
4권 2책. 고활자본(후기목활자後期木活字) 32×21.6cm.
사주쌍변四周雙邊, 반엽광곽半葉匡郭 : 23.5×17.6cm. 12행, 1행 22자 주쌍행注雙行. 판심版心 : 상하화문어미上下花紋魚尾. 표지서명 : 삼관기三官記
권수卷首 : 야곡선생사실기략冶谷先生事實記略.
<가람古-819.53-J567y-v,1-2>

조 선요, 편

자경편自警編, 조선요趙善瞭(宋) 편編. [연기미상年紀未詳]
1책(75장) 사본寫本. 29×19.4cm.(국역본)
<가람古-181.1-J569j>

조 신준

동야집사東野輯史, 금金, 석石, 손孫, 죽竹, 포匏, 토土, 초草, 목木. 조신준曹臣俊(조선) 저著. [연기미상年紀未詳]

8권 8책. 사본寫本. 31×19.7cm.

역대류편歷代類編 중中 제71~80임

인印 : [김상인金相印]

<가람古-951.008-J569d-v.1-8>

조 운흘

삼한시구감三韓詩龜鑑, 상, 중, 하. 조운흘趙云仡(고려) 정선精選. 최해崔鎜(조선) 비점批點. [19-]

1책(40장) 사본寫本(후사後寫) 33×22.8cm.

인印 : [매화옥진완梅華屋珍玩]

<가람古-811.3-J569s>

조 인, 편

흠정전당시欽定全唐詩, 조인曹寅(淸) 등等 수명受命 편編. 중국해동문서국中國海東文書局. 광서光緒 13년(1887)

32권 32책. 석판본石版本. 19.8×12.6cm.

판심서명版心書名 : 전당시全唐詩.

<가람古-895.1108-J568h-v.1-32>

조 인영

조공비명첩趙公碑銘帖, 조인영趙寅永(조선) 찬撰. [연기미상年紀未詳]

1첩帖(20절折 40면面) 탁본拓本. 36×22.8cm.

권말卷末 : 숭정기원후사경자崇禎紀元後四庚子(1840)월일입月日立.

인印 : [김세균金世均 인印]

<가람古-923.251-J568j>

조 정

동사보유東史補遺, 조정趙挺(조선) 저著. [발跋. 인조 24년(1646)]

4권 4책. 목판본. 32.8×20.8cm. 사주쌍변四周雙邊, 반엽광곽半葉匡郭 : 23.3×16.2cm, 유계有界, 10행, 1행 20자. 판심版心 : 상하화문어미上下花紋魚尾.

발跋 : 병술丙戌(1646)…조유도趙有道.

인印 : [유보씨幼輔氏]

<가람古-951.01-J568do-v.1-4>

조 찬한

현주집玄洲集, 조찬한趙纘韓(조선) 저著. 경성부京城府. 흥문당興文堂. 1927.

15권 5책. 석판본石版本. 31.5×21.3cm.

<가람古-819.53-J569h-v.1-5>

조 태동, 편

양산조씨세고楊山趙氏世稿, 조태동趙泰東(조선) 편編. [19-]

1책(86장) 사본寫本(후사後寫) 32.3×21cm.

표지서명 : 양산세고楊山世稿.

발跋 : 세사정해歲舍丁亥(1707)…십세손 조태동十世孫 趙泰東. 무자戊子(1708)…십세손十世孫 조태덕趙泰德.

<가람古-811.08-J569y>

조 학수, 편

사략요해史略要解, 권1. 조학수趙學洙(조선) 편編. [융희隆熙 4년(1910)]

1책(영본零本) 고활자본(후기목활자後期木活字) 32×20.8cm.

사주단변四周單邊, 반엽광곽半葉匡郭 : 24.4×17.5cm. 10행, 1행 22자 주쌍행注雙行 판심版心 : 상화문어미上花紋魚尾.

서序 : 경술庚戌(1910)…조학수趙學洙.

<가람古-952.01-J568s-v.1>

조 헌

중봉선생문집重峯先生文集, 부록附錄. 조헌趙憲(조선) 저著. [19-]

13권. 부록附錄 2권. 합 10책. 도판圖板. 26.5cm.

<가람古-819.52-J568j-v.1-10>

조 황, 편

삼죽사류三竹詞流, 단單. 조황趙榥(조선) 편編. [발跋. 순조 11년(1811)]

1책(39장) 사본寫本. 29.3×18.6cm.

권수卷首 : 정미丁未(1787) 삼죽옹三竹翁, 인도행서人道行序.

발跋 : 숭정崇禎 기원후紀元後 사四 신미辛未(1811)…조황趙榥.

내용목차 : 인도행人道行, 주노원격양가酒老圓擊壤歌, 병이음秉彛吟.

<가람古-811.04-J568s>

조야회통

조야회통초朝野會通抄, 태조~영조. [편자미상編者未詳]

3책. 사본寫本. 31×20.6cm. (대소부동大小不同)

<가람古-951.05-J849-v.1-3>

종 고

대혜보각선사서大慧普覺禪師書, 승僧. 종고宗杲(宋) 저著. 혜연록慧然錄. 황문창黃文昌(조선) 중편重編. 월정사月精寺 유판留板. 인조 20년(1642)

1책(108장) 목판본. 28×18.1cm.

사주단변四周單邊, 반엽광곽半葉匡郭 : 18.4×14.6cm, 유계有界, 10행, 1행 18자. 판심版心 : 상하화문어미上下花紋魚尾.

발跋 : 홍무이십년洪武二十年(1387) 정묘丁卯…이색李穡.

간기刊記 : 숭덕임오육월일崇德壬午六月日 황해도구월산월정사黃海道九月山月精寺 유판留板.

인印 : [자왈도원子曰道圓, 김택金澤, 복혜쌍수지장福慧雙修之章, 월성후인月城后人. 등]

부附 : 구자무불성화동병론狗子無佛性話棟炳論 : 만력사십사萬曆四十四…황해도송화수증黃海道松和修曾 유판留板 처희處熙 간刊.

<가람古-294.34-J732d>

주 세붕

죽계지竹溪志, 천天. 인人. 주세붕周世鵬(조선) 편찬. [간년미상刊年未詳] 2책(영본零本) 목판본. 32.9×22.4cm.

사주단변四周單邊, 반엽광곽半葉匡郭 : 22.4×18cm, 유계有界, 10행, 1행 20자. 판심版心 : 대흑구상하화문어미大黑口上下花紋魚尾.

<가람古-181.11-J869j-v.1-2>

주 희

근사록近思錄, 주희朱熹(宋) 여조겸呂祖謙(宋) 공저共著. [세종 18년(1436)] 14권 4책. 목판본. 38×24cm.

사주쌍변四周雙邊, 반엽광곽半葉匡郭 : 28.4×18.4cm, 유계有界, 9행, 1행 18자. 판심版心 : 대흑구상하화문어미大黑口上下花紋魚尾.

권수卷首 : 진근사록표進近思錄表…순우십이년淳祐十二年(1252)…엽채상표葉采上表. 순우무신淳祐戊申(1248)…엽채서葉采序. 권근權近 발跋. 영락이십년永樂二十年(1422)…변계량卞季良 발跋. 선덕구년宣德九年(1434)…김빈金鑌 발跋. 정통원년正統元年(1436)…김문金汶 발跋.

인印 : [朩令]

간기刊記 : 정통원년正統元年(1436)육월일六月日 인출印出.

<가람貴-181.1-J868g-v.1-4>

주 희

논어집주論語集註, 중, 하. 주희朱熹(宋) 찬撰. [간년미상刊年未詳]

2권(영본零本) 목판본. 29.6×19cm.

사주단변四周單邊, 반엽광곽半葉匡郭 : 20.7×14.4cm, 유계有界, 11행, 1행 21자. 판심版心 : 상하화문어미上下花紋魚尾.

판심서명版心書名 : 논어論語.

<가람古-181.1-J868n-v.2-3>

주 희, 편

논어집주論語集註, 주희朱熹(宋) 편編. 경성일보京城日報. 융희隆熙 3년 (1909)

20권 1책(218장) 21.8×14.9cm.

표제지標題紙 : 고등정도학교高等程度學校…한문과학원용漢文科學員用.

<가람古-181.1-J868nj>

주 희

논어집주대전論語集註大全, 권지 1~20. 주희朱熹(宋) 찬撰. 영영嶺營 중간重刊. [간년미상刊年未詳]

20권 7책. 목판본. 35.2×23cm.

사주쌍변四周雙邊, 반엽광곽半葉匡郭：23×18.4cm, 유계有界, 10행, 1행 22자. 판심版心：상하화문어미上下花紋魚尾.

표지서명：논어論語.

권수卷首：서설序說.

간기刊記：을축사월乙丑四月 영영嶺營 중간重刊.

<가람古-181.1-J868na-v.1-7>

주 희

논어집주대전論語集註大全, 권8~10. 주희朱熹(宋) 찬撰. [간년미상刊年未詳]

1책(영본零本) 고활자본(도활자陶活字) 23.7×15.2cm.

사주쌍변四周雙邊, 반엽광곽半葉匡郭：18.2×11.9cm. 11행, 1행 23자 주쌍행注雙行. 판심版心：상하화문어미上下花紋魚尾. 판심서명版心書名：논어論語.

<가람古-181.1-J868nb>

주 희

오조명신언행록五朝名臣言行錄, 전집前集 권1-5. 주희朱熹(宋). 모집募集：이형李衡(宋) 교정校正. [간년미상刊年未詳]

1책. 목판본. 32×19cm.

사주쌍변四周雙邊, 반엽광곽半葉匡郭：21.2×15cm, 유계有界, 11행, 1행 21자. 판심版心：상하흑어미上下黑魚尾.

서序：보우무오寶祐戊午(1258)…이거안李居安.

<가람古-177-J868o>

주 희

대학장구대전大學章句大全, 주희朱熹(宋) 찬撰. 영영장판嶺營藏板. [순조 28년(1828)]

1책(85장) 목판본. 33.3×22cm.

사주단변四周單邊, 반엽광곽半葉匡郭 : 23.2×17cm, 유계有界, 10행, 1행 18자. 판심版心 : 상화문어미上花紋魚尾.

표지서명 : 대학大學.

권수卷首 : 영종대왕어제英宗大王御製…세무인歲戊寅(1758)…순희기유淳熙己酉(1189)…주희서朱熹序.

간기刊記 : 무자戊子(1828)

<가람古-181.1-J868dd>

주 희

맹자집주대전孟子集註大全, 권지1~14. 주희朱熹(宋) 저著. [간년미상刊年未詳]

14권 7책. 목판본. 34.8×22.2cm.(대소부동大小不同)

사주쌍변四周雙邊, 반엽광곽半葉匡郭 : 23.8×18.3cm, 유계有界, 10행, 1행 22자. 판심版心 : 상하화문어미上下花紋魚尾.

표지서명 : 맹자孟子.

권수卷首 : 서설序說

제7책 말 간기刊記 : 갑신甲申 신간新刊 영영장판嶺營藏板.

인印 : [미상未詳]

(제2. 4. 7(3책)은 이판본異版本임)

<가람古-181.1-J868d-v.1-7>

주 희

중용장구대전中庸章句大全, 제1~33장. 주희朱熹(宋) 편編. 전주부가경용장판全州府柯慶龍藏板. [간년미상刊年未詳]

1책(117장) 목판본. 32×21.2cm.

사주쌍변四周雙邊, 반엽광곽半葉匡郭 : 24.6×18cm, 유계有界, 10행, 1행 21자. 판심版心 : 상하화문어미上下花紋魚尾.

권수卷首 : 순희을유淳熙乙酉(1189)…주희朱熹 서序. 독중용법讀中庸法

간기刊記 : 세경오중춘개간歲庚午仲春開刊…

<가람古-181.1-J868jd>

주 희

초사楚辭, 상, 중, 하. 주희朱熹(宋) 집주集註. 양양산림교간楊楊山林校刊. [간년미상刊年未詳]

3책. 목판본. 32.3×22.5cm.

사주쌍변四周雙邊, 반엽광곽半葉匡郭 : 23.5×17.4cm, 유계有界, 10행, 1행 18자. 판심版心 : 상하화문어미上下花紋魚尾.

인印 : [백온伯溫, 윤장겸인尹章謙印. 산압山岋]

내용목차 : 초사팔권楚辭八卷-초사변증楚辭辨證 상, 하-초사후楚辭後 어육당語六堂 고정지본藁精紙本)

<가람古-895.1108-J868co-v.1-3>

주 희

초사후어楚辭後語, 권3-4, 주희朱熹(宋) 찬撰. [간년미상刊年未詳]

1책(영본零本) 목판본. 32.4×19cm.

사주쌍변四周雙邊, 반엽광곽半葉匡郭 : 21.2×24.8cm, 유계有界, 11행, 1행 21자. 판심版心 : 대흑구상하흑어미大黑口上下黑魚尾.

인印 : [평중平仲]

<가람貴-895.1108-J868c-v.3-4>

주방문

酒方文, [저자미상著者未詳·연기미상年紀未詳]

1책(38장) 사본寫本. 23.1×15cm.

<가람古-631.1-J869>

주역언해

周易諺解, 권지1-9. 선조(조선) 명편命編. [간년미상刊年未詳]

9권 5책. 목판본. 34.4×22.8cm.

사주단변四周單邊, 반엽광곽半葉匡郭 : 24.4×16.5cm, 유계有界, 10행, 1행 18자. 판심版心 : 상하화문어미上下花紋魚尾.

표지서명 : 주해周解.

<가람古-181.1-J869e-v.1-5>

중국동국고금역대도

中國東國古今歷代圖, [편자미상編者未詳·간년미상刊年未詳]

2장. 채색지도彩色地圖. 목판본. 79.4×4.77cm.

표지서명 : 요장瞭掌

인印 : [매화옥진완梅華屋珍玩]

합철合綴 : 해전도海全圖.

<가람古-912.52-J955>

중용언해

中庸諺解, 선조(조선) 명찬命撰 숙종 10년(1684)

1책(54장) 목판본. 31.6×21cm. 사주쌍변四周雙邊, 반엽광곽半葉匡郭 : 21×16.1cm, 유계有界, 10행, 1행 19자. 판심版心 : 상하화문어미上下花紋魚尾.

인印 : [선사지기宣賜之記, 김씨진구수보金氏鎭龜守甫]

내사기內賜記 : 강희이십삼년십월십육일康熙二十三年十月十六日…김만기金萬基

<가람古-181.1-J959s>

중용언해

中庸諺解, 제1~33장. 선조(조선) 명찬命撰. 전주부 하경용 장판全州府何慶龍藏板. [간년미상刊年未詳]

1책(61장) 목판본. 31.8×21cm.

사주쌍변四周雙邊, 반엽광곽半葉匡郭 : 22×16.8cm, 유계有界, 10행, 1행 17자 주쌍행注雙行. 판심版心 : 상하화문어미上下花紋魚尾.

표지서명 : 중용언해中庸諺解.

간기刊記 : 세경오중춘개간歲庚午仲春開刊…

(국한문혼용)

<가람古-181.1-J959>

중조약장합편

中朝約章合編, [편자미상編者未詳. 고종 시時]

1책(44장) 고활자본(전사자全史字) 28.7×19cm.

사주단변四周單邊, 반엽광곽半葉匡郭 : 21.5×15.3cm. 10행, 1행 20자 주쌍행注雙行. 판심版心 : 어미무魚尾無.

<가람古-327.51052-J957>

지 영

지영초천자知永草千字, 지영智永(陳) 초草. [연기미상年紀未詳]

1첩帖(21절折 42면面) 탁본拓本. 28×17.6cm.

권말卷末 : 대관기축大觀己丑(1109)…

이면묵서裏面墨書

<가람古-754.3-J561j>

지 정

고봉화상선요高峰和尙禪要, 지정持正(?) 록錄. 홍교조洪喬祖(?) 편編. 인조 10년(1632)

1책(53장) 목판본. 26.4×16cm.

사주단변四周單邊, 반엽광곽半葉匡郭 : 19.1×12.6cm. 무계無界, 8행, 1행 18자. 판심版心 : 상하화문어미上下花紋魚尾.

표지서명 : 禪要.

권수卷首 : 지원갑오至元甲午(1354)…홍교조洪喬祖 서序.
지원갑오至元甲午(1354)…주영원朱穎遠 발跋.

간기刊記 : 숭정육년임신이월崇禎六年壬申二月…

<가람古-294.388-J516g>

지도

地圖, [작자미상作者未詳·간년미상刊年未詳]

1책(23매) 목판본. 15.6×9cm. 일엽광곽一葉匡郭 : 26.6×31.5cm.

내용목차 : 천하도天下圖-중국도中國圖-일본국도日本國圖-유구국도琉球國圖-동국팔도東國八圖-각도도各道圖

<가람古-912.5-J561>

지로가

지로가, [저자미상著者未詳·연기미상年紀未詳]

1책(18장) 사본寫本. 26×14.4cm.

<가람古-811.05-J564>

진 덕수

서산선생진문충공문장정종西山先生眞文忠公文章正宗, 권4-7. 진덕수眞德秀(宋) 찬撰 [세종 시時]

2책(영본零本) 고활자본(경자자庚子字) 33.8×19.8cm.

사주쌍변四周雙邊, 반엽광곽半葉匡郭 : 22.7×15cm. 11행, 1행 21자 주쌍행注雙行. 판심版心 : 대흑구상하내향흑어미大黑口上下內向黑魚尾.

표지서명表紙書名 : 문장정종文章正宗.

인印 : [경연經筵, 내사內賜, 정심수공正心守公, 등等]

<가람貴-895.18-J562s-v.4-7>

진 선

소학제가집주小學諸家集註, 권6. 진선陳選(明) 찬撰. [간년미상刊年未詳]

1책(영본零本) 목판본. 31.6×20.3cm.

사주단변四周單邊, 반엽광곽半葉匡郭 : 23×16.7cm, 유계有界, 10행, 1행 17자. 판심版心 : 상하화문어미上下花紋魚尾. 판심서명版心書名 : 소학집주小學集註.

발跋 : 성혼成渾. 이항복李恒福.

<가람古-181.1-J563s>

진 수

삼국지三國志, 진수陳壽(晉) 찬撰. 강남서국江南書局. 광서光緖 13년(1887)

65권 8책. 목판본. 27.6×17.2cm.

표지서명 : 진수삼국지陳壽三國志.

<가람古-952.01-J563s-v.1-8>

진 심, 편

제자품절諸子品節, 진심陳深(明) 편編. 전경당원판錢敬塘原板). [서序. 만력萬曆 18년(1590)]

50권 19책. 목판본[明版本] 28.3×17.7cm.

사주단변四周單邊, 반엽광곽半葉匡郭 : 21.7×14.2cm, 유계有界, 9행, 1행 20자. 판심版心 : 상백어미上白魚尾.

서序 : 만력경인萬曆庚寅(1950)…진심陳深

인印 : [안동후권씨장자맹용호일암安東後權氏藏字孟容号日庵…천아당차현天我堂遮晛]

<가람古-181.1082-J562j-v.1-19>

진 평년

대광익회옥편大廣益會玉篇, 권5~10. 진팽년陳彭年(宋) 봉교찬奉教撰. [세조 시時]

1책(영본零本) 고활자본(을해자乙亥字) 31.6×20.8cm.

사주단변四周單邊, 반엽광곽半葉匡郭 : 24.4×16.4cm. 10행, 1행 19자 주쌍행注雙行. 판심版心 : 대흑구상하내향흑어미大黑口上下內向黑魚尾.

인印 : [금성사군회장서화보錦城祀君檜莊書畫寶. 근신謹愼]

<가람貴-495.13-J563d-v.5-10>

진 호

예기집설대전禮記集說大全, 권지 1~30. 진호陳澔(明) 집주集註. 호광胡廣(明) 등等 수명受命 편編. [간년미상刊年未詳] 30권 15책. 목판본 33.6×21.5cm.

사주쌍변四周雙邊, 반엽광곽半葉匡郭 : 22.6×16.6cm, 유계有界, 10행, 1행 22자. 판심版心 : 상하화문어미上下花紋魚尾.

표지서명 : 예기禮記.

권수卷首 : 진호陳澔 서序. 봉칙찬수奉勅纂修…호광胡廣 [등等 제함명諸銜命]

인印 : [평강채제란인平康蔡濟蘭印. 석규石規 씨氏. 제주인 번암濟州人樊巖. 등]

(난상주欄上註)

<가람古-181.1-J562y-v.1-15>

진람

震覽, [편자미상編者未詳·연기미상年紀未詳]

1책(42장) 사본寫本. 29.2×18.8cm.

내용목차 : 이두편람吏讀便覽-이문吏文-중원십삼성추리中原十三省追理-일본노정日本路程-본국팔도지형전결本國八道地形田結 동국제읍고도산천東國諸邑古都山川-삼영문三營門 소속所屬-각사소왕록各司所任錄-각도진역산성各道鎭驛山城.

<가람古-903-J563>

진연의궤

進宴儀軌, (임인壬寅 4-11月) 광무육년光武六年(1902) 3권 4책. 도판圖版. 고활자본(정리자整理字) 35×22.9cm.

사주쌍변四周雙邊, 반엽광곽半葉匡郭 : 24.6×17.5cm. 12행, 1행 22자 주쌍행注雙行. 판심版心 : 상흑어미上黑魚尾.

<가람古-642.4-J563-v.1-4>

진작의궤

進爵儀軌, (정해丁亥-무자戊子) 순조 28년(1828)

권수卷首 : 2권, 부편附編 합 2책. 고활자본(정리자整理字) 37×24.2cm.

사주쌍변四周雙邊, 반엽광곽半葉匡郭 : 23.7×16.5cm. 12행, 1행 22자 주쌍행注雙行. 판심版心 : 상흑어미上黑魚尾.

<가람古-642.4-J562j-v.1-2>

진작의궤(무자)

進爵儀軌, (무자戊子) [순조 28년(1828)]

1책(영본零本) 고활자본(정리자整理字) 35.5×23.2cm.

사주쌍변四周雙邊, 반엽광곽半葉匡郭 : 23.7×16.6cm. 12행, 1행 22자 주쌍행注雙行. 판심版心 : 상흑어미上黑魚尾.

소장본 : 제1-2권. 부편附編(합1책) 외外 결缺.

<가람古-642.4-J562ja>

진찬의궤

進饌儀軌, (무자戊子-기축己丑) [순조 29년(1829)]

3권, 부편附編 합 3책. 고활자본(정리자整理字) 35.4×23.4cm.

사주쌍변四周雙邊, 반엽광곽半葉匡郭 : 23.8×16.8cm. 12행, 1행 22자 주쌍행注雙行. 판심版心 : 상흑어미上黑魚尾.

표지서명 : 기축진찬도己丑進饌圖.

<가람古-642.4-J562-v.1-3>

진찬의궤

進饌儀軌, (무신戊申) [헌종 14년(1848)]

3책(영본零本) 고활자본(정리자整理字) 35.4×23.2cm.

사주쌍변四周雙邊, 반엽광곽半葉匡郭 : 23.7×16.8cm. 12행, 1행 22자 주쌍행注雙行. 판심版心 : 상흑어미上黑魚尾.

표지서명 : 제1-3권(3책) 외外 결缺.

<가람古-642.4-J562m-v.1-3>

진찬의궤

進饌儀軌, (정축丁丑) [고종 14년(1887)]

2책(영본零本) 고활자본(정리자整理字) 35.4×23.6cm.

사주쌍변四周雙邊, 반엽광곽半葉匡郭 : 24.3×17.5cm. 12행, 1행 22자 주쌍행注雙行. 판심版心 : 상흑어미上黑魚尾.

소장본 : 제1, 3권(2책) 외外 결缺.

<가람古-642.4-J562e-v.1-2>

진찬의궤

進饌儀軌, 천天. 지地. 인人(병술丙戌-정해丁亥) 고종 24년(1887)

3권 3책 고활자본(정리자整理字) 31.3×21.3cm.

사주쌍변四周雙邊, 반엽광곽半葉匡郭 : 24.5×17.6cm. 12행, 1행 22자 주쌍행注雙行. 판심版心 : 상흑어미上黑魚尾.

<가람古-642.4-J562b-v.1-3>

진찬의궤

進饌儀軌, 권수卷首. 고종 29년(1892)]

1책(영본零本) 도판圖板. 고활자본(정리자整理字) 31.7×21.2cm.

사주쌍변四周雙邊, 반엽광곽半葉匡郭 : 25×17.9cm. 12행, 1행 22자 주쌍행注雙行. 판심版心 : 상흑어미上黑魚尾.

<가람古-642.4-J562a>

차 천로

좌전유초左傳類抄, 권1-2. 차천로車天輅(조선) 찬撰. [간년미상刊年未詳]

고활자본(방각본활자坊刻本活字) 25.4×18.2cm.

사주쌍변四周雙邊, 반엽광곽半葉匡郭 : 22×14.6cm. 12행, 1행 20자 주쌍행注雙行. 판심版心 : 상하화문어미上下花紋魚尾.

표지서명 : 좌전초左傳抄(1책)

<가람古-181.1-C34j-v.1-2>

창선감의록

창셜감의록, 중. [저자미상著者未詳·연기미상年紀未詳]

1책(영본零本) 사본寫本. 28×18cm.

<가람古-813.5-C3629-v.2>

창선감의록

창선감의록, 중. [저자미상著者未詳·연기미상年紀未詳]

1책(83장) 사본寫本. 27.9×19cm.

<가람古-813.5-C3629a>

창선감의록

倡善感義錄, [저자미상著者未詳·연기미상年紀未詳]

1책(40장) 사본寫本. 31.2×19.2cm.

국문본임

<가람古-813.5-C3629b>

채영, 편

서역중화해동불조원류西域中華海佛祖源流, 단單. 승僧. 채영采永(조선) 편編. 전주. 송광사. 영조 40년(1764)

1책(108장) 목판본 34.2×21.5cm.

사주쌍변四周雙邊, 반엽광곽半葉匡郭 : 23.7×16.7cm, 유계有界, 10행, 1행 24자. 판심版心 : 상하화문어미上下花紋魚尾.

판심서명版心書名 : 불조원류佛祖原流.

권수卷首 : 석가여래성도응화사적기실釋迦如來成道應化事蹟記實…대당박사大唐博士, 주발主勃.

발跋 : 건융이십구년갑신乾隆二十九年甲申 하간판우전주종남산송광사관음전夏刊板于全州終南山松廣寺觀音殿.

<가람古-294.32-C346s>

책목록

칙목녹, [편자미상編者未詳. 18-?]

1첩帖(10절折 19면面) 사본寫本 25.7×14cm. 언문궁체사본諺文宮体寫本

<가람古-015.51-C34>

처세가

處世歌, [저자미상著者未詳. 1917]

1책(47장) 사본寫本. 30×17.8cm.

권말卷末 : 정ᄉᆞ(1917)이월이십일…

<가람古-811.05-C42>

척 계광

기효신서紀効新書, 별집別集. 권15-18. 척계광戚繼光(明) 저著. [간년미상刊年未詳]

1책(영본零本) 도圖. 고활자본(훈련도감소활자訓練都監小活字?)

25.7×17.9cm.

사주쌍변四周雙邊, 반엽광곽半葉匡郭 : 19.7×13.2cm. 11행, 1행 20자. 판심版心 : 상하화문어미上下花紋魚尾.

<가람古-355-C421g>

천 수경, 편

풍요속선風謠續選, 천수경千壽慶(조선) 편編. 장혼張混(조선) 교校. [발跋. 정조 21년(1797)]

7권 3책. 고활자본庚辰印書字 30.5×19cm.

사주쌍변四周雙邊, 반엽광곽半葉匡郭 : 21.8×13.7cm. 10행, 1행 20자 주쌍행注雙行. 판심版心 : 상백어미上白魚尾.

표제지表題紙 : 운각활자芸閣活字 송석원장松石園藏…성상聖上 이십일년정사二十一年丁巳 수집蒐集.

서序 : 세정사歲丁巳(1797)…홍양호洪良浩, 정창순鄭昌順, 이가환李家煥.

발跋 : 정사丁巳…정이조丁彛祚, 이시선李是璿, 이덕함李德涵.

<가람古-811.06-C422P-V.1-3>

청구시초

靑邱詩鈔, [편자미상編者未詳. 1915]

1책(32장). 고활자본丁酉字 37.2×24cm.

사주단변四周單邊, 반엽광곽半葉匡郭 : 26.6×17cm. 10행, 1행 20자. 판심版心 : 상화문어미上花紋魚尾.

<가람古-811.03-C422>

청구야담

靑邱野談, 권1~5. [저자미상著者未詳. 19-]

3책(영본零本). 사본寫本(후사後寫) 24.3×16.9cm.

<가람古-813.08-C422-v.1-3>

청구야담

청구야담, 권지 1~19. [저자미상著者未詳. 19-]

19책(영본零本) 사본寫本. 33.6×23cm.

표지서명 : 청구야담靑丘野談.

인印 : [매화옥진완梅花屋珍玩](국문본임)

소장본 중 : 제20권(1책) 결缺.

<가람古-813.08-C422y-v.1-19>

청야담수

靑野談藪, 제 1~6책. [편자미상編者未詳·연기미상年紀未詳]

6책(영본零本) 사본寫本. 26.8×19.7cm.

<가람古-813.5-C422s-v.1-6>

청운잡총

靑韻雜叢, [편자미상編者未詳. 19-]

1책(61장) 사본寫本. 31.6×20.6cm.

일본 동경 상야 제국도서관日本東京上野帝國圖書館 소장所藏의 사본寫本.

인印 : [매화옥진완梅華屋珍玩]

내용목차 : 매옹문록梅翁聞錄-이순록二旬錄-풍암집화楓巖輯話-수미청사修眉淸史.

<가람古-813.5-C422c>

최 경환, 편

대동역사大東歷史, 상. 하. 최경환崔景煥(조선) 편編. 정교鄭喬(조선) 허열許閱. [광무光武 9년(1905)]

5권 2책. 도圖. 고활자본(전사자全史字) 31.6×20.2cm.

사주단변四周單邊, 반엽광곽半葉匡郭 : 24.1×16.2 10행, 1행 22자 주쌍행注雙行. 판심版心 : 상하화문어미上下花紋魚尾.

<가람古-951.01-C453d-v.1-2>

최 경흠, 편

풍요삼선風謠三選, 최경흠崔景欽(조선)편編. [발跋. 철종 8년(1857)]

7권 3책, 고활자본庚辰印書字 31×19cm.

사주단변四周單邊, 반엽광곽半葉匡郭 : 21.7×14.1cm 10행, 1행 20자 주쌍행注雙行. 판심版心 : 상백어미上白魚尾.

서序 : 상지팔년정사上之八年丁巳(1857)…정원용鄭元容, 조두순趙斗淳.

발跋 : [정사丁巳]…장지완張之琬.

<가람古-811.04-C453p-v.1-3>

최 곤

의송헌유고倚松軒遺稿, 최곤崔崐(조선) 저著. [발跋. 1919]

2권 1책(54장). 고활자본(후기목활자後期木活字) 32.4×20.8cm.

사주단변四周單邊, 반엽광곽半葉匡郭 : 21.3×16.4cm. 10행, 1행 20자 주

쌍행注雙行. 판심版心 : 상하화문어미上下花紋魚尾.

발跋 : 기미己未(1919) 오대五代 손중섭孫重燮.

<가람古-819.55-C453g>

최 규서

성취첩星聚帖, 최충정진적崔忠貞眞蹟. 최규서崔奎瑞(조선) 서書. [연기미상年紀未詳]

1첩帖(24절折 47면面) 사본寫本. 28.5×18cm.

서序 : 을유乙酉(?)…신대우申大羽.

인印 : [정문鄭文? 인印, 윤지允止]

<가람古-811.54-C453s>

최 기남

구곡시고龜谷詩稿, 최기남崔奇男(조선) 저著. [서序. 현종 6년(1665)]

3권 1책(44장) 목판본. 25.6×16.6cm.

사주쌍변四周雙邊, 반엽광곽半葉匡郭 : 18.8×13cm/ 유계有界, 9행, 1행 20자. 판심版心 : 상하화문어미上下花紋魚尾.

서序 : 을사乙巳(1665)…백헌서白軒書.

<가람古-819.53-C453j>

최 세진

박통사신석언해朴通事新釋諺解, 권1. 최세진崔世珍(조선) 저著. 김창조金昌祚(조선) 편編. [간년미상刊年未詳]

1책(영본零本) 목판본. 33×21.2cm.

사주단변四周單邊, 반엽광곽半葉匡郭 : 21.5×15.5cm, 유계有界, 10행, 1행 20자. 판심版心 : 상하화문어미上下花紋魚尾.

표지서명 : 박해상朴解上.

(적토赤吐)

<가람古-495.1824-G995b-v.1>

최 세진, 편

사성통해四聲通解, 상, 하. 최세진崔世珍(조선) 편編. [간년미상刊年未詳]

2권 1책(167장) 목판본(後刷) 33.6×21.2cm.

사주쌍변四周雙邊, 반엽광곽半葉匡郭 : 23.4×16.1cm, 유계有界, 10행, 1행 18자. 판심版心 : 상하화문어미上下花紋魚尾.

판심서명版心書名 : 통해通解.

서序 : 정덕십이년正德十二年(1517) 정축丁丑…최세진崔世珍.

인印 : [동신옹同愼翁]

(언해본諺解本임)

<가람古-495.115-C456s>

최 세진

운회옥편韻會玉篇, 권상. 최세진崔世珍(조선) 저著. [서序. 중종 31년(1536)]

1책(영본零本) 목판본 32.2×22cm.

사주쌍변四周雙邊, 반엽광곽半葉匡郭 : 23.6×16.8cm, 유계有界, 9행, 1행 17자. 판심版心 : 대흑구내향상하흑어미大黑口內向上下黑魚尾.

서序 : 가정嘉靖 15년(1536) 최세진崔世珍.

최 세진

이문집람吏文輯覽, 권2-4. 최세진崔世珍(조선) 봉교찬奉敎撰 [광해군 시時?]

1책(영본零本) 목판본(後刷) 32.4×21.2cm.

사주쌍변四周雙邊, 반엽광곽半葉匡郭 : 22.2×16cm, 유계有界, 10행, 1행 18자. 판심版心 : 상하화문어미上下花紋魚尾.

권수卷首 : 가정십팔년嘉靖十八年(1539)…최세진崔世珍 봉교찬집奉敎撰集.

인印 : [이??지인李??之印]

부록附錄 : 이문속집집람吏文續集輯覽.

<가람古-411.1-C456i>

최 언명

졸고천백拙藁千百, 최언명崔彦明(고려) 저著. [19-]

2권 1책(77장) 사본寫本(후사後寫). 35×22.4cm.

인印：[매화옥진완梅華屋珍玩]

<가람古-819.4-C453j>

최 익효, 편

대방세고帶方世稿, 최익효崔翊孝(조선) 편編. [19-]

17권 5책. 신식활자본新式活字本. 32.5×20.3cm.

내용목차：미능재선생집未能齋先生集-성만선생집星灣先生集-폄재선생집砭齋先生集-오주선생집鰲州先生集-간호집艮湖集.

<가람古-819.5-C454d-v.1-5>

최 일하

월암집月巖集, 최일하崔一河(조선) 저著 [19-]

3권 1책(80장) 고활자본(후기목활자後期木活字). 32.4×20.2cm.

사주단변四周單邊, 반엽광곽半葉匡郭：21.3×16.6cm. 10행, 1행 20자 주쌍행注雙行. 판심版心：상하화문어미上下花紋魚尾.

<가람古-819.55-C454w>

최 입

원수권공행주대첩비元帥權公幸州大捷碑, 최입崔岦(조선) 찬撰. 한호韓濩(조선) 서書. 김상용金尙容(조선) 전篆. 선조 35년(1602) 입立. [연기미상年紀未詳]

1첩帖(30절折 58면面) 탁본拓本. 34.6×23.7cm.

표지서명 : 권공행주대첩비權公幸州大捷碑.

내용목차 : 원수권공행주대첩비元帥權公幸州大捷碑-원수권공비음기元帥權公碑陰記 이항복기李恒福記, 김현성서金玄成書-추기병명追記幷銘 조인영찬趙寅永撰, 이유원서李裕元書. 헌종 11년(1845) 입立.

<가람古-754.3-C455w>

최 입

한사열전초漢史列傳抄, 갑집甲集. 최입崔岦(조선) 구결口訣. [광해군 시時?]

1책(사본寫本) 목판본. 35.8×22cm. 사주쌍변四周雙邊, 반엽광곽半葉匡郭 : 25.2×16.4cm, 유계有界, 10행, 1행 18자. 판심版心 : 상하화문어미上下花紋魚尾.

<가람古-952.01-C455h>

최 입

한사열전초漢史列傳抄, 병丙. 최입崔岦(조선) 구결口訣. [광해군 시時?]

1책(사본寫本) 고활자본(훈련도감자訓練都監字). 33.1×19.8cm.

사주쌍변四周雙邊, 반엽광곽半葉匡郭 : 26.7×16.5cm. 10행, 1행 18자 주쌍행注雙行. 판심版心 : 상하화문어미上下花紋魚尾.

표지서명 : 한사漢史.

<가람古-952.01-C455ha-v.3>

최 제우

용담유사, 최제우崔濟愚(조선) 저著. [19-]

1책(25장) 사본寫本. 35.6×23cm.

내용목차 : 교훈가-안심가-용담가-몽즁가-도슈가-권학가-도덕가-홍비가.

<가람古-811.05-C454y>

최 찬

송와유고松窩遺稿, 최찬崔纘(조선) 저著. [발跋. 1919]

2권 1책(71장) 고활자본(후기목활자後期木活字) 32.4×21cm.

사주단변四周單邊, 반엽광곽半葉匡郭 : 21.4×16.4cm. 10행, 1행 20자 주쌍행注雙行. 판심版心 : 상하화문어미上下花紋魚尾.

발跋 : 세기미歲己未(1919) 손평지孫坪識.

<가람古-819.55-C453s>

최 한기

육해법陸海法, 상. 하. 최한기崔漢綺(조선) 저著. [서序. 순조 34년(1834)]

1책(35장) 도圖. 목판본. 31×20cm.

사주쌍변四周雙邊, 반엽광곽半葉匡郭 : 22.4×14.8cm, 유계有界, 10행, 1행 21자. 판심版心 : 상백어미上白魚尾.

서序 : 도광갑오道光甲午(1834)…최한기崔漢綺.

<가람古-333.913-C454y>

최 항

태허정집太虛亭集, 권지 1-4. 최항崔恒(조선) 저著. [간년미상刊年未詳]

4권 2책. 고활자본(후기목활자後期木活字) 32.7×21.2cm.

사주단변四周單邊, 반엽광곽半葉匡郭 : 22.7×17cm. 11행, 1행 20자 주쌍행注雙行. 판심版心 : 상하화문어미上下花紋魚尾.

서序 : 병오丙午(1486)…서거정徐居正.

권말卷末 : 숭정崇禎 기원후紀元 後 팔십년八十年(1707) 정해丁亥…최시옹崔是翁, 중간重刊 발跋,

세정미歲丁未(?)…십육세손十六世孫, 최병하崔炳夏, 중간重刊 신발新跋.

<가람古-819.51-C454t-v.1-2>

추월가

秋月歌, [저자미상著者未詳. 광무光武 9년(1905)]

1책(20장) 사본寫本. 33.6×23.6cm.

권말卷末 : 을사(1905) 팔월십사일 한호漢皓.

<가람古-813.5-C458>

축 목, 편

신편고금사문유취新編古今事文類聚, 축목祝穆(宋) 편編. [명종 시時]

2책(영본零本) 고활자본(甲辰字) 28.4×18.8cm.

사주단변四周單邊, 반엽광곽半葉匡郭 : 20.8×15.2cm. 12행, 1행 19자 주쌍행注雙行. 판심版心 : 상하세화문어미上下細花紋魚尾.

소장본 : 제69권. 제126-130권(2책) 외外 결缺

<가람貴-039.51-C471-69.126-30>

춘향전

春香傳, 상. 하. [저자미상著者未詳] 전주傳注, 다가서포多佳書舖, 대정大正 5년(1916)

45×39매. 목판본. 26cm.

<가람古-813.5-C472a>

춘향전

春香傳, [저자미상著者未詳·간년미상刊年未詳]

1책落張本 목판본. 25.8×18.7cm.

사주단변四周單邊, 반엽광곽半葉匡郭 : 19.7×15.8cm, 유계有界, 13행, 1행 자수부동字数不同. 판심版心 : 상하흑어미上下黑魚尾.

<가람古-813.5-C472m>

춘향전

春香傳, [저자미상著者未詳·간년미상刊年未詳]

1책(낙장본落張本) 목판본. 25.7×18.6cm.

사주단변四周單邊, 반엽광곽半葉匡郭 : 19.6×15.3cm, 유계有界, 13행, 1행 자수부동字数不同. 판심版心 : 상하흑어미上下黑魚尾.

<가람古-813.5-C472n>

치사

致詞, [연기미상年紀未詳]

1첩帖(5절折, 12면面) 사본寫本. 34×12.6cm. (예문例文)

<가람古-808.5-C447>

탁지부, 편

탁지준절度支準折, 탁지부度支部(조선) 편編. [19-]

1책(175장) 사본寫本(후사後寫) 27.3×19.5cm.

<가람古-336.2-T126t>

탄수유고

炭叟遺稿, [저자미상著者未詳·연기미상年紀未詳]

2권 1책(54장) 사본寫本. 28×20.4cm.

<가람古-819-T152>

태학은배시집

太學恩杯詩集, 정조(조선) 명찬命撰. [정조 22년(1798)]

5권 2책. 고활자본(생생자生生字) 28.6×17.8cm.

사주쌍변四周雙邊, 반엽광곽半葉匡郭 : 21.6×13.9cm. 10행, 1행 20자. 판심版心 : 상흑어미上黑魚尾.

서序 : 어제御製…병서해幷序解…

발跋 : 이만수李晩秀.

인印 : [규장지보奎章之寶]

<가람古-811.03-T122-v.1-2>

토끼전

토긔젼, [저자미상著者未詳. 광무光武 7년(1903)]

1책(42장) 사본寫本 29.6×17.5cm.

권말卷末 : 계묘원월癸卯元月(1903) 일日…이자책移字冊, 황성거皇城居 김화서金華書, 주인主人 이문영李文寧.

<가람古-813.53-T572>

통신원, 편

전장기傳掌記, 통신원通信院(조선)편編 [光武 9-10년(1905-6)]

1책(75장) 사본寫本 27×25cm.

표지 : 광무십년팔월光武十年八月 일전日前 통신원通信院 참서관參書官 조동원趙東源.

인印 : [통신원인通信院印]

<가람古-383-T614>

투보

骰譜, [편자미상編者未詳·연기미상年紀未詳]

1책(10장) 도圖 사본寫本. 22.7×16cm.

<가람古-795.1-T79>

파수록

罷睡錄, [편자미상編者未詳. 19-]

1책(31장) 사본寫本(후사後寫) 25.7×15.6cm.

<가람古-813.5-P269>

판부규식

判付規式, [편자미상編者未詳·연기미상年紀未詳]

1첩帖(25절折 51면面) 사본寫本. 14.1×8cm.

<가람古-349.102-P192>

팔선와유도

八仙臥游圖, [편자미상編者未詳·연기미상年紀未詳]

1책(58장) 사본寫本. 28×18.6cm.

표지서명 : 팔선와유도捌僊臥游圖.

표지表紙 : 유조투제격游兆投提格.

팔양경

불설천지팔양신주경佛說天地八陽神呪経, 삼장법사三藏法師(唐) 봉조 역奉詔譯, 양주楊洲, 불암사 장판佛巖寺藏板. 정조 19년(1795)

1책(29장) 목판본. 30.2×20.5cm.

사주쌍변四周雙邊, 반엽광곽半葉匡郭 : 21.5×16cm, 유계有界, 11행, 1행 22자. 판심版心 : 상하화문어미上下花紋魚尾.

표지서명 : 천지팔양경天地八陽經.

간기刊記 : 상지십구년上之十九年 건융을묘모춘개간양주천보산불암사장판乾隆乙卯暮春開刊楊洲天寶山佛巖寺藏板.

표충사지

表忠祠志, 단單. [편자미상編者未詳] 청주. 표충사장판表忠祠藏板. [영조 49년(1773)]

1책(53장) 목판본. 29.7×18.9cm.

사주단변四周單邊, 반엽광곽半葉匡郭 : 20.7×14.8cm, 유계有界, 10행, 1행 20자. 판심版心 : 상흑어미上黑魚尾.

서序 : 상지사십오년上之四十五年(1769) 을축乙丑…홍계희洪啓禧. 계사癸巳(1773)…조정趙晸.

권말卷末 : 계사삼월일癸巳三月日…잉장판우청주지표충사仍藏板于淸州之表忠祠.

<가람古-915.13-P996>

하곡선생연보

霞谷先生年譜, [편자미상編者未詳·년기미상年紀未詳]

1책(24장) 사본寫本. 31.6×21cm. [선생성정씨휘제두자사앙先生姓鄭氏諱齊斗字士仰, 호號 하곡霞谷임]

<가람古-921.9111-J464h>

학부편집국, 편

만국약사萬國略史, 학부편집국學部編輯局(조선) 편編. [1896]

1책(영본零本) 고활자본(정리자整理字) 28×18.4cm.

발跋 : 건양원년建陽元年(1896)…이경식李庚植.

소장본 중 : 제2권(1책) 외外 결缺.

(국한문혼용)

<가람古-909-H12m>

한 유

석고가石鼓歌, 한유韓愈(唐) 저著. 강세황姜世晃(조선) 서書. [정조 4년(1780)]

4첩帖 사본寫本. 30.2×19cm.

인印 : [강세황姜世晃 인印]

<가람古-754.3-H19s-v.1-4>

한 유

주문공교창려선생집朱文公校昌黎先生集, 한유韓愈(唐) 저著. 주희朱熹(宋) 교校. [세종 시時]

3책(영본零本) 고활자본(갑인자甲寅字) 34.4×21.4cm.

사주쌍변四周雙邊, 반엽광곽半葉匡郭 : 26.2×16.8cm. 10행, 1행 18자 주쌍행注雙行. 판심版心 : 상하하향흑어미上下下向黑魚尾.

판심서명版心書名 : 창문昌文.

표지서명表紙書名 : 한문韓文.

인印 : [창려후학성수침중옥昌黎後學成守琛仲玉, 청송거사聽松居士]

소장본 : 제13~14권. 제26~28권. 제35~38권(3책) 외外 결缺

<가람古-895.19-H19j-v.13>

한 호

천자문千字文, 한호韓護(조선) 봉교서奉教書. 숙종 20년(1694)

1책(46장) 목판본. 41.2×25.5cm.

사주쌍변四周雙邊, 반엽광곽半葉匡郭 : 30.3×20.8cm, 유계有界, 3행 1행 4자. 판심版心 : 상하화문어미上下花紋魚尾.

표지서명 : 석봉천자문石峰千字文.

서序 : 숭정기원후육십사년崇禎紀元後六十四年(1691) 신미辛未··· [숙종]

권말卷末 : 만력십일년정월일萬曆十一年正月日 부사과신한호봉교서이십구년副司果臣韓護奉教書二十九年 신축 칠월일辛丑七月日 내부 개간內府開刊 갑술 중간甲戌重刊.

<가람古-418.3-H19ca>

한 호

석봉청묘초려시서石峯清妙草慮詩序, 한호韓護(조선) 찬撰. 병서幷書 [간년미상刊年未詳]

1책(30장) 목판본(後刷) 33.8×24.4cm.

표지서명 : 석봉서첩石峯書帖.

권말卷末 : 만력입년세재신축萬曆卄季歲在辛丑(1601)···

부附 : 위부인서법衛夫人書法.

<가람古-754.2-H19S>

해동가곡

海東歌曲, [편자미상編者未詳·연기미상年紀未詳]

1책(36장) 사본寫本 27.6×18cm. (국한문혼용)

내용목차內容目次 : 관동별곡關東別曲-사미인곡思美人曲-속미인곡續美人曲-성산별곡星山別曲-별사미인곡別思美人曲-갑민가甲民歌.

<가람古-811.05-H118>

해동만고가

海東萬古歌, [저자미상著者未詳·연기미상年紀未詳]

1책(27장) 사본寫本 23.2×23.8cm.

인印 : [백단伯亶. 윤尹. 등等]

가평인유暇平人愈

<가람古-811.05-H118>

해동문헌총록

海東文獻總錄, [편자미상編者未詳. 19-]

1책(78장) 사본寫本 35.2×23cm.

서序 : 숭정십년정축崇禎十年丁丑(1637)…김휴서金烋書.

인印 : [매화옥진완梅華屋珍玩]

<가람古-015.51-H118>

행실록

행실록, [작자미상作者未詳·간년미상刊年未詳]

1책(26장) 사본寫本 27.4×18.1cm.

<가람古-813.53-H118>

허 균

학산초담초鶴山樵談抄, 허균許筠(조선) 저著. [연기미상年紀未詳]

1책(15장) 사본寫本. 33×17.7cm.

<가람古-813.5-H41h>

허 균

홍길동전, [허균許筠 저著] 전주. 다가서포多佳書鋪. 대정大正 5[1916]

36매. 목판본. 27½cm.

<가람古-813.53-H41h>

허 균

홍길동전, [허균許筠(조선) 저著]. [간년미상刊年未詳]

1책(24장) 목판본. 29.3×20.4cm.

사주단변四周單邊, 반엽광곽半葉匡郭 : 21.4×17.5cm, 유계有界, 14행 1행 20자. 판심版心 : 상화문어미上花紋魚尾.

<가람古-813.53-H41ha>

허 난설헌

난설헌집蘭雪軒集, 허난설헌許蘭雪軒(조선) 저著. [연기미상年紀未詳]

1책(18장) 도圖 사본寫本. 25×15.4cm.

표지서명 : 화주花珠.

부附 : 이옥봉집李玉峯集.

(난설헌蘭雪軒 : 본명 허초희許楚姬, 허균許筠의 매妹, 김성립金誠立의 처妻)

<가람古-819.52-H41n>

허 준

언해두창집요諺解痘瘡集要, 권하. 허준許浚(조선) 봉교찬奉敎撰. 선조 40년(1607)

1책(영본零本) 목판본. 33×32.2cm.

사주단변四周單邊, 반엽광곽半葉匡郭 : 22.7×17cm, 유계有界, 11행, 1행 20자. 판심版心 : 상하화문어미上下花紋魚尾.

<가람貴-615.135-H41e-v.2>

허 준, 편

언해태산집요諺解胎產集要, 허준許浚(조선) 봉교찬奉敎撰. [간년미상刊年未詳]

1책(58장) 사본寫本. 25.2×24cm.

<가람古-615.135-H41e>

헌종, 조선 제24대왕

논중외대소민인등척사윤음論中外大小民人等斥邪綸音, [헌종 5년(1839)]

1책(16장) 고활자본丁酉字 34.7×23cm.

사주단변四周單邊, 반엽광곽半葉匡郭 : 25×16.9cm. 10행, 1행 18자 주쌍행注雙行. 판심版心 : 상화문어미上花紋魚尾.

표지서명 : 척사윤음斥邪綸音.

권말卷末 : 규장각제학 조인영 찬진奎章閣提學趙寅永撰進.

인印 : [규장지보奎章之寶] 내사기內賜記 : 도광십구십일월일道光十九十一月日…장인식張寅植

(국한문대역國漢文対譯)

<가람古-349.1-H41s>

혁련정

대화엄수좌원통양중대사균여전大華嚴首座圓通兩重大師均如傳, 혁련정赫連挺(?) 저著.

1책(10장) 목판본. 33.8×29.6cm.

표지서명 : 균여전均如傳.

서序 : 혁련정赫連挺.

권말卷末 : 함옹십일년咸雍十一年(1075)…정월일후서正月日後序.

인印 : 매화옥진완梅花屋珍玩

<가람古-922.943-G999h>

현씨양웅록

玄氏兩雄錄, [저자미상著者未詳. 1916]

1책(56장) 사본寫本. 34.7×20.4cm.

표지이면表紙裏面 : 대정 오년大正五年(1913) 칠월이십이일七月二十二日

<가람古-813.55-H996h>

현씨양웅록

玄氏兩雄錄, [저자미상著者未詳·연기미상年紀未詳]

1책(78장) 사본寫本. 31.8×17.4cm.

표지서명 : 현씨양웅록玄氏兩雄錄.

권말卷末 : 경ᄉ치월십ᄉ일…

<가람古-813.55-H996y>

협률대성

協律大成, [편자미상編者未詳·연기미상年紀未詳]

1책(92장) 도圖 사본寫本. 35.4×23.4cm.

강릉江陵 이근우李根宇 소장에 의한 사본寫本.

인印 : [매화옥진완梅華屋珍玩]

<가람古-781.751-H995>

협주명현십초시

夾注名賢十抄詩, 상. 중. 하. [편자미상編者未詳. 발跋. 문종 2 년(1450)]

3책. 목판본. 34×21.4cm.

사주쌍변四周雙邊, 반엽광곽半葉匡郭 : 24.5×16.8cm, 유계有界, 10행, 1행 20자. 판심版心 : 대흑구상하내향흑어미大黑口上下內向黑魚尾.

발跋 : 경태삼년임신景泰三年壬申(1450)…권람權擥.

인印 : [미상未詳]

<가람貴-895.1108-H995-v.1-3>

혜각존자

목우자수심결牧牛子修心訣, 혜각존자慧刻尊者(조선) 언해諺解. 합천봉서사陜川鳳栖寺. [연산군 5년(1499)]

1책(54장) 목판본. 25.7×17.6cm.

사주단변四周單邊, 반엽광곽半葉匡郭 : 17.8×12.7cm, 유계有界, 9행, 1행 17자. 판심版心 : 대흑구상하내향흑어미大黑口上下內向黑魚尾.

표지서명 : 지남문指南文.

간기刊記 : 홍치12년弘治十二年(1489)경신중동유일경상도庚申仲冬有日慶尙道 합천천토가야산봉서사개간陜川川土伽耶山鳳栖寺開刊.

인印 : [용화산방장龍華山房藏]

부록附錄 : 법어法語

<가람古-294.315-H118m>

혜각존자

법어法語, [언해諺解] 혜각존자慧刻尊者(조선) 역결譯訣. 연산토고운사連山土孤雲寺. [중종 12년(1517)]

1책(71장) 도圖. 목판본. 27×16.8cm.

상하단변上下單邊, 좌우쌍변左右雙邊, 반엽광곽半葉匡郭 : 20.8×13.5cm, 유계有界, 7행, 1행 18자. 판심版心 : 대흑구상하내향흑어미大黑口上下內向黑魚尾.

간기刊記 : 정덕십이년正德十二年(1517) 정축계하유일丁丑季夏有日 충청도연토고운사개간忠淸道連土孤雲寺開刊.

인印 : [용화산소장龍花山所藏]

부록附錄 : 몽산화상법어약록蒙山和尙法語略錄.

<가람古-294.33-H118b>

혜경궁홍씨

한중록, 권지 1~6. 혜경궁홍씨惠慶宮洪氏(조선) 저著. [연기미상年紀未詳]

6권 6책. 사본寫本. 29×18.5cm.

표지서명 : 한중록閑中錄. 예禮, 악楽, 사射, 어御, 서書, 수数.

인印 : [매화옥진완梅華屋珍玩]

(국문본)

<가람古-813.54-H994h-v.1-6>

호 광, 편

서전대전書傳大全, 호광胡廣(明) 등等 수명受命 편編. 영영중간嶺營重刊. [간년미상刊年未詳]

10권 10책. 도圖. 목판본. 34.4×22.6cm.

사주쌍변四周雙邊, 반엽광곽半葉匡郭 : 23.3×18cm, 유계有界, 10행, 1행 22자. 판심版心 : 상하화문어미上下花紋魚尾.

표지서명 : 서전書傳.

서序 : 가정기사嘉靖己巳(1209)…채심蔡沈.

<가람古-181.1-H65se-v.1-10>

호 광

성리군서집람대전性理群書集覽大全, 호광胡廣(明) 등等 봉교奉教 찬纂. 정덕正德 7년(1512)

4책(영본零本) 중국목판본. 24.7×14.5cm.

사주쌍변四周雙邊, 반엽광곽半葉匡郭 : 19.3×12.8cm, 유계有界, 12행, 1행 24자. 판심版心 : 대흑구상하하향흑어미大黑口上下下向黑魚尾.

표지서명 : 성리대전性理大全.

권수卷首 : 어제서御製序…영락십삼년永樂十三年(1415) [성조成祖] 진서표進書表…호광胡廣 [등等 제신諸臣 함명銜名)]

간기刊記 : 정덕임신세중간正德壬申歲重刊.

인印 : [임흘?이任屹?爾]

소장본 : 권1-7. 22-23(4책) 외外 결缺

<가람貴-181.1-H65sb-v.1->

호 광, 편

시전대전詩傳大全, 권1~20. 호광胡廣(明) 등等 수명受命 편編. 영영중간嶺營重刊. [간년미상刊年未詳]

20권 10책. 도圖. 목판본. 35×22.9cm.

사주쌍변四周雙邊, 반엽광곽半葉匡郭 : 23.6×18.4cm, 유계有界, 10행, 1행 22자. 판심版心 : 상하화문어미上下花紋魚尾.

표지서명 : 시전詩傳.

인印 : 순희사년淳熙四年(1177) 정유丁酉…주희朱熹 서序.
봉칙찬수奉勅纂修…호광胡廣 [등等 제신諸臣 함명銜名].

간기刊記 : 을축사월영영중간乙丑四月嶺營重刊.

<가람古-181.1-H65s-v.1-10>

호 광, 편

시전대전詩傳大全, 권11~20. 호광胡廣(明) 등等 수명受命 편編. [간년미상刊年未詳]

1책(영본零本) 사본寫本. 30.6×20.6cm.

표지서명 : 시전詩傳.

(난상欄上 주註)

<가람古-181.1-H65sd>

호 광

예기집설대전禮記集說大全, 권13~17. 호광胡廣(명) 등等 봉칙奉勅 찬撰. [세종 시時]

1책(영본零本), 목판본. 36.4×21.8cm.

사주쌍변四周雙邊, 반엽광곽半葉匡郭 : 24.9×16.6cm, 유계有界, 10행, 1행 22자. 판심版心 : 대흑구상하내향흑어미大黑口上下內向黑魚尾.

인印 : [경사景糸. 등]

<가람貴-181.1-H65y-v.13-17>

호 광, 편

주역전의대전周易傳義大全, 총목總目. 호광胡廣(明) 등等 수명受命 편編. [간년미상刊年未詳]

1책(영본零本) 목판본. 34.5×22.5cm.

사주쌍변四周雙邊, 반엽광곽半葉匡郭 : 23.7×18.5cm, 유계有界, 10행, 1행 22자. 판심版心 : 상하화문어미上下花紋魚尾.

표지서명 : 역전易傳.

<가람古-181.1-H65j>

호 광, 편

주역전의대전周易傳義大全, 호광胡廣(明) 등等 수명受命 편編. 영영중간嶺營重刊. [간년미상刊年未詳]

24권 13책. 목판본. 35.9×23.6cm.

사주쌍변四周雙邊, 반엽광곽半葉匡郭 : 22.9×18.5cm, 유계有界, 10행, 1행 22자. 판심版心 : 상하화문어미上下花紋魚尾.

표지서명 : 주역周易.

간기刊記 : 무년사월戊年四月…

<가람古-181.1-H65j-v.1-13>

호 원

춘추호씨전春秋胡氏傳, 호원胡瑗(宋) 찬撰. [간년미상刊年未詳]

30권 10책. 목판본. 33.5×21cm.

사주쌍변四周雙邊, 반엽광곽半葉匡郭 : 23.1×16.2cm, 유계有界, 10행, 1행 19자. 판심版心 : 상하화문어미上下花紋魚尾.

표지서명 : 춘추春秋.

판심서명版心書名 : 호전胡傳.

<가람古-181.1-H65c-v.1-10>

홍 계희, 편

국조악장國朝樂章, 홍계희洪啓禧(조선) 서명응徐命膺(조선) 등等 편編. [간년미상刊年未詳]

1책(42장) 고활자본改鑄甲寅字 35×23cm.

사주쌍변四周雙邊, 반엽광곽半葉匡郭 : 23.9×17cm. 10행, 1행 17자 주쌍행注雙行. 판심版心 : 상화문어미上花紋魚尾.

권수卷首 : 어제御製…발문跋文…세을유歲乙酉(1765)…견양봉교서見庠奉教書.

소장본 중 : 제39장(1장) 결缺.

<가람古-811.051-H757a>

홍 계희, 편

국조악장國朝樂章, 홍계희洪啓禧(조선) 서명응徐命膺(조선) 등等 편編. [간년미상刊年未詳]

1책(44장) 고활자본(개주갑인자改鑄甲寅字) 34×22.4cm.

사주쌍변四周雙邊, 반엽광곽半葉匡郭 : 24.1×17cm. 10행, 1행 17자 주쌍행注雙行. 판심版心 : 상화문어미上花紋魚尾.

발跋 : 어제御製…발문跋文…세을유歲乙酉(1765)…견양봉교편집見庠奉教編輯…홍계희洪啓禧(등等 제신諸臣 함명銜命)

(충식본虫蝕本임)

<가람古-811.051-H757g>

홍 계희

삼운성휘三韻聲彙, 상, 하. 보補 홍계희洪啓禧(조선) 저著. 예각芸閣. 영조27년(1751)

3책. 목판본. 33.2×21cm.

사주쌍변四周雙邊, 반엽광곽半葉匡郭 : 22×15.8cm, 유계有界, 9행, 1행 7자. 판심版心 : 상화문어미上花紋魚尾.

서序 : 상지이십칠년上之二十七年(1751)…김재로金在魯

발跋 : 상지이십칠년上之二十七年(1751)…신미辛未…홍계희洪啓禧

간기刊記 : 신미계하운각개판辛未季夏芸閣開板.

인印 : [규장지보奎章之寶]

<가람古-495.16-H757s-v.1-3>

홍 만종, 편

동국역대총목東國歷代總目, 홍만종洪萬宗(조선) 편찬. [발跋. 숙종 31년(1705)]

1책(90장) 지도地圖. 고활자본顯宗実錄字. 35×21.4cm.

사주쌍변四周雙邊, 반엽광곽半葉匡郭 : 24.8×17cm. 11행 20자 주쌍행注雙行. 판심版心 : 상하화문어미上下花紋魚尾.

발跋 : 상지삼십일년上之三十一年(1705)…홍만종洪萬宗.

부附 : 지지地誌.

<가람古-951.01-H758d>

홍 만종

명엽지해蓂葉志諧, 仝. 홍만종洪萬宗(조선) [19-]

1책(55장) 사본寫本(후사後寫) 29.6×20.7cm.

서序 : 현묵자玄默子(홍만종洪萬宗)

발跋 : 허격許格.

인印 : [매화옥진완梅花屋珍玩]

<가람종-813.53-H758m>

홍 만종

소화시평小華詩評, 상, 하. 홍만종洪萬宗(조선) 찬집纂輯. [19-]

2책. 사본寫本.(후사後寫) 31.3×22.3cm.

서序 : 소양적분야昭陽赤奮若(1793)…김득신金得臣. 을묘乙卯(1675)…홍만종洪萬宗.

<가람古-811.09-H758s-v.1-2>

홍 만종

시화총림詩話叢林, 홍만종洪萬宗(조선) 선選. [19-]

4권4책. 사본寫本.(후사後寫) 32.8×20.5cm.

서序 : 숭정현묵집서崇禎玄默執序(1652)…홍만종洪萬宗.

발跋 : 세갑오歲甲午(1714)…임경任璟. 임방任埅.

<가람古-810.82-H758s-v.1-4>

화성봉수당진찬갱재축

華城奉壽堂進饌賡載軸, [정조 19년(1765)]

1책(91장) 고활자본(정리자整理字). 32.4×19.4cm.

사주쌍변四周雙邊, 반엽광곽半葉匡郭 : 21.7×14.1cm. 10행, 1행 20자 주쌍행注雙行. 판심版心 : 상흑어미上黑魚尾.

표지서명 : 지희갱재축志喜賡載軸.

인印 : [규장지보奎章之寶. 문화유학균인文化柳學均印]

내사기內賜記 : 건융육십년乾隆六十年(1765) 구월일내사봉상사정유사모자궁九月日內賜奉常寺正柳師模慈宮…명제사은직제학신이命除謝恩直提學臣李.

<가람古-642.4-H992>

화성성역의궤

華城城役儀軌, 권수卷首. [정조 24년(1800)]

1책(영본零本) 도판圖版. 고활자본(정리자整理字). 34×21.7cm.

사주쌍변四周雙邊, 반엽광곽半葉匡郭 : 24×16.6cm. 12행, 1행 22자 주쌍행注雙行. 판심版心 : 상흑어미上黑魚尾. 하대흑구下大黑口.

표지서명 : 화성도설華城圖說

<가람古-951.2-H992>

화양로정긔

화양로졍긔, [작자미상作者未詳·연기미상年紀未詳]

1책(30장) 사본寫本. 34×20.7cm.

표지 : "임자니월일초"

<가람古-915.17-H99>

화어유초

華語類抄, [편자미상編者未詳. 고종 시時]

1책(60장) 고활자본[全史字校木活字]. 30.2×19.9cm.

사주단변四周單邊, 반엽광곽半葉匡郭 : 22.9×15.7cm. 10행, 1행 22자 주쌍행注雙行. 판심版心 : 상백어미上白魚尾.

<가람古-418.3-H99>

화어유초

華語類抄, [편자미상編者未詳·간년미상刊年未詳]

1책(29장) 목판본. 25.1×17.4cm.

사주단변四周單邊, 반엽광곽半葉匡郭 : 19.4×14.6cm, 유계有界, 14행, 1행 24자. 판심版心 : 상화문어미上花紋魚尾.

내용목차 : 천자문千字文-백가성百家姓-화음정속변이華音正俗變里-화음계몽언해華音啓蒙諺解-화어유초華語類抄.

(국문음역國文音譯)

<가람古-418.3-H99a>

황 견, 편

상설고문진보대전詳說古文眞寶大全, 권10. 황견黃堅(宋) 편編. [간년미상刊年未詳]

1책(영본零本) 고활자본(정유자丁酉字) 34.8×22cm.

사주단변四周單邊, 반엽광곽半葉匡郭 : 24.8×17.2cm. 10행, 1행 17자 주쌍행注雙行. 판심版心 : 상하화문어미上下花紋魚尾. 표지서명 : 고문진보古文眞寶.

부附 : 첩산선생비점문장궤범疊山先生批點文章軌範.

<가람古-895.1108-H99lg>

황 견, 편

상설고문진보대전詳說古文眞寶大全. 전집前集. 후집後集. 황견黃堅(宋) 편編. 송백진宋伯眞(?) 음역音譯. 유염劉剡(?) 교정校正. [19-]

7책(영본零本) 목판본 30.5×19.9cm.

사주단변四周單邊, 반엽광곽半葉匡郭 : 22.4×17.1cm, 유계有界, 12행, 1행 23자. 판심版心 : 상하화문어미上下花紋魚尾.

표지서명 : 진보眞寶.

소장본중 : 후집後集 권10 결缺.

<가람古-895.1108-H99ls-v.1-7>

황 사림, 편

한와육조잔후漢瓦六朝殘后, 황사림黃士琳(淸) 편編. [서序. 광서光緖 3년(1877)]

1책(63장) 중국목판본. 29.8×17.5cm.

서序 : 광서기원光緖紀元(1875)…황사림黃士琳.
광서정축光緖丁丑(1877)…황사한黃士瀚.

<가람古-401.7-H99lh>

황 입

오륜가五倫歌, 황립黃笠(조선) 저著. 존성재장판尊性齋藏板 [19-]

1책(16장) 목판본(後刷) 23.3×15.4cm.

사주쌍변四周雙邊, 반엽광곽半葉匡郭 : 15.8×11.6cm, 유계有界, 8행, 1행 18자 판심版心 : 상화문어미上花紋魚尾.

<가람古-811.05-H99lo>

황 절, 편

시율詩律, 황절黃節(조선) 편編. [19-]

1책(36장) 사본寫本. 25×18cm.

서序 : 을축乙丑…황절黃節.

<가람古-811.07-H99ls>

황 현

매천집梅泉集, 황현黃玹(조선) 저著 : 김택영金澤榮(조선) 편정編定 [1911]

7권 3책. 초상肖像. 24.8cm.

<가람古-819.6-H99lm-v.1-3>

황조명신언행별록

皇朝名臣言行別錄, 권7-13. [편자미상編者未詳·간년미상刊年未詳]

1책(영본零本) 목판본 25.5×19cm.

사주쌍변四周雙邊, 반엽광곽半葉匡郭 : 21.5×14.7cm, 유계有界, 11행, 1행 21자. 판심版心 : 상하대흑구흑어미上下大黑口黑魚尾.

<가람古-920.052-H992h>

회륵당시고

회록당시고懷麓堂詩稿, 권11-13. [저자미상著者未詳. 선조 시時?]

1책(영본零本) 고활자본(을해자乙亥字) 30.6×20cm.

사주쌍변四周雙邊, 반엽광곽半葉匡郭 : 23.3×16.8cm. 10행, 1행 18자 주쌍행注雙行. 판하版下 : 상하세화문어미上下細花紋魚尾.

판심서명版心書名 : 회록시懷麓詩.

<가람貴-819-H671-v.11-13>

효원물거

効苑勿去, [편자미상編者未詳. 영조 27년(1751)]

1책(13장) 목판본 38.2×18.3cm.

권수卷首 : 어제수성륜음신미구월御製守城綸音辛未九月(1751)…홍계희봉교서洪啓禧奉教書.

인印 : [희맹씨希孟氏, 임지호인林志浩印]

<가람古-355.4-H998>

효헌공가장

孝憲公家狀, [편자미상編者未詳·연기미상年紀未詳]

1책(17장) 사본寫本 34×21.8cm.

[공公의 성정휘문승자윤지호미당姓鄭諱文升字允之號美堂]

권수卷首 : [조판서판의금부사영일정공가상曹判書判義禁府事迎日鄭公家狀].

<가람古-929.2-J464h>

훈민정음

세종어제훈민정음世宗御製訓民正音, 세종(조선) 찬撰. [19-]

1책(15장) 목판본 29×20.6cm.

사주쌍변四周雙邊, 반엽광곽半葉匡郭 : 20.3×17cm, 유계有界, 7행, 1행 20자. 판심版心 : 대흑구상하흑어미大黑口上下黑魚尾.

<가람古-411.1-H899s>

훈민정음

어제훈민정음御製訓民正音, 세종(조선) 저著. [19-]

1책(36장) 사본寫本(후사後寫) 23.2×16cm.

표지서명 : 정음正音

인印 : [용화산방장龍華山房藏]

부附：한글자체字體 및 발음 일람표發音一覽表.

<가람古-411.1-H899e>

휴정 편

선문촬요禪門撮要, 상, 하. 석 휴정釋休靜(조선) 편編. 동래부東萊府 범어사梵魚寺. [융희隆熙 2년(1908)]

2책. 목판본 28×19.6cm.

사주단변四周單邊, 반엽광곽半葉匡郭：20.4×14.7cm, 유계有界, 10행, 1행 20자. 판심版心：상흑어미上黑魚尾.

권말卷末：융희이년칠월隆熙二年七月 경상남도동래부금정산범어사개간慶尙南道東萊府金井山梵魚寺開刊.

인印：[자일도원字日道圓, 김택복혜쌍수지관金澤福慧雙修之館, 식창息敞, 월성후인月城后人]

<가람古-294.311-H999se-v.1-2>

흥비부

興比賦, 단單. [편자미상編者未詳·연기미상年紀未詳]

1책(35장) 사본寫本. 24.7×20.6cm.

<가람古-811.04-H483>

〈누락본漏落本〉

미 불

미가원설米家援屑, 미불米芾(宋) 저著 [연기미상年紀未詳]

1책(25장) 사본寫本. 32.2×21cm.

<가람古-896.16-M58m>

신 식

가례언해家禮諺解, 신식申湜(조선) 찬撰. 원성原城. [간년미상刊年未詳]

10권 4책, 도圖. 목판본(後刷) 32.4×21.6cm.

사주쌍변四周雙邊, 반엽광곽半葉匡郭 : 23.2×16.6cm, 유계有界, 10행, 1행 23자. 판심版心 : 상하화문어미上下花紋魚尾.

발跋 : 숭정기원육오년崇禎紀元六五年(1632)…득연得淵.

간기刊記 : 숭정임신崇禎壬申(1632) 원성개간原城開刊.

<가람古-181.1-Si62gy-v.1-4>

유 합

類合, [저자미상著者未詳·간년미상刊年未詳]

1책(장) 목판본. 28.4×18.7cm.

사주단변四周單邊, 반엽광곽半葉匡郭 : 21.8×17.2cm, 유계有界, 6행, 1행 6

자. 판심版心 : 상화문어미上花紋魚尾.

<가람古-418.3-Y25d>

이 경민, 편

희조일사熙朝軼事, 상하. 이경민李慶民(조선) 편編. [발跋. 고종 3년(1866)] 1책(87장) 고활자본全史字 29.2×19.2cm.

사주단변四周單邊, 반엽광곽半葉匡郭 : 21.5×14.8cm, 유계有界, 10행, 1행 20자. 판심版心 : 상백어미上白魚尾.

표제지表題紙 : 운강서옥雲崗書屋.

서序 : 병인丙寅(1866)…남병길南秉吉.

발跋 : 상지삼년병인上之三年丙寅(1866)…윤정현尹定鉉.

<가람古-920.051-Y55h>

[부록] 23권 문헌·서지학 상세목록

1) 서지학 논문·평론

순	제목	종류	출전	연도	비고
1	良書告知板 1.백년초해, 2.시화총림 3.동야휘집	논문·평론	조선일보	1939.9.7.	
2	六十年前의 宮體	논문·평론	조선일보	1927.10.27.	
3	珍書貴藏集 四世紀半前의 活字本 우리 語文研究의 鍵鑰-金剛經三家解에 대하야	논문·평론	조선일보	1939.2.14.	
4	韓國書誌의 研究(上)	논문·평론	동방학지 3집	1957.12.	
5	韓國書誌의 研究(下)	논문·평론	동방학지 5집	1961.6.	

2) 서지탐방·기타

순	제목	종류	출전	연도	비고
1	독서방문기② 李秉岐 先生	탐방기	매일신보	1938.11.13.	
2	書齋를 찾아서/書齋를 찾아서/국어국문학의 대가 新舊眞書는 國家的인 存在 國文學者 李秉岐氏	탐방기	전북일보	1954.11.24	
3	書齋寓目藏書家歷訪記(一) 李秉岐嘉藍 梅花屋書室	탐방기	동아일보	1959.10.14	
4	珍貴書와 李秉岐博士	인터뷰	동아일보	1962.7.16	
5	가람 李秉岐 - 몸 늙어도 맘은 젊어	탐방기	조선일보	1961.3.19.	
6	이 책을 구求하기까지/가람 이병기李秉岐 옹의 금강반야바라밀경金剛般若波羅蜜經	인터뷰	경향신문	1963.6.6.	
7	서울대 도서관에 기증 - 이병기씨의 장서 4,205권	기사	조선일보	1968.5.30	

3) 서지 해제

<table>
<tr><th>순</th><th colspan="2">제목</th><th>종류</th><th>출전</th><th>연도</th><th>비고</th></tr>
<tr><td>1</td><td colspan="2">朝鮮語文學名著解題</td><td>해제</td><td>문장 2권 8호</td><td>1940.8</td><td></td></tr>
<tr><td rowspan="7">2</td><td rowspan="7">韓國名著解題</td><td>古典 百三十五種</td><td>해제</td><td>思潮 1권1호</td><td>1958.6.</td><td>朝鮮語文學名著解題의 135번까지와 같음</td></tr>
<tr><td>역사歷史·문학부文學部</td><td>해제</td><td>思潮 1권2호</td><td>1958.7.</td><td></td></tr>
<tr><td>속續·사부史部</td><td>해제</td><td>思潮 1권3호</td><td>1958.8.</td><td></td></tr>
<tr><td>사부史部</td><td>해제</td><td>思潮 1권4호</td><td>1958.9.</td><td></td></tr>
<tr><td>사부史部</td><td>해제</td><td>思潮 1권5호</td><td>1958.10.</td><td></td></tr>
<tr><td>지리류地理類</td><td>해제</td><td>思潮 1권6호</td><td>1958.11.</td><td></td></tr>
<tr><td>병가류兵家類·농가류農家類·기타其他</td><td>해제</td><td>思潮 1권7호</td><td>1958.12.</td><td></td></tr>
</table>

4) 서지 목록

순	제목	종류	출전	연도	비고
1	서목	서지목록	발행자불명(최승범 외)	1963	등사판
2	일사가람문고 고서저자목록 중 가람문고	서지목록	서울대부속도서관	1966	등사판

가람 이병기 전집 ㉓

문헌·서지학

지은이 이병기
펴낸이 양오봉
펴낸곳 전북대학교출판문화원

초판 1쇄 인쇄 2024. 12. 16
초판 1쇄 발행 2024. 12. 25

전북대학교출판문화원 전북특별자치도 전주시 완산구 어진길 32 (풍남동2가)
전화 (063) 219-5319~5322
FAX (063) 219-5323
출판등록 2012년 8월 20일 제465-2012-000021호

값 48,000원

ISBN 979-11-6372-237-3 04810
ISBN 979-11-87892-59-5(세트) 04810

* 이 책은 2024년도 익산시와 전라북도의 지원에 의해 간행되었습니다.